GW00720572

DICCIONARIO DE SINONIMOS Y ANTONIMOS

DICCIONARIO DE SINONIMOS Y ANTONIMOS

Prof. MARIA LLORENS CAMPS

11.000 VOCABLOS
40.000 SINONIMOS
10.000 ANTONIMOS

DISTRIBUIDORA
A.L. MATEOS, S.A.
Marcelina, 23. 28029-MADRID

Impreso en BINICROS, S.L.
Av. Catalunya, 130 Naves 15-16
08150 PARETS DEL VALLES
(BARCELONA)
Printed in Spain

I.S.B.N. 84-7693-140-9
Depósito Legal: B-21322-91

BREVE PROLOGO

Antes de entrar en materia didáctico-etimológica quisiera permitirme la licencia de explicar a los lectores, en un *román* muy *paladino* qué es para mí un Diccionario: *es ese libro mágico que nos ayuda a comprender mejor lo que está escrito en los demás libros; que nos auxilia a la hora de entender y utilizar (escribir) correctamente los vocablos de un idioma.*

Pero parece ser que existen maneras más ortodoxas para definir lo que es un Diccionario y su utilidad.

Por ejemplo:

Libro en que por orden comúnmente alfabético se contienen y explican toda las dicciones de uno o más idiomas, o las de una ciencia, facultad o materia determinada.

Obviamente hay diferentes tipos de diccionarios. Voy a resumir los que considero más importantes o usuales, dando una escueta explicación de cada uno de ellos.

DICCIONARIO ETIMOLOGICO, es aquel que engloba por orden alfabético los diferentes vocablos o palabras, estudiando su origen, razón de su existencia, de su significación y de su forma.

DICCIONARIO ENCICLOPEDICO, es el que, junto con las voces lexicográficas, contiene artículos enciclopédicos ordenados alfabéticamente.

DICCIONARIO DE SINONIMOS Y ANTONIMOS, es aquel que partiendo de un vocablo determinado –con lógica ordenación alfabética–, nos ofrece, de una parte, palabras o expresiones que tienen idéntica o muy parecida significación que el vocablo inicial; y por otra, enumera los términos que con relación al de origen expresan ideas opuestas o contrarias.

Podría decir sin temor a equivocarme que estos tres diccionarios son los más comunes y corrientes, los utilizados con mayor frecuencia y, sobre todo, los que no deben faltar en ninguna biblioteca que se defina como tal –que se precie de serlo–, prescindiendo de su extensión o tamaño.

María José LLORENS CAMP.

PRESENTACION

Ser escritor –que no llamárselo– podríamos decir que obedece a un proceso congénito, a un fenómeno natural que concede ese *don* o condición a un grupo determinado –de escogidos, que no privilegiados– de seres humanos, que gozan de la envidiable virtud de saber expresar correctamente sus pensamientos a través de las letras.

Escribir con propiedad, sin embargo, no es prerrogativa de nacimiento, sino patrimonio del ejercicio. Puede alcanzarse ese grado supremo desde dos vertientes dispares pero muy válidas ambas según nuestro criterio. Una, es la que sigue el largo camino de la lectura de los clásicos y eruditos; de las comparación y estudio de los textos de los más insignes y laureados maestros de las letras. Otra, es el atajo del aprendizaje, de la gimnasia mental que proporciona la búsqueda de la palabra correcta, exacta, o más armoniosa: la idónea. Hemos significado ya que ambos métodos o sistemas se nos antojan útiles y renunciamos a entrar en juicios de valor o disquisiciones acerca de cual de los dos es más seguro, pero, lo que sí es cierto y no admite controversia ni discusión, es el hecho concreto que tanto los que se inclinan por una u otra posibilidad deben ayudarse en sus afanes, o apoyarse para la mejor comprensión de sus pretensiones, en un DICCIONARIO DE SINONIMOS Y ANTONIMOS.

Ampliando lo expuesto en el párrafo anterior nos atrevemos a asegurar que toda persona –eruditos incursos, sabios incluidos, filósofos y demás estilistas de las letras y los idiomas– precisa del concurso de un buen diccionario. Tanto a la hora de resolver las dudas etimológicas, como en el momento de saber la correcta exposición ortográfica de un vocablo o palabra. Porque a todos y muy especialmente a los versados en la temática nos es

7

necesario –imprescindible– servirnos del idioma con entera corrección...

¿Basta para ello un diccionario de los llamados «normales», etimológicos o enciclopédicos? Desde luego que NO. ¿Por qué? Porque el que de veras pretende la perfección no puede conformarse con el simple significado etimológico, sino que necesita perfilar, de manera estilista si nos apuran, los grados de significación etimológica que concurren en cada vocablo: ESA ES LA GENESIS DE LOS SINONIMOS; es el cómo y el por qué, es el razonamiento categórico o la respuesta al hecho de que muchos autores ofrezcan varias voces de idéntica significación lo que les permite, entre otras cosas, escapar a las cacofonías y eludir las repeticiones que tanto alteran y confunden las sintaxis de muchos textos. Además, sabido es que para dar variedad y riqueza a un escrito y para poner de manifiesto el dominio idiomático es insustituible el uso de los sinónimos, y necesario conocerlos para hacer de ellos la debida y correcta utilización. Por eso, junto al *diccionario normal*, debemos tener siempre el *diccionario de sinónimos y antónimos*.

EL DICCIONARIO DE SINONIMOS Y ANTONIMOS –lo ha definido ya la autora en la presentación de este volumen–, es aquel que nos brinda, alfabéticamente ordenados, grupos de palabras de idéntico significado (*sinónimos*), y grupos que expresan ideas opuestas (*antónimos*).

La necesidad sobre la que hemos hecho hincapié de disponer en todo momento de uno de esos diccionarios –como el que hoy les ofrecemos– se gesta en la realidad de que, si bien en la lengua hablada podemos expresarnos con mayor libertad y menor rigor cualitativo, no sucede lo mismo a la hora de escribir, momento en el que tenemos la obligación ineludible de emplear el término que más se acople al significado propio y específico de la idea que pretendemos exponer, la idea contraria u otras cosas de igual sentido que, como ya hemos apuntado anteriormente, evite las repeticiones y cacofonías, evidencia innegable de la pobreza de lenguaje.

Antes de concluir la presentación de este volumen que ponemos en manos de nuestros lectores queremos dejar bien patente una advertencia ya que, de no hacerlo –como de hecho hemos comprobado que no se hace en obras de similar contenido–, creemos que se puede prestar a confusión o como menos a equívoco. Nos estamos refiriendo a la circunstancia de que si bien un amplio porcentaje de expresiones –palabras–, por no decir casi su totalidad, disponen de sinónimos, no ocurre lo mismo con los antónimos; por eso no debe extrañar a quienes consulten este diccionario la carencia de aquellos en un número determinado de vocablos. Para el mejor entendimiento de este fenómeno, aportaremos un ejemplo: la palabra EXPLOSION; tiene sinónimos, como pueden serlo, *estallido; estruendo, estampido,* etc. Sin embargo, no tiene antónimos, ya que el único que se podría emplear como tal sería NO EXPLOSION; y ello no es antónimo sino que en todo caso sería palabra compuesta por un adverbio de negación y un nombre común. Puede que alguien esté pensando en este momento que podría utilizarse como antónimo de EXPLOSION, la palabra IMPLOSION. Esta fórmula estaría exenta de veracidad dado que IMPLOSION no deja de ser una EXPLOSION de características centrípetas –vocablo entonces más digno de ser usado como sinónimo que como pretendido antónimo–; dicho de un modo más ortodoxo: *acción de explotar hacia dentro de manera estruendosa las paredes de una cavidad en cuyo interior existe un presión superior a la existente en el exterior.*

Nos parece que con este ejemplo hemos aclarado cualquier duda que pueda plantearse a los lectores acerca del por qué ciertos vocablos carecen de antónimos, y no nos queda más que significar nuestro deseo a la hora de compilar este diccionario: nuestra modesta pretensión de que sea de utilidad al público en general y muy particularmente a aquellos que a diario se sirven del idioma para ejercer sus deberes profesionales: escritores, periodistas, profesores, abogados, médicos, políticos, jueces, correctores de estilo, estudiantes, bibliotecarios, filósofos, poetas, funcionarios y un largo etcétera.

Es lo que deseamos sinceramente,

EDITORES Y AUTORA

A

ABAJO

Sinónimos: Debajo, ayuso, profundo, subterráneo, bajo.
Antónimos: Arriba, encima, sobre, suso.

ABRIR

Sinónimos: Destapar, descorrer, separar, extender, desplegar, rajarse, cuartearse.
Antónimos: Cerrar, tapar, taponar, obstruir, obturar, atrancar, atascar, clausurar, murar, tapiar, vallar, acotar.

ABSOLUTO

Sinónimos: Independiente, ilimitado, pleno, incondicional, omnímodo, terminante, rotundo.
Antónimos: Relativo, supeditado, subordinado, restringido, condicionado, independiente.

ABSORBER

Sinónimos: Chupar, apropiarse, libar, aspirar, extraer, substraer, succionar, embeber, empapar.
Antónimos: Segregar, exhalar, emanar, destilar, emitir, irradiar, secretar, excretar, difundir, transpirar, sudar.

ABSORTO

Sinónimos: Asombrado, atónito, admirado, enajenado, suspenso, extático, alucinado, maravillado, pasmado, ensimismado.
Antónimos: Distraído, abúlico, apático, desinteresado.

11

ABSTEMIO

Sinónimos: Aguado, sobrio, abstinente, enófobo.
Antónimos: Borracho, beodo, dipsómano, embriagado, ebrio, curda.

ABSTRACTO

Sinónimos: Inconcreto, vago, metafísico, indeterminado.
Antónimos: Concreto, especificado, puntualizado, preciso, determinado, detallado.

ABSURDO

Sinónimos: Ilógico, contradictorio, inverosímil, irracional, disparatado, antinómico, falso, improcedente.
Antónimos: Racional, lógico, coherente, comprensible, convincente.

ABULIA

Sinónimos: Indolencia, inapetencia, insensibilidad, dejación, desgana.
Antónimos: Voluntad, volición, querer, deseo, espontaneidad, albedrío, libertad, disposición.

ABULTAR

Sinónimos: Engordar, agrandar, amplificar, cebar, hinchar, aumentar, dilatar, ensanchar, exagerar, hiperbolizar, fantasear.
Antónimos: Alisar, adelgazar, disminuir, deshinchar.

ABUNDANCIA

Sinónimos: Riqueza, copiosidad, opulencia, profusión, exuberancia, colmo, hartura, exageración, plétora, pingüe, fertilidad.
Antónimos: Escasez.

ABURRIDO

Sinónimos: Harto, ávido, malhumorado, desganado, abúlico, inapetente.
Antónimos: Animado, entretenido.

ABUSO

Sinónimos: Exceso, exageración, atropello, arbitrariedad, injusticia, alcaldada, atentado, extralimitación.
Antónimos: Justicia, legalidad, comedimiento, ecuanimidad.

ABYECCION

Sinónimos: Vileza, bajeza, degradación, humillación, ignominia, servilismo, rastrerismo, abatimiento, indignidad, envilecimiento, esclavitud.
Antónimos: Nobleza, dignidad, gallardía.

ACA

Sinónimos: Aquí, próximamente, al lado, aquende, interior.
Antónimos: Allá, acullá.

ACABAR

Sinónimos: Concluir, agotar, rematar, acabar, finalizar, consumir, consumar, cerrar, desenlazar.
Antónimos: Empezar, iniciar, principiar, comenzar.

ACADEMIA

Sinónimos: Colegio, escuela, instituo.

ACAMAR

Sinónimos: Recostar, inclinarse, reposar, tender, tumbar.
Antónimos: Erguir, incorporar, alzar, estirar.

ACAPARAMIENTO

Sinónimos: Acopio, retención, acumulación, almacenamiento, requisamiento, centralización, amontonamiento, monopolio, especulación.
Antónimos: Entregar, soltar, dar, liberar, ofrecer.

ACARICIAR

Sinónimos: Arrullar, mimar, agasajar, adular, halagar, lisonjear, melosear.

ACARREAR

Sinónimos: Llevar, portear, transportar, aballar, conducir, traer.

ACARTONAMIENTO

Sinónimos: Amojamamiento, apergaminamiento, acecinamiento.

ACATAR

Sinónimos: Aceptar, obedecer.
Antónimos: desacatar, desobedecer, rebeldía.

ACATO

Sinónimos: Obediencia, observancia.
Antónimos: Desobediencia, desacato.

ACCIDENTAL

Sinónimos: Accesorio, secundario, aleatorio, circunstancial, ocasional, esporádico.
Antónimos: Esencial, sustancial, intrínseco, medular, principal, primordial.

ACELERAR

Sinónimos: Activar, apresurar, precipitar, abreviar.

Antónimos: Retardar, diferir, demorar, detener, retrasar, dilatar, atrasar, aplazar, rezagar.

ACEPTAR

Sinónimos: Admitir, recibir, coger, tomar, suscribir, firmar, aprobar, cargar, afrontar, arrostrar.
Antónimos: Rehusar, rechazar, desechar, repulsar, repudiar, recusar, declinar.

ACERTAR

Sinónimos: Atinar, hallar, encontrar, descifrar, interpretar.
Antónimos: Errar, desacertar, equivocarse, confundirse, engañarse, extraviarse, disparatar.

ACOMPASADO

Sinónimos: Rítmico, cadencioso, medido, reglado, regular, isócrono, sincrónico.
Antónimos: Desacompasado, distorsionado, arrítmico, irregular, alterado, desigual.

ACONSEJAR

Sinónimos: Advertir, recomendar, amonestar, indicar, asesorar, prevenir.
Antónimos: Disuadir, desanimar.

ACOSTUMBRADO

Sinónimos: Habituado, avezado, curtido, ducho, práctico, baqueteado, fogueado, experimentado, ejercitado.
Antónimos: Deshabituado, desentrenado.

ACREDITAR

Sinónimos: Prestigiar, honrar, reputar, enaltecer, exaltar.
Antónimos: Desacreditar, desprestigiar, desconceptuar, desdorar.

ACTIVIDAD

Sinónimos: Diligencia, prontitud, viveza, dinamismo, trajín, ajetreo, tráfago, ejercicio, movimiento, laboriosidad, eficacia, vitalidad, energía, fuerza.

Antónimos: Inactividad, pasividad, quietud, atrofia, atonía, embotamiento, letargo, colapso, anquilosis, entumecimiento, fosilidad.

ACTIVO

Sinónimos: Operante, actuante, ejecutante, rápido, vivo, dinámico, diligente, presto.

Antónimos: Pasivo, inactivo, quieto, calmo, emérito.

ACTUAL

Sinónimos:1Presente, vigente, palpitante, fresco, caliente, reciente, neonato, coetáneo, contemporáneo, flagrante.

Antónimos: Inusual, inactual, pasado, obsoleto, extemporáneo.

ACUERDO

Sinónimos: Pacto, convenio, tratado, compromiso, contrato, negociación, avenencia, arbitraje, arreglo, ajuste, contubernio, componenda, compenetración, unanimidad, conformidad, capitulación, aquiescencia, unión, armonía, conciliación.

Antónimos: Desacuerdo, disconformidad, desavenencia, discordia, discrepancia, discordancia, divergencia, disparidad, oposición, contrariedad, disensión, antagonismo.

ADECUADO

Sinónimos: Apropiado, acomodado, acondicionado, indicado, propio, conveniente.

Antónimos: Inadecuado, impropio, inservible, inconveniente, desproporcionado, incongruente, discordante, anacrónico, improcedente.

ADELANTAR

Sinónimos: Anticipar, madrugar, mañanear, anteponer, avanzar, atajar.
Antónimos: Atrasar, rezagar, retrasar, retardar, demorar, diferir, aplazar.

ADEPTO

Sinónimos: Seguidor, discípulo, adicto, incondicional, afiliado, partidario, asociado, sectario, iniciado, sometido, leal, dogmático, fanatizado.
Antónimos: Enemigo, oponente, adversario, contrincante, antagonista.

ADHERENCIA

Sinónimos: Cohesión, consistencia, textura, contextura, estructura, densidad, unión, junción, pegadura, glutinosidad, viscosidad, pegajosidad, enviscamiento, soldadura, encolamiento, pega, gelatina, gluten, parche, oblea.
Antónimos: Separación, rotura.

ADICIONAR

Sinónimos: Aumentar, añadir, agrandar, incrementar, sumar.
Antónimos: Restar, sustraer, disminuir.

ADICTO

Sinónimos: Adepto, partidario, leal, sicario, aplicado, sectario, secuaz, simpatizante, amigo, afecto, incondicional, seguidor, fiel, delicado, devoto.
Antónimos: Enemigo, contestatario, desleal, antagónico.

ADINERADO

Sinónimos: Rico, opulento, potentado, millonario, magnate, poderoso.
Antónimos: Pobre, marginado, arruinado.

ADIVINACION

Sinónimos: Auspicio, augurio, premonición, adivinanza, vaticinio, pronóstico, predicción, presentimiento, previsión, acertijo, acierto, horóscopo, oráculo, aruspicina.

ADMIRABLE

Sinónimos: Apreciable, estimable, notable, excelente, considerable, mirífico, asombroso, pasmoso, sorprendente, maravilloso, extraordiario, estupendo, deslumbrante, encantador, fascinante.
Antónimo: Despreciable.

ADMIRACION

Sinónimos: Maravilla, asombro, pasmo, majestad, sorpresa, estupefacción, estupor, deslumbramiento, éxtasis, arrobamiento, fascinación, encanto, novedad, enajenamiento, entusiasmo, prodigio, portento.
Antónimo: Desprecio.

ADMITIR

Sinónimos: Acoger, aceptar, aprobar, adoptar, abrazar, recibir, tomar, permitir, consentir, sufrir, tolerar, reconocer, conceder, deferir.
Antónimos: Rechazar, oponer, rehusar, despreciar.

ADORNAR

Sinónimos: Ornar, engalanar, emperifollar, ataviar, acicalar, embellecer, aderezar, componer, guarnecer, alcorzar, decorar, paramentar, embutir, repujar, taracear, incrustar, recamar, estofar.
Antónimos: Desnudar, despojar.

ADQUIRIR

Sinónimos: Alcanzar, adueñarse, apropiarse, lograr, obtener, conseguir, cazar, ganar, coger, tomar, recibir.

Antónimos: Vender, dar, obsequiar.

ADREDE

Sinónimos: Aposta, exprofeso, intencionadamente, deliberadamente, expresamente, obviamente.

ADULACION

Sinónimos: Lisonjear, halagar, incensar, florear, coba, apología, piropo, requiebro.
Antónimos: Maledicencia, zaherimiento, denigrar, difamar, calumnia, crítica, murmuración, cotilleo, runrún, rumor.

ADUSTO

Sinónimos: Desabrido, hosco, ceñido, serio, arisco.
Antónimos: Alegre, afable, agradable, locuaz, comunicativo.

AFEMINADO

Sinónimos: Marica, maricón, mariquita, sarasa, invertido, homosexual, hermafrodita.
Antónimos: Varonil, viril, macho, vigoroso.

AFICION

Sinónimos: Inclinación, apego, querencia, interés, «hobby», predilección, preferencia, entusiasmo, pasión, simpatía, vocación, tendencia, fanatismo, idolatría.
Antónimos: Desapego, desvío, alejamiento, desinterés, aversión, antipatía, repugnancia, desamor.

AFIRMACION

Sinónimos: Aseveración, aserto, asentimiento, consentimiento, aquiescencia, manifestación, confirmación.
Antónimos: Negación, negativa, mentís, no, repulsa, rechazar, denegar, contradecir.

AFLICCION

Sinónimos: Angustia, pena, cuita, sentimiento, congoja, agonía, tribulación, pesar, dolor, sufrimiento.
Antónimos: Gozo, contento, alegría, placer, satisfacción.

AFLOJAR

Sinónimos: Desapretar, desaflojar, soltar.
Antónimos: Apretar, estrechar, apretujar, oprimir.

AGACHAR

Sinónimos: Inclinar, bajar, reclinar, arrodillar, hincar, postrar, prosternar, acurrucar, encoger.
Antónimos: Erguir, levantar, empinar, enderezar, incorporar.

AGARRAR

Sinónimos: Coger, asir, amarrar, prender, tomar.
Antónimos: Soltar, desasir, desprender, deponer.

AGIL

Sinónimos: Expedito, suelto, desembarazado, desenvuelto, ligero, libre.
Antónimos: Torpe, tardo, lento, pesado, atado, pausado, premioso, inútil, tullido, lisiado, inválido, entumecido.

AGRADAR

Sinónimos: Gustar, complacer, halagar, lisonjear, satisfacer, encantar, deleitar, atraer, cautivar, fascinar, hechizar, alucinar, seducir, embelesar.
Antónimos: Desagradar, fastidiar, disgustar, hastiar, cansar, empalagar, repeler, repugnar, asquear.

AGRADECIDO

Sinónimos: Reconocido, obligado, grato.
Antónimos: Desagradecido, ingrato, olvidadizo.

AGRAVIAR

Sinónimos: Ofender, ultrajar, zaherir, insultar, vituperar, calumniar, afrentar, mortificar.
Antónimos: Desagraviar, reparar, rehabilitar, satisfacer, compensar.

AGREDIR

Sinónimos: Acometer, arremeter, atacar, golpear.
Antónimos: Huir, esquivar.

AGUARDAR

Sinónimos: Esperar, pacienciar.
Antónimos: Marchar, ir, ausentarse, impacientar, partir, largarse, desaparecer, pirarse.

AHORRAR

Sinónimos: Economizar, escatimar, guardar, embolsar, recoger, retener, conservar, almacenar, atesorar, archivar, coleccionar, acaparar, regatear.
Antónimos: Gastar, malgastar, disipar, dilapidar, derrochar, malversar, malbaratar, despilfarrar, tirar, consumir, desperdiciar, agotar.

AJENO

Sinónimos: Extraño, impropio.
Antónimos: Propio, exclusivo, personal, particular, intransferible, patrimonial, inalienable.

AJUSTAR

Sinónimos: Acoplar, encajar, articular, conectar, enchufar, ensamblar, acomodar, adaptar.

21

Antónimos: Desajustar, desacoplar, desencajar, desengranar, desconectar, desquiciar, dislocar.

ALABAR

Sinónimos: Elogiar, ponderar, encomiar, aprobar, aplaudir, ensalzar, celebrar, preconizar, enaltecer, glorificar, pontificar, bendecir, exaltar, idolatrar.

Antónimos: Vituperar, execrar, censurar, criticar, motejar, difamar, denigrar, desprestigiar, afrentar, vejar, vilipendiar, desacreditar, denostar, calumniar, ofender, agraviar, insultar, zaherir, estigmatizar, detractar, maldecir.

ALEGRE

Sinónimos: Regocijado, gozoso, alborozado, jubiloso, jovial, satisfecho, contento, exultante, extasiado, rozagante, jocundo, jacarandoso, optimista, eufórico.

Antónimos: Triste, afligido, meditabundo, cariacontecido, apesadumbrado, apenado, dolorido, acongojado, angustiado, compungido, lloroso, taciturno, melancólico, cabizbajo, alicaído, deprimido, asténico, apático, hipocondríaco, tétrico, fúnebre, luctuoso, lúgubre, elegíaco.

ALMA

Sinónimos: Espíritu, psique (*psiquis o psyché*), conciencia, inmateria, incorpóreo.

Antónimos: Cuerpo, materia, barro, soma, humanidad.

ALOJAR

Sinónimos: Hospedar, aposentar, albergar, cobijar.
Antónimos: Expulsar, desahuciar, echar.

ALTO

Sinónimos: Crecido, espigado, esbelto, elevado, ciclópeo, gigantesco, colosal, excelso.
Antónimos: Bajo, enano, pigmeo, liliputiense, pequeño, chico.

ALTRUISMO

Sinónimos: Caridad, filantropía, magnanimidad, beneficiencia, humanitarismo, abnegación, sacrificio, desinterés, fraternidad, hermandad, benevolencia.
Antónimos: Egoísmo, tacañería, egolatría, endiosamiento, individualismo, misantropía, desamor, avaricia.

ALLI

Sinónimos: Allá, acullá, ahí, allende.
Antónimos: Aquí, acá, aquende, presente.

AMANECER

Sinónimos: Alborear, clarear, despuntar, aurora.
Antónimos: Anochecer, oscurecer, crepúsculo.

AMARGO

Sinónimos: Agrio, ácido, acre, acibarado, avinagrado.
Antónimos: Dulce, almibarado, meloso, azucarado.

AMIGO

Sinónimos: Intimo, incondicional, confidente, inseparable, favorito, compañero, camarada, compadre, compinche, adicto, adepto.
Antónimos: Enemigo, adversario, antagonista, competidor, contrincante, contendiente, beligerante, contrario.

AMO

Sinónimos: Señor, dueño, propietario, poseedor, patrón, jefe.
Antónimos: Criado, sirviente, fámulo, mozo, escudero, palafrenero, paje, menino, doméstica, interina, doncella, azafata, camarero/a, ayo, rodrigón.

AMOR

Sinónimos: Afecto, cariño, ternura, mimo, adoración,

idolatría, pasión, idilio, corazón, querencia, devoción, cupido, voluntad.

Antónimos: Odio, rencor, aborrecimiento, encono, inquina, animosidad, desamor, resquemor, tirria, resentimiento, ojeriza, manía, malquerencia.

AMORFO

Sinónimos: Deforme, informe, irregular, embrionario, rudimentario.

Antónimos: Forma, figura, estructura, hechura, formato, aspecto, pinta, fisonomía, modalidad, perfil.

AMPARAR

Sinónimos: Proteger, auxiliar, ayudar, favorecer, asistir, socorrer, remediar, apoyar, valer, abogar, defender, tutelar, avalar, patrocinar, adoptar, apadrinar, acoger.

Antónimos: Desamparar, abandonar.

AMPLIADO

Sinónimos: Amplificado, extendido, dilatado, desarrollado, lato.

Antónimos: Extractado, resumido, concretado, escueto, parco, compendiado, sintetizado, recopilado, breve.

ANALISIS

Sinónimos: Descomposición, disección, autopsia, examen, estudio, investigación, reconocimiento.

Antónimos: Síntesis, composición, reconstrucción, sinopsis, recapitulación, epítome, bosquejo, esbozo, esqueleto, armazón.

ANALOGIA

Sinónimos: Semejanza, congruencia, concordancia, conformidad, unanimidad, coincidencia, convergencia.

Antónimos: Diferencia, divergencia, distinción, oposición, antagonismo, antítesis, disparidad, discrepancia.

ANARQUIA

Sinónimos: Anarquismo, acracia, desorden, confusión, libertinaje.

Antónimos: Disciplina, orden, concreción, gobierno, dogma, doctrina, enseñanza, acatamiento.

ANCIANO

Sinónimos: Viejo, decrépito, «pureta», octogenario, geriátrico, senil, caduco.

Antónimos: Niño, chiquillo, zagal, rapaz, criatura, infante, bebé, chaval, pequeño, menor, impúber, retoño.

ANCHO

Sinónimos: Amplio, holgado, dilatado, espacioso, vasto.

Antónimos: Estrecho, angosto, reducido, apretado, ajustado.

ANCLA

Sinónimos: Ancora, rejón, rezón, ferro, rizón, mascarana, encepadura, gaviete, serviola, cable, proiza, mojel, galga, potala, sacho, arganeo.

ANDADA

Sinónimos: Hábito, aventura.

ANDAR

Sinónimos: Caminar, recorrer, ir, venir, marchar, llegar, pasar, trasladarse, transitar, discurrir, circular, ruar, trajinar, ajetrear, patear, pernear, apeonar, amblar, errar, vagar, vaguear, trotar, rodar, rodear, rumbear, talonear, criar, ladear, reptar, serpear, serpentear.

Antónimos: Parar, descansar, estacionar, reposar, detener, estancar, estabilizar, atascar, sentar, posar, plantar, paralizar, fondear, anclar, varar.

ANDRAJO

Sinónimos: Trapo, trapajo, harapo, argamandel, arrapo, colgajo, calandrajo, pingo, guiñapo, pendajo, mangajo, zarria, aramber, cangalla, jirón, gualdrapa, piltrafa, descosido, desgarrón, jerapellina, remiendo, estraza.
Antónimos: Gala, adorno, ornamento, aderezo, atavío, compostura, aparejo, perifollo, etiqueta.

ANEXAR

Sinónimos: Anejar, conexionar, agregar, adjuntar, adherir, añadir, apeñuscar, arracimar, asociar, acoplar, amalgamar, enlazar, empalmar, englobar, vincular, juntar, incorporar, unir, adscribir.
Antónimos: Separar, desunir, desgajar.

ANFIBIO

Sinónimos: Batracio, anuro, ápodo, urodelo, larva

ANGEL

Sinónimos: Arcángel, querubín, querube, serafín, enviado, mensajero, espíritu de luz, espíritu celeste.
Antónimos: Diablo, demonio, tentador, Satán, Leviatán, Mefistófeles, Satanás, Belial, Asmodeo, Astaroth.

ANIMADO

Sinónimos: Vivo, vital, activo, orgánico, biológico.
Antónimos: Inanimado, inerte, muerto, inorgánico.

ANIMAL

Sinónimos: Bestia, bruto, semoviente, bicho, alimaña.
Antónimos: Planta, vegetal, árbol, arbusto, mata, hierba, fronda, espesura.

ANIMAR

Sinónimos: Alentar, estimular, instigar, excitar.

Antónimos: Desanimar, desalentar, descorazonar, acobardar, abatir, decaer.

ANIQUILAR

Sinónimos: Destruir, extinguir, exterminar, extirpar, desarraigar,
Antónimos: Crear, engendrar, concebir, generar, producir, idear, inventar.

ANODINO

Sinónimos: Insustancial, insulso, insípido, banal.
Antónimos: Interesante, ameno, atractivo, atrayente, cautivador, sugestivo.

ANONIMO

Sinónimos: Secreto, arcano, oculto, sigiloso, misterioso, ignorado, inédito.
Antónimos: Fama, renombre, gloria, reputación, aureola, popularidad, celebridad.

ANORMALIDAD

Sinónimos: Perturbación, conflagración, desquiciamiento, desequilibrio, crisis.
Antónimos: Normalidad, regularidad, naturalidad, equilibrio, perfeción.

ANTECAMARA

Sinónimos: Antedespacho, vestíbulo, «hall».
Antónimos: Recámara, trastienda, alcoba.

ANTERIORIDAD

Sinónimos: Antelación, prelación, precedente, precedencia, delante, prioridad.
Antónimos: Posteridad, retraso, demora, porvenir, ulterior, venidero, siguiente, detrás, después, luego.

ANTIESTETICO

Sinónimos: Feo, horrible, monstruoso, deforme, abigarrado, barroco, extravagante.
Antónimos: Estético, artístico, hermoso, estilizado, grácil, lindo, bonito, elegante.

ANTIGUO

Sinónimos: Anticuado, remoto, obsoleto, ancestral, primitivo, arcaico, viejo, vetusto, añejo.
Antónimos: Moderno, reciente, flamante, nuevo, actual, «in», contemporáneo.

ANTIPATICO

Sinónimos: Desagradable, hostil, huraño, desabrido, arisco, repulsivo, áspero.
Antónimos: Simpático, atrayente, agradable, amable, cordial, afectuoso.

ANVERSO

Sinónimos: Frente, cara, derecho, faz.
Antónimos: Reverso, envés, dorso, vuelta, cruz, respaldo, espalda, posterior.

APAGAR

Sinónimos: Extinguir, sofocar, matar.
Antónimos: Encender, prender, incendiar, inflamar, quemar, incinerar, socarrar, chamuscar.

APARECER

Sinónimos: Manifestarse, mostrarse, revelarse, dibujarse, presentarse.
Antónimos: Desaparecer, ocultarse, esconderse.

APARIENCIA

Sinónimos: Ilusión, sombra, espejismo, alucinación,

ficción, sueño, simulacro, amago.
Antónimos: Realidad, efectividad, verdad, entidad.

APATICO

Sinónimos: Dejado, indolente, abúlico, asténico, débil, apocado, pusilánime.
Antónimos: Enérgico, firme, inflexible, violento, brioso.

APLAUDIR

Sinónimos: Palmotear, ovacionar, aclamar, vitorear, jalear, aprobar, alabar.
Antónimos: Protesta, abuchear, silbar, pitar, patear, gritar, abroncar.

APODERADO

Sinónimos: Representante, procurador, abogado, agente, habilitado, secretario, albacea, administrador.
Antónimos: Poderdante, comitente, representado, amo, jefe, principal, superior.

APODO

Sinónimos: Sobrenombre, mote, remoquete, alias, pseudónimo, sosias.
Antónimos: Nombre, denominación, título, dictado, advocación, epígrafe, epíteto, rótulo, letrero, inscripción, etiqueta, marca, cédula, expresión, bautizo.

APOGEO

Sinónimos: Auge, esplendor, plenitud, magnificencia, cumbre, «summum».
Antónimos: Ruina, decadencia, perdición.

APOSTASIA

Sinónimos: Abjuración, retractación, negación, descatolizar, renegar, contradecirse.

Antónimos: Conversión, arrepentimiento, enmienda, confesión, acatamiento, reconciliación.

APOYADO

Sinónimos: Recostado, sostenido, sustentado, asentado, colocado, posado.
Antónimos: Suspendido, pendiente, colgado, flotante, levantado, funámbulo, trapecista.

APRECIAR

Sinónimos: Estimar, considerar, distinguir, reconocer, valuar, valorar, aquilatar, tasar.
Antónimos: Despreciar, desestimar, menospreciar, desoír, desconsiderar, desechar, humillar.

APRENDER

Sinónimos: Instruirse, aprovechar, aplicarse, estudiar, leer, progresar.
Antónimos: Desaprovechar, incultura.

APRETAR

Sinónimos: Estrechar, apretujar, oprimir, atenazar, estrujar, comprimir, prensar, pisotear, aprisionar, achuchar, apelmazar, recalcar, agarrootar, aplastar.
Antónimos: Aflojar, desapretar, soltar.

APROBAR

Sinónimos: Admitir, aceptar, autorizar, sancionar, refrendar, aquiescencia, beneplácito, consentimiento, consenso, conformidad, otorgar, apoyar.
Antónimos: Suspender, desaprobar, denegar, desautorizar, rechazar, recusar.

APTO

Sinónimos: Competente, capacitado, hábil, idóneo, dispuesto, solvente, documentado, práctico, preparado.

Antónimos: Inepto, inhábil, incompetente, frustrado, torpe, incapaz, ignorante, inútil.

ARGUCIA

Sinónimos: Sofisma, paralogismo, impostura, paradoja.

Antónimos: Razonamiento, argumentación.

ARISTA

Sinónimos: Borde, ángulo, esquina, escuadra, cantón.
Antónimos: Chaflán, ochava, achaflanadura.

ARRAIGAR

Sinónimos: Afianzarse, afincarse, prender, fijarse, incrustarse.
Antónimos: Desarraigar, extirpar.

ARREGLAR

Sinónimos: Componer, apañar, reparar, subsanar.
Antónimos: Desarreglar, estropear, descomponer, desbaratar, romper, desgarrar, destrozar, quebrar, despedazar, deteriorar, desquiciar, desarticular.

ARRENDAR

Sinónimos: Alquilar, contratar, fletar, traspasar, subarrendar, prestar.
Antónimos: Cancelar, desalojar, rescindir, expulsar, despedir, deshauciar.

ARREPENTIMIENTO

Sinónimos: Pesar, dolor, pésame, sentimiento, contrición, atrición, compunción, remordimiento.
Antónimos: Impenitencia, contumacia.

ARRIBA

Sinónimos: Encima, alto, sobre, cénit, sumo, supra.

Antónimos: Abajo, debajo, sótano, subterráneo, ayuso, bajo, subsuelo, profundo.

ASALTAR

Sinónimos: Acometer, afrontar, agredir, arremeter, atacar, cargar, cerrar, lanzarse.

Antónimos: Escapar, huir, hurtarse, retirarse, retroceder.

ASALTO

Sinónimos: Acometida, agresión, arremetida, ataque, carga, embate, embite, embestida.
Antónimos: Defensa, fortificación, protección.

ASAR

Sinónimos: Chamuscar, dorar, rehogar, soasar, socarrar, torrar.
Antónimos: Helar, refrigerar.

ASCENSOR

Sinónimos: Montacargas

ASCO

Sinónimos: Disgusto, náusea, repugnancia, repulsión, vómito, arcada.
Antónimos: Apetito, atracción, deseo, gusto.

ASEGURAR

Sinónimos: Aclarar, afirmar, aseverar, cerciorar, certificar, comprobar, confirmar.
Antónimos: Dubitar, dudar, negar, recelar.

ASIENTO

Sinónimos: Banco, banqueta, butaca, canapé, diván, escaño, poltrona, silla, sillón, sitial, sofá, taburete, tum-

bona; cordura, juicio, madurez, prudencia; poso, sedimento; anotación, partida.
Antónimos: Inestabilidad, irreflexión, movilidad.

ASIR

Sinónimos: Agarrar, coger, prender, tomar.
Antónimos: Abandonar, aflojar, dejar, soltar, desprenderse.

ASISTIR

Sinónimos: Ayudar, intervenir, socorrer, vigilar.
Antónimos: Descuidar, estorbar, inhibirse.

ASNO

Sinónimos: Borrico, burro, jumento, onagro, pollino, rucio.

ASOCIACION

Sinónimos: Agrupación, alianza, compañía, mutualidad, comunidad, cooperativa, confraternidad.
Antónimos: Cisma, desacuerdo, desavenencia, descuido, divorcio, escisión.

ASOMAR

Sinónimos: Aflorar, aparecer, destacar, emerger.
Antónimos: Desaparecer, hundirse, sumergirse.

ASPECTO

Sinónimos: Actitud, aire, cara, catadura, ceño, facha, fisonomía, jeta, morro, planta, porte, tipo.

ASPERO

Sinónimos: Abrupto, basto, bronco, ceñudo, desabrido, desapacible, escabroso, escarpado, fragoso, hosco, intratable, ordinario, rasposo, rígido, rugoso.

Antónimos: Agradable, aterciopelado, fino, melifluo, pulimentado, satinado, sedoso, suave.

ASPIRAR

Sinónimos: Ambicionar, anhelar, ansiar, desear.
Antónimos: Rechazar, rehusar.

ASQUEROSO

Sinónimos: Inmundo, nauseabundo, repelente, repugnante, repulsivo, sucio.
Antónimos: Agradable, atractivo, limpio, neto puro.

ASTRONOMIA

Sinónimos: Astrología, cosmogonía, cosmografía.

ASTUCIA

Sinónimos: Añagaza, artería, artimaña, cuquería, estratagema, marrullería, picardía, retrechería, sagacidad, señuelo, sutileza, treta.
Antónimos: Candidez, candor, ingenuidad, inocencia.

ASTUTO

Sinónimos: Artero, cuco, diestro, ladino, lagarto, malicioso, mañero, maquiavélico, pícaro, sagaz, sutil.
Antónimos: Cándido, incauto, ingenuo, inocente, papanatas, sencillo, simple, sincero.

ASUNTO

Sinónimos: Bagatela, contrato, embrollo, empresa, faena, friolera, intriga, labor, manejo, negocio, ocupación, quehacer, tarea, trabajo, tráfago.

ASUSTAR

Sinónimos: Acobardar, amedrentar, amilanar, atemorizar, aterrorizar, espantar, intimidar.

Antónimos: Animar, calmar, sosegar, tranquilizar.

ATACAR

Sinónimos: Abordar, acometer, agredir, arremeter, cerrar, embestir, iniciar.
Antónimos: Abandonar, escapar, huir, pacificar, inhibirse.

ATAR

Sinónimos: Abotonar, abrochar, amarrar, anudar, asegurar, ceñir, encadenar, enlazar, esposar, ligar, liar, sujetar, trabar, trincar.
Antónimos: Desamarrar, desatar, desenlazar, desliar, desligar, desvincular.

ATAUD

Sinónimos: Angarillas, caja, féretro, parihuelas, sarcófago.

ATENCION

Sinónimos: Admiración, advertencia, aplicación, cautela, consideración, contemplación, cuidado, curiosidad, diligencia, meditación, observación, reflexión, vigilancia.
Antónimos: Atolondramiento, aturdimiento, desatención, descuido, distracción.

ATENTO

Sinónimos: Afable, afectuoso, amable, comedido, considerado, cortés, obsequioso, respetuoso.
Antónimos: Atolondrado, desatento, descortés, distraído, ensimismado, olvidadizo.

ATEO

Sinónimos: Agnóstico, escéptico, herético, impío, incrédulo, infiel, irreligioso.
Antónimos: Creyente, devoto, fiel, piadoso, religioso.

ATESTAR

Sinónimos: Abarrotar, apretujar, atarugar, atiborrar, henchir, llenar, rellenar; atesiguar, testificar, testimoniar.
Antónimos: Desocupar, sacar, vaciar, verter.

ATRASAR

Sinónimos: Rezagar, retrasar, posponer, retardar, demorar, diferir, aplazar.
Antónimos: Adelantar, anticipar, madrugar, mañanear, anteponer, avanzar, atajar.

ATREVIDO

Sinónimos: Animoso, decidido, valeroso, determinado, templado, osado, audaz, resuelto, arriscado, emprendedor, desenvuelto, desenfadado, fresco, insolente,
Antónimos: Miedoso, medroso, pusilánime, asustadizo, timorato, pacato, temeroso, aprensivo, tímido, cuitado, despavorido.

ATROFIA

Sinónimos: Consunción, raquitismo, degeneración, atonía, debilitación, distrofia.
Antónimos: Hipertrofia, desarrollo, abultamiento, obesidad.

AUDAZ

Sinónimos: Osado, atrevido, arrojado, arriscado, intrépido, arriesgado, emprendedor, aventurero, descarado, arrivista, valiente.
Antónimos: Tímido, encogido, asustadizo, parado, apocado, pusilánime, vergonzoso, corto, retraído.

AUMENTAR

Sinónimos: Agrandar, engrandecer, ampliar, amplificar, engrosar, acrecentar, acrecer, incrementar, intensificar, sobrepasar, exceder, pujar, medrar, arreciar, progresar; avanzar, difundirse, extenderse, expandirse, recrudecerse, abultarse, hinchar; doblar, multiplicar, acentuar; superlativo, exageración, hipérbole, ampulosidad, hiperrrofia.

Antónimos: Disminuir, amenguar, aminorar, minorar; amortiguar, ceder, decrecer, remitir, amainar, moderar, mitigar, atenuar, corregir, aplacar, achicar, descongestionar, reducir, diezmar, mermar, entibiar, aflojar, flaquear, cejar; quitar, restar, descontar, deducir, rebajar, regatear, reducir, cercenar, menoscabar; acortar, restringir.

AURA

Sinónimos: Brisa, céfiro, airecillo, hálito, ventolina, remusgo, remanso, calma.

Antónimos: Huracán, vendaval, ciclón, aquilón, ventolera, ventisca, ráfaga, remolino, torbellino.

AUSENTE

Sinónimos: Inasistente, incomparecencia; novillero, forastero; alejado, olvidado, ido.

Antónimos: Presente, circunstante, asistente, concurrente, concursante, espectador, testigo.

AUTOCRACIA

Sinónimos: Absolutismo, despotismo, tiranía, dictadura, opresión, autoritarismo, totalitarismo, oligarquía.

Antónimos: Democracia, parlamentarismo, constitucionalismo, republicanismo, socialismo, marxismo, colectivismo, comunismo.

AUTORIDAD

Sinónimos: Gobernante, gobernador, gobierno, superioridad, jerarquía, dignatario, justicia, policía, dirigente, caudillo, responsable, mandamás, jefe, director, intendente, rector, regente, presidente, mando, capitoste, jerifalte, patrón, capataz, encargado, gerente.

Antónimos: Súbdito, subordinado, gobernado, dependiente, inferior, ciudadano, vasallo, siervo, criado, fámulo, feudatario.

AVANZAR

Sinónimos: Progresar, adelantar, ganar.
Antónimos: Retroceder, regresar, cejar, recular, desandar, retirarse, replegarse.

AVARICIA

Sinónimos: Codicia, avidez, ambición, tacañería, ruindad, roñosería, mezquindad, sordidez, cicatería, usura, «judío».
Antónimos: Largueza, generosidad, altruismo, magnanimidad, desprendimiento, despilfarro, dilapidación, dadivoso.

AYUDAR

Sinónimos: Cooperar, coadyuvar, colaborar, auxiliar, asistir, favorecer, proteger, auspiciar, facilitar, apoyar, secundar, reforzar, influir, contribuir, participar.
Antónimos: Estorbar, entorpecer, dificultar, impedir, evitar, conjurar, contrarrestar, oponerse, impedir, interferir, obstruccionar, obstaculizar, interceptar.

AYUNAR

Sinónimos: Abstenerse, privarse.
Antónimos: Comer, engullir, alimentarse, yantar, sustentarse, sostenerse, glotonear, devorar, nutrirse, cebarse.

AZOTE

Sinónimos: Golpe, cachete, manotazo, bofetada, cate, sopapo, guantada, mamporro, sornavirón, coscorrón, soplamocos, torta, puñetazo, capirotazo, revés; patada.
Antónimos: Caricia, mimo, cariño, halago; beso, ósculo, abrazo, zalamería, cucada, arrumaco, carantoña, embeleco, cucamonas, coqueteos, dingolondango, lagotería, garatusa, roncería.

B

BACALAO

Sinónimos: Abadejo, bacalada, curadillo, estocafís.

BACILO

Sinónimos: Bacteria, microbio, micrococo, microorganismo, vibrón, virus.
Antónimos: Macrobio, gigante, titán.

BAILAR

Sinónimos: Bailotear, contonearse, danzar, voltear.

BAILARIN

Sinónimos: Bailador, bayadera, coreógrafo, chica de conjunto, danzante, danzarín, funámbulo, mimo, saltarín.

BAILE

Sinónimos: Ballet, coreografía, danza, festival, fiesta, guateque, kermesse, pantomima, sarao, verbena.

BAJAR

Sinónimos: Apear, arrear, caer, decaer, descender, precipitarse, resbalar, rodar; agacharse, decrecer, degradar, deprimir, disminuir, rebajar.
Antónimos: Alzar, ascender, avanzar, crecer, elevar, enarbolar, encaramar, encumbrar, erguir, escalar, izar, levantar, remontar, subir, trepar.

BAJO

Sinónimos: Achaparrado, chico, desmedrado, enano, liliputiense, menudo, pigmeo, retaco; despreciable, plebeyo, rastrero, ruín, vulgar.

Antónimos: Alto, cimero, colosal, crecido, elevado, eminente, encumbrado, esbelto, espigado, gigantesco, mocetón, prominente, talludo.

BALA

Sinónimos: Bulto, fardo, paca, proyectil; balarrasa, tarambana.

BALANCE

Sinónimos: Arqueo, cómputo, confrontación, cuenta, liquidación; contoneo, oscilación, vaivén, vacilación.

BALANCEAR

Sinónimos: Cabecear, columpiar, equilibrar, igualar, mecer; dudar, titubear, vacilar.

BALANZA

Sinónimos: Báscula, romana; duda, juicio, peso, titubeo.

BALCON

Sinónimos: Azotea, camón, galería, mirador, terrado, terraza, ventana.

BALDE

Sinónimos: Cubo, pozàl; gratis, gratuito, regalado; en balde, en vano, inútilmente.

BALDOSA

Sinónimos: Azulejo, ladrillo.

BALON

Sinónimos: Esférico, pelota; recipiente, balón de oxígeno.

BALLESTA

Sinónimos: Arco, balista, catapulta, muelle.

BANCO

Sinónimos: Asiento, banca, banquillo, caja de ahorros, casa de cambio.

BANDA

Sinónimos: Conjunción, fanfarria, música, orquesta; cinta, condecoración, distintivo, faja, lista, venda; lado, costado; bandada, cuadrilla, facción, grupo, pandilla.

BANDEJA

Sinónimos: Azafata, batea, fuente, plato.

BANDERA

Sinónimos: Distintivo, divisa, emblema, enseña, estandarte, gallardete, insignia, lábaro, oriflama, pabellón, pendón, tricolor.

BANDIDO

Sinónimos: Asesino, atracador, bandolero, criminal, delincuente, facineroso, gangster, malandrín, malhechor, pirata, salteador.

BANDO

Sinónimos: Arenga, aviso, edicto, orden, pregón, ukase; bandería, facción.

BAÑAR

Sinónimos: Asperjar, empapar, hisopear, humedecer, inundar, irrigar, lavar, macerar, mojar, regar, rociar, sumergir, untar.

BAÑERA

Sinónimos: Aljibe, cisterna, fuente, pila, piscina, tina.

BAÑO

Sinónimos: Ablución, ducha, inmersión, lavatorio, pediluvio, remojón, sumersión, zambullida.

BAR

Sinónimos: Ambigí, barra, buffet, café, cafetería, cantina, cervecería, snack-bar, taberna, tasca.

BARAJA

Sinónimos: Cartas, naipes.

BARATIJA

Sinónimos: Bagatela, bisutería, chatarra, chuchería, frusilería, futesa, nonada, quincalla, zarandaja.
Antónimos: Alhaja, brillante, diamante, filigrana, gema, joya, perla, presea.

BARATO

Sinónimos: Asequible, de lance, de ocasión, económico, ganga, módico, rebajado, regalado, saldo.
Antónimos: Antieconómico, caro, costoso, dispensioso, inasequible.

BARBA

Sinónimos: Mentón, mosca, patilla, perilla.

BARBARO

Sinónimos: Bestia, bruto, burro, cerril, feroz, grosero, incivil, inculto, salvaje, tosco, vándalo.

Antónimos: Civilizado, cortés, delicado, educado, fino humano.

BARCA

Sinónimos: Balandro, batel, bote, bou, canoa, chalupa, embarcación, esquife, fuera de borda, gabarra, góndola, lancha, lanchón, piragua, trainera, yola.

BARRA

Sinónimos: Alzaprima, lingote, palanca; bajío, bajo de arena, línea de puerto.

BARRANCO

Sinónimos: Acantilado, arroyo, derrumbadero, despeñadero, foso, foz, hendidura, hoya, precipicio, quebrada, ribazo, riera, ripa, sima, torrentera.

BARREÑO

Sinónimos: Aguamanil, bacía, cubeta, fregadero, jufaina, lavabo, lavamanos, palangana, pila, terrizo.

BARRERA

Sinónimos: Antepecho, cerca, contrabarrera, empalizada, muro, obstáculo, parapeto, valla.

BARRIL

Sinónimos: Barrica, bocoy, bota, cuba, pipa, tonel.

BARRIO

Sinónimos: Barriada, distrito, extramuros, suburbio.

BARRO

Sinónimos: Cieno, fango, légamo, limo, lodo, pantano.

BASE

Sinónimos: Apoyo, basamento, cimiento, espigón, fundamento, gozne, peana, pedestal, perno, pivote, quicio, raíz, soporte, sostén.
Antónimos: Alto, ápice, arriba, cima, cumbre, cúspide, elevación, pináculo.

BASTANTE

Sinónimos: Asaz, congruo, harto, sobrado, suficiente.

BASTARDO

Sinónimos: Adulterino, espurio, expósito, ilegítimo, inclusero, natural.

BASTON

Sinónimos: «Alpenstok», báculo, batuta, bordón, cachava, cachiporra, caduceo, cayado, cetro, clava, garrote, gayato, maza, palo, pértiga, porra, tirso.

BASURA

Sinónimos: Desperdicio, inmundicia, porquería, restos, sobras, suciedad.

BATA

Sinónimos: Albornoz, batín, guardapolvo, kimono, sobretodo.

BATALLA

Sinónimos: Acción, ataque, combate, contienda, contraataque, choque, desafío, encuentro, escaramuza, guerra, guerrilla, justa, lid, lucha, ofensiva, pelea, pugna, sabotaje, torneo.

BATERIA

Sinónimos: Batería de artillería, de cocina, de iluminación, de música, brecha, conjunto, fila, grupo, hilera.

BATIR

Sinónimos: Agitar, golpear, percutir; arrollar, derrotar, luchar, vencer; explorar, reconocer, registrar.

BEATIFICAR

Sinónimos: Canonizar, glorificar, santificar.
Antónimos: Anatemizar, condenar, reprobar, vituperar.

BEATO

Sinónimos: Bienaventurado, clerical, fervoroso, fariseo, gazmoño, hipócrita, mojigato, piadoso, santo, santurrón, virtuoso.
Antónimos: Ateo, blasfemo, impío, irreligioso, sacrílego.

BEBER

Sinónimos: Abrevar, alegrarse, catar, chisparse, degustar, emborracharse, embriagarse, empinar el codo, ingurgitar, libar, mamar, soplar, sorber, trincar.
Antónimos: Abstenerse, privarse.

BEBIDA

Sinónimos: Aperitivo, bebedizo, brebaje, cordial, decocción, filtro, infusión, jarabe, licor, líquido, néctar, pocima, poción, potingue, recuelo, tisana.
Antónimos: Alimento, bazofia, comestible, comida, condumio, maná, manjar, pitanza, provisiones, vianda, vitualla, víveres.

BECERRO

Sinónimos: Eral, novillo, ternero, torillo.
Antónimos: Buey, toro, vaca.

BEDEL

Sinónimos: Botones, celador, conserje, ordenanza, portero, ujier, vigilante.

BELICOSO

Sinónimos: Agresivo, batallador, belicista, bélico, beligerante, guerrero, marcial, pendenciero, pugnaz.
Antónimos: Humilde, indiferente, manueto, neutral, pacífico, tranquilo.

BELLEZA

Sinónimos: Apostura, beldad, bizarría, donaire, donosura, encanto, galanura, gallardía, gentileza, gracia, hermosura, lindeza, preciosidad, venustez.
Antónimos: Deformidad, fealdad, monstruosidad, torpeza.

BELLO

Sinónimos: Atractivo, apuesto, bizarro, bonito, donoso, gracioso, hermoso, gallardo.
Antónimos: Adefesio, deforme, desgraciado, engendro, feo, horrible, horroroso.

BENDICION

Sinónimos: Augurio, consagración, signo sagrado.
Antónimos: Abominación, anatema, condenación.

BENEFICENCIA

Sinónimos: Asistencia, atención, ayuda, benevolencia, caridad, favor, filantropía, humanidad, humanitarismo, limosna, merced, magnanimidad, misericordia.

Antónimos: Animosidad, malevolencia, perjuicio.

BESAR

Sinónimos: Besuquear, deoscular.

BIBLIA

Sinónimos: Antiguo Testamento, Historia Sagrada, Nuevo Testamento, Sagrada Escritura.

BIBLIOTECA

Sinónimos: Discoteca, hemeroteca, librería, pinacoteca.

BICOCA

Sinónimos: Beneficio, breva, enchufe, mina, momio, prebenda, sinecura, viña.
Antónimos: Carga, cruz, engorro, «hueso», mochuelo, papeleta, pejiguera.

BIEN

Sinónimos: Acertadamente, admirablemente, concienzudamente, convenientemente, correctamente, exactamente, justamente, perfectamente, sabiamente; beneficio, bienes, caudal, hacienda, patrimonio, propiedad, prosperidad, provecho, recurso, riqueza, tesoro.
Antónimos: Defectuosamente, desastrosamente, lamentablemente, mal, malamente, neciamente, perversamente, pésimamente; calamidad, catástrofe, daño, desastre, desdicha, desperfecto, estrago, infortunio, pérdida, perjuicio, quebranto.

BIENESTAR

Sinónimos: Abundancia, bienandanza, comodidad, felicidad, holgura, paz, prosperidad, satisfacción, tranquilidad, ventura.
Antónimos: Calamidad, desdicha, desgracia, desventura, escasez, estrechez.

BIGOTE

Sinónimos: Bozo, mostacho.

BILLETE

Sinónimos: Abono, asiento, boleto, bono, carta, cédula, contraseña, entrada, localidad, papel moneda, resguardo, talón, ticket, vale.

BIOGRAFIA

Sinónimos: Curriculum vitae, hazañas, hechos, historia, perfil, retrato, semblanza.
Antónimos: Cuento, fantasía, novela.

BLANCO

Sinónimos: Albino, albo, almidonado, argénteo, armiño, cándido, canoso, claro, ebúrneo, encalado, enjalbegado, jalbegado, lácteo, marmóreo, níveo, pálido; diana, tiro.
Antónimos: Ahumado, azabachado, luto, negro, oscuro, sombrío, tiznado, zaíno.

BLANDO

Sinónimos: Agradable, apacible, dúctil, fláccido, flexible, fofo, maleable, mórbido, muelle, pastoso, plegadizo, suave, tierno.
Antónimos: Acerado, áspero, consistente, duro, resistente, rígido, tenaz, tieso.

BLANQUEAR

Sinónimos: Encalar, encanecer, enjalbegar, jalbegar.
Antónimos: Ahumar, enlutar, ensombrecer, tiznar.

BLASFEMIA

Sinónimos: Ajo, execración, imprecación, juramento, maldición, palabrota, reniego, taco.
Antónimos: Jaculatoria, letanía, oración, plegaria.

BLASON

Sinónimos: Armas, divisa, escudo, gloria, heráldica, honor.

BLOQUEAR

Sinónimos: Asediar, cercar, rodear, sitiar.
Antónimos: Comunicar, desbloquear, salir.

BOBO

Sinónimos: Badulaque, bodoque, bolonio, ceporro, estafermo, estúpido, fatuo, gaznápiro, ignorante, imbécil, lelo, lerdo, necio, obtuso, panoli, papanatas, pasmado, pasmarote, sandio, simple, tardo, tonto, torpe, zafío, zopenco, zoquete.
Antónimos: Agudo, águila, astuto, avisado, avispado, despabilado, despejado, despierto «más largo que ancho», lince, listo, sagaz, precoz, vivillo, vivo.

BOCA

Sinónimos: Agujero, apertura, buzón, cavidad oral, embocadura, entrada, fauces, hocico, jeta, labios, «morros», orificio, pico.

BOCADO

Sinónimos: Dentellada, mordedura, mordida, mordisco, refrigerio, piscolabis, tentempié.
Antónimos: Bebida, líquido.

BOCETO

Sinónimos: Apunte, borrador, bosquejo, croquis, diseño, esbozo, esquema, minuta, proyecto, prueba, sinopsis.
Antónimos: Ejecución, realización.

BOCINA

Sinónimos: Caracola, claxon, cuerno, trompeta.

BODA

Sinónimos: Casamiento, connubio, coyunda, desposorio, enlace, himeneo, matrimonio, matrimoniar, nupcias, unión, yugo.
Antónimos: Celibato, doncellez, soltería, virginidad.

BODEGA

Sinónimos: Cantina, cava, figón, sótano, soterrado, subterráneo, taberna, tasca.

BOLA

Sinónimos: Balón, esférico, pelota; arana, bulo, embuste, mentira, paparrucha, patraña, trola.
Antónimos: Axioma, historia, postulado, verdad.

BOLETIN

Sinónimos: Gaceta, revista.

BOLIDO

Sinónimos: Aerolito, estrella fugaz, meteorito.

BOLSA

Sinónimos: Bolsillo, bolso, cartera, falquitrera, macuto, portamonedas, saquete, talega, vadem, zurrón.

BOMBA

Sinónimos: Ariete, granada, mina, obús, petardo, proyectil, torpedo.

BONDAD

Sinónimos: Benignidad, clemencia, dulzura, humanidad, indulgencia, mansedumbre, simpatía, virtud.
Antónimos: Animosidad, crueldad, enemiga, impiedad, maldad, malevolencia, malignidad, malquerencia, odiosidad, perversidad, vicio.

BORDE

Sinónimos: Canto, extremo, filo, margen, orilla; hijo natural.

BORRACHO

Sinónimos: Ajumado, alcoholizado, alegre, alumbrado, bebido, beodo, «colocado», curda, chispo, dipsómano, ebrio, emborrachado, embriagado, «iluminado», «mamado».
Antónimos: Abstemio, aguado, natural, normal, «seco», sereno, tranquilo.

BORRAR

Sinónimos: Esfumar, raer, raspar, rayar, suprimir, tachar.

BORRASCA

Sinónimos: Ciclón, chubasco, galerna, marejada, tempestad, tifón, tormenta.

BOSQUE

Sinónimos: Arboleda, boscaje, chaparral, espesura, floresta, matorral, selva, soto.

BOTELLA

Sinónimos: Anfora, bota, cantimplora, damajuane, envase, frasco, garrafa, jarra, recipiente, redoma.

BOXEADOR

Sinónimos: Luchador, púgil.

BOYA

Sinónimos: Baliza, flotador, guíndola, señal.

BRACERO

Sinónimos: Jornalero, obrero, peón, trabajador.
Antónimos: Amo, capataz, dueño, jefe, patrón.

BRAZALETE

Sinónimos: Ajorca, joya, pulsera, presea.

BRAZO

Sinónimos: Antebrazo, bíceps, codo, extremidad, húmero, miembro; apoyo, ayuda, poder, protección, sostén, valor; clase, estamento.

BREVE

Sinónimos: Compendioso, conciso, corto, efímero, escueto, espartano, fugaz, lacónico, lapidario, pequeño, resumido, sinóptico, sucinto, sumario, telegráfico.
Antónimos: Ampuloso, difuso, dilatado, durable, duradero, eterno, extenso, grandilocuente, inacabable, interminable, kilométrico, largo, permanente, prolijo, prolongado, redundante, rimbombante.

BRIBON

Sinónimos: Canalla, golfo, granuja, malandrín, pícaro, pillastre, pillo, tuno, tunante.
Antónimos: Bueno, correcto, digno, honorable.

BRILLANTE

Sinónimos: Esplendente, esplendoroso, deslumbrante, joya, reluciente, relumbrante, resplandeciente.
Antónimos: Apagado, deslucido, deslustrado, empañado, mate.

BRIO

Sinónimos: Auge, denuedo, empuje, entereza, fuerza, pujanza, vehemencia.

Antónimos: Debilitación, decaimiento, declive, flaqueza.

BRONCA

Sinónimos: Alboroto, cisco, escándalo, gresca, jarane, marimorena, pendencia, trifulca, zipizape.
Antónimos: Calma, hermetismo, mutismo, pausa, paz, orden, silencio, tregua.

BRUTAL

Sinónimos: Animal, bárbaro, bestial, cerril, colosal, cruel, extraordinario, fenomenal, feroz, formidable, salvaje.
Antónimos: Afable, asequible, civilizado, cortés, educado, galante, humano, sociable, suave, tratable.

BUENO

Sinónimos: Benévolo, benigno, bondadoso, caritativo, ejemplar, excelente, honorable, humanitario.
Antónimos: Avieso, canalla, condenado, desalmado, diabólico, endemoniado, energúmeno, facineroso.

BURLA

Sinónimos: Afrenta, baya, baldón, befa, broma, bufonada, cuchufleta, chacota, chanza, chirigota, choteo.
Antónimos: Circunspección, empaque, engolamiento, formalidad, mesura, seriedad, solemnidad.

BUSCAR

Sinónimos: Averiguar, bucear, compulsar, escrutar, escudriñar, espiar, explorar, huronear, husmear, inquirir, inspeccionar, investigar, rastrear, rebuscar, registrar, sovdear.

BUSTO

Sinónimos: Corsé, chaleco, sostén, sujetador, torso, pecho.

C

CABALLERO

Sinónimos: Hidalgo, galán, noble, señor, prócer.
Antónimos: Rufián, chulo, flamenco, marchoso, sinvergüenza, canalla, pérfido,; alcahuete, villano, ruín.

CABALLO

Sinónimos: Corcel, rocín, jamelgo, rocinante, pofro, trotón, cuartago, jaco, penco, percherón, alazán.
Antónimos: Yegua, jaca, potranca, potra.

CABEZA

Sinónimos: Testa, testera, chola, chamorra, «coco», «tarro», moloñdra, mollera, cacos, testuz, calavera; capitel.
Antónimos: Cola, rabo, rabillo, hopo, rabadilla, extremidad, apéndice.

CAER

Sinónimos: Desplomarse, tropezar; sucumbir, arruinar, derrumbar, bajar, descender, abatirse, perecer, morir.
Antónimos: Levantar, enderezar, incorporar, erguir, aupar, empinar, elevar, subir, izar.

CALIDAD

Sinónimos: Clase, índole, modalidad; tónica, condición, carácter, genio, natural, sentido, espíritu; rango, esfera, orden, jerarquía, viso, fuste, categoría.

Antónimos: Cantidad, cuantía, número, cifra, dato, estadística, dosis, cupo.

CALIENTE

Sinónimos: Cálido, caldeado, caluroso, abrasado, bochornoso, tropical, caliginoso, calenturiento, febroide, ardiente, enfebrecido, ardoroso, templado, tibio.
Antónimos: Frío, fresco, helado, congelado, glacial, polar, invernal, gélido, frígido, refrigerado.

CALMA

Sinónimos: Serenidad, tranquilidad, bochorno; pausado, lento, calmo, calmoso.
Antónimos: Tempestad, tormenta, borrasca, huracán, chubasco, vendaval, ventolera, ciclón, remolino.

CALZARSE

Sinónimos: Enchancletarse.
Antónimos: Descalzarse, desmajolarse.

CALLAR

Sinónimos: Enmudecer, omitir, reservar, silenciar.
Antónimos: Conversar, charlar, hablar.

CALLE

Sinónimos: Accesorio, arteria, avenida, bulevar, calleja, callejón, callejuela, carrera, circunvalación, coso, paseo, rambla, ronda, rúa, vía.

CALLO

Sinónimos: Callosidad, dureza, rugosidad.

CAMA

Sinónimos: Camastro, cama turca, camilla, catre, diván, hamaca, jergón.

CAMAFEO

Sinónimos: Anáglifo, flíptico, ónix.

CAMARERA

Sinónimos: Azafata, doncella, menina, moza, muchacha, sirvienta.

CAMARERO

Sinónimos: Ayuda de cámara, barman, criado, «maître», mayordomo, mozo, servidor.

CAMBIAR

Sinónimos: Alterar, alternar, cambalachear, camuflar, canjear, conmutar, chalanear, deformar, desviar, disfrazar, enmendar, metamorfosear, modificar, mudar, permutar, reemplazar, reformar, revelar, renovar, subrogar,, suplantar, suplir, sustituir, transformar, trasegar.

CAMELAR

Sinónimos: Galantear, lisonjear, piropear, seducir.

CAMELLO

Sinónimos: Dromedario.

CAMILLA

Sinónimos: Ambulancia, andas, angarilla, ataúd, cama, féretro, litera, palanquín, parihuela.

CAMPANA

Sinónimos: Campanilla, campano, carrillón, cascabel, cencerro, cimbalillo, címbalo, espadaña, esquila, gong.

CAMPANARIO

Sinónimos: Campanil, minarete, torre.

CAMPEON

Sinónimos: As, atleta, defensor, héroe, «leader», «number one», paladín, recordman, vencedor.

CAMPESINO

Sinónimos: Agreste, agrícola, agricultor, aldeano, aparcero, boyero, campero, campestre, colono, cultivador, destripaterrones, enfiteuta, labrador, labriego, mediero, paleto, patán, rural, rústico, vaquero.
Antónimos: Ciudadano, cívico, civil, urbano.

CAMINO

Sinónimos: Atajo, cañada, carretera, carril, medio, manera, procedimiento, ruta, senda, sendero, trocha, vereda, vericueto, vía, viaje.

CAMPO

Sinónimos: Agro, alquería, barbecho, campiña, cultivo, chacra, finca, granja, hacienda, heredad, huerto/a, latifundio, pastizal, pejugal, posesión, prado, predio, sembrado, terreno.

CANAL

Sinónimos: Acequia, acueducto, albañal, alcantarillado, alveo, canalón, caño, caz, cloaca, colector, conducto, górgola, reguera, sifón, tubería, tubo.

CANCELA

Sinónimos: Reja, verja.

CANCER

Sinónimos: Carcinoma, epitelioma, neoplasia, metástasis, neoplasma, tumor.

CANDOR

Sinónimos: Candidez, ingenuidad, inocencia, sencillez, simplicidad.
Antónimos: Maldad, malicia, perversidad.

CANSADO

Sinónimos: Abatido, agotado, ahíto, débil, derrengado, desanimado, desmadejado, exánime, exhausto, extenuado, fatigado, harto, laso, postrado, quebrantado.
Antónimos: Eficiente, enérgico, fuerte, gallardo, potente, vigoroso, vivaz.

CANTIDAD

Sinónimos: Abundancia, cifra, cuantía, dosis, número, surtido.

CANTO

Sinónimos: Aria, borde, bulerías, canción, cantinela, esquina, fandango, guijarro, habanera, himno, jota, margen, orilla, piedra, ritornero, salmodia, sevillanas, soleares, tango, villancico, zortzico.

CAÑADA

Sinónimos: Barranco, colada, cordel, quebrada.

CAPA

Sinónimos: Albornoz, capa pluvial, capote, chilaba, chubasquero, esclavina, impermeable, macferlán, manto, mantón, pelerina, poncho, tabardo.

CAPACIDAD

Sinónimos: Aforo, aptitud, cabida, competencia, destreza, habilidad, idoneidad, inteligencia, pericia, talento, virtuosismo.
Antónimos: Negación, impericia, torpeza.

CAPCIOSO

Sinónimos: Artificioso, engañoso, insidioso.

CARA

Sinónimos: Anverzo, faz, fisonomía, hocico, jeta, rostro.
Antónimos: Cogote, nuca, occipucio, testuz.

CARDAR

Sinónimos: Peinar.
Antónimos: Despeinar, desmadejar.

CARENTE

Sinónimos: Ayuno, despojado, desprovisto, exento, falto, indigente, inope, manco, privado, vacío.
Antónimos: Adornado, depositario, dotado, provisto.

CARGAR

Sinónimos: Acometer, achacar, apechar, apechugar, apoyar, arremeter, atacar, atribuir, colgar, embestir, enojar, fastidiar, estribar, gravar, gravitar, henchir, hastiar, importunar, imputar, irritar, molestar, oprimir, rellenar, sobrecargar, sobrellevar.
Antónimos: Descargar, retirarse, retroceder.

CARIDAD

Sinónimos: Abnegación, altruismo, amor, beneficencia, benevolencia, compasión, desinterés, filantropía, humanitarismo, magnanimidad, misericordia, piedad.
Antónimos: Envidia, odio, crueldad.

CARNICERO

Sinónimos: Carnívoro, sanguinario, tablajero.
Antónimos: Herbívoro, pacífico.

CARO

Sinónimos: Amado, antieconómico, apreciable, apreciado, costoso, dispendioso, elevado, estimable, inasequible, querido.

Antónimos: Aborrecido, bajo, barato, despreciado, económico, módico, odiado, rebajado, tirado.

CARRERA

Sinónimos: Camino, corrida, curso, estudios, fortuna, incursión, profesión, prosperidad, recorrido, trayecto, trayectoria.

CARRO

Sinónimos: Autobús, autocar, automóvil, berlina, calesa, camión, carreta, carretilla, carretón, carromato, carruaje, coche, cupé, diligencia, faetón, fiacre, furgoneta, landó, «limousine», tanque, tartana, tílburi, trolebús, tronco, vagón, vagoneta, vehículo, volquete.

CARTUCHERA

Sinónimos: Canana, correaje.

CASA

Sinónimos: Albergue, alcázar, alojamiento, alquería, apartamento, bloque, buhardilla, «bungalow», cabaña, castillo, caserío, casucha, construcción, cortijo, cuartel, chabola, chalet, chiribitil, domicilio, edificio, ermita, finca, granja, habitación, hacienda, hogar, inmueble, mansión, masada, masía, mesón, morada, pabelllón, posada, rábida, rascacielo, refugio, residencia, tabuco, torre.

CASCADA

Sinónimos: Catarata, salto de agua.

CASTAÑA

Sinónimos: Marrón, pilonga, bellota.

CASTIDAD

Sinónimos: Abstinencia, continencia, decoro, integridad, pudicia, pudor, pureza, vergüenza, virginidad, virtud.
Antónimos: Concupiscencia, contubernio, corrupción, deshonestidad, fornicio, fornicación, impudicia, impureza, inverecundía, lascivia, libidine, liviandad, lubricidad, lujuria, prostitución, rijosidad, torpeza.

CASUAL

Sinónimos: Accidental, aleatorio, contingente, eventual, fortuito, imprevisto, inoperante, ocasional.
Antónimos: Firme, preordenado, preparado, predispuesto, previsto, querido, seguro, sólido.

CATALEJO

Sinónimos: Anteojo, binoculares, gemelos, telescopio,

CATARRO

Sinónimos: Constipado, coriza, expectoración, mucosidad, resfriado, romadizo, tos.

CATASTROFE

Sinónimos: Calamidad, cataclismo, desastre, desventura, flagelo, ruina.

CAUTELA

Sinónimos: Astucia, circunspección, desconfianza, precaución, recato, reserva, duda.
Antónimos: Confianza, descuido, ligereza, versatilidad, volubilidad.

CAUTIVERIO

Sinónimos: Cautividad, esclavitud, prisión.
Antónimos: Albedrío, emancipación, independencea.

CAVIDAD

Sinónimos: Alveo, alvéolo, cauce, caverna, concavidad, cuenco, cueva, excavación, hoyo, hueco, seno.

CEDER

Sinónimos: Aflojar, capitular, cejar, curvarse, dar, doblarse, doblegarse, flaquear, rendirse, replegarse, romperse, someterse, transferir, traspasar.
Antónimos: Aguantar, rebatir, rechazar, repeler, resistir, soportar, sostener, sufrir.

CEGAR

Sinónimos: Alucinar, atascar, cerrar, deslumbrar, engañar, obcecar, obstruir, obturar, ofuscar, tapar.
Antónimos: Columbrar, distinguir, divisar, escrutar, ver, vislumbrar.

CELEBRE

Sinónimos: Conocido, distinguido, famoso, glorioso, ilustre, ínclito, insigne, memorable, renombrado.
Antónimos: Desconocido, ignorado, ignoto, oscuro.

CELERIDAD

Sinónimos: Actividad, diligencia, presteza, prontitud, rapidez, velocidad.
Antónimos: Cabeza, calma, flema, lentitud, pachorra, tardanza, demora.

CELESTE

Sinónimos: Celestial, divino, paradisíaco.
Antónimos: Demoníaco, diabólico, infernal, satánico.

CELIBE

Sinónimos: Núbil, soltero, virgen
Antónimos: Casado, matrimoniado.

CELO

Sinónimos: Asiduidad, cuidado, desvelo, diligencia, esmero, interés, preocupación, solicitud.
Antónimos: Apatía, dejadez, descuido, desinterés, despreocupación, incuria, indiferencia, inercia.

CELOS

Sinónimos: Duda, envidia, recelo, rivalidad, sospecha, temor.
Antónimos: Confianza, satisfacción, seguridad.

CEMENTERIO

Sinónimos: Camposanto, catacumba, fosal, necrópolis, panteón, rauda, última morada.

CENSURAR

Sinónimos: Condenar, criticar, desacreditar, desaprobar, dictaminar, fustigar, juzgar, murmurar, reprender, reprobar, sentenciar, tachar, tildar, vituperar.
Antónimos: Alabar, aprobar, elogiar, encomiar, honrar, aplaudir, lisonjear.

CERA

Sinónimos: Estearina, lacre, lustre.

CIERTO

Sinónimos: Auténtico, axiomático, claro, demostrado, efectivo, evidente, exacto, fidedigno, incontestable, ivindiscutible, indudable, inequívoco, infalible, innegable, irrefutable, fehaciente, manifiesto, palmario, positivo, real, seguro.
Antónimos: Apócrifo, discutible, dubitativo, dudoso, equivocado, erróneo, hipotético, incierto, inexacto, inseguro, problemático, utópico, supuesto.

CINE

Sinónimos: Cinema, cinematógrafo, cineteca, filmoteca, pantalla, televisión.

CIRCULO

Sinónimos: Ambito, arandela, aureola, casino, centro recreativo, ateneo, circunferencia, clúb, halo, nimbo, perímetro, recinto, redondel, rodaja, rotonda, ruedo, sociedad, peña.
Antónimos: Cuadrilátero, hexágono, pentágono, polígono, triángulo.

CIRCUNLOCUCION

Sinónimos: Ambages, circunloquio, eufemismo, perifrasis, rodeo.

CIRCUNSCRIPCION

Sinónimos: Barriada, barrio, demarcación, distrito, cantón, territorio.

CITARA

Sinónimos: Arpa, bandurria, guitarra, lira.

CIVICO

Sinónimos: Civil, ciudadano, municipal, patriótico.

CIVILIZACION

Sinónimos: Afabilidad, avance, cortesía, cultura, florecimiento, ilustración, progreso, prosperidad.
Antónimos: Barbarie, descortesía, incultura, rusticidad, salvajismo.

CLAMAR

Sinónimos: Exclamar, gemir, gritar, lamentarse.
Antónimos: Callar, silenciar.

CLARABOYA

Sinónimos: Lucera, lucerna, lumbrera, tragaluz.

CLARO

Sinónimos: Abierto, agudo, blanco, categórico, comprensible, concluyente, cristalino, despejado, despierto, diáfano, esclarecido, espléndido, evidente, explícito, franco, iluminado, ilustre, inequívoco, insigne, inteligible, límpido, lúcido, luciente, luminoso, manifiesto, meridiano, nítido, obvio, paladino, palmario, patente, perspicaz, puro, reluciente, sereno, sincero, terminante, terso, transparente, visible, vivo.
Antónimos: Abstracto, borroso, brumoso, confuso, cubierto, embrollado, enrevesado, enmarañado, intrincado, laberíntico, liado, lóbrego, nuboso, oscuro, tenebroso.

CLAVE

Sinónimos: Cifra, código secreto.

CLAVO

Sinónimos: Perno, punta, tachuela, tornillo.

CLIENTE

Sinónimos: Comprador, concurrente, frecuentador, parroquiano, fiel, adicto, usuario.

CLOACA

Sinónimos: Albañal, alcantarilla, desagüe, pozo negro, sumidero.

COBARDE

Sinónimos: Encogido, gallina, medroso, miedoso, pusilánime, tímido, «arrugado».
Antónimos: Animoso, arrojado, esforzado, valiente, conquistador, atrevido.

COBRADOR

Sinónimos: Colector, recaudador, recolector.

COLECCIONISTA

Sinónimos: Acopiador, anticuario, bibliófilo, colector, filatélico, «maniático», numismático.

COLEGA

Sinónimos: Amigo, camarada, compañero.

COMPRIMIR

Sinónimos: Apretar, contener, estrujar, oprimir, pensar, reprimir, sujetar.
Antónimos: Aflojar, desahogar.

COMUN

Sinónimos: Corriente, frecuente, general, genérico, normal, ordinario, usual, vulgar.
Antónimos: Específico, excepcional, extraordinario.

COMUNICAR

Sinónimos: Anunciar, avisar, dar parte, inculcar, informar, infundir, difundir, inocular, notificar, participar.
Antónimos: Aislar, callar, silenciar.

CONCLUSION

Sinónimos: Consecuencia, deducción, epílogo, fin, final, resolución, resultado, terminación.
Antónimos: Comienzo, inicio, exordio, premisa, previa, principio, introducción, prólogo.

CONFIANZA

Sinónimos: Crédito, esperanza, fe, franqueza, intimidad, llaneza, seguridad, tranquilidad.

Antónimos: Desconfianza, descrédito, duda, embarazo, empacho, sospecha.

CONFUSION

Sinónimos: Anarquía, barahúnda, babel, bochorno, caos, desconcierto, desorden, duda, desbarajuste, embrollo, enredo, fárrago, humillación, mescolanza, abigarramiento, perturbación, perplejidad, turbación, vergüenza, descrédito.
Antónimos: Armonía, claridad, distinción, método, concierto, orden, organización, regla, seguridad, tranquilidad.

CONOCIMIENTO

Sinónimos: Discernimiento, entendimiento, erudición, inteligencia, juicio, noción, noticia, razón, rudimento, saber.

CONSEJO

Sinónimos: Admonición, advertencia, aviso, dictamen, enseñanza, exhortación, indicación, instrucción, junta, opinión, parecer, reunión, sugerencia.
Antónimos: Mandato, orden, precepto.

CONSOLAR

Sinónimos: Atentar, animar, calmar, confortar, distraer, reanimar, serenar, tranquilizar.
Antónimos: Abatir, atribular, desanimar.

CONSONANCIA

Sinónimos: Acuerdo, armonía, concordancia, conformidad, correspondencia, proporción, relación, rima, unísono.
Antónimos: Desacuerdo, disconformidad, discordancia, disonancia.

CONTEMPORANEO

Sinónimos: Actual, coetáneo, coexistente, simultáneo, sincrónico, armonizado.
Antónimos: Anacrónico, antiguo, arcaico, obsoleto, diacrónico.

CONTRARIO

Sinónimos: Adversario, adverso, antagonista, antinómico, antípoda, antónimo, contradictorio, contrapuesto, enemigo, hostil, opuesto, reverso, rival.
Antónimos: Amigo, coincidente, favorable, simpatizante.

CONTUMAZ

Sinónimos: Impertinente, obstinado, pertinaz, pesado, porfiado, rebelde, recalcitrante, tenaz.
Antónimos: Arrepentido, comprometido, sumiso, dócil.

CORAJE

Sinónimos: Animo, arrojo, atrevimiento, audacia, cólera, corazón, enojo, furia, impavidez, intrepidez, ira, irritación, rabia, redaños, temeridad.
Antónimos: Miedo, horror, pavor, pusilanimidad, temor, pánico, terror, obsesión.

CORDIAL

Sinónimos: Abierto, afectuoso, afable, amable, caluroso, cariñoso, expansivo, comunicativo, extrovertido, franco, hospitalario, reconstituyente, sincero, sociable, tisana, tónico.
Antónimos: Adusto, cerrado, desabrido, frío, insociable, introvertido, misántropo, solitario.

CORRIDA

Sinónimos: Becerrada, lidia, novillada.

CREAR

Sinónimos: Componer, elegir, engendrar, establecer, fundar, hacer, instaurar.
Antónimos: Abolir, aniquilar, destruir, exterminar.

CRESTA

Sinónimos: Carnosidad, copete, moño, penacho, protuberancia, cima, cumbre, pico.

CUERDO

Sinónimos: Lúcido, juicioso, normal, cabal, equilibrado, prudente, reflexivo, sesudo.
Antónimos: Loco, perturbado, transtornado, alienado, demente, desequilibrado.

CUERPO

Sinónimos: Materia, animalidad, barro, soma, humanidad, coleto, corpulencia.
Antónimos: Alma, espíritu, «psyché», ánima, conciencia, subconsciencia.

CUIDAR

Sinónimos: Guardar, custodiar, atender, celo, control, velar, inspeccionar.
Antónimos: Descuidar, abandonar, desatender, desinteresarse, despreocuparse, olvidar.

CULPABLE

Sinónimos: Responsable, reo, comprometido, fautor, encausado, delincuente.
Antónimos: Inocente, inculpado, irresponsable.

CUMBRE

Sinónimos: Cima, cúspide pináculo, remate ápice.
Antónimos: Base, apoyo, cimientos, fundamento, soporte, puntal, sostén, pilar, asiento, pedestal, peana, pie.

CH

CHABOLA

Sinónimos: Aduar, barraca, bohío, borda, cabaña, caseta, garito, cubil, cuchitril, chamizo, choza.
Antónimos: Alcázar, castillo, chalet, palacio, quinta, residencia, torre, villa.

CHAFLAN

Sinónimos: Achaflanadura, bisel, ochava.
Antónimos: Arista, cantón, diedro, escuadra, esquina, rinconada.

CHAQUETA

Sinónimos: Americana, bolero, cazadora, chaqué, chaquetilla, chaquetón, frac, levita, pelliza, saco, smoking, torera, zamarra.

CHARLA

Sinónimos: Conversación, cháchara, chinchorrería, discurso, filatería, habladuría, monserga, palabrería, parloteo, plática, tabarra, tostón.
Antónimos: Hermetismo, mutismo, laconismo, silencio.

CHARLATAN

Sinónimos: Correveidile, cotilla, cotorra, chismoso, embaidor, embaucador, feriante, gárrulo, hablador, lenguaraz, locuaz, parlanchín, sacamuelas, vocinglero.
Antónimos: Callado, cazurro, hermético, mudo, reconcentrado,

CHATO

Sinónimos: Achatado, aplanado, aplastado, chafado, embotado, romo, vasito pequeño.
Antónimos: Afilado, agudo, aguzado, narigudo, narizotas, picudo, puntiagudo.

CHEPA

Sinónimos: Cifosis, corcova, giba, joroba, saliente, «prótesis», «camello», «dromedario», jorobado.
Antónimos: Cavidad, entrante.

CHIMENEA

Sinónimos: Campana, excavación minera, fogón; cañoncito de la recámara de un arma de fuego, conducto de contrapesos de los escenarios teatrales.

CHISTE

Sinónimos: Agudeza, cuchuflería, chascarrillo, chirigota, donaire, gracia, ocurrencia, «salida».
Antónimos: Bobada, sosada, tontería.

CHOFER

Sinónimos: Automovilista, conductor, piloto.

CHORRO

Sinónimos: Chisguete, goteo, jeringazo, reguero, rociada, surtidor.

CHUPAR

Sinónimos: Absorber, aspirar, embeber, empapar, extraer, libar, mamar, sacar, sorber, succionar.
Antónimos: Desprender, exhalar, rezumar, segregar, mingir, sudar, transpirar.

D

DADIVA

Sinónimos: Donativo, obsequio, presente, regalo, oferta, entrega.

Antónimos: Cicatería, mezquindad, roñosería, ruindad, avaricia, tacañería.

«DANCING»

Sinónimos: Baile,. «boîte», guateque, «night-club», «pub», salón de baile, «tabarín».

DAÑO

Sinónimos: Avería, desperfecto, desventaja, deterioro, detrimento, «handicap», lesión, mal, menoscabo, pérdida, perjuicio.

Antónimos: Beneficio, ganancia, utilidad, ventaja.

DAR

Sinónimos: Consignar, distribuir, enajenar, entregar, ofrecer, otorgar, proporcionar, regalar, acertar, adiviner, atinar; caer, pegar, topar; producir, redituar, rendir, rentar.

Antónimos: Errar, negar, privar, quitar, rechazar.

DEBIL

Sinónimos. Asténico, apático, canijo, decaído, desfallecido, enclenque, endeble, enteco, exánime, fleco, fláccido, lánguido, pachucho, pusilánime.

Antónimos: Eficiente, enérgico, forzudo, fuerte, fornido, robusto, vigoroso.

DECAPITAR

Sinónimos: Ajusticiar, degollar, descabezar, desmochar, cercenar, guillotinar.

DECENCIA

Sinónimos: Compostura, decoro, dignidad, honestidad, moderación, modestia, recato.
Antónimos: Deshonestidad, indecencia, indignidad.

DEDICARSE

Sinónimos: Aplicarse, atender, consagrarse, darse, entregarse, ocuparse.
Antónimos: Desentenderse.

DEDUCIR

Sinónimos: Colegir, concluir, derivar, inferir; descontar, disminuir, rebajar, restar, sustraer.
Antónimos: Añadir, aumentar, sumar.

DEFECTO

Sinónimos: Achaque, carencia, deficiencia, falta, imperfección, lacra, mancha, tara, tacha, vicio.
Antónimos: Atractivo, cualidad, don, dote, encanto, mérito, perfección, virtud.

DEFENSA

Sinónimos: Amparo, apología, apoyo, auxilio, baluarte, disculpa, égida, escudo, exculpación, guarnición, justificación, profilaxis, protección, reparo, resguardo, tutela.
Antónimos: Acometida, acoso, agresión, asalto, ataque, carga, embestida, impugnación.

DEFICIT

Sinónimos: Descubierto, escasez, falta, insuficiencia, pasico.

Antónimos: Activo, excedente, remanente, resto, sobrante, saldo acreedor, superávit.

DEGENERAR

Sinónimos: Adulterarse, decaer, declinar, degradarse, depravarse, envilecerse, decaecer, empeorar, perderse, pervertirse.
Antónimos: Corregir, elevarse, enmendar, ennoblecerse, mejorar, regenerar, renovar, restablecer, subir.

DELANTE

Sinónimos: Adelante, antes, principal, primero.
Antónimos: Atrás, después, detrás.

DELIRAR

Sinónimos: Alucinar, desatinar, desbarrar, desvariar, disparatar, divagar, enajenarse, enloquecer, enfebrecer, fantasear, excitarse, fantasear, ilusionar, soñar.
Antónimos: Comedir, razonar, reflexionar.

DEMASIADO

Sinónimos: Excesivo, exorbitante, sobrado, sobrante, superfluo.
Antónimos: Corto, escaso, insuficiente, limitado, poco, reducido.

DEMONIO

Sinónimos: Belcebú, diablo, Lucifer, Luzbel, Maligno, Mefistófeles, Satán, Satanás, príncipe de las tinieblas, Belial, Baal, Astaroth.
Antónimos: Dios, ángel, arcángel, espíritu puro.

DENSO

Sinónimos: Apiñado, apretado, arracimado, atestado, compacto, espeso.
Antónimos: Fofo, fluido, hueco, leve, ralo, vacuo.

DENUNCIAR

Sinónimos: Acusar, delatar, chivatar, descubrir, revelar.

Antónimos: Disimular, encubrir, ocultar, tapar, ser cómplice, velar.

DERRIBAR

Sinónimos: Abatir, arruinar, dejar k.o., demoler, derrocar, derruir, derrumbar, desmantelar, despeñar, destruir, echar por tierra, echar por la borda, erradicar, hundir, postrar, rodar, tirar, prosternar, tumbar, volcar.

Antónimos: Alzar, conservar, construir, edificar, erigir, fabricar, guardar, erguir, levantar.

DESAFIAR

Sinónimos: Afrontar, arrostrar, provocar, competir, pelear, retar, rivalizar.

DESAGRADABLE

Sinónimos: Aburrido, antipático, asqueroso, deploroble, desapacible, enfadoso, enojoso, fastidioso, ingrato, insoportable, irritante, molesto, odioso, repugnante.

Antónimos: Agradable, apacible, atractivo, deleitoso, divertido, grato, gustoso, hechicero, lisonjero, placentero, simpático.

DESAGRADECIDO

Sinónimos: Desmemoriado, ingrato, olvidadizo.

Antónimos: Agradecido, reconocido, obligado.

DESALOJAR

Sinónimos: Abandonar, cambiar, desahuciar, desembarazar, desocupar, despejar, echar, evacuar, expulsar, liberar, mudar.

Antónimos: Albergar, alojar, aposentar, cobijar, embarazar, hospedar, impedir, ocupar.

DESAMPARAR

Sinónimos: Abandonar, dejar, desasistir, desatender, descuidar.

Antónimos: Amparar, asistir, auxiliar, ayudar, proteger, socorrer.

DESAPARECER

Sinónimos: Desvanecer, disipar, disolverse, eclipsarse, escamotear, esconderse, esfumar, evaporarse, fugarse, huir, liquidarse, ocultarse, volar.

Antónimos: Aflorar, aparecer, asomar, brotar, comparecer, emerger, manifestarse, mostrarse, nacer, presentarse, surgir.

DESARROLLAR

Sinónimos: Acrecentar, agigantar, alargar, ampliar, aumentar, crecer, desenrollar, desplegar, dilatar, engrandecer, engrosar, expansionarse, explanar, explicar, exponer, extender, fomentar, incrementar, multiplicar, perfeccionar.

Antónimos: Compendiar, contener, enrollar, frenar, limitar, menguar, reducir, restringir.

DESCALIFICAR

Sinónimos: Desacreditar, desautorizar, deshonrar, incapacitar.

Antónimos: Autorizar, calificar, capacitar, habilitar, honrar.

DESCAMINAR

Sinónimos: Corromper, descarriar, desviar, extraviar, pervertir, viciar.

Antónimos: Convertir, encaminar, recuperarse, redimirse, rehabilitarse, sanar, volver al camino.

DESCENDIENTE

Sinónimos: Biznieto, cachorro, cría, delfín, epígono,

heredero, hijo, nieto, prole, sucesor, vástago.
Antónimos: Abuelo, antecesor, antepasado, ascendiente, mayor, padre, progenitor.

DESCENSO

Sinónimos: Bajada, caída, decadencia, declive, degradación, pendiente.
Antónimos: Ascenso, elevación, subida.

DESCOLORAR

Sinónimos: Decolorar, descolorir, deslavazar, despintar, desteñir, desvair, esfumar, palidecer.
Antónimos: Arrebolar, colorear, matizar, pintar, subir de tono.

DESCOMPONER

Sinónimos: Desarreglar, desarticular, desbaratar, descoyuntar, desordenar, trastornar.
Antónimos: Arreglar, combinar, compaginar, componer, ordenar.

DESCONFIANZA

Sinónimos: Aprensión, duda, escama, incredulidad, inseguridad, miedo, prevención, recelo, sospecha, suspicacia, temor.
Antónimos: Confianza, fe, seguridad, tranquilidad.

DESCONOCIDO

Sinónimos: Anónimo, ignorado, ignoto, incógnito, inédito, inexplorado, oscuro.
Antónimos: Averiguado, conocido, descubierto, divulgado, notorio, subido.

DESCONTENTADIZO

Sinónimos: Cicatero, «chinche», chinchorrero, desebrido, descontento, difícil, insatisfecho, melindroso, quejoso, remilgoso.

Antónimos: Campante, complacido, contento, encantado, rozagante, satisfecho, ufano.

DESCRIBIR

Sinónimos: Definir, delinear, detallar, dibujar, especificar, explicar, exponer, pintar, reseñar, trazar.

DESEAR

Sinónimos: Ambicionar, anhelar, ansiar, apetecer, codiciar, pretender, querer, suspirar por.
Antónimos: Despreciar, rechazar, rehusar, repeler, repugnar.

DESECHO

Sinónimos: Broza, desperdicio, despojo, escombro, escoria, hez, residuo, resto, sobras.
Antónimos: Flor y nata, escogido, selecto.

DESEMBARAZO

Sinónimos: Desenfado, desenvoltura, desparpajo.
Antónimos: Embarazo, encogimiento, torpeza.

DESEMBOCADURA

Sinónimos: Barra, bocas, delta, desagüe, estuario, ría.

DESENGAÑO

Sinónimos: Chasco, decepción, desencanto, desilusión, disuasión, frustración.
Antónimos: Añagaza, dolo, engaño, error, ilusión, petardo, trampa.

DESENVOLVER

Sinónimos: Desarrollar, descifrar, descubrir, desdo-

blar, desembrollar, desenredar, desplegar, devanar, dilatar, distendir, expandir, explicar, extender.
Antónimos: Arrebujar, arrollar,. doblar, enrollar, envolver, ovillar, plegar, recoger, replegar.

DESENVUELTO

Sinónimos: Descarado, descocado, desvergonzado, impudente.
Antónimos: Comedido, encogido, pudoroso, recatado, tímido, vergonzoso.

DESEO

Sinónimos: Afán, ambición, anhelo, ansia, antojo, apetencia, apetito, frenesí, gana, gula, pasión, sed, tentación.
Antónimos: Antipatía, aversión, náusea, odio, repugnancia.

DESERTOR

Sinónimos: Fugitivo, objetor, prófugo, traidor, tránsfuga.
Antónimos: Fiel, leal.

DESESPERACION

Sinónimos: Abatimiento, derrotismo, desaliento, desespero, pesimismo.
Antónimos: Confianza, esperanza, fe, ilusión, optimismo.

DESFLORAR

Sinónimos: Ajar, chafar, deslucir, desvirgar, estrenar, sobar.

DESGRACIA

Sinónimos: Adversidad, cataclismo, catástrofe, contrariedad, desastre, desdicha, desventura, fatalidad, infortunio, odisea, percance, peripecia, ruina.

Antónimos: Dicha, favor, felicidad, fortuna, gracia, suerte, ventura.

DESHACERSE

Sinónimos: Consumirse, descomponerse, desfigurarse, desvanecerse, disolverse, esfumarse, estropearse, evaporarse.
Antónimos: Apañarse, componerse, hacerse, repararse.

DESIERTO

Sinónimos: Abandonado, deshabitado, despoblado, erial, estepa, landa, páramo, sabana, solitario, tundra, yermo.
Antónimos: Fértil, habitado, poblado, populoso.

DESINFECCION

Sinónimos: Antisepsia, asepsia, depuración, desinsectación, esterilización, limpieza, purificación.
Antónimos: Infección, infestación, sepsis, suciedad.

DESMAYO

Sinónimos: Accidente, desfallecimiento, desvanecimiento, lipotimia, mareo, síncope, soponcio.

DESNUDAR

Sinónimos: Desarropar, descubrirse, despojarse, desvestir.
Antónimos: Abrigarse, arropar, cubrirse, taparse, vestirse.

DESNUDO

Sinónimos: Calvo, corito, descalzo, descubierto, desmantelado, despojado, en cueros, en pelota, privado, yermo; indigente, necesitado, pobre; patente, sin rebozo, sin rodeos.

Antónimos: Abundante, cubierto, encubierto, rico, tapado, vestido.

DESOBEDECER

Sinónimos: Contravenir, desmandarse, insubordinarse, rebelarse, transgredir, violar.
Antónimos: Acatar, conformarse, cumplir, obedecer, observar, secundar.

DESOLLAR

Sinónimos: Descortezar, descuerar, despellejar, desplumar, desvainar, excoriar, mondar, pelar.

DESORDENAR

Sinónimos. Confundir, desbarajustar, descompaginar, descomponer, desconcertar, embrollar, enmarañar, enredar, perturbar, revolver, trastornar.
Antónimos: Armonizar, articular, arreglar, concertar, coordinar, disponer, ordenar, organizar, regular.

DESPACIO

Sinónimos: Lentamente, pausadamente, poco a poco.
Antónimos: Aprisa, de prisa, pronto, rápidamente.

DESPEDIDA

Sinónimos: Adiós, despido, licencia, partida, permiso, separación.
Antónimos: Acogida, bienvenida, recepción, recibimiento.

DESPRECIAR

Sinónimos: Desdeñar, desechar, desestimar, desoir, menospreciar, repudiar, subestimar, vilipendiar.
Antónimos: Apreciar, considerar, justipreciar, respetar, valorar.

DESPRESTIGIAR

Sinónimos: Denigrar, desacreditar, desautorizar, desenmascarar, deshonrar, difamar, infamar.
Antónimos: Acreditar, afamar, honrar, prestigiar, valorar.

DESTIERRO

Sinónimos: Confinamiento, deportación, exilio, extrañamiento, ostracismo, proscripción, relegación.
Antónimos: Regreso, repatriación, retorno, vuelta.

DESTINO

Sinónimos: Estrella, fortuna, hado, suerte; acomodo, colocación, empleo, ocupación, plaza, puesto; aplicación, consignación, designación, dirección, fin, finalidad.
Antónimos: Origen, principio, procedencia.

DESTRUIR

Sinónimos: Aniquilar, arrasar, arruinar, asolar, desbaratar,. deshacer, destrozar, devastar.
Antónimos: Alzar, construir, edificar, erigir, fabricar, hacer, levantar.

DESVELAR

Sinónimos: Despavilar, despertar, quitar el sueño.
Antónimos: Adormecer, adormilar, dormir.

DESVERGONZADO

Sinónimos: Descarado, descocado, descomedido, deslenguado, fresco, impúdico, insolente, procaz, sinvergüenza.
Antónimos: Comedido, tímido, vergonzoso.

DETALLE

Sinónimos: Circunstancia, enumeración, expresiún,

fragmento, parcela, parte, particularidad, peculiaridad, porción, pormenor.
Antónimos: Generalidad, imprecisión, totalidad, vaguedad.

DETENER

Sinónimos: Atajar, estancar, frenar, parar, retener, suspender; aprehender, aprisionar, arrestar, coger, prender.
Antónimos: Impulsar, libertar, mover.

DETERIORADO

Sinónimos: Averiado, chafado, dañado, desbaratado, descacharrado, despedazado, desportillado, destrozado, desvencijado, estropeado, gastado, incompleto, imperfecto, maltrecho, mellado, menoscabado.
Antónimos: Excelente, flamante, inalterable, incólume, intacto, íntegro, nuevo, reparado.

DETERMINADO

Sinónimos: Arrojado, cierto, decidido, definido, delimitado, denonado, establecido, indicado, osado, precisado, prefijado, resuelto.

Antónimos: Difuminado, esfumado, impreciso, indefinido, indeterminado, irresoluto, vacilante, vago.

DEUDA

Sinónimos: Adeudo, compromiso, débito, letra comercial, obligación, pagaré, pasivo.

DEVASTAR

Sinónimos: Arrasar, arruinar, asolar, depredar, desolar, destruir, entregar a sangre y fuego, saquear.

DEVENIR

Sinónimos: Acaecer, acontecer, llegar a ser, mudar,

pasar, sobrevenir, suceder, transformarse.

DEVOLVER

Sinónimos: Reintegrar, reponer, restituir.
Antónimos: Conservar, guardar, retener.

DEVOTO

Sinónimos: Creyente, fervoroso, fiel, piadoso, religioso; admirador, afecto, aficionado, apegado, entusiasta, partidario.
Antónimos: Agnóstico, ateo, herético, impío, infiel; enemigo, hostil.

DIA

Sinónimos: Alba, alborada, aurora, claridad, época, fecha, jornada, luz, madrugada.
Antónimos: Noche, ocaso, oscuridad, tinieblas.

DIAGONAL

Sinónimos: Atravesado, inclinado, oblicuo, sesgado, soslayado. torcido, transversal.

Antónimos: Derecho, recto, perpendicular, vertical.

DIALOGO

Sinónimos: Coloquio, conferencia, conversación, cháchara, entrevista, interviú, palique, plática.
Antónimos: Alocución, disertación, monólogo, proclama, soflama, soliloquio.

DIAMANTE

Sinónimos: Adamante, brillante, circón, naife, solitario.

DIBUJO

Sinónimos: Apunte, arabesco, bosquejo, caricatura,

croquis, diagrama, diseño, esbozo, esquema, figura, ilustración, imagen, perfil, viñeta.

DICCIONARIO

Sinónimos: Enciclopedia, glosario, léxico, vocabulario.

DIENTE

Sinónimos: Caninos, colmillos, dentadura, incisivos, molares, premolares; punta, resalte, saliente.

DIFERENCIA

Sinónimos: Desavenencia, desemejanza, desigualdad, discordancia, discrepancia, disimilitud, disonancia, disparidad, divergencia, diversidad.
Antónimos: Acuerdo, analogía, coincidencia, consonancia, igualdad, paridad, semejanza.

DIFERIR

Sinónimos: Aplazar, demorar, dilatar, retrasar, suspender.
Antónimos: Adelantar, anticipar, apresurar, avivar.

DIFICIL

Sinónimos: Arduo, complicado, dificultoso, duro, embarazoso, enrevesado, escabroso, espinoso, peliagudo.
Antónimos: Cómodo, fácil, factible, obvio, realizable, sencillo, viable.

DIFUNDIR

Sinónimos: Derramar, diseminar, divulgar, esparcir, extender, propagar, propalar.
Antónimos: Contener, ocultar, silenciar.

DIGERIR

Sinónimos: Absorver, asimilar, madurar, meditar.

Antónimos: Rechazar, expulsar, vomitar.

DILIGENTE

Sinónimos: Activo, aplicado, asiduo, atento, celoso, concienzudo, cuidadoso, escrupuloso, esmerado, exacto, espeditivo, meticuloso, preciso, pronto, puntual, solícito.
Antónimos: Apático, descuidado, desidioso, flojo, holgazán, inactivo, indolente, negligente, perezoso.

DINERO

Sinónimos: Bienes, billetes, capital, contante y sonante, cuartos, divisa, efectivo, fondos, fortuna, metálico, mosca, numerario, oro, pasta, pecunia, plata.

DIOS

Sinónimos: Alá, Altísimo, Creador, dea, diosa, divinidad, Eterno, Hacedor, Hombre-Dios, Javé, Jehová, numen, Padre, Providencia, Señor, Ser Supremo.

DIQUE

Sinónimos: Espigón, malecón, muralla, muro.

DIRECTOR

Sinónimos: Directivo, dirigente, gerente, jefe, rector, regente.

DISCORDIA

Sinónimos: Cizaña, contradicción, contraste, desacuerdo, desavenencia, desunión, disensión, divergencia, enemistad, incompatibilidad, malhumor.
Antónimos: Armonía, avenencia, conciliación, concordia, conformidad, paz, unión.

DISCURSO

Sinónimos: Alocución, arenga, catilinaria, charla, disertación, disquisición, elocución, filípica, homilia, parlamento, perorata, raciocinio, reflexión, requisitoria, sermón.

DISCUTIR

Sinónimos: Argumentar, controvertir, debatir, disputar, estudiar, examinar, impugnar, razonar, tratar.

DISECCION

Sinónimos: Anatomía, autopsia, necropsia, vivisección.

DISFRAZAR

Sinónimos: Camuflar, desfigurar, disimular, encubrir, enmascarar, simular, trucar.

DISGUSTAR

Sinónimos: Afligir, amargar, apenar, apesadumbrar, contrariar, contristar, desagradar, desazonar, enfadar, enojar, incomodar, malestar.
Antónimos: Alegrar, complacer, contentar, deleiter, gustar, satisfacer.

DISLOCACION

Sinónimos: Distensión, distorsión, luxación.

DISMINUCION

Sinónimos: Baja, decrecimiento, depauperación, descenso, mengua, menoscabo, merma, reducción.
Antónimos: Aumento, crecimiento, engrandecimiento, enriquecimiento, incremento.

DISOLUCION

Sinónimos: Derrumbamiento, desbaratamiento, descomposición, hundimiento, ruina.

Antónimos: Reconstrucción, reintegración, reorganización.

DISOLVER

Sinónimos: Desleír, diluir, extender.
Antónimos: Compendiar, concentrar, condensar.

DISPARAR

Sinónimos: Arrojar, descargar, despedir, explotar, hacer fuego, lanzar, tirar.

DISPARATE

Sinónimos: Absurdo, atrocidad, barbaridad, desatino, despropósito, dislate.
Antónimos: Acierto, tino.

DISTANCIA

Sinónimos: Diferencia, discrepancia, espacio, intersticio, intervalo, lejanía, separación, trecho.
Antónimos: Cercanía, proximidad, vecindad.

DISTENSION

Sinónimos: Esguince, relajamiento, torcedura; relax, reposo.
Antónimos: Ansia, inquietud, preocupación, tensión.

DISTINTIVO

Sinónimos: Contraseña, divisa, galones, insignia, marca, señal.

DISTINTO

Sinónimos: Diferente, dispar, diverso, heterogéneo, otro; claro, inteligible, preciso; egregio, elegante, eximio, noble, señorial.
Antónimos: Idéntico, igual, ordinario, plebeyo, tosco.

DISTRAIDO

Sinónimos: Ababol, absorto, atolondrado, desatento, descuidado, desmemoriado, olvidadizo.
Antónimos: Alerta, asiduo, atento, despierto, observador, reflexivo.

DISUADIR

Sinónimos: Desaconsejar, desengañar, desviar.
Antónimos: Aconsejar, convencer, persuadir.

DIVERSION

Sinónimos: Deporte, distracción, divagación, entretenimiento, «hobby», juego, pasatiempo, placer, recreo, solaz.
Gntónimos: Aburrimiento, cansancio, empalago, enfado, fastidio, hastío, melancolía, tedio, tristeza.

DIVIDIR

Sinónimos: Distribuir, fraccionar, partir, repartir; desunir, enemistar, indisponer, malquistar.
Antónimos: Agrupar, aunar, juntar, unificar.

DIVINO

Sinónimos: Adorable, celestial, excelso, milagroso, paradisíaco, portentoso, providencia, sobrenatural.
Antónimos: Horrendo, humano, infernal, natural, pésimo, terrenal.

DIVORCIO

Sinónimos: Anulación, desacuerdo, desavenencia, descasamiento, desunión, división, repudio, ruptura, separación.
Antónimos: Casamiento, justas nupcias, maridaje, unión.

DOBLADILLO

Sinónimos: Borde, contorno, extremidad, frunce, margen, orillo, orla.

DOBLE

Sinónimos: Bífido, bifronte, bilingüe, bipartito, dual, duplo, gemelo, mellizo, par, pareja; artificioso, fingido, simulado.
Antónimos: Mitad, sencillo, simple, uno.

DOCENTE

Sinónimos: Ayo, catedrático, educador, instructor, maestro, monitor, pedagogo, preceptor, profesor.
Antónimos: Alumno, colegial, discente, discípulo, escolar, estudiante.

DOCTOR

Sinónimos: Catedrático, facultativ! , galeno, médico, profesor, veterinario.

DOGMA

Sinónimos: Artículo de fe, axioma, base, creencia, fundamento, principio, verdad revelada.
Antónimos: Engaño, falsedad, mentira.

DOLOR

Sinónimos: Aflicción, amargura, angustia, daño, desconsuelo, desesperación, luto, malestar, padecimiento, pena, pesar, sufrimiento, tormento.
Antónimos: Agrado, alegría, complacencia, contento, delicia, fruición, goce, gozo, gusto, placer.

DOLORIDO

Sinónimos: Afligido, apenado, apesadumbrado, apesarado, atribulado, contristado, desconsolado, doliente, entristecido, melancólico, triste.

Antónimos: Alegre, complacido, consolado, contento, despreocupado, feliz, satisfecho.

DOMESTICAR

Sinónimos: Adiestrar, amaestrar, amansar, desbravar, domar, dominar, reprimir, sujetar.
Antónimos: Embrutecer, enrudecer, rebelarse.

DOMINAR

Sinónimos: Avasallar, contener, descollar, demeñar, gobernar, predominar, reinar, reprimir, señorear, sobresalir, sojuzgar, someter, sujetar.
Antónimos: Acatar, bajar la cabeza, ceder, humillarse, obedecer, pasar por el aro.

DORMIR

Sinónimos: Adormecerse, adormilarse, aletargarse, amodorrarse, cabecear, descansar, dormitar, reposar, roncar, soñar.
Antónimos: Despertar, desvelarse, velar, vigilar.

DROGA

Sinónimos: Estupefaciente, medicamento, mejunje, potingue, tóxico; embuste, engaño, mentira, trampa.
Antónimos: Certeza, claridad, confianza, decisión, resolución, seguridad.

DUDOSO

Sinónimos: Ambiguo, contestable, cuestionable, discutible, equívoco, incierto, indeciso, inseguro, perplejo, problemático, receloso, sospechoso, vacilante.
Antónimos: Claro, cierto, evidente, demostrado, incontestable, indudable, inequívoco, manifiesto, positivo.

DUELO

Sinónimos: Aflicción, compasión, desconsuelo, dolor,

funeral, nostalgia, pena; combate, desafío, encuentro.

DULCE

Sinónimos: Afable, agradable, amable, apacible, bondadoso, complaciente, placentero, suave; azúcar, bizcocho, caramelo, confitura, crema, galleta, jalea, miel, nata, pastel, repostería, tarta.

Antónimos: Adusto, arisco, áspero, brusco, desabrido, desagradable, descortés, displicente; acibarado, amargo, desabrido.

DURAR

Sinónimos: Perdurar, permanecer, persistir, subsistir, vivir.

Antónimos: Cesar, morir, pasar.

DURO

Sinónimos: Compacto, consistente, férreo, inexorable, obstinado, resistente, sólido; cruel, exigente, fatigoso, penoso, riguroso, trabajoso; cinco pesetas.

Antónimos: Blando, dúctil, fofo, inconsistente, mórbido, muelle, mullido, pastoso, suave, tierno.

E

EBRIEDAD

Sinónimos: Arrobamiento, borrachera, embriaguez, enajenación, exaltación, éxtasis, rapto.
Antónimos: Abstemia, enofobia, frugalidad, serenidad, sobriedad.

ECHAR

Sinónimos: Aplicar, arrojar, atribuir, brotar, cargar, deponer, derramar, derribar, derrochar, despedir, destituir, estrellar, exhalar, expeler, expulsar, fulminar, imponer, inclinar, lanzar, poner, precipitar, proyectar, rechazar, reclinar, recostar, repeler, salir, tirar, verter.
Antónimos: Levantar, recoger.

EDUCACION

Sinónimos: Adoctrinamiento, civilización, corrección, cortesía, crianza, cultura, delicadeza, enseñanza, formación, instrucción, refinamiento, tacto, urbanidad.
Antónimos: Cerrilidad, incultura, ineducación, ordinariez, rudeza, salvajismo, zafiedad.

EDUCADO

Sinónimos: Afable, amable, caballeroso, ceremonioso, condescendiente, correcto, cortés, culto, delicado, fino, galante, instruido, pulido, respetuoso, urbano.
Antónimos: Gamberro, incivil, inurbano, mal educado, descortés, grosero, rudo, rústico, cerril, patán, salvaje, tosco, zafio.

EDUCAR

Sinónimos: Adoctrinar, afinar, cultivar, desarrollar, dirigir, encaminar, enseñar, formar, instruir.
Antónimos: Malcriar, mimar, viciar.

EFECTO

Sinónimos: Consecuencia, corolario, deducción, derivación, desenlace, emoción, fruto, impresión, mercadería, mercancía, producto, reflejo, repercusión, respuesta, resultado, salida, secuela, sensación.
Antónimos: Causa, determinante, factor, fundamento, motivo, motor, origen.

EGOISTA

*Sinónimos:*Ególatra, egocéntrico, interesado.
Antónimos: Altruista, filantrópico, generoso, humanitario.

EGREGIO

Sinónimos: Afamado, célebre, conspicuo, eminente, excepcional, famoso, ilustre, insigne, notable, preclaro.
Antónimos: Abyecto, bajo, depravado, despreciable, indigno, rastrero, ruín, vil.

EJERCITO

Sinónimos: Armas, fuerza armada, hueste, milicia, soldados, soldadesca, tropa.

ELECCION

Sinónimos: Alternativa, dilema, opción, preferencia, tría.

ELEGANCIA

Sinónimos: Afectación, buen gusto, distinción, donaire, finura, gracia, refinamiento, selección.

Antónimos: Cursilería, desaliño, descuido, desgaire, inelegancia, ordinariez.

ELEMENTAL

Sinónimos: Básico, conocido, evidente, fácil, fundamental, primario, primitivo, primordial, rudimentario, sencillo, simple.
Antónimos: Complejo, complicado, difícil, dificultoso, enmarañado, enredado, enrevesado.

ELEMENTO

Sinónimos: Componente, cuerpo simple, noción, parte, pieza, principio, rudimento.

ELENCO

Sinónimos: Catálogo, fichero, índice, inventario, lista, registro, repertorio, rol.

ELOCUENTE

Sinónimos: Convincente. eficaz, expresivo, facundo, grandilocuente, persuasivo, significativo.

EMANAR

Sinónimos: Derivarse, dimanar, emitir, exhalar, nacer, originarse, proceder, provenir.

EMBAJADOR

Sinónimos: Agente, agente diplomático, cónsul, diplomático, emisario, encargado de negocios, enviado, heraldo, mensajero, nuncio, plenipotenciario, representante.

EMBALSAMAR

Sinónimos: Aromatizar, momificar, perfumar.

EMBARAZADA

Sinónimos: Encinta, fecundada, gestante, grávida.
Antónimos: Arida, estéril, infecunda.

EMBARAZO

Sinónimos: Aburrimiento, confusión, dificultad, entorpecimiento, estorbo, fastidio, gestación, gravidez, impedimento, molestia, obstáculo, obstrucción, perplejidad, preñez, turbación.

EMBARCADERO

Sinónimos: Muelle, puerto.

EMBARCO

Sinónimos: Embarcación, embarque.

EMBATE

Sinónimos: Acometida, embestida.

EMBRION

Sinónimos: Botón, brote, esbozo, feto, germen, huevo, principio, retoño, yema.

EMBROLLAR

Sinónimos: Arrollar, burlar, confundir, embarullar, embaucar, engañar, enmarañar, enredar, enrollar, enturbiar, estafar, intrincar, liar, revolver, timar, trabar, trampear.
Antónimos: Aclarar, desembrollar, desenredar, liberar, soltar.

EMBRUTECER

Sinónimos: Animalizar, atolondrar, atontar, entorpecer, degradar.

Antónimos: Elevar, enaltecer, ennoblecer.

EMBUSTERO

Sinónimos: Engañador, falaz, fementido, impostor, mendaz, mentiroso.

EMIGRAR

Sinónimos: Desterrar, expatriar, migrar, transmigrar.
Antónimos: Inmigrar, repatriar.

EMITIR

Sinónimos: Acuñar, arrojar, despedir, exhalar, lanzar, poner en circulación, radiar, radiodifundir, radiotelevisar.

EMOLUMENTO

Sinónimos: Estipendio, gaje, gratificación, obvencional, remuneración, retribución.

EMPAQUE

Sinónimos: Afectación, aplomo, énfasis, entono, envaramiento, gravedad, presunción, prosopopeya, tiesura.
Antónimos: Discreción, humildad, modestia, naturalidad, sencillez, simplicidad.

EMPAREJAR

Sinónimos: Acoplar, aparcar, binar, conformar, igualar, juntar, nivelar, reunir.
Antónimos: Desnivelar, desparejar, dividir, separar.

EMPEÑAR

Sinónimos: Asegurar, comprometer, dar arras, dejar en prenda, obligar, pignorar, prometer, vincular.
Antónimos: Desempeñar, desobligar, desvincular.

EMPEÑO

Sinónimos: Afán, ahínco, anhelo, ansia, obstinación, pignoración, porfía.

EMPEZAR

Sinónimos: Acometer, comenzar, emprender, iniciar, nacer, originarse, principiar.

EMPIRICO

Sinónimos: Curandero, experimental, práctico, rutinario.
Antónimos: Especulativo, teórico, racional.

EMPLASTO

Sinónimos: Arreglo, cataplasma, cerato, componenda, epítima, parche, sinapismo.

EMPLEO

Sinónimos: Beneficio, cargo, colaboración, destino, ocupación, oficio, prebenda, puesto, sinecura, tarea, trabajo.

ENAMORAR

Sinónimos: Camelar, conquistar, cortejar, encantar, encaprichar, fascinar, galantear, requebrar, seducir.

ENANO

Sinónimos: Hombrecillo, homúnculo, liliputiense, pequeño, pigmeo, renacuajo, retaco.
Antónimos: Coloso, gigante, hombrón, mocetón, rompetechos, titán.

ENCAJE

Sinónimos: Filigrana, puntilla, ribete.

ENCANTAR

Sinónimos: Cautivar, embaucar, embelesar, embrujar, extasiar, fascinar, hechizar, lisonjear, ofuscar, seducir, sugestionar.

ENCANTO

Sinónimos: Embeleso, embrujo, encantamiento, fascinación, hechizo, seducción, sortilegio.
Antónimos: Horror, pánico, susto, terror.

ENCENDER

Sinónimos: Abrasar, achicharrar, arder, caldear, chamuscar, enardecer, entusiasmar, excitar, fogonear, incendiar, inflamar, prender, quemar, tostar.
Antónimos: Apagar, extinguir, matar, sofocar.

ENCIMA

Sinónimos: Además, sobre.

ENCONTRAR

Sinónimos: Abordar, afrontar, arrostrar, averiguar, descubrir, encarar, enfrentar, hallar, inventar, presentarse, topar, tropezar, verse.
Antónimos: Buscar, escudriñar, explorar, indagar, inquirir, investigar, perder, rastrear, sondear.

ENCRUCIJADA

Sinónimos: Bifurcación, cruce, cuatrivio, intersección, ramificación, trivio.

ENCUENTRO

Sinónimos: Cita, colisión, competición, contradicción, choque, descubrimiento, hallazgo, lucha, match, oposición, pugna, topetazo, tropiezo.

ENDEMONIADO

Sinónimos: Endiablado, energúmeno, furibundo, obseso, poseído, poseso.

ENDULZAR

Sinónimos: Ablandar, atemperar, azucarar, dulcificar, enternecer, mitigar, moderar, suavizar.
Antónimos: Acibarar, amargar.

ENEMISTAD

Sinónimos: Antagonismo, aversión, malquerencia, rencor, rivalidad.
Antónimos: Amistad, afecto, simpatía.

ENFERMEDAD

Sinónimos: Achaque, afección, contagio, desmayo, destemple, epidemia, incomodidad, indisposición, infección, inflamación, mal, malestar, morbo, padecimiento, trastorno.
Antónimos: Euforia, normalidad, salud, sanidad.

ENFERMO

Sinónimos: Achacoso, agonizante, débil, desmedrado, desmejorado, enclenque, enfermizo, hospitalizado, indispuesto, maltrecho, moribundo, paciente, pachucho, valetudinario.
Antónimos: Repuesto, robusto, sano.

ENGANCHAR

Sinónimos: Abrochar, agarrar, asir, encajar, enlazar, trabar, uncir.
Antónimos: Desatar, desenganchar, desenlazar, separar, soltar.

ENGAÑO

Sinónimos: Añagaza, ardid, artificio, artimaña, cancamusa, celada, doblez, dolo, embaucamiento, embrollo, enredo, estafa, falsedad, ficción, hipocresía, insidia, intriga, lazo, manejo, marrullería, mixtificación, pega, primada, subterfugio, timo, trampa, treta, truco, truhanería, tunantada, zancadilla.

Antónimos: Chasco, decepción, desencanto, desengaño, desilusión.

ENGRASAR

Sinónimos: Aceitar, lubricar, untar.
Antónimos: Desengrasar.

ENJAEZAR

Sinónimos: Adorar, embriagar, emparentar, ensillar.

ENOJO

Sinónimos: Cólera, coraje, enfado, exasperación, fastidio, furor, ira, irritación, molestia, trabajo.

ENORME

Sinónimos: Bestial, brutal, ciclópeo, colosal, desaforado, descomunal, desmedido, desmesurado, desproporcionado, excesivo, gigantesco, grandioso, hiperbólico, imponente, inmenso, mastodóntico, mayúsculo, monstruoso, piramidal, sesquipedal.
Antónimos: Enano, invisible, microscópico, minúsculo, pequeñísimo.

ENREDO

Sinónimos: Berenjenal, complicaciones, confusión, cuento, chisme, dédalo, embrollo, embuste, intriga, laberinto, lío, mentira, trama.

ENSEÑAR

Sinónimos: Adiestrar, adoctrinar, aleccionar, amaestrar, catequizar, cultivar, desasnar, dirigir, doctrinar, domar, educar, ejercitar, exhibir, instruir, mistrar.

Antónimos: Aplicarse, aprender, estudiar, ilustrarse, instruirse,

ENSUCIAR

Sinónimos: Afear, ajar, contaminar, deslucir, embadurnar, embarrar, empañar, emplastar, enfangar, enlodar, macular, mancillar, pringar, salpicar, tiznar.

Antónimos: Asear, desembarrar, fregar, hermosear, limpiar, pulir.

ENSUEÑO

Sinónimos: Alucinación, éxtasis, fantasía, ilusión, imaginación, quimera, sueño, visión.

Antónimos: Materialidad, realidad, verdad.

ENTABLAR

Sinónimos: Comenzar, disponer, emprender, preparar, trabar.

ENTENDER

Sinónimos: Catar, comprender, concebir, creer, deducir, juzgar, penetrar, pensar, saber.

ENTERO

Sinónimos: Cabal, completo, cumplido, enérgico, íntegro, exacto, firme, fuerte, justo, recto, robusto, sano, total.

Antónimos: Incompleto, inmoral, parcial, torcido.

ENTERRADOR

Sinónimos: Fosor, sepulturero.

ENTIERRO

Sinónimos: Conducción de cadáver, enterramiento, funeral, inhumación, sepelio.

ENTRAR

Sinónimos: Acceder, adentrarse, atravesar, caber, encajar, filtrarse, franquear, infiltrarse, ingresar, internarse, intervenir, introducirse, invadir, irrumpir, meterse, pasar, penetrar, traspasar.

Antónimos: Abandonar, alejarse, desalojar, evacuar, evadirse, expeler, expulsar, eyacular, fugarse, huir, partir, salir.

ENTRENADOR

Sinónimos: «Manáger», preparador, «trainer».

ENTRENAR

Sinónimos: Adiestrar, ejercitar, ensayar, habituarse, preparar.

ENTRETENER

Sinónimos: Alargar, dar largas, demorar, dilatar, distraer, divertir, recrear, solazar.
Antónimos: Aburrir.

ENTROMETIDO

Sinónimos: Enredador, metiche, metomentodo.

ENTUSIASMO

Sinónimos: Ardor, arrebato, calor, delirio, efusión, enardecimiento, exaltación, fanatismo, fervor, frenesí, pasión, vehemencia.
Antónimos: Desafecto, desapego, desgana, frialdad, impasibilidad, indiferencia, indolencia, tibieza.

ENVENENAR

Sinónimos: Agriar, atosigar, corromper, emponzoñar, enconar, ensañar, entosigar, exacerbar, inficionar.
Antónimos: Desintoxicar, dulcificar, paliar, purificar.

ENVIAR

Sinónimos: Cursar, despachar, expedir, exportar, girar, mandar, remesar, remitir, transmitir.
Antónimos: Aceptar, admitir, percibir, importar, recibir, recoger, tomar.

ENVILECIDO

Sinónimos: Abatido, degradado, deprimido, desacreditado, desalentado, descorazonado, deshonrado, desmoralizado, encanallado, extraviado, perdido, postrado.
Antónimos: Animado, atrevido, ennoblecido, regenerado, resuelto, seguro.

EPIDEMIA

Sinónimos: Contagio, endemia, epizootia, pandemia, peste,pestilencia, plaga.

EQUIPAJE

Sinónimos: Bagaje, baúl, bulto, carga, chusma, envoltorio, fardo, impedimenta, maleta, marinería, mundo, paquete, saco, talego, tripulación, valija.

EQUIVOCO

Sinónimos: Ambiguo, anfibológico, dudoso, oscuro, sibilino.
Antónimos: Cierto, claro, indiscutible, inequívoco, preciso, unívoco.

ERIGIR

Sinónimos: Construir, edificar, establecer, fundar, instituir, levantar.

ERMITAÑO

Sinónimos: Anacoreta, asceta, cenobita, eremita, estilista, solitario.

ERROR

Sinónimos: Coladura, confusión, desacierto, desatino, descuido, dislate, disparate, equivocación, errata, extravío, fallo, inadvertencia, inexactitud, lapsus, patinazo, pifia, plancha, «quid pro quo», yerro.
Antónimos: Acierto, tino.

ERUCTO

Sinónimos: Eructación, flato, regüeldo

ERUDITO

Sinónimos: Culto, docto, ilustrado, instruido, sabio.

ESBIRRO

Sinónimos: Alguacil, corchete, polizonte, sicario.

ESCABROSO

Sinónimos: Abrupto, áspero, desigual, duro, fangoso, inconveniente, peligroso, quebrado, tosco, turbio, verde.

Antónimos: Claro, fácil, llano, sano.

ESCALDAR

Sinónimos: Abrasar, arder, calentar, cocer, incendiar, quemar, requemar.
Antónimos: Aterir, enfriar, helar, pasmar, refrigerar.

ESCALERA

Sinónimos: Escala, escalerilla, escalinata, escalón, grada, gradería, peldaño, rampa.

ESCALOFRIO

Sinónimos: Calofrío, carne de gallina, espeluzno, estremecimiento, temblor, trepidación.

ESCAPAR

Sinónimos: Desaparecer, desfilar, escabullirse, escurrirse, esfumarse, evadirse, fugarse, librarse, marcharse.

ESCARBAR

Sinónimos: Arañar, raer, rascar, raspar.

ESCARPADO

Sinónimos: Abrupto, acantilado, aspero, vertical.
Antónimos: Llano.

ESCASEZ

Sinónimos: Carencia, carestía, cortedad, defecto, deficiencia, estrechez, exigüidad, falta, inopia, insuficiencia, mezquindad, miseria, necesidad, penuria, parquedad, poquedad, tacañería.
Antónimos: Abundancia, afluencia, copia, demasía, exceso, exhuberancia, fárrago, flujo, plétora, raudal, riqueza.

ESCLARECER

Sinónimos: Aclarar, afamar, dilucidar, ennoblecer, explicar, iluminar, ilustrar.
Antónimos: Complicar, confundir, envilecer.

ESCLAVITUD

Sinónimos: Cautiverio, cautividad, dependencia, opresión, servidumbre, sometimiento, subordinación.
Antónimos: Albedrío, autonomía, dominio, emancipación, independencia, liberación, libertad, manumisión, redención, rescate, señorío.

ESCOGER

Sinónimos: Apartar, elegir, entresacar, florear, optar, preferir, seleccionar, triar.

ESCONDER

Sinónimos: Celar, cubrir, disimular, encerrar encubrir, enmascarar, mimetizar, ocultar, velar.
Antónimos: Descubrir, exhibir, exponer manifestar, mostrar, ostentar.

ESCONDIDO

Sinónimos: Anónimo, clandestino, disimulado, furtivo, incógnito, invisible, oculto, secreto, sobreentendido, subrepticio, velado.
Antónimos: Aparente, manifiesto, patente, público, visible.

ESCOTE

Sinónimos: Cuota, derrama, descote, parte, prorrata.

ESCRIBIENTE

Sinónimos: Amanuense, calígrafo, copista, covachuelista, chupatintas, dactilógrafo, escribano, estenógrafo, mecanógrafo, memorialista, oficinista, pasante.

ESCRIBIR

Sinónimos: Anotar, apuntar, borrajear, borronear, componer, copiar, corresponder, garabatear, redactar, transcribir.
Antónimos: Declamar, hablar, recitar, vocalizar.

ESCRITO

Sinónimos: Acta, borrón, carta, documento, garabato, manuscrito.
Antónimos: Declamado, hablado, oral, recitado, verbal, vocal, voceado.

ESCRITOR

Sinónimos: Autor, columnista, crítico, cronista, grafómano, literato, periodista, bolígrafo, prosista, publicista, recopilador, redactor.

ESCUCHAR

Sinónimos: Atender, dar oídos, espiar, oir, prestar atención.

ESCUDRIÑAR

Sinónimos: Averiguar, escrutar, examinar, investigar.

ESCUPIR

Sinónimos: Babear, esputar, expectorar.

ESFORZARSE

Sinónimos: Afanarse, batallar, empeñarse, fatigarse, luchar, persistir, procurar, pugnar.
Antónimos: Abandonar, acomodarse, adaptarse, desistir, rendirse, renunciar, resignarse.

ESPADA

Sinónimos: Alfanje, bayoneta, cimitarra, charrasca, daga, Durindaina, estoque, garrancha, hoja, puñal, sable, tizona.

ESPALDA

Sinónimos: Costillas, dorso, envés, espina dorsal, grupa, hombros, lomo, riñones.
Antónimos: Cara, pecho, tórax.

ESPAÑOL

Sinónimos: Gachupín, gallego, godo, hispánico, hispano, ibérico.

ESPECIFICAR

Sinónimos: Aclarar, circunstanciar, detallar, determinar, enumerar, esclarecer, inventariar, precisar, pormenorizar.

ESPECTACULO

Sinónimos: Contemplación, diversión, función, panorama, representación, visión.

ESPECTADOR

Sinónimos: Asistente, concurrente, concuto, público.

ESPECTRO

Sinónimos: Aparición, apariencia, ectoplasma, espíritu, fantasma, sombra, visión.

ESPECULACION

Sinónimos: Beneficio, comercio, contemplación, examen, ganancia, indagación, investigación, lucro.

ESPERA

Sinónimos: Acecho, calma, demora, expectación, expectativa, flema, paciencia, tardanza.

ESPERAR

Sinónimos: Aguardar, confiar, creer, ilusionarse.
Antónimos: Decepcionar, desanimar, desconfiar, desesperar, desilusionar, desmoralizar, dudar.

ESPIA

Sinónimos: Agente secreto, confidente, chivato, delator, espión, soplón.

ESPIRITU

Sinónimos: Aliento, alma, ánima, brío, energía, esencia, mente, valor, vigor.
Antónimos: Cuerpo, materia.

ESPLENDENTE

Sinónimos: Brillante, deslumbrante, esplendoroso, fosforescente, fulgente, fúlgido, fulgurante, lúcido, radiante, refulgente, reluciente, resplandeciente.
Antónimos: Hosco, lóbrego, opaco, sombrío, oscuro, tenebroso.

ESPONTANEO

Sinónimos: Automático, franco, indeliberado, instintivo, libre, llano, maquinal, natural, sencillo, voluntario.
Antónimos: Afectado, deliberado, fingido, forzado.

ESPUMA

Sinónimos: Baba, espumarajo.

ESQUELETO

Sinónimos. Boceto, esbozo, hueso, plan, proyecto.
Antónimos: Carne, cecina, chicha, chuleta, filete, jamón, lomo, magra, menudillos, músculo, tajada.

ESQUIVAR

Sinónimos: Eludir, evadir, evitar, rehuir, rehusar, sortear, soslayar.
Antónimos: Afrontar, arrostrar, enfrentar, hacer frente, oponer, resistir.

ESTABLECER

Sinónimos: Afincarse, avecindarse, decidir, decretar, determinar, domiciliarse, erigir, establecer, estatuir, fijar, fundar, implantar, instalar, instaurar, mandar, ordenar, proyectar.

ESTABLECIMIENTO

Sinónimos: Comercio, empresa, industria, negocio, puesto, tienda.

ESTABLO

Sinónimos: Aprisco, caballería, cuadra, majada, pesebre, pocilga, redil, zahúrda.

ESTACADA

Sinónimos: Barricada, cerca, empalizada, valla.

ESTACIONAMIENTO

Sinónimos: Aparcamiento, parada, «parking».

ESTAFADOR

Sinónimos: Aprovechado, chupóptero, explotador, gorrón, mogollón, parásito, sablista, vividor.
Antónimos: Honrado, honesto, decente, cabal.

ESTE

Sinónimos: Oriente, levante, saliente, naciente.
Antónimos: Oeste, occidente, poniente, ocaso.

ESTETICO

Sinónimos: Artístico, hermoso, lindo, bonito, vistoso, elegante, atractivo.
Antónimos: Antiestético, feo, horrible, monstruoso, deforme, abigarrado, barroco, rococó.

ESTIMULAR

Sinónimos: Incitar, excitar, sobreexcitar, aguijonear, espolear, azuzar, concitar, instigar, impeler, avivar, engolosinar, animar, convidar, inducir, alentar, acuciar, impulsar, propulsar, fomentar, promover, suscitar.
Antónimos: Reprimir, refrenar, frenar, sujetar, coercer, contener, moderar, templar, contener, atajar, sofocar, ahogar, apagar, someter, reducir.

ESTIRAR

Sinónimos: Alargar, dilatar, aumentar, prolongar.
Antónimos: Encoger, acortar, contraer, reducir, comprimir, disminuir.

ESTORBAR

Sinónimos: Entorpecer, dificultar, impedir, evitar, conjurar, contrarrestar.
Antónimos: Ayudar, cooperar, coadyuvar, colaborar, auxiliar, asistir, proteger, favorecer.

ESTRECHO

Sinónimos: Angosto, reducido, ahogado, apretado, restringido, ajustado.
Antónimos: Ancho, amplio, holgado, dilatado, desahogado, despejado, vasto, espacioso.

ETERNIDAD

Sinónimos: Imperecedero, perpetuo, perdurable, perenne, inmortal, indefinido.
Antónimos: Tiempo, temporada, ocasión, coyuntura, sazón, momento, jornada, etapa, edad, hora, época.

EVAPORAR

Sinónimos: Vaporar, vaporizar, volatilizar, sublimar.
Antónimos: Licuar, liquidar, condensar.

EVOLUCION

Sinónimos: Desenvolvimiento, progresión, progreso, proceso, metamorfosis, transformación.
Antónimos: Perenne, radical, conservador.

EXACERBAR

Sinónimos: Agraviar, avivar, agriar, excitar, recrudecer, irritar, enconar.

Antónimos: Mitigar, moderar, suavizar, atenuar, aliviar, calmar, neutralizar, templar, atemperar.

EXACTO

Sinónimos: Cabal, puntual, preciso, justo, fijo, clavado, matemático, taxativo, contado, medido, pesado, tasado, riguroso, minucioso, meticuloso.
Antónimos: Inexacto, impreciso, indefinido, vago, impuntual, equivocado, falso, erróneo.

EXCELENTE

Sinónimos: Bueno, óptimo, satisfactorio, sobresaliente, notable, superior, meritorio, esmerado, meritísimo, precioso, primoroso, divino, magnífico, excelso, sublime, eximio, delicioso, exquisito, selecto, perfecto, irreprochable, ideal.
Antónimos: Mediocre, deficiente, mediano, defectuoso, imperfecto, incompleto, malo, detestable.

EXCLUIDO

Sinónimos: Separado, exceptuado, exento, eximio, eliminado, apartado, escindido.
Antónimos: Incluido, comprendido, contenido, incluso, incurso, encuadrado.

EXCULPAR

Sinónimos: Disculpar, defender, justificar, descargar, vindicar, abonar, excusar.
Antónimos: Inculpar, culpar, acusar, imputar, acriminar, recriminar, recusar, atribuir, achacar.

EXCUSA

Sinónimos: Disculpa, pretexto, achaque, evasiva, salida, recurso, subterfugio.
Antónimos: Probanza, prueba, demostración, explicación, satisfacción, defensa, descargo, razón.

EXENCION

Sinónimos: Franquicia, dispensa, privilegio, bula, inmunidad, exclusión.
Antónimos: Gravamen, carga, obligación, censo, canon, prima, impuesto.

EXHUMAR

Sinónimos: Desenterrar.
Antónimos: Inhumar, enterrar, sepultar, soterrar.

EXIGIR

Sinónimos: Obligar, requerir, reivindicar, coaccionar, compeler, reclamar.
Antónimos: Pedir, rogar, demandar, implorar, solicitar, exhortar, suplicar, impetrar, clamar, instar, postular, recabar, mendigar, pordiosear, requerir.

EXISTENCIA

Sinónimos: Realidad, vida, pervivencia, substantividad, corporeidad.
Antónimos: Inexistencia, nada, incorporeidad, entelequia, irrealidad, vacío.

EXITO

Sinónimos: Triunfo, gloria, logro, conquista, coronamiento, eficacia, fructificación.
Antónimos: Fracaso, malogro, fiasco, aborto, frustración, derrota, fallo, desastre, contratiempo, catástrofe, quiebra, bancarrota.

EXOTICO

Sinónimos: Extranjero, extraño, «snob», internacional, modernista, peregrino.
Antónimos: Castizo, típico, clásico, convencional, tradicional, neto, peculiar, característico, representativo, pintoresco, indígena, autóctono, vernáculo, aborigen.

EXPATRIACION

Sinónimos: Exilio, proscripción, destierro, deportación, extrañamiento, confinamiento, evacuación, emigración, diáspora, partida, alejamiento, éxodo.
Antónimos: Repatriación, retorno, vuelta.

EXPERIENCIA

Sinónimos: Práctica, costumbre, mundo, mundología, pericia, maestría.
Antónimos: Inexperiencia, desentrenamiento, ignorancia, novato, aprendiz.

EXPLICACION

Sinónimos: Exposición, declaración, aclaración, interpretación, dilucidación, disquisición, definición.
Antónimos: Ejemplo, hecho, caso, texto, escrito, comprobación, ejercicio, prueba.

EXPLICITO

Sinónimos: Expresado, manifiesto, claro, indubitable, categórico, preciso, terminante, concreto.
Antónimos: Implícito, incluido, tácito, sobreentendido, virtual, elíptico, omitido, callado, velado.

EXPRESIVO

Sinónimos: Animado, vivo, gráfico, significativo, palpitante, enfático, vehemente.
Antónimos: Inexpresivo, inanimado, frío, seco.

EXPULSION

Sinónimos: Despedida, deshaucio, despido, desalojo.
Antónimos: Admisión, ingreso, entrada, recepción.

EXTENDER

Sinónimos: Propagar, difundir, expandir, trascender,

divulgar, proyectar, transmitir, cundir, correr, propalar, contagiar, irradiar, esparcir.
Antónimos: Reducir, disminuir, menguar, minorar.

EXTERIOR

Sinónimos: Externo, fuera, afuera, extrínseco, superficial, periférico, circunscripto.
Antónimos: Ampliado, amplificado, extendido, dilatado, desarrollado, «hinchado», lato.

EXTRANJERO

Sinónimos: Exótico, extraño, foráneo, forastero; intruso, bárbaro, gringo, arrivista, advenedizo, huésped, ultrapirenaico, cosmopolita, apátrida.
Antónimos: Nacional, indígena, aborigen, autóctono, vernáculo, natural, nativo, patriota, ciudadano, paisano, estatal, racial, español, hispano, ibérico, peninsular.

EXTRAORDINARIO

Sinónimos: Prodigioso, portentoso, asombroso, maravilloso, mágico, sobrenatural, sorprendente, admirable, singular, excepcional.
Antónimos: Ordinario, normal, común, corriente, consuetudinario, regular, vulgar.

EXTREMO

Sinónimos: Extremidad, punta, cabo, límite, terminación, tope, cola, rabo, final.
Antónimos: Medio, centro, mitad, intermedio, promedio.

F

FABRICA

Sinónimos: Complejo industrial, industria, manufactura, taller, lugar de trabajo.

FABRICAR

Sinónimos: Confeccionar, construir, edificar, elaborar, forjar, hacer, obrar, producir.
Antónimos: Aniquilar, derribar, deshacer, destruir.

FABULA

Sinónimos: Alegoría, apólogo, cuento, ficción, invención, leyenda, mito.
Antónimos: Historia, realidad, verdad.

FACIL

Sinónimos: Accesible, cómodo, descansado, elemental, expeditivo, factible, hacedero, llano, obvio, plausible, posible, sencillo, trivial, viable.
Antónimos: Arduo, complicado, costoso, difícil, duro, engorroso, enrevesado, imposible, penoso.

FACTURA

Sinónimos: Cargo, cuenta, detalle, extracto, minuta, resumen, compendio.

FACULTAD

Sinónimos: Aptitud, atribución, autoridad, autorización, capacidad, derecho, potencia, potestad.

FACHADA

Sinónimos: Delantera, frente, frontis, frontispicio, portada, parte delantera.
Antónimos: Parte trasera.

FAJA

Sinónimos: Banda, ceñidor, corsé, franja, insignia, tira, venda, zona.

FALSO

Sinónimos: Apócrifo, artificial, artificioso, engañoso, erróneo, falaz, ficticio, fingido, fraudulento, hipócrita, iluso, farisaico, imaginario, inadmisible, inexacto, infiel, inventado, mendaz, mentiroso, presunto, pretendido, putativo, simulado, simulacro, subrepticio, tendencioso, trucado.
Antónimos: Auténtico, axiomático, efectivo, exacto, evidente, fehaciente, genuino, incuestionable, indiscutible, indudable, irrefutable, natural, real, sincero, seguro, verdadero.

FALTAR

Sinónimos: Carecer, escasear.
Antónimos: Abundar, derramarse, desbordar, exceder, rebasar, rebosar, redundar, sobrar, sobreabundar, sobrepujar, superar.

FAMA

Sinónimos: Aura, aureola, celebridad, crédito, estimación, gloria, inmortalidad, éxito, nombradía, notoriedad, popularidad, predicamento, prestigio, renombre, reputación.
Antónimos: Anonimato, desconocimiento, oscuridad.

FAMILIA

Sinónimos: Abolengo, alcurnia, ascendencia, casa,

casta, cepa, clan, dinastía, estirpe, genealogía, lar, linaje, parentela, parentesco, progenie, prole, prosapia, ralea, cuna, rama, raza, sangre, sucesión, realeza, tronco.
Antónimos: Orfandad.

FANFARRON

Sinónimos: Altanero, baladrón, bravucón, cuentista, engolado, exagerado, fachendoso, farolero, jactancioso, follonero, matamoros, matasiete, matón, perdonavidas.
Antónimos: Comedido, discreto, humilde, moderado, mesurado, modesto, tímido.

FANTASIA

Sinónimos: Estro, imaginación, inspiración, inventiva, magia.
Antónimos: Concreción, efectividad, existencia, materialidad, objetividad, realidad, verdad.

FANTASTICO

Sinónimos: Extraordinario, extravagante, fabuloso, fantasmal, hipotético, ilusorio, imaginario, inverosímil, irreal, quimérico, utópico.
Antónimos: Normal, racional, razonable, real, realizable, verdadero.

FARMACIA

Sinónimos: Botica, farmacopea.

FASCICULO

Sinónimos: Entrega, número.

FATALIDAD

Sinónimos: Adversidad, contratiempo, desdicha, desgracia, desventura.
Antónimos: Buena suerte, «estar en racha», dicha, felicidad, providencia, ventura.

FATIGA

Sinónimos: Agobio, agotamiento, ajetreo, asfixia, cansancio, esfuerzo, trabajo.
Antónimos: Alivio, descanso, distensión, ocio, reposo, relajamiento, respiro.

FE

Sinónimos: Convencimiento, credo, convicción, religión, creencia; confianza, fidelidad, lealtad.
Antónimos: Agnosticismo, apostasía, ateísmo, escepticismo, herejía, heterodoxia, incredulidad.

FEALDAD

Sinónimos: Defesio, deformidad, monstruosidad.
Antónimos: Belleza, decoro, gracia, hermosura, limpieza, lindeza, lozanía.

FELICITAR

Sinónimos: Congratularse, complacerse.
Antónimos: Compadecerse, dar el pésame, presentar condolencias, lamentarse, sentir.

FEMENINO

Sinónimos: Afeminado, amanerado, femenil.
Antónimos: Macho, masculino, varonil, viril.

FEO

Sinónimos: Antiestético, birria, deforme, esperpento, horrendo, horrible, hórrido, horroroso, malcarado, repulsivo, monstruoso, repugnante.
Antónimos: Armonioso, apolíneo, atractivo, bello, bonito, espléndido, encantador.

FERROCARRIL

Sinónimos: Convoy, correo, cremallera, expreso, ferrobús, funicular, mixto, mercancías, tranvía, tren.

FERTIL

Sinónimos: Fecundo, feraz, fructífero, fructuoso, prolífico, ubérrimo.
Antónimos: Arido, estéril, impotente, improductivo, infecundo, infructífero, virgen, yermo.

FIEL

Sinónimos: Católico, constante, creyente, cristiano, devoto, exacto, fiel, probo, religioso.
Antónimos: Desleal, falaz, inconstante, infiel, irreligioso, mudable, pérfido.

FIESTA

Sinónimos: Carnaval, descanso, domingo, feria, festejo, festival, festín, festividad, jubileo, onomástica, reposo, solemnidad, vocación, velada, verbena.
Antónimos: Aflicción, duelo, exequias, funeral, luto.

FIGURADO

Sinónimos: Alegórico, aparente, fingido, metafórico, místico, simbólico.
Antónimos: Auténtico, efectivo, literal, natural, propio, real, verdadero.

FIJO

Sinónimos: Definitivo, duradero, estable, inalterable, inamovible, imborrable.
Antónimos: Accidental, eventual, inestable, inseguro, mutable, pasajero, provisional.

FILA

Sinónimos: Cola, columna, desfile, hilera, línea, retahíla, ringle, sarta, serie.

FILOLOGIA

Sinónimos: Glotología, gramática, lingüística.

FILOSOFIA

Sinónimos: Cosmología, epistemología, estética, ética, gnoseología, lógica, metafísica.

FIN

Sinónimos: Acabamiento, aspiración, colofón, conclusión, consumación, coronamiento, destino, final, finalidad, ideal, intención, meta, objetivo, término.
Antónimos: Comienzo, debut, estreno, inauguración, iniciación, preliminar, prólogo, introducción, exordio, origen, nacimiento, principio.

FINGIR

Sinónimos: Aparentar, disimular, encubrir, enmascarar, imaginar, mentir, paliar, suponer.
Antónimos: Naturalidad.

FISCO

Sinónimos: Erario, hacienda, tesoro.

FLECHA

Sinónimos: Dardo, jabalina, jara, saeta, sagita.

FLORECER

Sinónimos: Abrirse, brotar, desarrollarse, despuntar, germinar, verdear; brillar, medrar, progresar, prosperar.
Antónimos: Enmohecer, marchitar, apagar.

FLUIDO

Sinónimos: Blando, fluyente, gutinoso, líquido, muelle, pastoso, resbaladizo, viscoso.

Antónimos: Consistente duro, macizo, recio, sólido.

FORMA

Sinónimos: Aspecto, configuración, faz, figura, fisonomía, formato, manera, modo, perfil.
Antónimos: Amorfo, deforme, embrionario, en agraz, informe, irregular, rudimentario.

FORTIFICACION

Sinónimos: Acrópolis, alcázar, baluarte, bastión, blocao, «bunker», casamata, castillo, ciudadela, fortaleza.
Antónimos: Descubierto.

FORTUNA

Sinónimos: Azar, casualidad, destino, estrella, éxito, hado, providencia, suerte, ventura.
Antónimos: Adversidad, chasco, desdicha, desgracia, desventura, fracaso, frustración.

FRASE

Sinónimos: Dicho, expresión, fraseología, locución, modismo, período, proposición.

FRECUENTAR

Sinónimos: Alternar, concurrir, ser asiduo, tratar.

FRIO

Sinónimos: Algido, aterido, congelado, «fiambre», fresco, frígido, gélido, glacial, helado.
Antónimos: Abrasador, ardiente, ardoroso, bochornoso, cálido, caliente, caliginoso, candente, febril, tropical.

FROTAR

Sinónimos: Estregar, estrujar, fregar, friccionar, lijar, limar, pulir, raspar, restregar, rozar.

Antónimos: Deslizar, escurrir, lubricar, resbalar.

FRUGALIDAD

Sinónimos: Sobriedad, austeridad, parquedad, moderación, sosiego, tino.
Antónimos: Gula, glotonería, voracidad, tragón, pantagruélico, voraz, depredador, sibarita, heliogábalo.

FUEGO

Sinónimos: Brasa, chispa, fogata, hoguera, incendio, lar, lumbre, llama.

FUENTE

Sinónimos: Chorro, fontana, hontanar, manantial, surtidor, venero; causa, fundamento, germen, origen, principio.

FUERTE

Sinónimos: Brioso, enérgico, fornido, forzudo, gallardo, granítico, hercúleo, membrudo, musculoso, poderoso, potente, resistente, robusto, sólido, varonil, vigoroso.
Antónimos: Agotado, alicaído, anémico, canijo, consumido, débil, decaído, depauperado, decaecido, desfallecido, enclenque, endeble, enfermizo.

FUERZA

Sinónimos: Fuerte, aguante, ardimiento, energía, foprtaleza, ímpetu, intensidad, potencia, pujanza, reciedumbre, resistencia, robustez, solidez, vigor, violencia.
Antónimos: Agotamiento, anemia, apatía, astenia, debilidad, embotamiento, enervamiento, fragilidad, impotencia, inhibición, languidez, laxitud, postración, relajamiento.

FUGA

Sinónimos: Deserción, escapada, evación, éxodo, diáspora, huida, retirada, salida.

Antónimos: Acoso, detención, hostigamiento, persecución, cerco, retención.

FUNERAL

Sinónimos: Entierro, exequias, fúnebre, funerario, necrológico, responso, sufragio.

FUNESTO

Sinónimos: Aciago, desgraciado, doloroso, fatal, infausto, luctuoso, nefasto, siniestro, tétrico, sombrío, lúgubre, triste, acongojante, descorazonador, espeluznante.
Antónimos: Alegre, bienhadado, bienaventurado, dichoso, fausto, feliz, gozoso, satisfecho.

FUSIL

Sinónimos: Arcabuz, carabina, chopo, escopeta, espingarda, máuser, metralleta, mosquetón, remington, trabuco, winchester.

FUTURO

Sinónimos: Porvenir, próximo, ulterior, venidero.
Antónimos: Antaño, anterior, antiguo, ayer, pasado, pretérito, remoto.

G

GABARRA

Sinónimos: Armadia, balsa, barcaza, embarcación, lanchón, pontón.

GAFAS

Sinónimos: Anteojos, antiparras, catalejos, gemelos, impertinentes, lentes, lentillas, lupa, monóculo, prismáticos, «quevedos».

GAITA

Sinónimos: Cornamusa, chirimía, dulzaina, zampoña.

GALERIA

Sinónimos: Alcantarillado, cloaca, paso subterráneo, túnel; mirador, museo, pinacoteca, pórtico.

GANANCIA

Sinónimos: Agio, alza, beneficios, bonificación,comisión, especulación, estraperlo, ganga, ingresos, interés, lucro, momio, negocio, plusvalía, porcentaje, prima, producto, provecho, rédito, rendimiento, renta, «royalty», usura, utilidad, ventaja.
Antónimos: Baja, daño, descuento, desgaste, gasto, menoscabo, pérdida, perjuicio, quebranto.

GANCHO

Sinónimos: Ancla, anzuelo, arpón, ganchillo, garabato, garfio, garrancho.

GARAGE

Sinónimos: Cochera, «hangar», «parking», zona de estacionamiento.

GARANTIA

Sinónimos: Arras, aval, caución, empeño, fianza, hipoteca, prenda, protección, seguridad.

GARRA

Sinónimos: Garfa, uña, garfio, zarpa.

GASTAR

Sinónimos: Agotar, apurar, consumir, derrochar, desembolsar, despilfarrar, dilapidar, disipar, emplear, erogar, escatimar, invertir, malgastar, malversar.
Antónimos: Acaparar, acumular, ahorrar, almacenar, atesorar, conservar, economizar.

GASTRONOMIA

Sinónimos: Cocina, culinaria, sibaritismo.

GATO

Sinónimos: Gato montés, ladrón, michino, misino, morrongo; instrumento mecánico.

GENEROSIDAD

Sinónimos: Abnegación, beneficencia, despilfarro, dilapidación, desprendimiento, esplendidez, largueza, liberalidad, magnanimidad, magnificencia, munificencia, prodigalidad.

Antónimos: Avaricia, cálculo, cicatería, egoísmo, codicia, mezquindad, roñosería, usura.

GENEROSO

Sinónimos: Dadivoso, desinteresado, desprendido, espléndido, hospitalario, ilustre, liberal, magnánimo, munífico, noble, generoso, pródigo, rumboso.
Antónimos: Agarrado, avaro, cicatero, mezquino, miserable, roñoso, ruín, tacaño.

GEOGRAFIA

Sinónimos: Astronomía, orografía, geología, corografía, geonosis, hidrografía, topografía.

GESTO

Sinónimos: Ademán, expresión, gesticulación, guiño, mímica, mohín, mueca, señal, signo, tic.

GIGANTE

Sinónimos: Coloso, titán, filisteo, jayán, mocetón, rompetechos; estantigua, espingarda.
Antónimos: Enano, pigmeo, liliputiense, gorgojo, pulga, retaco, menino, renacuajo, títere.

GIRAR

Sinónimos: Circular, piruetear, remolinar, rodar, rodear, rular, tornear, virar, voltear.

GITANO

Sinónimos: Bohemio, calé, caló, cañí, flamenco, zíngaro.
Antónimos: Payo (según el argot caló).

GOLFANTE

Sinónimos: Bala, bellaco, bergante, bribón, calavera,

canalla, caradura, fresco, galopín, gamberro, granuja, guaja, maleante, perdulario, perillán, sinvergüenza.
Antónimos: Honesto, decente..

GOLFO, geográfico

Sinónimos: Abra, abrigo, bahía, cala, ensenada, estuario, fiordo, fondeadero, puerto, rada.

GOLOSO

Sinónimos: Catador, comilón, degustador, epicúreo, epulón, gastrónomo, glotón, hambrón, Heliogábalo, Pantagruel, laminero, paladeador, sibarita.
Antónimos: Abstinente, austero, frugal, moderado.

GOLPE

Sinónimos: Batacazo, bastonazo, bofetada, cachete, choque, manotazo, puñetazo; ingeniosidad, ocurrencia, salida.

GORDO

Sinónimos: Abotargado, adiposo, barrigón, barrigudo, cebado, craso, gordinflón, grueso, lustroso, mantecoso, mofletudo, obeso, pingüe, rechoncho.
Antónimos: Canijo, cenceño, chupado, delgado, enjuto, enteco, escuálido, esmirriado, macilento, magro.

GOZAR

Sinónimos: Complacerse, degustar, deleitarse, disfrutar, divertirse, poseer, recrearse, refocilarse, regodearse, saborear, usar, utilizar.
Antónimos: Carecer, expiar, padecer, penar, purgar, sufrir.

GRAMOFONO

Sinónimos: Altavoz, fonógrafo, gramola, magnetófono, tocadiscos.

GRANDE

Sinónimos: Abultado, amplio, ancho, augusto, colosal, corpulento, descomunal, desmedido, eminente, enorme, excelso, extenso, fabuloso, gigantesco, grandioso, ingente, majestuoso, mayúsculo, monumental, piramidal, sublime, titánico, vasto, voluminoso.

Antónimos: Breve, corto, diminuto, escaso, exiguo, ínfimo, insignificante, leve, limitado, menguado, menudo, mezquino, microscópico, pequeño, raquítico, reducido.

GRANO

Sinónimos: Bubón, cereal, divieso, furúnculo, lobanillo, orzuelo, tubérculo, verruga.

GRIETA

Sinónimos: Corte, fisura, hendidura, rendija, resquebrajadura, resquicio.

Antónimos: Liso, taponado.

GRIS

Sinónimos: Canoso, ceniciento, pardo, plomizo; aburrido, apagado, lánguido, monótono, triste.

GRITAR

Sinónimos: Abuchear, alborotar, algarear, aullar, berrear, chillar, desgañitarse.

Antónimos: Bisbisear, cuchichear, mascullar, musitar, refunfuñar, rezongar, susurrar.

GUARDIA

Sinónimos: Centinela, escolta, escucha, guarda, guardia civil, guardia jurado, guardia municipal, guardia rural, guardia de tráfico, guardián, policía, policía nacional, policía militar, sereno, vigía, vigilante.

GUARIDA

Sinónimos: Cado, cubil, madriguera, nido, perrera; albergue, abrigo, amparo, asilo, refugio.

GUERRA

Sinónimos: Batalla, campaña, combate, conflagración, conflicto, contienda, cruzada, choque, escaramuza, guerra civil, guerra de guerrillas, lid, lucha, beligerancia, operación, pelea, refriega, confrontación, enfrentamiento.
Antónimos: Amistad, armisticio, armoníe, calma, sosiego, conciliación, concordia, convivencia, paz, reconciliación, tranquilidad, orden, tregua.

GUERRILLERO

Sinónimos: Cristero, maquis (maquisard), montonero, partidario, partisano, tupamaro, francotirador.

GUIA

Sinónimos: Cicerone, conductor, director, piloto, timonel, sherpa,; callejero, indicador, prontuario.

GULA

Sinónimos: Glotonería, voracidad, sibaritismo, pantagruelismo.
Antónimos: Frugalidad, sobriedad, austeridad, moderación, parquedad.

GUSANO

Sinónimos: Larva, lombriz, oruga, verme, oxiuro, ascaris.

GUSTAR

Sinónimos: Saborear, paladear, probar, degustar, catar, gulusmear, golosear, golosinear.
Antónimos: Insípido, soso, insulso.

H

HABIL

Sinónimos: Apto, diestro, experto, habilidoso, idóneo, industrioso, ingenioso, mañoso.
Antónimos: Chapucero, desmañado, inhábil, torpe.

HABITAR

Sinónimos: Aposentarse, domiciliarse, establecerse, residir, morar, ocupar, vivir.

HABLAR

Sinónimos: Apostrofar, arengar, barbotar, bisbisear, cascar, conversar, cotorrear, charlar, chillar, chismorrear, decir, declamar, declarar, departir, difamar, discursear, disertar, explicar, expresarse, gritar, interrumpir, murmurar, orar, perorar, platicar, rajar, recitar, susurrar, «soplar», vociferar.
Antónimos: Achantar, callar, enmudecer, sigilar, silenciar.

HACER

Sinónimos: Actuar, armar, componer, confeccionar, construir, consumar, crear, efectuar, elaborar, engendrar, fabricar, forjar, manufacturar.
Antónimos: Aniquilar, desbaratar, descomponer, desguazar, deshacer, desmontar, desmoronar.

HALLAR

Sinónimos: Encontrar, topar, tropezar.
Antónimos: Perder, extraviar, desaparecer, traspapelar, trasconejarse, olvidarse.

HAMBRE

Sinónimos: Apetito, gana, necesidad, gazuza, carpanta, voracidad, polifagia, deseo.
Antónimos: Hartura, saciedad, indigestión, empacho.

HECHIZAR

Sinónimos: Sugestionar, hipnotizar, magnetizar.
Antónimos: Exorcizar, conjurar, desencantar

HECHO

Sinónimos: Acción, acto, operación, rasgo, gesto, hazaña, obra, conducta, comportamiento, empresa, aventura, proeza, gesta, suceso, lance, episodio.
Antónimos: Dicho, palabra, frase, expresión, manifestación, declaración, promesa, oración, párrafo, refrán, adagio, proverbio, máxima, sentencia, aforismo.

HEDOR

Sinónimos: Pestilencia, peste, hediondez, tufo, bafarada, tufarada, corrompido, putrefacto.
Antónimos: Fragancia, aroma, perfume, esencia, sahumerio.

HETEROGENEO

Sinónimos: Diverso, distinto, dispar, surtido, variado.
Antónimos: Homogéneo, congénere, similar, gemelo.

HIGIENE

Sinónimos: Profilaxis, dietética, prevención, preservación, asepsia, desinfección, fumigación.
Antónimos: Suciedad.

HIJO

Sinónimos: Vástago, retoño, polluelo, heredero, infante, niño, descendiente, unigénito, primogénito.
Antónimos: Padre, progenitor, padastro.

HIPERTROFIA

Sinónimos: Desarrollo, abultamiento, obesidad.
Antónimos: Atrofia, consunción, degeneración, atonía, debilitación.

HIPOTESIS

Sinónimos: Suposición, cábala, supuesto, conjetura, presunción, teoría, imaginación.
Antónimos: Tesis, proposición, tema, materia, asunto, motivo, argumento, trama.

HISTORIA

Sinónimos: Narración, crónica, anales, efemérides, fastos, anécdota, biografía.
Antónimos: Leyenda, tradición mito, conseja, patraña, fábula, apólogo, parábola, cuento, chascarrillo, novela, folletón, invención, ciencia-ficción.

HOMBRE

Sinónimos: Varón, macho, caballero.
Antónimos: Mujer, hembra, fémina, señora, Eva, comadre, dama, damisela, comadrona.

HOMOGENEO

Sinónimos: Congénere, similar, semejante, emparentado, gemelo.
Antónimos: Heterogéneo, diverso, distinto, dispar, disímil, surtido, variado.

HONOR

Sinónimos: Honra, honorabilidad, honradez, pundonor, dignidad, decencia, vergüenza, caballerosidad, hidalguía, nobleza, reputación, gloria, prez, timbre, ejecutoria.

Antónimos: Deshonor, afrenta, deshonra, oprobio, indignidad, infamia, ignominia, vilipendio, descrédito, sambenito, desdoro, mancilla, mancha, abyección, bajeza, vileza, villanía, servilismo, degradación.

HONRADO

Sinónimos: Probo, íntegro, fiel, recto, justo, digno, moral, decente, puritano.

Antónimos: Pillo, pícaro, pillete, truhán, galopín, bribón, bellaco, perillán, tuno, tunante, guaja, sinvergüenza, fresco, caradura, vil, ruín, charrán, belitre, bergante, tronera, calavera, arrastrado, «pinta», canalla, randa, granuja, inmoral, desaprensivo, truchimán, golfo, perdulario «bala», indeseable, maleante.

HORRIBLE

Sinónimos: Aterrador, atroz, espantoso, espeluznante, horrendo, horripilante, horrorífico, macabro, monstruoso, pavoroso, siniestro, terrible, tétrico, tremendo.

Antónimos: Admirable, bello, celestial, divino, espléndido, estupendo, maravilloso.

HOSPICIO

Sinónimos: Albergue, asilo, casa cuna, casa de caridad, hospital, inclusa, orfanato.

HOSPITAL

Sinónimos: Ambulatorio, botiquín, clínica, dispensario, enfermería, lazareto, manicomio, maternidad, nosocomio, policlínica, sanatorio.

HOTEL

Sinónimos: Albergue, alojamiento, «camping», fonda, hostal, hospedería, mesón, parador, motel, pensión, posada, refugio, residencia.

HUECO

Sinónimos: Vacío, vano, cóncavo, minado.
Antónimos: Macizo, lleno, relleno, compacto, denso, espeso, apretado, amazacotado.

HUESO

Sinónimos: Vértebra, costilla, mandíbula, esquirla.
Antónimos: Carne, chicha, tajada, magra, lomo, jamíon, filete, chuleta, cecina, músculo, musculatura.

HUIR

Sinónimos: Escapar, alejarse, apartarse, fugarse, evadirse, pirarse, volar, escabullirse.
Antónimos: Perseguir, seguir, acosar, hostigar, correr, asenderear, ahuyentar.

HUMANO

Sinónimos: Terreno, terrenal, natural, hominal, antropológico, ente, ser.
Antónimos: Divino, providencial, deífico, sobrenatural, milagroso, portentoso, sobrehumano; teologal.

HUMILDAD

Sinónimos: Modestia, bajeza, miseria, pequeñez, servidumbre, abatimiento, rebajarse.
Antónimos: Soberbia, orgullo, presunción, vanidad, altivez, altanería, arrogancia, engreimiento, hinchazón, petulancia, amor propio, elación; tufos, humos, moños, ínfulas, tono, pisto, importancia, endiosamiento, megalomanía, ufanía, jactancia, petulancia, fanfarronería, baladronada, engolamiento.

HUMILLAR

Sinónimos: Abatir, confundir, anonadar, abismar, rebajar, abusar, doblegar, vilipendiar.

Antónimos: Ensalzar, engrandecer, enaltecer, exaltar, realzar, glorificar, magnificar, sublimar, pontificar, deificar, endiosar, encumbrar, entronizar.

HURACAN

Sinónimos: Vendaval, ciclón, aquilón, ventolera, ventisca, ráfaga, remolino, tromba, torbellino.
Antónimos: Aura, brisa, céfiro, airecillo, hálito, ventolina, remusgo, remanso, calma.

HURTAR

Sinónimos: Quitar, arrebatar, sustraer, coger, robar, usurpar, desposeer, estafar, desfalcar, saquear, sisar, malversar, defraudar, depredar, chorar, birlar, soplar, limpiar.
Antónimos: Restituir, devolver, reintegrar, reembolsar, resarcir, indemnizar, compensar, reparar, satisfacer, recobrar, revertir.

I

IDEA

Sinónimos: Aprehensión, concepto, conjetura, creencia, diseño, doctrina, esbozo, especie, imaginación, indicio, ingenio, intención, inventiva, noción, ocurrencia, opinión, pensamiento, percepción, principio, proyecto, quimera, representación, sensación.

IDENTIDAD

Sinónimos: Autenticidad, coincidencia, conformidad, equivalencia, homogeneidad, igualdad.
Antónimos: Adversidad, antagonismo, antísesis, contradicción, contraposición, contrariedad, contrasentido, contraste, desigualdad, disconformidad, diversidad, oposición.

IDOLO

Sinónimos: Amuleto, estatua, fetiche, imagen, mascota, simulacro, tótem.

IGLESIA

Sinónimos: Basílica, capilla, catedral, colegiata, ermita, parroquia, santuario, templo.

IGNORANCIA

Sinónimos: Analfabetismo, desconocimiento, incapacidad, incultura, ineptitud, inexperiencia.
Antónimos: Aptitud, capacidad, conocimiento, cultura, experiencia, sabiduría.

IGNORANTE

Sinónimos: Alcornoque, analfabeto, asno, burro, ignaro, estúpido, iletrado, incompetente, inculto, indocto, lego, melón, modorro, obtuso, patán, «pez», profano, zoquete, zote.

Antónimos: Científico, culto, docto, documentado, eminencia, entendido, erudito, ilustrado, instruido, intelectual, investigador, lumbrera, perito, sabio.

IGUAL

Sinónimos: Coincidente, constante, equivalente, exacto, idéntico, parejo, regular, uniforme.

Antónimos: Desigual, diferente, disconforme, discontinuo, dispar, distinto, diverso, heterogéneo.

ILICITO

Sinónimos: Clandestino, ilegal, ilegítimo, improcedente, inconveniente, indebido, inicuo, injusto.

Antónimos: Autorizado, debido, genuino, justo, legal, legítimo, lícito, permitido.

ILUSTRE

Sinónimos: Afamado, célebre, destacado, egregio, eminente, esclarecido, eximio, famoso, ínclito, insigne, linajudo, noble, renombrado.

Antónimos: Adocenado, anónimo, corriente, desconocido, ignoto, oscuro, pelagatos, plebeyo, raso, vulgar.

IMAGEN

Sinónimos: Efigie, estatua, figura, icono, imitación, parecido, representación, retrato, semejanza, símbolo.

Antónimos: Autenticidad, realidad, verdad.

IMBERBE

Sinónimos: Barbilampiño, calvo, depilado, lampiño, mondo, pelado, rapado.

Antónimos: Barbudo, cabelludo, hirsuto, melenudo, peludo, piloso, velloso, velludo.

IMITAR

Sinónimos: Calcar, copiar, falsificar, «fusilar», plagiar, remedar, representar, reproducir, seguir, semejar, transformar.

IMPEDIR

Sinónimos: Atascar, cerrar, contener, dificultar, embarazar, empecer, entorpecer, estorbar, frenar, interceptar, obstaculizar, obstar, obstruir, prohibir, reprimir, resistir, torpedear, vedar, vetar.
Antónimos: Apoyar, auxiliar, ayudar, contribuir, facilitar, favorecer, permitir, secundar.

IMPENETRABLE

Sinónimos: Cerrado, compacto, enigmático, hermético, impermeable, inaccesible, incognoscible, incomprensible, indescifrable, inescrutable, inexplicable, reservado, tupido.
Antónimos: Accesible, claro, comprensible, descifrable, esponjoso, explicable, penetrable, permeable, poroso.

IMPERFECTO

Sinónimos: Chapucero, defectuoso, deficiente, escaso, falto, inacabado, incompleto, inmaduro, insuficiente, mediocre, prematuro, verde.
Antónimos: Acabado, cabal, completo, cumplido, entero, insuperable, íntegro, maduro, perfecto, sazonado, total.

IMPERTERRITO

Sinónimos: Firme, impasible, impávido, imperturbable, inalterable, inmutable, intrépido, sereno, tranquilo.
Antónimos: Asustadizo, azorado, emocionado, excita-

ble, impresionable, miedoso, sensible, temeroso, turbado.

IMPORTANTE

Sinónimos: Considerable, crucial, destacado, eminente, esencial, grave, ilustre, interesante, notable, principal, relevante, sensacional, sustancial, serio, trascendental, vital.
Antónimos: Baladí, banal, despreciable, fútil, insignificante, insustancial, intrascendente, irrelevante, secundario, superficial, trivial.

IMPRESOR

Sinónimos: Cajista, editor, linotipista, tipógrafo.

IMPRUDENTE

Sinónimos: Arriesgado, atolondrado, aturdido, desatinado, desconsiderado, desprevenido, imprevisor, impulsivo, incauto, inconsiderado, indiscreto, irreflexivo, precipitado, temerario, tronera.
Antónimos: Astuto, cauto, circunspecto, discreto, sagaz, ecuánime, juicioso, ponderado, previsor, prudente, reflexivo, sensato, sesudo.

IMPUESTO

Sinónimos: Alcabala, arancel, arbitrio, canon, censo, contribución, gabela, gravamen, peaje, subsidio, tasa, tributo.
Antónimos: Bula, dispensa, exención, exoneración, inmunidad, franquicia, privilegio.

INCIERTO

Sinónimos: Apócrifo, discutible, dudoso, engañoso, equivocado, erróneo, hipotético, inexacto, mentiroso, problemático.
Antónimos: Auténtico, axiomático, cierto, evidente, exacto, fehaciente, indiscutible, indudable, infalible, irrefutable, seguro, verdadero.

INCREPAR

Sinónimos: Censurar, reconvenir, regañar, reprender, reprochar, sermonear.
Antónimos: Aplaudir, aprobar, elogiar, enaltecer, ensalzar, exaltar, glorificar, prestigiar.

INDECISO

Zinónimos: Asomo, atisbo, barrunto, brote, destello, huella, pista, presagio, señal, síntoma, traza, vestigio.
Antónimos: Argumento, comprobación, prueba, demostración, garantía, manifestación.

INDIFERENTE

Sinónimos: Apático, cínico, desapasionado, descuidado, displicente, estoico, frío, imparcial, indolente, insensible, neutral, objetivo.
Antónimos: Apasionado, ardiente, cuidadoso, interesado, sensible.

INDIGENA

Sinónimos: Aborigen, autóctono, nativo, natural, originario, oriundo, vernáculo.
Antónimos: Colono, extranjero, extraño, foráneo, forastero, inmigrante, intruso.

INDISCRETO

Sinónimos: Curioso, entrometido, fisgón, importuno, imprudente, intruso, meticón.
Antónimos: Delicado, discreto, formal, prudente.

INDIVIDUO

Sinónimos: Ente, miembro, particular, persona, prójimo, ser, sujeto.
Antónimos: Agrupación, asociación, colectividad, colegio, comunidad, corporación, familia, sociedad.

INERME

Sinónimos: Abandonado, desarmado, desguarnecido, indefenso.
Antónimos: Agresivo, amparado, armado, artillado, belicoso, fortificado, guardado, guarnecido, protegido.

INFAME

Sinónimos: Escandaloso, ignominioso, malvado, nefando, oprobioso, pérfido, soez, vergonzoso, vil.
Antónimos: Bueno, digno, honorable, honrado, noble.

INFELIZ

Sinónimos: Afligido, apenado, atribulado desafortunado, desalentado, desdichado, desgraciado, desesperado, desventurado, malaventurado, malhajado, mezquino, miserable, mísero, pobre.
Antónimos: Afortunado, bienhadado, boyante, campante, contento, dichoso, feliz, próspero, satisfecho, venturoso.

INFERIOR

Sinónimos: Accesorio, dependiente, ínfimo, mediocre, menor, peor, secundario, subalterno, subordinado, sujeto, supeditado.
Antónimos: Independiente, jefe, mejor, predominante, sumo, superior, supremo.

INFIERNO

Sinónimos: Abismo, Aqueronte, Averno, báratro, Estigio, Erebo, Gehena, Hades, Orco, Tártaro.
Antónimos: Cielo, eden, empíreo, paraíso.

INFINITO

Sinónimos: Eterno, ilimitado, imperecedero, inacabable, inagotable, incomensurable, inexhausto, inextinguible, inmenso, interminable.

Antónimos: Acabable, circunscrito, finito, limitado, perecedero.

INFORME

Sinónimos: Averiguación, dato, dictamen, exposición, indagación, información, investigación, noticia, parte médico, parte militar, referencia, relato, rendición de cuentas, sondeo, testimonio.

INGENIO

Sinónimos: Agudeza, cabeza, cacumen, cerebro, entendederas, estro, fantasía, fósforo, genio, habilidad, iniciativa, inspiración, inteligencia, intelecto, inventiva, juicio, maña, mollera, perspectiva, seso, talento; aparato, arma, artificio, instrumento, máquina utensilio.

INGENUIDAD

Sinónimos. Bobería, candor, credulidad, inocencia, pureza, sencillez, simplicidad, sinceridad.
Antónimos: Astucia, cautela, coquería, doblez, malicia, marrullería, picardía, sagacidad, trastienda.

INGRESO

Sinónimos: Acceso, admisión, alta, antecámara, atrio, entrada, puerta, recepción, vestíbulo, zaguán; aportación, beneficio, caudal, devengos, ganancia.
Antónimos: Desembolso, dispendio, gasto, pago, reintegro.

INICIADO

Sinónimos: Adepto, aficionado, catecúmeno, neófito, prosélito, seguidor.
Antónimos: Ajeno, extraño, profano.

INMORAL

Sinónimos: Amoral, deshonesto, desvergonzado, diso-

144

luto, impúdico, lascivo, libertino, licencioso, liviano, lúbrico, lujurioso, obsceno, pornográfico, procaz, salaz, sinvergüenza, verde.
Antónimos: Casto, continente, decente, honesto, honrado, púdico, pudoroso, recatado, virtuoso.

INQUIETUD

Sinónimos: Afán, agitación, anhelo, ansia, desasosiego, excitación, furia, impaciencia, preocupación.
Antónimos: Autocontrol, calma, dominio, flema, moderación, paciencia.

INQUILINO

Sinónimos: Alquilador, arrendatario, coinquilino, locatario, huésped, mediero, ocupante, pensionista, pupilo, subarrendado.
Antónimos: Administrador, amo, arrendador, casero, dueño, patrón.

INSCRIPCION

Sinónimos: Alta, anuncio, cartel, enganche, epígrafe, epitafio, escrito, lápida, letrero, leyenda, matrícula, registro, rótulo.
Antónimos: Baja, despido.

INSIGNIFICANTE

Sinónimos: Baladí, banal, despreciable, fútil, inapreciable, intrascendente, irrelevante, irrisorio, trivial.
Antónimos: Crucial, decisivo, esencial, importante, interesante, relevante, substancioso, trascendental, vital.

INSOLENTE

Sinónimos: Abusante, altanero, arrogante, descarado, descocado, fresco, grosero, impertinente, irrespetuoso, jactanmcioso, maleducado, petulante, protervo.
Antónimos: Cortés, deferente, educado, galante, respetuoso.

INSTINTO

Sinónimos: Apetito, clarividencia, corazonada, olfato, genialidad, impulso, inclinación, intuición, presentimiento, propensión, tendencia.
Antónimos: Comprensión, discernimiento, razón, reflexión.

INTERESANTE

Sinónimos: Ameno, apasionante, atractivo, atrayente, cautivador, convincente, divertido, fascinante, impresionante, perturbador, sensacional, sugestivo.
Antónimos: Anodino, desabrido, incoloro, insulso, insípido, insustancial, latoso, pesado, soso, trivial, vulgar.

INTERNACIONAL

Sinónimos: Cosmopolita, mundial, universal.
Antónimos: Local, nacional, regional.

INTERNO

Sinónimos: Interior, intestino, íntimo, intrínseco, profundo, recóndito.
Antónimos: Exterior, externo, extrínseco, periférico, superficial.

INTERPRETAR

Sinónimos: Adivinar, comentar, descifrar, desentrañar, explicar, glosar, parafrasear, traducir, vulgarizar.
Antónimos: Complicar, trabucar, tergiversar.

INTERRUMPIDO

Sinónimos: Discontinuo, intermitente, saltuario, suspendido.
Antónimos: Continuado, durable, fijo, prorrogado, seguido, proseguido, reanudado.

INTERRUMPIR

Sinónimos: Cesar, cortar, dejar, desistir, detener, empantanar, interceptar, paralizar, suspender.
Antónimos: Continuar, durar, prorrogar, proseguir, reanudar, reemprender, seguir.

INTERVALO

Sinónimos: Descanso, interludio, intermedio, pausa, interrupción, intersticio.

INUNDACION

Sinónimos: Aluvión, anegación, avenida, crecida, desbordamiento, diluvio, riada.
Antónimos: Contención, escasez, retracción.

INUNDAR

Sinónimos: Anegar, desbordar.

INUTIL

Sinónimos: Baldío, estéril, fútil, ineficaz, infructuoso, innecesario, inservible, nulo, superfluo, vano.
Antónimos: Aprovechable, beneficioso, capaz, fértil, fructífero, hábil, indispensable, útil.

INVALIDO

Sinónimos: Baldado, ciego, cojo, entumecido, giboso, herniado, impedido, invidente, lisiado, manco, mutilado, paralítico, quebrado, tullido, zambo.
Antónimos: Agil, desembarazado, expedito, ligero.

INVISIBLE

Sinónimos: Borroso, escondido, imperceptible, inapreciable, incorporal, incorpóreo, indistinguible, latente, microscópico, misterioso, oculto.

Antónimos: Claro, destacado, distinguible, manifiesto, marcado, neto, palpable, perceptible, visible.

IR

Sinónimos: Acudir, alejarse, ausentarse, caminar, desplazarse, dirigirse, marcharse, moverse, partir, trasladarse, zarpar.
Antónimos: Arribar, llegar, presentarse, regresar, tornar, venir, volver.

IRA

Sinónimos: Albaraca, arrebato, berrinche, cólera, coraje, despecho, encono, enfado, enojo, exasperación, frenesí, furia, furor, indignación, iracundia, irritación, rabia, rabieta.
Antónimos: Aguante, calma, conformación, mansedumbre, paciencia, placidez, resignación.

IRONICO

Sinónimos: Burlesco, burlón, cáustico, chungón, guasón, humorístico, mordaz, sarcástico, sardónico.
Antónimos: Ceñudo, circunspecto, engolado, formal, serio, severo.

IRRACIONAL

Sinónimos: Absurdo, contradictorio, ilógico, incoherente, incomprensible, incongruente,, inexplicable; animal, bestia, bruto.
Antónimos: Coherente, comprensible, congruo, convincente, justo, lógico, racional.

IRREGULAR

Sinónimos: Amorfo, asimétrico, deforme, disconforme, caprichoso, heteróclito, arrítmico.
Antónimos: Regular, simétrico, geométrico, acompasado, rítmico, medido, reglado, uniforme.

IRRELIGION

Sinónimos: Irreligiosidad, laicismo, impiedad, infidelidad, incredulidad, ateísmo.
Antónimos: Religión, religiosidad, fe, piedad, creencia, culto, liturgia, misticismo, teología, teodicea, teosofía, teogonía, deísmo, teísmo, metempsicosis.

IRREMEDIABLE

Sinónimos: Incurable, irreparable, irreversible, insolucionable, insubsanable, irrectificable, fatal.
Antónimos: Remediable, curable, reparable.

IRRESOLUCION

Sinónimos: Sobreseimiento, abstención, resentimiento, inhibición.
Antónimos: Resolución, solución, determinación, decisión, desenlace, sentencia, fallo, pronunciamiento, pronunciado, calificación, dictamen, auto, providencia, decreto.

ISLA

Sinónimos: Insula, islote, arrecife, escollo, delta, banco, barra, bajío.
Antónimos: Lago, laguna, albufera, charca, poza, pantano, charco, embalse.

ISRAELITA

Sinónimos: Askhenazi, hebreo, israelí, judaico, judío, sefardita, semita, semítico, sionista.

IZQUIERDO

Sinónimos: Siniestro, babor.
Antónimos: Derecho, diestro, estribor.

J

JARDIN

Sinónimos: Vergel, huerto, huerta, paraíso, edén, pensil, parque, parterre.
Antónimos: Antónimos: Erial, yermo, baldío, pantano, páramo, estéril, desierto, estepa, calvero.

JEFE

Sinónimos: Director, presidente, rector, superior, maestro, intendente, encargado, principal, prior, mandamás, gerente, comandante, comodoro, almirante, guía, conductor, caudillo, capitán, adalid, cabecilla, condotiero, líder, corifeo, preboste, gerifalte, régulo, capataz, caporal, patrón.
Antónimos: Subordinado, dependiente, secretario, subalterno, inferior, sufragáneo, satélite, auxiliar, criado, fámulo, servidor, siervo, vasallo, súbdito.

JESUCRISTO

Sinónimos: El Redentor, Cristo, El Galileo, El Nazareno, El Crucificado, El Unigénito, El Mesías, El Ungido, El Verbo, El Salvador, El Enviado, El Señor, El Santísimo, La Eucaristía, El Sacramento, El Viático, Hostia Santa, Sagrada Forma, Corpus Christi.
Antónimos: Anticristo, Satanás, diablo.

JOVEN

Sinónimos: Mozo, mozalbete, adolescente, núbil, muchacho, pollo, pimpollo, galán, efebo, guayabo, garzón, mancebo, doncel, barragán, imberbe, púber.

Antónimos: Viejo, anciano, senil, caduco, decrépito, achacoso, cascado, provecto, adulto, maduro, otoñal, longevo, antañón, chocho, vetusto, vejestorio.

JOYA

Sinónimos: Alhaja, presea, tesoro, relicario, filigrana, aderezo, aljófar, gema, anillo.
Antónimos: Baratija, bisutería, chuchería, fruslería.

JUEZ

Sinónimos: Arbitro, magistrado, curial, justicia, mediador, sentenciador, merino, golilla, tribunal, jurado, juzgado, audiencia.
Antónimos: Reo, culpado, delincuente, malhechor, criminal, acusado, penitente.

JUICIO

Sinónimos: Opinión, parecer, dictamen, sentencia, resolución, diagnóstico, ponencia, informe, concepto, voz, sentir, impresión, criterio, consejo, voto, sufragio, plebiscito, referéndum, censura, crítica, enjuiciar, conceptuar, calificar.
Antónimos: Prejuicio, preocupación, pesadilla, obsesión, miramiento, respeto, escrúpulo, apriorístico.

JURAMENTO

Sinónimos: Jura, obtestación, homenaje, voto, salva, testimonio, fidelidad, atestación.
Antónimos: Perjurio, perjuro, prevaricador, prevaricato, prevaricación, mentira, infidelidad, deslealtad, felonía, abjuración, apostasía, negación, traición.

JUSTICIA

Sinónimos: Conciencia, honestidad, honradez, neutralidad, probidad, equidad, rectitud, integridad, imparcialidad, ecuanimidad, legalidad, licitud, escrupulosidad.
Antónimos: Injusticia, iniquidad, arbitrariedad, ilega-

lidad, ilicitud, parcialidad, preferencia, tendenciosidad, favoritismo, apasionamiento, partidismo, sectarismo, nepotismo, pretorianismo, autarquía, autocracia, desafuero, desaguisado, sinrazón, abuso, extralimitación, atrocidad, exceso, prepotencia, tropelía, capricho, alcaldada, violencia, coacción, atropello.

JUSTO

Sinónimos: Ajustado, apropiado, cabal, conveniente, ecuánime, equitativo, exacto, fundado, imparcial, legítimo, lícito, neutral, oportuno, desapasionado, preciso, razonable, consciente, razonado.

Antónimos: Equivocado, inexacto, injusto, imparcial.

JUVENTUD

Sinónimos: Adolescencia, infancia, mocedad, pubertad, puerecia, primavera.

Antónimos: Ancianidad, ocaso, madurez, otoño, otoñal, longevidad, vejez.

K

KARMA

Sinónimos: Llevado, encadenado.
Antónimos: Defensión, superación, detención, contra-
rresto.

KARMIZAR

Sinónimos: Arrastrar, llevar, cargar, espaldar.
Antónimos: Anular, contrarrestar, frenar, superar.

KERMESE

Sinónimos: Fiesta, diversión, caridad, tómbola.
Antónimos: Desprecio, desdén, desaire, vilipendio.

KIOSKO

Sinónimos: Casilla, cenador, glorieta, pabellón, puesto, templete, tenderete.

L

LADRAR

Sinónimos: Aullar, gañir, gruñir, ulular

LADRON

Sinónimos: Atracador, bandido, caco, carterista, cleptómano, cortabolsas, cuatrero, chorizo, «choro», «piquero», descuidero, estafador, gato, mechera, mercero, palquista, rata, ratero, salteador, saqueador, tahúr, timador, tramposo.
Antónimos: Honesto, honrado, íntegro, recto, digno, decente.

LAGUNA

Sinónimos: Alberca, albufera, balsa, ciénaga, charca, charco, estanque, marisma, pantano; defecto, falta, omisión, vacío.
Antónimos: Exorbitación, interpolación, relleno.

LAICO

Sinónimos: Antirreligioso, arreligioso, civil, irreligioso, lego, profano, secular, seglar.
Antónimos: Clérigo, eclesiástico, religioso.

LAMENTO

Sinónimos: Elegía, gemido, jeremiada, lamentación, llanto, plañido, queja, quejido.
Antónimos: Aplauso, carcajada, ovación, risa.

LAMER

Sinónimos: Adular, chupar, halagar, lamiscar, lengüetear, lisonjear, relamer, lisonjear, rozar, sorber.

LAMINA

Sinónimos: Chapa, hoja, lama, placa, plancha; cromo, dibujo, estampa, figura, grabado, litografía, hoja, estrato, película, membrana, tegumento, blindaje.
Antónimos: Filamento, hilo, fibra, pelo, beta, nervio, brizna, cuerda, bramante, cordón, cinta, tira, alambre.

LAMPARA

Sinónimos: Antorcha, aplique, «araña», bombilla, bujía, candela, candil, cerilla, faro, farol, foco, linterna, pila, quinqué, vela.

LAMPIÑO

Sinónimos: Barbilampiño, imberbe, tonsurado, rapado, pelado, mondo, afeitado, rasurado, depilado, calvo.
Antónimos: Velludo, velloso, vellido, pulido, peloso, piloso, barbudo, cabelludo, bigotudo, melenudo, hirsuto.

LANZA

Sinónimos: Alabarda, asta, azagaya, chuzo, garrocha, jabalina, pértiga, pica, vara.

LARGO

Sinónimos: Abundante, alargado, amplio, copioso, difuso, dilatado, extenso, luengo, prolijo, prolongado, kilométrico, ilimitado, inacabable, interminable.
Antónimos: Breve, conciso, corto, capado, chico, exiguo, pequeño, poco, parco, reducido, limitado.

LARGUEZA

Sinónimos: Liberalidad, generosidad, munificencia,

magnificencia, magnanimidad, desprendimiento, esplendidez, prodigalidad, despilfarro, dilapidación.
Antónimos: Avaricia, codicia, avidez, ambición, tacañería, roñosería, ruindad, mezquindad, sordidez.

LATIDO

Sinónimos: Cardiopalmia o cardiopalmos, frémito, palpitación, pulsación, sobresalto.
Antónimos: Adinamia, colapso, síncope.

LATIGO

Sinónimos: Azote, fusta, rebenque, tralla, verga, vergajo, zurriago, zurriagazo.

LAXANTE

Sinónimos: Purga, purgante.
Antónimos: Astringente.

LEALTAD

Sinónimos: Fidelidad, nobleza, caballerosidad, hidalguía, buena fe, honradez, rectitud, franqueza, sinceridad.
Antónimos: Traición, deslealtad, infidelidad, defección, perfidia, felonía, infidencia, alevosía, prevaricación, prevaricato, deserción, emboscada, insidia.

LEER

Sinónimos: Deletrear, descifrar, hojear, ojear, interpretar, releer, traducir.

LEGAL

Sinónimos: Autorizado, estatutario, genuino, jurídico, justo, legítimo, lícito, permitido, procedente, promulgado, razonable, reglamentario, vigente.
Antónimos: Bastardo, clandestino, chanchullo, enjuague, espurio, ilegal, ilegítimo, ilícito, indebido, injusto prohibido, irregular.

LEGITIMO

Antónimos: Legal, justo, lícito, permitido, debido, verdadero, genuino.
Antónimos: Ilegítimo, ilegal, injusto, ilícito, prohibido, clandestino, indebido, bastardo, espurio.

LEJANO

Sinónimos: Remoto, alejado, distante, apartado, mediato, distanciado, retirado, separado, desviado, excéntrico.
Antónimos: Cercano, próximo, inmediato, contiguo, colindante, limítrofe, vecino, confinante, rayano, propincuo, arrimado, inminente, reciente.

LENGUAJE

Sinónimos: Argot, calé, caló, dialecto, fraseología, habla, idioma, jerga, jerigonza, lengua, mímica, terminología, vernículo, monserga, germanía, verbo.
Antónimos: Mudez, mutismo, silencio.

LENIDAD

Sinónimos: Benignidad, benevolencia, magnanimidad, suavidad, afabilidad, blandura.
Antónimos: Severidad, rigor, rigurosidad, dureza, rigidez, inexorabilidad, austeridad, aspereza, acritud.

LENTO

Sinónimos: Cansino, despacioso, flemático, moroso, paulatino, pausado, pelma, tardío, tardo.
Antónimos: Apresurado, arrebatado, disparado, «embalado», fulminante, ligero, precipitado, rápido, raudo, veloz, celérico, centelleante, veloz, vertiginoso.

LEÑO

Sinónimos: Leña, madera, tronco.

LESIONADO

Sinónimos: Lastimado, golpeado, maltratado, magullado, maltrecho, herido, contusionado.
Antónimos: Ileso, sano, incólume, indemne, inmune, intacto.

LETRA

Sinónimos: Carácter, garabato, perfil, signo; efecto bancario, giro, letra de cambio.

LEVANTAR

Sinónimos: Enderezar, incorporar, erguir, aupar, empinar, elevar, subir, izar.
Antónimos: Arriar, caer, desplomarse, sucumbir, bajar, arruinar, derrumbar, abatirse, descender.

LEVE

Sinónimos: Venial, ligero, pequeño, liviano, parvo, insignificante, nimio.
Antónimos: Grave, importante, grande, alarmante, difícil, comprometido.

LEY

Sinónimos: Bando, canon, código, constitución, decreto, dictado, disposición, edicto, estatuto, mandamiento, mandato, norma, orden, pauta, precepto, prescripción, regla, reglamento, cláusula, base, condición, directriz, orientación. criterio, ukase, escala, tarifa, arancel, baremo, fuero.
Antónimos: Costumbre, hábito, uso, práctica, estilo, moda, modo.

LEYENDA

Sinónimos: Tradición, mito, conseja, patraña, fábula, apólogo, parábola, cuento, chascarrillo, novela, folletón, invención, ciencia-ficción.

Antónimos: Historia, narración, crónica, anales, efemérides, fastos, historieta, anécdota, monografía, biografía, vida, panegírico, semblanza.

LIBERAR

Sinónimos: Absolver, desencarcelar, desvincular, redimir, emancipar, eximir, libertar, rescatar.

Antónimos: Cautividad, dependencia, esclavitud, mediatización, opresión, servidumbre, sometimiento, subordinación, sumisión, supeditación, enclaustramiento.

LIBERTAD

Sinónimos: Albedrío, autodeterminación, autarquía, autonomía, emancipación, franquicia, imperio, independencia, manumisión, redención, salvación, señorío.

Antónimos: Véanse los correspondientes al vocablo anterior, LIBERAR, que son ortodoxamente aplicables a este término.

LIBRO

Sinónimos: Atlas, Biblia, breviario, folleto, incunable, manual, misal, obra, texto, volumen, manuscrito.

LICITO

Sinónimos: Legal, justo, debido, reglamentario, legítimo, permitido, permisible, autorizado.

Antónimos: Ilícito, ilegal, indebido, injusto, improcedente, prohibido, prohibitivo.

LICUAR

Sinónimos: Liquidar, condensar.

Antónimos: Evaporar, vaporar, vaporizar, volatilizar, sublimar, desvanecer, disipar.

LIGERO

Sinónimos: Aéreo, etéreo, fatuo, frívolo, fútil, ingrávido, leve, liviano, tenue, volátil.

Antónimos: Constante, denso, espeso, grave, macizo, pesado, plúmbeo, profundo, ponderado, serio.

LIMITADO

Sinónimos: Restringido, circunscripto, constreñido, acotado, ceñido, reducido, localizado.
Antónimos: Ilimitado, amplio, extenso, inmenso, libre, inacabable, indefinido, dilatado, lato.

LIMPIAR

Sinónimos: Asear, depurar, enjugar, enlucir, expurgar, fregar, lavar, pulir, purgar, purificar.
Antónimos. Emporcar, enfangar, ensuciar, mancillar, manchar, «guarrear», tiznar.

LIMPIO

Sinónimos: Aseado, barrido, curioso, desempolvado, fregado, impóluto, diáfano, inmaculado, lavado, limpiado, límpido, nítido, pulcro, transparente.
Antónimos: Sucio, manchado, mugriento, cochambroso, desastroso, desaseado, estropajoso, empañado, tiznado, inmundo, pringado, cochino, puerco, guarro, marrano, enfangado, enlodado, emporcado, asqueroso, sórdido.

LIQUIDO

Sinónimos: Fluido, ácuo, humor.
Antónimos: Sólido, duro, consistente, compacto, apelmazado, macizo, denso, rígido.

LISO

Sinónimos: Terso, llano, raso, plano, pulido.
Antónimos: Rugoso, arrugado, chafado, abollado, rayado, áspero, fragoso, abrupto.

LISTO

Sinónimos: Inteligente, avisado, espabilado, agudo,

despejado, ingenioso, despabilado, vivo, vivaz, vivaracho, despierto, pizpireta, lince, «largo», sagaz, avispado, sutil, perspicaz, «águila», zahorí, talentoso, portentoso, superdotado, eminencia, eminente.

Antónimos: Tonto, atontado, tontaina, bobo, bobalicón, fatuo, «babieca», simple, simplón, cipote, primo, lila, «gili», lelo, panoli, memo, alelado, pasmarote, pánfilo, estafermo, pazguato, gaznápiro, zoquete, zamacuco, bodoque, caporro, sinsote, mameluco, papanatas, papamoscas, romo, lerdo, torpe, topo, corto, obtuso, necio, estólido, supino, estúpido, beoco, cretino, imbécil, idiota.

LIVIANO

Sinónimos: Ligero, leve, ingrávido, etéreo, volátil, aéreo.

Antónimos: Pesado, grave, plúmbeo, denso, espeso, macizo, pétreo.

LOCAL

Sinónimos: Parcial, aislado, limitado; pueblerino, lugareño, aldeano, rural, municipal, comunal.

Antónimos: Universidad, mundial, internacional, cosmopolita, ecuménico.

LOCO

Sinónimos: Perturbado, transtornado, deficiente mental, disminuido psíquico, demente, alienado, desequilibrado, orate, chiflado, chalado, barrenado, guillado, «mochales», tocado, neurasténico, histérico, alucinado, maniático, psicópata, enajenado, venático, lunático, chaveta, jareta, dislate.

Antónimos: Cuerdo, lúcido, juicioso, normal, cabal, equilibrado, prudente, reflexivo, sesudo.

LOCUAZ

Sinónimos: Hablador, charlatán, parlanchín, vocinglero, trápala, garrulo, expansivo, comunicativo.

Antónimos: Taciturno, callado, reflexivo, ponderado, hermético, reservado.

LORO

Sinónimos: Cacatúa, cotorra, guacamayo, papagayo, perico.

LOZANO

Sinónimos: Exuberante, florido, fresco, frondoso, jugoso, lujuriante, robusto, verde, vigoroso.
Antónimos: Agostado, ajado, amojamado, descaecido, lacio, marchito, momificado, mustio, seco, acartonado, apergaminado, recocho.

LUGAR

Sinónimos: Sitio, paraje, parte, espacio, emplazamiento, superficie, área, recinto, trecho, demarcación, latitud, terreno, localidad, pueblo, puesto, punto, región, rincón, sitio, esfera, plano, órbita, ámbito, elemento, atmósfera.
Antónimos: Inmensidad, vacío, estratosfera, extensión, infinito, universo.

LUJO

Sinónimos: Alarde, aparato, boato, esplendidez, fausto, gala, magnificencia, munificencia, opulencia, ostentación, pompa, postín, rumbo, suntuosidad, vanidad
Antónimos: Carencia, escasez, mezquindad, modestia, pobreza, sencillez, sobriedad.

LUJURIA

Sinónimos: Cachondez, carnalidad, concupiscencia, corrupción, deshonestidad, erotismo, impudicia, impudor, impureza, incontinencia, lascivia, libertinaje, libidine, liviandad, lubricidad, masturbación, masoquismo, ninfomanía, obscenidad, onanismo, pornografía, procacidad, rijosidad, sadismo, sado-masoquismo, satiriasis, sensualidad, sicalípsis, voluptuosidad, fornicio, fornificación, sodomía, salacidad, desdoro, inmoralidad, disoluto.

Antónimos: Abstinencia, castidad, continencia, decencia, decoro, honestidad, pudicia, pudor, pureza, recato, temperancia, templanza, vergüenza, virginidad.

LUNA

Sinónimos: Creciente, espejo, media Luna, menguante, novilunio, plenilunio, satélite, Selene, astro.

LUSTROSO

Sinónimos: Acharolado, barnizado, brillante, bruñido, coruscante, espléndido, esplendente, fúlgido, fulgurante, radiante, reluciente, resplandesciente, terso.

Antónimos: Apagado, deslucido, enteco, herrumbroso, mate, mohoso, mogoso, oxidado.

LUZ

Sinónimos: Alumbrado, brillo, claridad, chispazo, deslumbramiento, destello, esplendor, fosforescencia, fulgor, fulguración, luminaria, luminosidad, ráfaga, rayo, relámpago, resol, resplandor, vislumbre, antorcha, faro.

Antónimos: Lobreguez, niebla, oscuridad, sombra, nebulosidad, tinieblas.

LL

LLAMADA

Sinónimos: Cita, convocatoria, invocación, reclamo, llamamiento, movilización, señal, signo.
Antónimos: Alejamiento, despedida, despido, licenciamiento.

LLAMAR

Sinónimos: Apellidar, atraer, citar, convocar, denominar, intitular, invocar, nombrar, tocar.
Antónimos: Alejar, despedir, jubilar, rechazar.

LLAMATIVO

Sinónimos: Atractivo, curioso, chocante, exagerado, excéntrico, excitante.
Antónimos: Calmante, desadvertido, inadvertido, disimulado, paliativo.

LLANEZA

Sinónimos: Campechanía, confianza, espontaneidad, modestia, naturalidad, sencillez.

LLANO

Sinónimos: Accesible, afable, fácil, franco, igual, liso, llanura, meseta, planicie, plano, sábana, sencillo.
Antónimos: Accidentado, cordillera, desigual, escabroso, escarpado, montaña, monte.

LLANURA

Sinónimos: Planicie, explanada, descampado, escampado, raso, meseta, sabana, estepa, pampa, llano.
Antónimos: Montaña, cuesta, pendiente, declive, ladera, repecho, rampa, ribazo, varga, colina, cabezo, alcor, collado, otero, prominencia.

LLEGADA

Sinónimos: Arribo, arribada, venida, advenimiento; aparcar, aterrizar, amarar.
Antónimos: Partida, marcha, salida, evacuación, ida.

LLENO

Sinónimos: Relleno, repleto, abarrotado, colmado, rebosante, atestado, saturado, empapado, pleno, henchido, ahíto, congestionado, cargado, impregnado, desbordante, sembrado, salpicado, cuajado, plagado, nutrido, invadido, provisto.
Antónimos: Vacío, vano, huero, hueco, desocupado, desmantelado, solitario, exhausto, desierto, despoblado, inhabitado, deshabitado, desprovisto, descongestionado.

LLEVAR

Sinónimos: Portar, transportar, trasladar, trasplantar, portear; conducir, trajinar, acarrear, arrastrar, remolcar.
Antónimos: Traer, aportar, presentar.

LLORAR

Sinónimos: Lloriquear, gemir, gimotear, hipar, plañir.
Antónimos: Reír, carcajear, sonreír.

LLOVER

Sinónimos: Lloviznar, chispear, chaparrear, diluviar, cerner.
Antónimos: Escampar, aclarar, despejar, amainar.

M

MACIZO

Sinónimos: Amazacotado, apretado, compacto, denso, espeso, lleno, relleno, sólido.
Antónimos: Apolillado, cóncavo, débil, flojo, hueco, minado, poroso, vacío.

MACHO

Sinónimos: Fuerte, masculino, muro, recio, robusto, semental, varón, varonil, vigoroso, viril.
Antónimos: Afeminado, femenil, femenino, hembra, mujeril, mula, muliebre.

MADERA

Sinónimos: Combustible, chapa, enmaderado, leña, leño, listón, maderamen, rama, tabla, taco, tarugo, tronco, viga.

MADRE

Sinónimos: Alveo, cauce, causa, lecho, madrastra, madraza, mamá, origen, principio, progenitora, religiosa, sedimento, soltera, sor, superiora.
Antónimos: Consecuencia, descendiente, efecto, fin, hijo.

MAESTRO

Sinónimos: Avezado, ayo, catedrático, diestro, doctor, dómine, ducho, experto, hábil, instructor, licenciado, músico, pedagogo, perito, profesor, torero.

Antónimos: Alumno, colegial, discípulo, escolar, estudiante.

MAGNETISMO

Sinónimos: Electroimán, himnosis, himnotismo, sugestión, imán, mesmerismo.

MAGO

Sinónimos: Brujo, centauro, cíclope, diablillo, dragón, duende, enano, esfinge, fauno, gigante, hechicero, nigromante, pigmeo, hipogrifo, quimera, sirena, trasgo, unicornio.

MAL

Sinónimos: Adversidad, calamidad, castigo, desastre, desgracia, destrozo, hecatombe, infortunio, pérdida, quebranto, ruina, siniestro.
Antónimos: Beneficio, bien, bienestar, bondad, dicha, provecho, riqueza.

MALEANTE

Sinónimos: Bandido, bellaco, bribón, canalla, estafador, ladrón, truhán, vago.
Antónimos: Benefactor, bueno, cándido, honrado, noble, sincero, trabajador.

MALO

Sinónimos: Criminal, cruel, depravado, desalmado, feroz, maligno, malvado, pérfido, perverso, reo, réprobo, sádico, sinvergüenza.
Antónimos: Bello, bondadoso, bueno, compasivo, humano, indulgente, magnánimo, santo, virtuoso.

MALOGRAR

Sinónimos: Evitar, impedir, prevenir.
Antónimos: Aprovechar, conseguir, lograr.

MALTRATAR

Sinónimos: Atormentar, dañar, golpear, oprimir, regañar, vejar, zarandear.
Antónimos: Acariciar, atender, alargar, mimar.

MAMAS

Sinónimos: Busto, pecho, pezón, senos, tetas, ubres.

MANCHA

Sinónimos: Churrete, desdoro, deshonra, estigma, lamparón, mácula, mancilla, tilde, tizne.

MANDAR

Sinónimos: Decretar, dictar, dirigir, disponer, encomendar, enviar, expedir, gobernar, ordenar, regir, remitir, preceptuar, transmitir.
Antónimos: Acatar, cumplir, exonerar, obedecer, secundar.

MANEJAR

Sinónimos: Ajar, blandir, dirigir, enredar, guiar, maniobrar, manipular, manosear, menear, palpar, regir, tantear, tentar, tocar, sobar, usar.

MANIQUI

Sinónimos: Modelo, muñeco.

MANTECA

Sinónimos: Mantequilla, margarina, nata.

MAÑANA

Sinónimos: Alba, aurora, madrugada.
Antónimos: Atardecer, ayer, noche, ocaso, tarde.

MAQUINA

Sinónimos: Aparato, artefacto, artilugio, dispositivo, ingenio, instrumento, maquinaria, mecanismo, trasto.

MAR

Sinónimos: Abundancia, cantidad, «charco», golfo, marisma, piélago, ponto.
Antónimos: Continente, suelo, tierra.

MARAVILLADO

Sinónimos: Admirado, anonadado, asombrado, atónito, aturdido, estupefacto, extasiado.

MARAVILLOSO

Sinónimos: Admirable, asombroso, encantado, estupendo, inaudito, increíble, inefable, inusitado, milagroso, monstruoso, pasmoso, portentoso, prodigioso, sorprendente.
Antónimos: Común, corriente, habitual, prosaico, ordinario, vulgar.

MARIPOSA

Sinónimos: Insecto, lepidóptero, palomilla, piéride.

MARRON

Sinónimos: Bayo, castaño.

MARTILLO

Sinónimos: Almádena, azote, batán, martinete, maza, mazo, percusor, percutor, perseguidor.

MASA

Sinónimos: Aglomeración, amasijo, conjunto, chusma, magma, montón, multitud.

MASCARA

Sinónimos: Antifaz, carátula, careta, disfraz, disimulo, dominó, arlequín.

MATADERO

Sinónimos: Degolladero, desolladero.

MATANZA

Sinónimos: Degollina, estrago, exterminio, hecatombe, masacre, mortandad.

MATAR

Sinónimos: Apiolar, asesinar, decapitar, degollar, desnucar, despenar, ejecutar, fusilar, linchar, suprimir.

MATERIAL

Sinónimos: Concreto, corporal, corpóreo, físico, palpable, real, visible.
Antónimos: Abstracto, espiritual, incorpóreo, inmaterial, irreal, moral.

MATIZ

Sinónimos: Cambiante, colorido, crescendo, gama, tono, gradación.

MATRIMONIO

Sinónimos: Bodas, casamiento, connubio, enlace, esponsales, coyunda, desposorio, emparejamiento, unión, himeneo, nupcias.
Antónimos: Divorcio, repudio, separación.

MEDALLA

Sinónimos: Chapa, distinción, ficha, galardón, placa, premio.

MEDIADOR

Sinónimos: Casamenteros, corredor, chalán, interce-
sor, intermediario, negociador, pacificador, proxeneta,
rufián, traficante, comerciante, tratante.

MEDIAS

Sinónimos: Calcetas, calcetines.

MEDICINA

Sinónimos: Anatomía, biología, cirugía, fármaco, far-
macología, fisiología, ginecología, higiene, medicamento,
ortopedia, patología, pediatría, pócima, psiquiatría.

MEDIO

Sinónimos: Ayuda, camino, instrumento, modo, manera, posibilidad.
Antónimos: Fin, finalidad, meta, objetivo.

MEDIOCRE

Sinónimos: Adocenado, chapucero, gris, imperfecto,
incompleto, insuficiente, ordinario, vulgar.
Antónimos: Ejemplar, esmerado, estupendo, excelente, exquisito, ideal, magistral, notable, perfecto.

MEDIR

Sinónimos: Calcular, comparar, computar, estimar,
evaluar, juzgar, pesar, valorar.

MEJILLA

Sinónimos: Carrillo, cigoma, mandíbula, maxilar, pó-
mulo, quijada.

MENDIGO

Sinónimos: Pedigüeño, pobre, pordiosero.
Antónimos: Dadivoso, espléndido, rico.

MENSAJERO

Sinónimos: Correo, enviado, heraldo, mandadero, ordenanza, ordinario, recadero.

MENTIRA

Sinónimos: Arana, bola, cuento, embuste, fábula, falsedad, impostura, infundio, invención, patraña, trola.
Antónimos: Auténtico, autenticidad, franqueza, historia, realidad, sinceridad, verdad.

MERCANCIA

Sinónimos: Artículos, enseres, géneros, productos.

MERIDIONAL

Sinónimos: Antártico, austral, sureño.
Antónimos: Artico, boreal, nórdico, septentrional.

MESA

Sinónimos: Altar, ara, bargueño, camilla, escribanía, escritorio, secreter.

MESETA

Sinónimos: Altiplano, bancal, calvero, sabana.
Antónimos: Hondonada, vaguada, valle.

MESTIZO

Sinónimos: Criollo, cruzado, chicano, híbrido, mixto, mezclado, mulato.
Antónimos: Neto, puro.

METODO

Sinónimos: Costumbre, disposición, norma, organización, orden, procedimiento, regla, regulación, usanza, sistema.

Antónimos: Barullo, confusión, desbarajuste, desconcierto, desorden, embrollo, enredo.

MESCOLANZA

Sinónimos: Amalgama, borrador, brebaje, combinación, fusión, hibridismo, mezcla, miscelánea, mixtura, revoltijo.
Antónimos: Agrupación, clasificación, ordenamiento, organización, taxonomía.

MIEDO

Sinónimos: Alarma, canguelo, aprensión, espanto, espeluznamiento, pánico, pavor, sobresalto, susto, temor, terror, zozobra.
Antónimos: Arrojo, audacia, coraje, denuedo, intrepidez, osadía, temeridad, valor.

MILAGRO

Sinónimos: Gracia, maravilla, portento, prodigio.

MIMAR

Sinónimos: Acariciar, consentir, halagar, malcriar.
Antónimos: Despreciar, insultar, maltratar, pegar.

MINUCIA

Sinónimos: Bagatela, nadeería, nonada.
Antónimos: Algo, entidad, importancia.

MIRADA

Sinónimos: Ceño, ojeada, vistazo.

MIRAR

Sinónimos: Admirar, atisbar, considerar, contemplar, escudriñar, escrutar, espiar, examinar, fijarse, observar, ojear, otear, parpadear, recelar, ver.

MISANTROPO

Sinónimos: Arisco, insociable, introvertido, misógino.
Antónimos: Afable, social, tratable.

MISTERIOSO

Sinónimos: Arcano, disimulado, enigmático, esotérico, hermético, impenetrable, oculto.
Antónimos: Abierto, claro, exotérico, evidente, manifiesto, palmario.

MODA

Sinónimos: Actualidad, alta costura, boga, modo, costura, gusto, manera, novedad, *prêt a porter*, uso.
Antónimos: Antigualla, adefesio, desuso, ranciedad.

MODELO

Sinónimos: Arquetipo, dechado, ejemplo, ideal, módulo, muestra, norma, original, prototipo.

MODERNO

Sinónimos: Actual, contemporáneo, flamante, neoclásico, nuevo, presente, reciente, renovado.
Antónimos: Anticuado, antiguo, añejo, fósil, histórico, arcaico, legendario, pasado, primitivo, antañón, rancio, remoto, superado, trasnochado, longevo, vetusto, viejo.

MOJADO

Sinónimos: Bañado, blando, calado, chorreante, desleído, embebido, empapado, ensopado, húmedo, humedecido, rociado.
Antónimos: Agostado, árido, desecado, enjugado.

MOJAR

Sinónimos: Bañar, embeber, empapar, humedecer, regar, irrigar, macerar, remojar.
Antónimos: Agostar, desecar, enjugar, secar.

MOLESTAR

Sinónimos: Acongojar, afanar, anhelar, chinchar, enfadar, exaltarse, excitarse, jadear, molestar.
Antónimos: Apaciguar, aplacar, aquietar, calmar, sosegar, tranquilizar.

MOMENTO

Sinónimos: Circunstancia, instante, minuto, ocasión, oportunidad, punto, segundo, soplo.
Antónimos: Destiempo, eternidad, inmortalidad, perennidad, perpetuidad, rato, universalidad, siglo.

MONARCA

Sinónimos: César, emperador, dictador, kaiser, negus, rey, soberano, tenno, tirano, zar.

MONJE

Sinónimos: Abad, converso, donado, ermitaño, fraile, hermano, novicio, prior, superior.

MONO

Sinónimos: Antropoide, cuadrumano, chimpancé, gorila, macaco, mandril, mico, orangután.

MONTE

Sinónimos: Alcor, altura, cerro, colina, collado, cordillera, macizo, montaña, promontorio.
Antónimos: Descampado, estepa, explanada, páramo, llano, llanura, pampa, planicie, raso, sabana.

MONTON

Sinónimos: Aglomeración, cúmulo, hacinamiento, infinidad, masa, multitud, porrada, sinnúmero.
Antónimos: Escaso, poco, llano, ralo.

MONTUOSO

Sinónimos: Accidentado, escabroso, escarpado, fragoso, montañero, montañoso, rupestre.
Antónimos: Allanado, aplanado, igual, llano, parejo, plano, suave.

MORAL

Sinónimos: Conciencia, decencia, honestidad, honradez, honrado, platónico, puro, recto, virtuoso.
Antónimos: Corrupción, deshonra, desdoro, desvergüenza, impudicia, indecencia, inmoralidad, obscenidad, podredumbre, vicio.

MORDAZA

Sinónimos: Bozo, bozal, cabestro.

MORDER

Sinónimos: Criticar, dentellar, desacreditar, difamar, mordisquear, murmurar, roer.
Antónimos: Adular, alabar, lamer.

MORENO

Sinónimos: Achocolatado, atezado, bronceado, castaño, mulato, negruzco, oscuro, tostado.
Antónimos: Albino, blanco, rubicundo, rubio.

MORIR

Sinónimos: Desaparecer, expirar, extinguir, fallecer, fenecer, finar, perecer, sucumbir.
Antónimos: Brotar, campar, existir, florecer, germinar, nacer, surgir, vivir.

MORO

Sinónimos: Agareno, berberisco, islamita, mahometano, morisco, mudéjar, musulmán, sarraceno.

MORRO

Sinónimos: Ceño, hocico, jeta.

MORTIFERO

Sinónimos: Fatal, funesto, letal, mortal.
Antónimos: Alentador, animador, providencial, reanimador, resucitador, vital, vivificador.

MOSTRAR

Sinónimos: Demostrar, exhibir, explicar, exponer, indicar, manifestar, presentar, revelar, señalar.
Antónimos: Camuflar, celar, disimular, encubrir, enmascarar, esconder, ocultar, velar.

MOVER

Sinónimos: Agitar, arrastrar, colear, columpiar, desplazar, empujar, girar, mecer, menear, oscilar, propulsar, remover, sacudir, trepidar, vibrar, zarandear.
Antónimos: Anquilosar, atascar, colapsar, paralizar, estancar, paro.

MOVIL

Sinónimos: Cambiable, causa, desplazable, impulso, inestable, motivo, movible, mudable, razón, variable, vehículo.
Antónimos: Estable, fijo, inmóvil, quieto.

MOVIMIENTO

Sinónimos: Actividad, ademán, alteración, balanceo, cambio, circulación, desplazamiento, evolución, gesto, giro, inquietud, maniobra, marcha, oscilación, rotación, traslación.
Antónimos: Alto, anquilosis, colapso, descanso, estatismo, inactividad, inmovilidad, parada, parálisis, paro, pausa, inercia, quietud, reposo.

MUCHEDUMBRE

Sinónimos: Afluencia, agolpamiento, bandada, concurso, concurrencia, gentío, lleno, masa, multitud, pueblo, público, tropel, turba, turbamulta.
Antónimos: Desierto, despoblado, retiro, soledad.

MUDO

Sinónimos: Callado, silencioso, silente, sordomudo, tácito, taciturno.
Antónimos: Charlatán, hablador, parlanchín.

MUECA

Sinónimos: Ademán, afectación, arrumaco, carantoña, contorsión, gesto, guiño, mohín, visaje.

MUERTE

Sinónimos: Agonía, deceso, defunción, eutanasia, expiración, fallecimiento, fin, mortandad, necrosis, óbito.
Antónimos: Existencia, subsistencia, vida, vitalidad.

MUESTRA

Sinónimos: Demostración, escaparate, exposición, feria, mercado, modelo, norma, prueba, vitrina.
Antónimos: Copia, halago, reproducción, traslado.

MUJER

Sinónimos: Amazona, comadre, doncella, esposa, eva, fémina, hembra, madre, matrona, señora, señorita.
Antónimos: Caballero, doncel, hombre, macho, señor, señorito, varón.

MUJERIEGO

Sinónimos: Casanova, conquistador, donjuan, faldero, gallo, lascivo, lujurioso, mocero, rijoso.
Antónimos: Misógino.

MULETA

Sinónimos: Apoyo, bastón, puntal, sostén.
Antónimos: Dificultad, estorbo, inconveniente, oposición, resistencia.

MULTA

Sinónimos: Castigo, pena, sanción.
Antónimos: Amnistía, condonación, indulto, perdón, sobreseimiento.

MUÑECO

Sinónimos: Pelele, títere.

MURCIELAGO

Sinónimos: Morciguillo, quiróptero, vampiro, vespertilio.

MURO

Sinónimos: Barbacana, biombo, «colaña», divisorio, mamparo, medianil, muralla, murallón, pared, tabique, tapia.

MUSICA

Sinónimos: Armonía, arpegio, bailable, canto, concierto, coro, eufonía, melodía, melodrama, modulación, motivo, ópera, ritmo, sonata, zarzuela.
Antónimos: Berrido, cacofonía, disonancia, inarmonía, ruido.

MUSICO

Sinónimos: Artista, compositor, ejecutor, guitarrista, intérprete, instrumental, maestro, melómano, murguista, musicófilo, musicólogo, pianista, tañedor, violinista.
Antónimos: Desafinado, melófobo.

N

NACER

Sinónimos: Originarse, germinar, florecer, brotar, amanecer, surgir, derivar, proceder, emanar, dimanar.
Antónimos: Morir, expirar, fallecer, perecer, sucumbir, fenecer, extinguir.

NACIONAL

Sinónimos. Indígena, aborigen, autóctono, vernáculo, natural, nativo, compatriota.
Antónimos: Extranjero, exótico, extraño, foráneo, forastero, intruso, arribista, advenedizo.

NADA

Sinónimos: Inexistencia, carencia, falta, cero, chichirinada.
Antónimos: Todo, totalidad, plenitud, íntegro, entero.

NARRACION

Sinónimos: Relato, novela, guión, exposición.
Antónimos: Pintura, semblanza.

NATURAL

Sinónimos: Material, cósmico, biológico, instintivo, fisiológico, orgánico.
Antónimos: Artificial, químico, industrial, elaborado, sintético, mecánico, postizo.

NATURALIDAD

Sinónimos: Sencillez, llaneza, ingenuidad, sinceridad.
Antónimos: Afectación, extravagancia, excentricidad, rareza, ridiculez, cursilería, remilgo, melindre, repulgo, dendre, ñoñería, énfasis, ampulosidad.

NECESARIO

Sinónimos: Preciso, indispensable, imprescindible, insustituible, suficiente, obligatorio, estricto, exigible.
Antónimos: Innecesario, superfluo, excusado, sobrado, vano, inútil, obvio.

NEGACION

Sinónimos: Negativa, mentís, no, repulsa.
Antónimos: Afirmación, aseveración, aserto, aserción, asentimiento, si, declaración, manifestación.

NEGLIGENCIA

Sinónimos: Descuido, dejadez, apatía, indolencia, desidia, abandono, desinterés.
Antónimos: Celo, cuidado, solicitud, esmero, pulcritud, interés, desvelo, asiduidad, diligencia, actividad, aplicación, preocupación, atención, oficiosidad, minuciosidad.

NEGRO

Sinónimos: Oscuro, sombrío, ensombrecido, anelutado, solemne, luctuoso, azabachado, zaino.
Antónimos: Albo, blanco, nítido, transparente, albino, jalbegado, enjalbegado, encalado, almidonado.

NEUTRALIDAD

Sinónimos: Abstención, apartamento, inhibición, indiferencia, ambigüedad.
Antónimos: Beligerancia, partidismo, intervencionismo, injerencia, parcialidad, sectarismo.

NIÑO

Sinónimos: Chico, chiquillo, muchacho, rapaz, arrapiezo, zagal, crío, criatura, churumbel, nene, infante, bebé, chaval, «chavea», pituso, pitufo, pequeñuelo, peque, impúber, menor, párvulo, retoño, pimpollo, mocoso, menino.
Antónimos: Anciano, viejo, decrépito, sexagenario, nonagenario, centenario.

NO

Sinónimos: Nones, nunca, jamás.
Antónimos: Sí, cierto, evidente, verdad, efectivamente, naturalmente, bueno, bien, conforme.

NOBLE

Sinónimos: Prócer, magnate, primate, aristócrata, título, «jet-set», hidalgo, gentilhombre, ilustre, principal, claro, preclaro, esclarecido, blasonado, egregio, patricio, excelencia, usía, caballero.
Antónimos: Plebeyo, villano, pechero, proletario, ganapán, paria, anono.

NOCHE

Sinónimos: Oscuridad, tinieblas, tenebras, tenebroso/a, nocturno, nocturnidad.
Antónimos: Día, luz.

NOMBRAMIENTO

Sinónimos: Designación elección, exaltación, proclamación.
Antónimos: Destitución, suspensión, separación, exoneración, degradación, jubilación.

NOMBRE

Sinónimos: Denominación, título, dictado, gracia, adción, rótulo, letrero, marbete, epígrafe, inscripción, cédu-

la, etiqueta, marca, expresión, consignación, designación.
Antónimos: Apodo, sobrenombre, mote, remoquete, alias, pseudónimo.

NORMALIDAD

Sinónimos: Regularidad, naturalidad, equilibrio, equidistancia, perfección, tranquilidad.
Antónimos: Anormalidad, perturbación, crisis, desequilibrio, conflagración, desquiciamiento.

NORTE

Sinónimos: Septentrión, bóreas, hiperbóreas, boreal.
Antónimos: Sur, mediodía.

NUEVO

Sinónimos: Flamante, reciente, intacto, moderno, original, inusitado.
Antónimos: Viejo, caduco, usado, ajado, gastado, vetusto, raído, destrozado, deteriorado.

NULO

Sinónimos: Vano, inútil, inservible, ilegal, ilegítimo, desautorizado, cancelado.
Antónimos: Util, válido, servible, firme, legal, legítimo, autorizado, correcto.

NUNCA

Sinónimos: Jamás.
Antónimos: Siempre, eternamente, perpetuamente, constantemente, continuo.

Ñ

ÑAGAZA

Sinónimos: Señuelo, cebo, engaño, emboscada.
Antónimos: Realidad, evidencia, autenticidad, certidumbre.

ÑANGAR

Sinónimos: Desigurar, deformar, falsear, camuflar.
Antónimos: Figurar, deslinear, adaptar, concordar.

ÑATO

Sinónimos: Chato, romo, mocho, despuntado.
Antónimos: Afilado, puntiagudo, avivado, estimulado.

ÑEQUE

Sinónimos: Fuerte, vigoroso, hábil, ocurrente.
Antónimos: enteco, decaído, achacoso, famélico.

ÑOÑERIA

Sinónimos: Noñez, necedad, sandez, simpleza.
Antónimos: Firmeza, determinación, resolución, ánimo.

ÑOÑO

Sinónimos: Corto, apocado, remilgado, quejoso.
Antónimos: Valiente, resuelto, impulsivo, impávido.

O

OBEDECER

Sinónimos: Cumplir, acatar, servir, asistir, ceder.
Antónimos: Mandar, gobernar, dirigir, regentar, controlar, administrar, disponer, dominar, imperar, reinar, acaudillar, señorear, ordenar, encargar.

OBEDIENTE

Sinónimos: Disciplinado, dócil, sumiso, cumplidor, acatador, bienmandado, voluntarioso, complaciente.
Antónimos: Desobediente, inobediente, reacio, indócil, indisciplinado, rebelde, insubordinado, contestatario, protestante, desacatador, refractario, remolón, renuente, remiso.

OBLICUO

Sinónimos: Inclinado, sesgado, ladeado, torcido, desplomado, vencido, caído, diagonal, transversal.
Antónimos: Perpendicular, derecho, recto, vertical, normal, escarpado.

OBLIGATORIO

Sinónimos: Forzado, forzoso, imperioso, preceptivo, impuesto, necesario, imprescindible, indispensable, riguroso, preciso, indeclinable, inexcusable.
Antónimos: Voluntario, libre, espontáneo, potestativo, arbitrario, consciente.

OBRERO

Sinónimos: Trabajador, operario, productor, menestral, bracero, jornalero, artífice, ganapán, faquín, soguilla, esportillero, cargador, «stajanovista», peón.
Antónimos: Patrono, jefe, patrón, amo, dueño, empresario, capataz, contratista.

OBSCURANTISMO

Sinónimos: Ignorantismo, reaccionarismo, autoritarismo, incultura, ultramontanismo.
Antónimos: Ilustración, cultura, instrucción, progreso, democracia, avance, civilización, libertad.

OCIOSO

Sinónimos: Inactivo, desocupado, parado, holgazán, vago, zanguayo, «pasota».
Antónimos: Ocupado, atento, atareado, concentrado, enfrascado, aplicado, laborioso, responsable.

OCULTO

Sinónimos: Encubierto, escondido, velado, reservado, arcano, secreto, furtivo, recóndito, esotérico, soterrado, inescrutable, disimulado, camuflado, apostado, agazapado, emboscado, incógnito, ignorado, ignoto, desconocido.
Antónimos: Latente, patente, evidente, manifiesto, visible, descubierto, expuesto, exteriorizado, notorio, palmario, público, exhibido.

OCUPADO

Sinónimos: Atareado, enfrascado, aplicado, circunspecto, consciente, laborioso.
Antónimos: Ocioso, inactivo, desocupado, parado, vago, renuente, remiso, holgazán, zanguayo.

ODIO

Sinónimos: Rencor, aborrecimiento, encono, inquina,

animosidad, desamor, aversión, resentimiento, animadversión, resquemor, ojeriza, manía, xenofobia, malquerencia, fobia.

Antónimos: Amor, afecto, cariño, ternura, adoración, entrega, pasión, idolatría, filia, fetichismo, fanatismo, idilio, voluntad, entrañas, ley, corazón, inclinación.

OESTE

Sinónimos: Occidente, poniente, ocaso.
Antónimos: Este, oriente, levante, saliente, naciente.

OFUSCACION

Sinónimos: Ofuscamiento, obcecación, alucinación, deslumbramiento, fascinación, aturdimiento, ceguera.
Antónimos: Clarividencia, lucidez, intuición, perspicacia, sagacidad, agudeza.

¡OH!

Sinónimos: ¡Ah!, ¡arrea!, ¡admirable!, ¡maravilloso!, ¡magnífico!, ¡sensacional!, ¡estupendo!
Antónimos: ¡Bah!, ¡pche!, ¡pchs!, ¡ca!, ¡quiá!, ¡fu!, ¡psé!

OIR

Sinónimos: Escuchar, percibir, sentir, auscultar.
Antónimos: Ensordecer, aturdir, desoir.

OLVIDO

Sinónimos: Amnesia, omisión, descuido.
Antónimos: Memoria, retentiva, memento, recuerdo, evocación, remembranza, reminiscencia.

OMITIR

Sinónimos: Callar, olvidar, prescindir, silenciar, evitar, soslayar, obviar.
Antónimos: Mencionar, mentar, citar, nombrar, recordar, aludir, referirse.

ONDULADO

Sinónimos: Undoso, sinuoso, serpenteado, culebreante, tortuoso, retorcido.
Antónimos: Zigzagueante, quebrado, picudo, aserrado, anguloso, articulado.

OPACO

Sinónimos: Intransparente, esmerilado.
Antónimos: Transparente, cristalino, claro, nítido, diáfano, incoloro, traslúcido.

OPORTUNO

Sinónimos: Pertinente, indicado, congruente, adecuado, apropiado, conveniente, propio, propicio, coherente, procedente, afortunado, feliz, inspirado.
Antónimos: Inoportuno, impertinente, incongruente, inconveniente, intempestivo, extemporáneo, inadecuado, improcedente.

OPTIMO

Sinónimos: Bonísimo, excelente, inmejorable, extra, superior, extraordinario, meritísimo, magnífico.
Antónimos: Pésimo, malísimo, deplorable, detestable, peyorativo, rematado, funesto, nefasto, infernal, infame, ful, de pacotilla.

ORACION

Sinónimos: Blasfemia, juramento, reniego, taco, voto, maldición, execración, palabrota.

ORDEN

Sinónimos: Método, regularidad, armonía, concierto, sistematización, ordenación, organización, clasificación, distribución, estructura, régimen, coordinación, normalización, reglamentación, regulación, articulación, disposición, tranquilidad, disciplina, autoridad, retahila, hilera, carrera, alineación, procesión, serie, escala, índice, catálogo, sumario, elenco.

Antónimos: Desorden, confusión, desbarajuste, barullo, embolismo, desconcierto, caso, desorganización, dislocación, perturbación, desquiciamiento, trastorno, alteración, convulsión, revuelo, agitación, subversión, anarquía, revolución, lío, fregado, enredo, tinglado, embrollo, tramoya, cisco, trepe, alboroto, algarada, desmán, tumulto, pendencia, revuelta, turbulencia, disturbio.

ORDINARIO

Sinónimos: Común, corriente, regular, natural.

Antónimos: Extraordinario, prodigioso, portentoso, asombroso, maravilloso, pasmoso, mágico, misterioso, sobrenatural, sorprendente, admirable, peregrino, singular, excepcional, taumatúrgico, milagroso, estupendo.

ORGANICO

Sinónimos: Animado, organizado, vivo, vital, biológico, animal, vegetal.

Antónimos: Inorgánico, inanimado, mineral, muerto.

ORIENTADO

Sinónimos: Encaminado, dirigido, guiado, encarrilado, enderezado, polarizado, conducido, encauzado.

Antónimos: Desorientado, extraviado, perdido, despistado, desviado, descarriado, descaminado.

ORIGINAL

Sinónimos: Nuevo, singular, extraño, peregrino, inacostumbrado, ingenio, caprichoso, inusitado.

Antónimos: Vulgar, común, corriente, trivial, manido, trillado, trasnochado, conocido, sabido, visto, ramplón, chabacano, prosaico.

OSCURO

Sinónimos: Sombrío, tenebroso, lóbrego, nebuloso,

brumoso, penumbra, gris, pardo, turbio, borroso, desdibujado, esfumado, abstruso, incomprensible, enrevesado, embrollado, enredado, ininteligible, confuso, caótico, intrincado, enmarañado, laberíntico, revesado, lío, equívoco, anfibológico, enigmático.

Antónimos: Claro, luminoso, meridiano, transparente, diáfano, cristalino, nítido, blanquecino, inteligible, comprensible, evidente, palpable, palmario, patente, obvio, paladino, explícito, inequívoco, concluyente, terminante, rotundo, categórico.

OVACION

Sinónimos: Triunfo, aplauso, felicitación, aprobación, vivas, hurras, palmas.

P

PACIENCIA

Sinónimos: Resignación, conformidad, mansedumbre, estoicismo, filosofía, sumisión.
Antónimos: Ira, enojo, rabia, cólera, irritación, coraje, indignación, furia, frenesí, irascibilidad.

PADRE

Sinónimos: Progenitor, papá, padastro.
Antónimos: Hijo, vástago, retoño, hijastro, heredero, infante, niño, descendiente.

PAGADO

Sinónimos: Retribuido, satisfecho, abonado, costeado, gravoso, oneroso, asalariado, mercenario.
Antónimos: Gratuito, regalado, honorífico.

PAGAR

Sinónimos: Satisfacer, abonar, cotizar, pechar, saldar, liquidar, costear, financiar, sufragar, subvencionar.
Antónimos: Cobrar, percibir, recibir, devengar, reintegrar, ingresar, recaudar.

PAISANO

Sinónimos: Ciudadano, conciudadano, civil, particular.
Antónimos: Militar, soldado, advenedizo, combatiente, guerrero, extranjero.

PALABRA

Sinónimos: Voz, expresión, término, vocablo, dicción, fonema, articulación, verbo.
Antónimos: Idea, concepto, noción, percepción, aprehensión, representación, pensamiento, ocurrencia.

PALACIO

Sinónimos: Alcázar, castillo, torre, quinta, chalet, residencia, villa, hotel.
Antónimos: Choza, cabaña, barraca, caseta, chamizo, chavola, pocilga, cuchitril, perrera, garita, zahurda, tugurio, cubil, rancho, cortijo, aduar, bohío, caney.

PANTALONES

Sinónimos: Calzones, bombacho, gregüescos, zaragüelles, zahones.
Antónimos: Sayas, faldas, enaguas, halda, basquiña, faldones, brial, polisón, miriñaque.

PARALELO

Sinónimos: Equidistante, alineado, pautado.
Antónimos: Transversal, cruzado, atravesado, diagonal, secante, perpendicular.

PAR

Sinónimos: Doble, gemelo, pareja, dual, bis.
Antónimos: Impar, nones, único, singular, solo.

PARAR

Sinónimos: Descansar, estacionar, reposar, detener, estancar, estabilizar, atascar, sentarse, posarse, plantar, paralizar, fondear, anclar, varar, encallar.
Antónimos: Andar, caminar, marchar, correr, dispararse, galopar, trotar, pasear, callejear, rondar, desfilar, deambular, circular, discurrir, vagar, peregrinar, navegar, transitar, reptar, trasladar, desplazar, mover, pasar.

PARCIAL

Sinónimos: Incompleto, fraccionado, fragmentado, local, segmentado, episódico.
Antónimos: Total, completo, entero, general, universal, pleno, global, íntegro, absoluto.

PARIENTE

Sinónimos: Familiar, deudo, allegado, consanguíneo.
Antónimos: Extraño, ajeno, intruso, advenedizo.

PARTICULAR

Sinónimos: Especial, singular, individual, personal, específico, privativo, casuístico, concreto, peculiar, propio, característico, excepcional, heteróclito, limitado, restringido, restrictivo, circunscrito, local, esporádico.
Antónimos: General, común, genérico, universal.

PARTIDA

Sinónimos: Marcha, salida, evacuación, ida.
Antónimos: Llegada, arribada, venida, advenimiento.

PASADO

Sinónimos: Pretérito, antiguo, anterior, remoto, precursor, precedente, antecedente, vivido, retroactivo, retrospectivo, antes, atrás, ayer, otrora, antaño.
Antónimos: Futuro, venidero, posterior.

PASIVO

Sinónimos: Inactivo, quieto, pausado, calmo, indiferente, alelado, ajeno.
Antónimos: Activo, operante, actuante, ejecutante, vivo, dinámico, bullicioso.

PATRIOTISMO

Sinónimos: Civismo, heroísmo, ciudadanía.

Antónimos: Antipatriotismo, incivilidad, hispanofobia.

PATRON

Sinónimos: Patrono, empresario, contratista, amo, jefe, dueño, capataz, encargado.

Antónimos: Obrero, trabajador, operario, productor, menestral, bracero, jornalero, artesano, artífice, orífice, ganapán, faquín, soguilla, esportillero, cargador, peón.

PAZ

Sinónimos: Tranquilidad, sosiego, calma, concordia, amistad, armonía, conciliación, armisticio, tregua.

Antónimos: Guerra, lucha, lid, contienda, pelea, batalla, combate, conflicto, choque, refriega, riña, sarracina, desafío, duelo, pugna, competencia, forcejeo, rivalidad, hostilidad, pugilato, campaña, «match», escaramuza, liza, torneo.

PECHO

Sinónimos: Tórax, torso, pulmones, caja.
Antónimos: Espalda, lomo, costillas.

PEDIR

Sinónimos: Rogar, demandar, implorar, solicitar, exhortar, suplicar, impetrar, clamar, instar, postular, recabar, mendigar, pordiosear, requerir, reclamar.
Antónimos: Exigir, obligar, coaccionar, compeler.

PELIGRO

Sinónimos: Riesgo, exposición, inseguridad, amenaza, amago, jaque, alarma.
Antónimos: Seguridad, garantía, confianza, solvencia, aval, salvaguardia, salvoconducto, pasaporte, pase, inmunidad, invulnerabilidad, custodia, refugio, escudo, parapeto.

PENINSULA

Sinónimos: Penisla, cabo, punta, morro, promontorio.

Antónimos: Golfo, bahía, rada, ensenada, seno, abra, puerto, fondeadero.

PEQUEÑO

Sinónimos: Reducido, diminuto, menudo, minúsculo, microscópico, homeopático, inapreciable, enano, escaso, exiguo, parvo, mínimo, ligero, menguado, raquítico, escrufuloso, desmedrado, insignificante, ínfimo, mezquino, ridículo, breve, limitado.

Antónimos: Grande, desmesurado, voluminoso, abultado, enorme, monstruoso, craso, disforme, elevado, corpulento, ingente, gigantesco, colosal, ciclópeo, megalítico, acromegálico, sobrehumano, amplio, monumental, ilimitado, considerable, inmenso, desmedido, descomunal, aplastante, arrollador, excesivo.

PERDER

Sinónimos: Extraviar, desaparecer, traspapelar, olvidar.

Antónimos: Hallar, encontrar, topar, tropezar.

PERDIDA

Sinónimos: Perjuicio, quebranto, daño, menoscabo, destrozo, avería, siniestro, déficit, desgaste.

Antónimos: Ganancia, utilidad, beneficio, lucro, provecho producto, rendimiento, interés, rédito, renta, comisión, prima, bonificación, agio, especulación.

PERDON

Sinónimos: Remisión, absolución, indulto, amnistía, indulgencia, jubileo, gracia, clemencia.

Antónimos: Venganza, represalia, desquite, vindicte, revancha, «vendetta».

PEREZA

Sinónimos: Flojedad, indolencia, negligencia, ociosidad, acidia, desidia, pigricia, holgazanería, haraganería, gandulería, apatía, galbana, poltronería.

Antónimos: Diligencia, actividad, solicitud, prontitud, agilidad, rapidez, prisa, celeridad, dinamismo.

PERFECCION

Sinónimos: Atractivo, don, dote, excelencia, gracia, encanto, mérito, virtud, atributo.

Antónimos: Defecto, imperfección, falta, lunar, tacha, pero, lacra, mácula, vicio, demérito, anormalidad, anomalía, deficiencia, reliquia, tara.

PERIFERIA

Sinónimos: Contorno, confín, límite, perímetro, rededor, órbita, borde, perfil, cenefa, círculo, circunferencia, margen, orilla, vera, circuito, cerca, orla, marco, superficie, afueras, alrededor, arrabales, suburbios, andurriales, extrarradio, aledaños, cinturón, exteriores, extramuros, barrios.

Antónimos: Centro, núcleo, corazón, médula, meollo, miga, riñón, seno, foco, sede, interior, epicentro, eje, ombligo.

PERJUDICIAL

Sinónimos: Dañoso, dañino, nocivo, pernicioso, letal, malo, maléfico, malsano, insano, insalubre, desventajoso, oneroso, funesto, nefasto, fatal, desastroso, catastrófico.

Antónimos: Beneficioso, útil, provechoso, interesante, ventajoso, favorable, bueno, saludable, productivo, lucrativo, fructífero, fructuoso, conveniente.

PERJURIO

Sinónimos: Perjuro, prevaricato, prevaricación, mentira, infidelidad, deslealtad, felonía, apostasía.

Antónimos: Juramento, obtestación, homenaje, voto, testimonio, atestación.

PERMANECER

Sinónimos: Seguir, continuar, estabilizarse, perdurar, estacionarse, supervivir, durar.
Antónimos: Transformar, alterar, evolucionar, reno var, cambiar, transfigurar, transmutar, variar.

PERMEABLE

Sinónimos: Poroso, penetrable, esponjoso.
Antónimos: Impermeable, impenetrable, tupido, compacto, engomado.

PERMISO

Sinónimos: Licencia, consentimiento, venia, autorización, patente, pasaporte, guía, salvoconducto, despacho, diploma, título, ejecutoria, certificado, beneplácito, espaldarazo, aquiescencia, alternativa.
Antónimos: Prohibición, veto, negativa, impedimento, denegación, privación, repulsa, abstención, entredicho, interdicción.

PERPENDICULAR

Sinónimos: Derecho, recto, vertical, normal, plomada.
Antónimos: Oblicuo, inclinado, sesgado, ladeado, torcido, desplomado, vencido, caído, diagonal, transversal, pendiente, reclinado.

PERPETUO

Sinónimos: Perdurable, eterno, inacabable, imperecedero, indefini do, permanente, duradero, imborrable, indeleble, inextinguible, perenne, vivaz, vitalicio, secular.
Antónimos: Temporal, finito, efímero, fugaz, pasajero, transitorio, acabable, perecedero.

PERSEGUIR

Sinónimos: Seguir, acosar, hostigar, correr, ahuyentar.
Antónimos: Huir, escapar, alejarse, apartarse, fugarse, evadirse, escabullirse, desertar.

PERSONA

Sinónimos: Individuo, sujeto, hombre, alma, ser, prójimo, racional, semejante, humano, hermano, criatura, público, habitante, morador, poblador, residente, domiciliado, vecino, viviente.
Antónimos: Cosa, objeto, utensilio, apero, efecto, bártulo, cachivache, chirimbolo, juguete, herramienta.

PERSUADIR

Sinónimos: Inducir, mover, convencer, demostrar, cerciorarse, asegurarse, catequizar.
Antónimos: Disuadir, desengañar.

PESADO

Sinónimos: Grave, plúmbeo, denso, espeso, macizo.
Antónimos: Liviano, ligero, leve, ingrávido, etéreo.

PESAME

Sinónimos: Sentimiento, dolor, condolencia.
Antónimos: Felicitación, enhorabuena, parabién, plácemes, congratulación, albricias, votos.

PIE

Sinónimos: Planta, pata, «pinreles», «quesos», cascos, extremidades, zancas.
Antónimos: Mano, palma, garra, tentáculos, puño, dedos, guante, manopla.

PILLO

Sinónimos: Pícaro, pillete, truhán, galopín, bribón,

bellaco, perillán, tuno, tunante, guaja, sinvergüenza, menguado, fresco, caradura, vil, ruín, charrán, belitre, bergante, tronera, calavera, arrastrado, «pinta», canalla, randa, granuja, inmoral, desaprensivo, truchimán, golfo, perdulario, «apache», polizón, indeseable, maleante.
Antónimos: Honrado, probo, íntegro, fiel, decente, honesto, justo, recto, digno, puritano, incorruptible.

PLACER

Sinónimos: Gusto, deleite, goce, delectación, fruición, delicia, cosquilleo, complacencia, agrado, bienestar, regalo, molicie, satisfacción, voluptuosidad, concupiscencia, refinamiento.
Antónimos: Dolor, sufrimiento, padecimiento, males tar, daño, tortura, tormento, suplicio, potro, martirio, escozor, masoquismo, torcedor, picor, picazón, comezón, hormiguillo, hormigueo, pena, pesar, amargura, aflic ción, congoja, duelo, grima.

PLEBEYO

Sinónimos: Villano, pechero, proletario, ganapán, paria, quídam, pelagatos.
Antónimos: Noble, prócer, magnate, primate, aristócrata, hidalgo, gentilhombre, ilustre, principal, claro, esclarecido, preclaro, blasonado, egregio, patricio, usía, caballero.

PLEGAR

Sinónimos: Doblar, plisar, recoger, arrollar, enrollar.
Antónimos: Desplegar, extender, desdoblar, desarroar, desenrollar, tender.

PLURALIDAD

Sinónimos: Multiplicidad, diversidad, varios, muchos, muchedumbre, constelación, conjunto, colectividad, familia, caravana, pléyade, plantel, agrupación, vivero, serie, equipo, grupo, batería, juego, colección, lote, comité, junta, consejo, cabildo, piquete, brigada, cuadrilla.

Antónimos: Unidad, uno, individualidad, impar, único, singularidad, módulo.

POBRE

Sinónimos: Menesteroso, necesitado, indigente, mendigo, pordiosero, miserable, desheredado, descamisado, insolvente, pegujalero, labrantín, tronado, arruinado.

Antónimos: Rico, adinerado, acaudalado, capitalista, propietario, potentado, opulento, hacendado, acomodado, terrateniente, pudiente, millonario, multimillonario, burgués, rentista, financiero, banquero.

POCO

Sinónimos: Escaso, contado, reducido, raro, insuficiente, limitado, moderado, parco.

Antónimos: Mucho, abundante, demasiado, numeroso, sinfín, innumerable, incalculable, múltiple, excesivo.

PODERDANTE

Sinónimos: Comitente, representado, amo, jefe, principal.

Antónimos: Apoderado, representante, secretario, habilitado, procurador, abogado, agente, administrador, mayordomo, intendente, sumiller, poderhabiente, factótum, testaferro, lugarteniente, vicario, regente, portavoz, intérprete, delegado, corresponsal, consignatario, embajador, mensajero.

POETA

Sinónimos: Vate, trobador, juglar, rapsoda, versificador, coplero, rimero.

Antónimos: Prosista, escritor, publicista, cronista, periodista, redactor, historiador, novelista, ensayista.

POLIEDRICO

Sinónimos: Cristalizado, plano, anguloso, paralelepípedo, cúbico.

Antónimos: Esférico, redondo, globular, granular, vesicular.

POLIGONO

Sinónimos: Triángulo, cuadrilátero, pentágono, exágono; (poligonal).
Antónimos: Círculo, disco, circunferencia, ruedo, redondel, rodaja, arandela, nimbo, rotonda.

POSIBLE

Sinónimos: Factible, realizable, hacedero, dable, asequible, valedero, verosímil.
Antónimos: Imposible, irrealizable, impracticable, inverosímil, quimérico, atípico, utópico, increíble, inasequible.

POSTERIDAD

Sinónimos: Retraso, ulteriormente, porvenir, venidero, siguiente, detrás, después, luego, seguidamente, inmediatamente, mañana.
Antónimos: Anterioridad, antelación, prelación, precedencia, delante, prioridad, previamente, primeramente, anticipadamente, antes, víspera, antecedente, proximidad, premisa.

PRACTICA

Sinónimos: Ejercicio, experimentación, experiencia, empirismo, pragmatismo, posibilismo.
Antónimos: Teoría, teórica, ciencia, tesis, doctrina, explicación, disquisición, especulación, elucubración.

PRECEDER

Sinónimos: Anteceder, anteponer, adelantarse, anticiparse.
Antónimos: Seguir, suceder, posponer.

PREGUNTAR

Sinónimos: Interrogar, demandar, interpelar, apostrofar, consultar, abordar, sonsacar.
Antónimos: Responder, contestar, replicar.

PREMIO

Sinónimos: Recompensa, galardón, trofeo, distinción, diploma, nombramiento, condecoración, lauro.
Antónimos: Castigo, sanción, correctivo, multa, punición, penitencia, filípica, pena, condena, escarmiento.

PRESENTE

Sinónimos: Circunstante, estante, asistente, concurrente, espectador, testigo.
Antónimos: Ausente, inasistente.

PRESTIGIO

Sinónimos: Autoridad, influencia, predicamento.
Antónimos: Demérito, descrédito, desprestigio, insolvencia.

PREVISTO

Sinónimos: Descontado, esperado, calculado, preconcebido, conjeturado, dispuesto.
Antónimos: Imprevisto, inesperado, repentino, inopinado, impensado, insospechado, ocasional.

PRIMERO

Sinónimos: Primitivo, inicial, original, inaugural, madrugador, prístino.
Antónimos: Ultimo, postrero, ulterior, final.

PRIMITIVO

Sinónimos: Originario, original, prístino, matriz, aborigen, ancestral, primario.

Antónimos: Derivado, procedente, descendiente, nación, originado, resultante, filial.

PRINCIPIO

Sinónimos: Comienzo, inicio, debut, iniciación, inauguración, orto, estreno, aurora, albor, alborada, amanecer, génesis, origen, fuente, germen, embrión, gestación, larva, obertura, pórtico, prólogo, exordio, introducción, introito, preámbulo, prenoción, prolegómeno, preliminar, prefacio, escarceo.

Antónimos: Fin, término, conclusión, epílogo, terminación, consumación, desenlace, caducidad, remate, coronamiento, corolario, conclusión, responso, ocaso, postrimería, agonía, muerte, meta, finalidad, destino, propósito, norte, objetivo.

PRIVILEGIO

Sinónimos: Gracia, prerrogativa, preferencia, prioridad, excepción, fuero, dispensa.
Antónimos: Postergación, preterición, olvido, omisión.

PROFANACION

Sinónimos: Sacrilegio, irreverencia, violación.
Antónimos: Culto, liturgia, rezo, oficio, devoción, rito.

PROFANO

Sinónimos: Mundano, temporal, terreno, laico, civil, secular, seglar.
Antónimos: Sagrado, sacro, santo, sacratísimo, sacrosanto, divino, eclesiástico, canónico, religioso, consagrado, bendito.

PROHIBICION

Sinónimos: Veto, negativa, denegación, impedimento,

privación, repulsa, abstención, entredicho, «tabú».
Antónimos: Permiso, licencia, consentimiento, venia, autorización, beneplácito, vistobueno, aquiescencia.

PROMULGAR

Sinónimos: Publicar, proclamar, dictar, disponer, ordenar, decretar, establecer, legislar.
Antónimos: Derogar, abolir, anular, abrogar, revocar, cancelar, invalidar, suprimir.

PROPIO

Sinónimos: Característico, peculiar, privativo, adecuado, indicado, típico, clásico, proverbial, tradicional, esencial, atañente, referente, correspondiente, exclusivo, personal.
Antónimos: Impropio, inconveniente, improcedente.

PROPORCION

Sinónimos: Armonía, euritmia, conformidad, correspondencia, equilibrio, relación, combinación, simetría.
Antónimos: Desproporción, desarmonía, asimetría, desequilibrio, desigualdad.

PROPUGNAR

Sinónimos: Defender, amparar, sustentar, mantener, sostener, abogar.
Antónimos: Impugnar, rebatir, argüir, argumentar, refutar, combatir, desvirtuar, objetar, replicar, contradecir, recusar, confutar.

PROSISTA

Sinónimos: Escritor, publicista, cronista, redactor, nuvelista, periodista, ensayista.
Antónimos: Poeta, vate, trovador, juglar, rapsoda, coplero, versificador, rimero.

PROSPERIDAD

Sinónimos: Florecimiento, esplendor, auge, engrandecimiento, apogeo, brillantez, plétora, mediodía, madurez, cumbre.
Antónimos: Decadencia, declinación, ocaso, crepúsculo, postración, crisis, debilidad, decrepitud, acabamiento, postrimería, agonía, ruina, adversidad.

PROTESTAR

Sinónimos: Abuchear, silbar, pitar, patear, gritar, sisear, abroncar, indignarse.
Antónimos: Aplaudir, ovacionar, palmotear, aclamar, vitorear, jalear, aprobar, alabar, ensalzar.

PROVISIONAL

Sinónimos: Interino, sustituto, suplente, temporal, accidental, eventual, transitorio, pasajero.
Antónimos: Fijo, permanente, estable, inalterable, invariable, duradero, inamovible, inconmovible, inextinguible, imborrable, indeleble, definitivo.

PROYECTO

Sinónimos: Plan, planteamiento, programa, propósito, intención, designio, intento, idea, concepción, tentativa, conato, proposición, propuesta, supuesto, minuta, trazado, boceto, síntesis, apunte, sinopsis, nota, plano.
Antónimos: Realización, ejecución, hecho, obra.

PRUDENCIA

Sinónimos: Discernimiento, sensatez, cordura, discroción, sindéresis, cautela, circunspección.
Antónimos: Imprudencia, indiscreción, temeridad, ligereza, insensatez, inconveniencia, impertinencia.

PRUEBA

Sinónimos: Comprobación, demostración, justificación, testimonio, documento, dato, razón, argumento, examen, verificación, manifestación, muestra, exponente, especimen, señal, prenda, arras, garantía.

Antónimos: Indicio, síntoma, señal, muestra, signo, síndrome, vestigio, recuerdo, pista, presagio, augurio.

PUBLICO

Sinónimos: Oficial, externo, espectacular, social, callejero, comunal, civil.

Antónimos: Privado, familiar, doméstico, íntimo, particular, oficioso, personal.

PURO

Sinónimos: Natural, genuino, neto, virgen, legítimo, limpio, seleccionado, purificado.

Antónimos: Impuro, adulterado, mixtificado, falseado, falsificado, mezclado, aleado, viciado, sucedáneo, sustitutivo, supletorio, híbrido, corrompido, bastardeado, prostituido.

PUSILANIMIDAD

Sinónimos: Flaqueza, debilidad, desaliento, desánimo, encogimiento, cobardía, claudicación.

Antónimos: Fortaleza, entereza, firmeza, temple, integridad, resistencia, estoicismo, ecuanimidad.

Q

QUEBRADIZO

Sinónimos: Delicado, quebrajoso, frágil, vidrioso.
Antónimos: Firme, fuerte, duro, robusto.

QUEBRADO

Sinónimos: Fraccionado, dividido, debilitado, fallido.
Antónimos: Completo, íntegro, todo, total.

QUEBRANTAR

Sinónimos: Dividir, romper, hendir, vulnerar.
Antónimos: Conformar, reforzar, robustecer, alentar.

QUEBRANTO

Sinónimos: Desaliento, desánimo, debilidad, deterioro.
Antónimos: Favor, servicio, provecho, fruto.

QUEBRAR

Sinónimos: Romper, separar, fracturar. doblar.
Antónimos: Enlazar, juntar, ligar, fusionar.

QUEDAR

Sinónimos: Estar, permanecer, detenerse, subsistir.
Antónimos: Marcharse, partir, largarse, trasladarse.

QUEJA

Sinónimos: Clamor, descontento, lamento, declamsción.

Antónimos: Anuencia, aprobación, acuerdo, aquiescencia.

QUEJOSO

Sinónimos: Disgustado, resentido, gemebundo, melindroso.
Antónimos: Paciente, tolerante, resistente, soportante.

QUEMAR

Sinónimos: Incinerar, incendiar, arder, destruir.
Antónimos: Extinguir, sofocar, disipar, aplacar.

QUERELLA

Sinónimos: Pendencia, disputa, discordia, pleito.
Antónimos: Arreglo, acuerdo, convenio, anuencia.

QUERENCIA

Sinónimos: Afecto, tendencia, inclinación, propensión.
Antónimos: Apatía, indiferencia, desapego, frigidez.

QUERER

Sinónimos: Amar, apreciar, desear, anhelar.
Antónimos: Detestar, abominar, despreciar, aborrecer.

QUID

Sinónimos: Razón, causa, motivo, busilis.
Antónimos: Efecto, corolario, conclusión, deducción.

QUÍDAM

Sinónimos: Ente, sujeto, alguien, cualquiera.
Antónimos: Individuo, prójimo, mortal, criatura.

QUIEBRA

Sinónimos: Abertura, hendidura, grieta, perjuicio.
Antónimos: Beneficio, ganancia, usufructo, conveniencia.

QUIETISMO

Sinónimos: Inacción, inercia, quietud, inactividad.
Antónimos: Aceleración, apresuramiento, avivación, apuramiento.

QUIETO

Sinónimos: Inmóvil, calmado, reposado, tranquilo.
Antónimos: Inquieto, agitado, convulso, excitado.

QUIETUD

Sinónimos: Inmovilidad, estatismo, estática, inacción, inactividad, colapso, parálisis, paro, interrupción, paralización, anquilosis, reposo, estabilidad, estancamiento.
Antónimos: Movimiento, actividad, dinamismo, desplazamiento, movilización, torbellino, remolino, marcha, traslación, curso, oscilación, palpitación, latido.

QUIJOTE

Sinónimos: Soñador, iluso, idealista, escritor.
Antónimos: Materialista, objetivista, evidente, existencial.

QUIMERA

Sinónimos: ILusión, utopía, ensueño, ficción.
Antónimos: Verdad, autenticidad, existencia, propiedad.

QUIMERICO

Sinónimos: Fantástico, fabuloso, ilusorio, imaginario.
Antónimos: Cierto, auténtico, efectivo, fidedigno.

QUINCALLA

Sinónimos: Mercería, bujería, baratija, chuchería.
Antónimos: Bazar, abacería, depósito.

QUINTA

Sinónimos: Villa, torre, chalé.
Antónimos: Predio, heredad, propiedad, fortuna.

QUINTAESENCIA

Sinónimos: Extracto, refinamiento, pureza, acendramiento.
Antónimos: Trivialidad, banalidad, fruslería, rusticidad.

QUIROGRAFO

Sinónimos: Manuscritor, breviscritor, estenofonista, signofonista.
Antónimos: Mecanógrafo, estenotipista, telescritor, linógrafo.

QUISICOSA

Sinónimos: Problema, dificultad, tropiezo, sutileza.
Antónimos: Enfrentamiento, terminación, resolución, explicación.

QUISQUILLOSO

Sinónimos: Susceptible, delicado, puntilloso, meticuloso.
Antónimos: Apático, insensible, frío, imperterrito.

QUITAR

Sinónimos: Separar, apartar, librar, robar.
Antónimos: Entregar, regresar, restituir, reivindicar.

R

RACIOCINIO

Sinónimos: Discurso, razonamiento, dialéctica, reflexión, meditación, juicio, criterio, discernimiento.
Antónimos: Intuición, clarividencia, adivinación, percepción, inspiración, revelación, visión, presentimiento, corazonada, genialidad.

RACIONAL

Sinónimos: Lógico, razonable, comprensible, convincente, sólido.
Antónimos: Absurdo, irracional, ilógico, inexplicable, incomprensible, absurdo, contradictorio, sofístico, incongruente, infundado, desatinado, disparatado, descabellado, dislocante.

RADICALISMO

Sinónimos: Extremismo, puritanismo, sectarismo, intransigencia, integrismo, fanatismo, dogmatismo, dictadura, dictatorial.
Antónimos: Eclectismo, armonía, conciliación, ponderación, templanza, democracia, contemporización.

RALO

Sinónimos: Separado, espaciado, claro, distanciado.
Antónimos: Tupido, espeso, abigarrado, arracimado, junto, poblado, compacto.

RAPIDO

Sinónimos: Veloz, raudo, ligero, agudo, impetuoso,

arrebatado, apresurado, diligente, vertiginoso, expeditivo, urgente, apremiante, acuciante, perentorio, meteórico.
Antónimos: Lento, pausado, tardo, cansino, despacioso, calmoso, calmo, paulatino.

RATIFICAR

Sinónimos: Confirmar, corroborar, reafirmar, revalidar, convalidar, remachar, autorizar, rubricar, sancionar, refrendar.
Antónimos: Rectificar, corregir, enmendar, retractar, desdecir, reformar, revocar.

RAZON

Senónimos: Mente, entendimiento, inteligencia, discurso, reflexión, juicio, criterio, discernimiento.
Antónimos: Instinto, impulso, tendencia, inclineción, propensión, proclive.

REAL

Sinónimos: Corpóreo, verdadero, tangible, fehaciente, sólido, efectivo, auténtico, material, sensible, positivo, propio, natural.
Antónimos: Imaginario, fantástico, quimérico, irreal, utópico, fantasmagórico, folletinesco, figurado.

REALIDAD

Sinónimos: Efectividad, verdad, substantividad, entidad.
Antónimos: Apariencia, ilusión, sombra, espejismo, alucinación, oropel, ficción, tramoya, simulacro, fingimiento, artificio, postizo, efectismo.

REBELION

Sinónimos: Rebeldía, sublevación, sedición, levantamiento, insumisión, insurrecciónm, insubordinación.
Antónimos: Sumisión, servilismo, vasallaje, disciplina, sometimiento, acatamiento, obediencia.

212

RECAMARA

Sinónimos: Trastienda.
Antónimos: Vestíbulo, recibidor.

RECTIFICAR

Sinónimos: Corregir, enmendar, retractarse, desdecirse, revocar, retocar, renegar, apostatar.
Antónimos: Ratificar, confirmar, corroborar, reafirmar, revalidar, convalidar, autorizar, rubricar, sancionar, refrendar, repetir, reiterar, reincidir.

RECUPERACION

Sinónimos: Recobro, reversión, reivindicación, reembolso, rescate, liberación.
Antónimos: Devolución, restitución, reintegración, reintegro, retorno.

REFLEXION

Sinónimos: Consideración, meditación, premeditación, examen, deliberación, introspección.
Antónimos: Irreflexión, indeliberación, inconsciencia, atolondramiento, precipitación, ligereza.

REGULAR

Sinónimos: Simétrico, geométrico, acompasado, rítmico, medido, reglado, uniforme, periódico.
Antónimos: Irregular, amorfo, asimétrico.

REIR

Sinónimos: Sonreír, carcajear.
Antónimos: Llorar, lloriquear, gemir, gimotear, hipar, sollozar, plañir, suspirar, lagrimear.

RELIGION

Sinónimos: Religiosidad, fe, piedad, creencia, culto,

liturgia, misticismo, teología, teosofía, teísmo.
Antónimos: Laicismo, impiedad, ateísmo, agnosticismo, escepticismo, volterianismo.

RENDIR

Sinónimos: Ceder, transigir, someter, entregar, claudicar, sucumbir, capitular.
Antónimos: Resistir, aguantar, soportar,. arrastrar, oponer, defenderse.

REO

Sinónimos: Culpado, delincuente, malhechor, criminal, acusado, penitente.
Antónimos: Juez, árbitro, magistrado, curial, justicia, sentenciador, tribunal, jurado.

REPRIMIR

Sinónimos: Refrenar, coartar, coercitar, sujetar, coercer, contener, moderar, templar, atajar, sofocar, ahogar, apagar, someter, reducir, domeñar, dominar, reportar.
Antónimos: Estimular, incitar, excitar, despertar, aguijonear, espolear, azuzar, concitar, instigar, impeler, avivar, atraer, engolosinar, animar, convidar, inducir, alentar, acuciar, impulsar, propulsar, fomentar, promover, suscitar, soliviantar, provocar, retar, desafiar, tentar, invitar, punzar, atizar..

RESIDUOS

Sinónimos: Restos, reliquias, sobras, sedimentos, desperdicios, zurrapas, vestijos, desecho, retales, mijas, despojos, basura, broza, purriela, serrín, escoria, cenizas, posos, hez, detritus,. excrementos, inmundicias.
Antónimos: Primicia, principio, génesis, lo primero.

RESOLUCION

Sinónimos: Solución, determinación, decisión, desenlace, fallo, sentencia, conclusión, pronunciamiento, dic-

tamen, diagnóstico, laudo, auto, providencia, decreto.
Antónimos: Sobreseimiento, abstención, inhibición.

RESPIRAR

Sinónimos: Alentar, jadear, anhelar, resollar, aspirar, suspirar, inspirar.
Antónimos: Asfixiarse, ahogarse, sofocarse.

RESTITUIR

Sinónimos: Devolver, reintegrar, reembolsar, resarcir, indemnizar, compensar.
Antónimos: Hurtar, quitar, sustraer, arrebatar, coger, robar, usurpar, desposeer, estafar, desfalcar, malversar, sisar, saquear, desvalijar, timar, privar, defraudar.

RETARDAR

Sinónimos: Diferir, demorar, detener, retrasar, dilatar, atrasar, aplazar, rezagar.
Antónimos: Acelerar, activar, apresurar, precipitar, abreviar, aligerar, avivar, impulsar.

REUNIR

Sinónimos: Congregar, juntar, concentrar, agolpar, arracimar, aglomerar.
Antónimos: Dispersar, separar, diseminar, desparramar, esparcir, expandir, extender, desplegar.

REVERSO

Sinónimos: Revés, envés, dorso, vuelta, cruz, respaldo, espalda, posterior.
Antónimos: Anverso, frente, faz, cara, derecho, haz, anterior.

RINCON

Sinónimos: Rinconada, ángulo, diedro, entrante, recodo, revuelta.

Antónimos: Esquina, arista, esquinazo, escuadra, cantón, borde, filo.

RIO

Sinónimos: Arroyo, ría, afluente, regato, torrente, catarata.
Antónimos: Canal, cauce, acequia, acueducto, almenara, conducto, tubería, alcantarilla, colector.

RUBIO

Sinónimos: Rubicundo, albino, oro, dorado, trigueño, blanco, bermejo, rosicler.
Antónimos: Moreno, atezado, tostado, bruno, mulato, chicano, achocolatado, bronceado, negro.

RUFIAN

Sinónimos: Chulo, flamenco, marchoso, proxeneta, sinvergüenza, canalla, perdido, alcahuete, ruín, villano.
Antónimos: Caballero, hidalgo, noble, señor, gentilhombre, prócer, educado.

RUGOSO

Sinónimos: Arrugado, chafado, abollado, rayado, áspero, fragoso, escarpado, abrupto.
Antónimos: Liso, suave, terso, llano, raso, plano, pulido, planchado, estirado.

RUIDO

Sinónimos: Estrépito, estridencia, estridor, estruendo, fragor, batahola, bulla, algarabía, zarabanda.
Antónimos: Silencio, quietud, calma, parsimonia, mutismo, hermetismo, reserva, sigilo.

RUINA

Sinónimos: Decadencia, perdición, destrucción.
Antónimos: Apogeo, auge, plenitud, esplendor.

S

SABIO

Sinónimos: Erudito, culto, instruido, docto, intelectual, ilustrado, portento, eminencia, as, «hacha», iniciado, humanista.
Antónimos: Ignorante, necio, inculto, analfabeto, prufano, lego, iletrado, inepto, ceporro, zoquete, berzotas.

SACERDOTE

Sinónimos: Cura, presbítero, capellán, abad, prior, diácono, subdiácono, canonje, mossén, pastor, reverendo, ungido, ordenado, coadjutor, vicario.
Antónimos: Seglar, lego, secular, laico, fieles, profanos.

SALIR

Sinónimos: Evacuar, expeler, expulsar, eyacular, dsjar, abandonar, escapar, huir, evadirse, fugarse, largarse, partir, nacer, brotar, manar, zarpar.
Antónimos: Entrar, pasar, penetrar, adentrar, franquear, invadir, irrumpir, infiltrar.

SANO

Sinónimos: Bueno, normal, curado, restablecido, rupuesto, incólume.
Antónimos: Enfermo, malo, indispuesto, delicado, convaleciente, enteco, achacoso.

SECO

Sinónimos: Enjuto, desecado, sediento, hidrópico, agostado, amojado, revenido.
Antónimos: Mojado, húmedo, regado, remojado, calado, empapado, jugoso, inundado, baldeado.

SECUNDARIO

Sinónimos: Accesorio, aleatorio, satélite, complementario, adjetivo, episódico.
Antónimos: Primordial, trascendente, primero, capital, importante, principal.

SED

Sinónimos: Sequedad.
Antónimos: Adipsia, hidrofobia.

SEGREGAR

Sinónimos: Exhalar, emanar, desprender, destilar, irrigar, emitir, despedir, rezumar, transpirar.
Antónimos: Absorber, chupar, apropiarse, libar, succionar, aspirar, embeber, empapar.

SEGUIR

Sinónimos: Suceder, posponer, proseguir, continuar.
Antónimos: Preceder, anteceder, anteponer, adelantarse, anticiparse, avanzar.

SEGURIDAD

Sinónimos: Garantía, confianza, solvencia, aval, salvaguardia, salvoconducto, pasaporte, pase, inmunidad.
Antónimos: Peligro, riesgo, exposición, inseguridad, jaque, desconfianza, prevención, amenaza, amago, alarma.

SENCILLO

Sinónimos: Común, ordinario, austero, corriente.

Antónimos: Solemne, suntuoso, pomposo, aparatoso, espectacular, grandioso, majestuoso, supremo, máximo, sublime, augusto, ceremonioso, ritual, protocolario.

SENSATO

Sinónimos: Prudente, juicioso, cuerdo, discreto, circunspecto, sesudo, reflexivo.
Antónimos: Insensato, necio, imprudente, indiscreto, mentecato, supino, desjuiciado, majadero, precipitado, alocado, tronera, mastuerzo, botarate, tarambana.

SENSUALISMO

Sinónimos: Hedonismo, epicureísmo, positivismo, sibaritismo, concupiscencia, molicie, voluptuosidad.
Antónimos· Ascetismo, austeridad, continencia, mortificación, penitencia, misticismo.

SERIO

Sinónimos: Grave, ceñudo, cariacontecido, circunspecto, mesurado, estirado, tieso, solemne.
Antónimos: Bromista, «coñón», chancero, chirigotero, burlón, guasón, zumbón, humorista, burlesco.

SEVERIDAD

Sinónimos: Rigor, rigurosidad, dureza, rigidez, intransigencia, austeridad, acritud, puritanismo.
Antónimos: Lenidad, benignidad, tolerancia, benevolencia, suavidad, afabilidad.

SIEMPRE

Sinónimos: Eternamente, perpetuamente, constantsmente, incesantemente, continuamente.
Antónimos: Nunca, jamás.

SILENCIO

Sinónimos: Mutismo, sigilo, hermetismo, reserva, introvertimiento, sordo, quedo.

Antónimos: Ruido, estrépito, barahunda, jolgorio, algazara, griterío, escándalo, fragor, bullicio, detonación, chasquido, estampido, sonoridad, estruendo.

SIMPATICO

Sinónimos: Agradable, atrayente, amable, afable, encantador, tratable, seductor, fascinante.
Antónimos: Antipático, adusto, ceñudo, huraño, desebrido, displicente, arbitrario.

SIMULTANEO

Sinónimos: Sincrónico, sincronizado, unísono, acorde, conjunto, concordante.
Antónimos: Sucesivo, seguido, espaciado, distanciado, escalonado.

SINCERIDAD

Sinónimos: Franqueza, espontaneidad, sencillez, llaneza, naturalidad, campechanería.
Antónimos: Fingimiento, simulación, ficción, disimulo, falsedad, fariseísmo, artificio, sorna, hipocresía.

SINTESIS

Sinónimos: Composición, sinopsis, esbozo, resumen, extracto, prontuario, epítome, bosquejo, guión, pincelada, esqueleto, manual, minuta.
Antónimos: Análisis, descomposición, disección, examen, estudio, investigación, reconocimiento.

SOBORNO

Sinónimos: Cohecho, corrupción, corruptela, captación, venialidad.
Antónimos: Amenaza, intimidación, coacción, apercibimiento, chantaje, ultimátum.

SOCIEDAD

Sinónimos: Comunidad, colectividad, familia, agrupación, clan, entidad, estamento, asociación, club, colegio, corporación, instituto, consejo, junta, gremio, academia, república, mundo, cofradía, hermandad, pósito, cooperativa, mutualidad.

Antónimos: Individuo, persona, sujeto, ente, miembro, particular, ciudadano.

SOLTERIA

Sinónimos: Celibato, doncellez, misantropía, misoginia.

Antónimos: Matrimonio, casamiento, boda, amancebamiento, nupcias, himeneo, connubio, yugo, esponsales.

SUAVE

Sinónimos: Sedoso, fino, aterciopelado, satinado, pulimentado, abrillantado.

Antónimos: Aspero, insuave, ordinario, rugoso, abrupto, basto, fragoso, escarpado.

SUBIR

Sinónimos: Ascender, elevarse, alzarse, erguirse, encumbrarse, remontar, trepar, escalar, alzar, exaltar, ensalzar, enarbolar, izar, volar, remontarse, cernerse.

Antónimos: Bajar, descender, apear, disminuir, decrecer.

SUBORDINADO

Sinónimos: Dependiente, súbdito, secretario, subalterno, inferior, sufragáneo, satélite, auxiliar, servidor, criado, siervo, vasallo, fámulo.

Antónimos: Jefe, amo, dueño, señor, director, rector, superior, maestro, mandamás, gerente, comandante, comodoro, condotiero, caudillo, guía, conductor, capataz, caporal, patrón, mayoral, autoridad, responsable.

SUCESIVO

Sinónimos: Seguido, espaciado, distanciado, escalonado.

221

Antónimos: Simultáneo, sincrónico, sincronizado, unísono, acorde, concordante, coincidente, conjunto.

SUCIO

Sinónimos: Manchado, mugriento, desaseado, empañado, tiznado, inmundo, sórdido, enlodado, pringado.
Antónimos: Limpio, pulcro, impoluto, inmàculado, nítido, aseado, curioso, adecentado, decente, lavado.

SUMERGIR

Sinónimos: Hundir, sumir, naufragar, anegar, profundizar, calar, abismar, ahogar.
Antónimos: Flotar, sobrenadar, sobresalir, nadar, fluctuar.

SUPRIMIR

Sinónimos: Abolir, extinguir, anular, suprimir, liquidar, destruir, disgregar, deshacer, exterminar.
Antónimos: Fundar, establecer, crear, erigir, instalar, instaurar, instituir, implantar.

SUR

Sinónimos: Mediodía, meridional.
Antónimos: Norte, septentrión, boreal, bóreas, hiperbóreas.

SUSTANCIA

Sinónimos: Esencia, entidad, ser, materia, realidad, substrato, enjundia, médula, meollo, miga, fuste, nervio.
Antónimos: Cualidad, carácter, sentido, característica, adjetivo, epíteto, circunstancia, accidente, dote, atributo, propiedad, calidad, sello, condición, categoría, índole.

SUERTE

Sinónimos: Ventura, fortuna, racha, chiripa, chamba.
Antónimos: Desgracia, infortunio, desdicha, adversi-

dad, contrariedad, fatalidad, desventura, contratiempo, catástrofe, tribulación, percance, accidente, negación.

SUFICIENTE

Sinónimos: Bastante, necesario, preciso.
Antónimos: Insuficiente, escaso, poco, corto.

SUMISION

Sinónimos: Servilismo, sometimiento, subordinación, acatamiento, humillación, vasallaje, obediencia, disciplina.
Antónimos: Rebeldía, sublevación, sedición, levantamiento, insurrección, alzamiento, insumisión, pronunciamiento, cuartelada, «sanjurjada», asonada, subversión, indisciplina, insubordinación, turbulencia, motín, revolución.

SUPERFICIAL

Sinónimos: Somero, intrascendente, rasante, epidérmico, cortical.
Antónimos: Profundo, hondo, hundido, insondable, penetrante, subterráneo, enraizado, arraigado.

SUPERIORIDAD

Sinónimos: Primacía, prioridad, prelación, preeminencia, hegemonía, preponderancia, predominio.
Antónimos: Inferioridad, bajeza, desventaja, mediocridad, supeditación, dependencia.

SUSPENDIDO

Sinónimos: Pendiente, colgado, flotante, levantado.
Antónimos: Apoyado, recostado, sostenido, sustentado, asentado, colocado, posado.

T

TACITURNO

Sinónimos: Callado, reservado, hermético, mudo, introvertido, reconcentrado.
Antónimos: Locuaz, explícito, hablador, expansivo, comunicativo, extrovertido.

TEMPLANZA

Sinónimos: Moderación, sobriedad, austeridad, ascetismo, parquedad, morigeración, parsimonia, frugalidad.
Antónimos: Intemperancia, inmoderación, abuso, exceso, desenfreno, sensualismo, concupiscencia, epicureísmo.

TEMPRANO

Sinónimos: Precoz, prematuro, adelantado, madrugador, pronto, primero.
Antónimos: Tardío, retrasado, demorado, extemporáneo, rezagado, impuntual, moroso.

TENER

Sinónimos: Poseer, atesorar, disfrutar, gozar, contener, encerrar, abarcar, asumir, encuadrar.
Antónimos: Carecer, faltar.

TEORIA

Sinónimos: Teórica, tesis, ciencia, doctrina, explicación, especulación, hipótesis.

Antónimos: Práctica, ejercicio, experimentación, experiencia, empirismo, pragmatismo, posibilismo, prueba, ensayo, ejemplo, demostración, realización.

TERGIVERSAR

Sinónimos: Cambiar, trocar, retorcer, trabucar, intrincar, desvirtuar.
Antónimos: Interpretar, razonar, explicar, descifrar, traducir, comentar, glosar.

TIMIDO

Sinónimos: Encogido, parado, apocado, cuitado, vergonzoso, corto, retraído, pusilánime, timorato, pacato.
Antónimos: Audaz, temerario, atrevido, aventurero, arrojado, arriscado, arrivista, emprendedor.

TINIEBLA

Sinónimos: Oscuridad, lobreguez, sombra, nebulosidad, negrura.
Antónimos: Luz, claridad, fulgor, llama, destello, brillo, reflejo, chispazo, ráfaga, relámpago, rayo, luminaria, antorcha, faro, linterna, iluminación, alumbrado.

TIRAR

Sinónimos: Arrastrar, remolcar, acarrear, transportar; arrojar, despedir, lanzar, proyectar, disparar, echar, esparcir, impulsar, impeler, catapultar.
Antónimos: Impulsar, apretar, presionar, propulsar, impeler; coger, recoger, levantar, tomar, cosechar.

TODO

Sinónimos: Totalidad, integridad, plenitud.
Antónimos: Nada, nulidad, carencia, falta, cero.

TORPE

Sinónimos: Tardo, pesado, embarazado, atado, pausado, premioso, inútil.

Antónimos: Agil, expedito, suelto, vivaz, desenvuelto, ligero, libre, arriesgado.

TOTAL

Sinónimos: Completo, entero, general, absoluto, universal, máximo, omnímodo, pleno, global, íntegro.
Antónimos: Parcial, incompleto, fraccionado, fragmentado, local, episódico.

TRABAJAR

Sinónimos: Laborar, bregar, afanarse, cumplir, esforzarse, labrar, actuar, «currar», dedicarse, consagrarse.
Antónimos: Holgar, holgazanear, descansar, reposar, sosegar, vagar.

TRAGICO

Sinónimos: Patético, terrorífico, terrible, apocalíptico, dramático, folletinesco, apuradísimo.
Antónimos: Cómico, esperpéntico, jocoso, festivo, humorístico, risible, hilarante, burlesco, satírico.

TRAICION

Sinónimos: Infidelidad, perfidia, felonía, villanía, alevosía, prevaricación, deslealtad, emboscada, insidia, asechanza.
Antónimos: Honestidad, lealtad, nobleza, caballerosidad, hidalguía, franqueza, sinceridad.

TRANSPARENTE

Sinónimos: Diáfano, cristalino, incoloro, traslúcido.
Antónimos: Opaco, esmerilado.

TRISTE

Sinónimos: Contrito, afligido, cariacontecido, apesadumbrado, apenado, dolorido, acongojado, compungido, lloroso, taciturno, pesimista, melancólico, cabizbajo, alicaído, mohíno, gris, triste, apagado, hipocondríaco, tétrico, fúnebre, luctuoso, lúgubre, lastimero, nostálgico, impresionable.

Antónimos: Alegre, regocijado, gozoso, alborozado, jubiloso, jovial, jocoso, satisfecho, contento, feliz, exultante, rozagante, jocundo, jacarandoso, optimista, eufórico.

TUPIDO

Sinónimos: Espeso, junto, poblado, compacto, arracimado, apelotonado.

Antónimos: Ralo, separado, espaciado, claro, abierto, distanciado, diseminado.

TURBADO

Sinónimos: Alterado, sobresaltado, aturdido, azarado, azorado, afectado, desconcertado, atolondrado, sobrecogido, confuso, demudado, desencajado, inquieto, tembloroso, estremecido, conmovido, convulso, agitado.

Antónimos: Sereno, sosegado, tranquilo, reposado, apacible, ecuánime, inmutable, inconmovible.

U

ULTIMO

Sinónimos: Postrero, zaguero, ulterior, final, definitivo.

Antónimos: Primero, primitivo, pristino, inicial, original, inaugural, madrugador, predecesor.

UMBRAL

Sinónimos: Tranco, limen.

Antónimos: Dintel, platabanda.

UNICOLOR

Sinónimos: Monocromo, liso.

Antónimos: Multicolor, polícromo, bicolor, tricolor, abigarrado, irritado, opalescente.

UNIDAD

Sinónimos: Uno, individualidad, impar, único, singularidad, patrón, módulo.

Antónimos: Pluralidad, multiplicidad, diversidad, variedad, muchedumbre, constelación, conjunto, colectividad, caravana, pléyade, plantel, vivero, equipo, grupo, sociedad, hermandad, agrupación.

UNIFORME

Sinónimos: Igual, monótono, semejante, regular, periódico, isócrono, rítmico, consuetudinario, acompasado, metódico, sistemático, amanerado, convencional, «standard».

Antónimos: Variado, diverso, cambiante, distinto, caleidoscópico, diferente, multiforme, polifacético, surtido.

UNION

Sinónimos: Unificación, concordia, alianza, liga, asociación, coalición, pacto, agrupación, federación, confederación, gremio, sindicato, solidaridad, adhesión, fidelidad, conjunción, convergencia, consorcio, hermandad, fraternidad, mancomunidad, acumulación, en comandita, enlace, vínculo, lazo, trabazón, articulación, contacto, nexo, sexo, cópula, acoplamiento, fusión, integración.

Antónimos: Desunión, desavenencia, discordia, ruptura, divorcio, divergencia, desacuerdo, disidencia, escisión, secesión, cisma, separación, disgregación, disociación, insolidaridad, división, desmembramiento.

UNIVERSAL

Sinónimos: Mundial, internacional, cosmopolita, heterogéneo, ecuménico.

Antónimos: Local, parcial, aislado, limitado, pueblerino, lugareño, aldeano, rural, municipal, comunal.

USO

Sinónimos: Empleo, aplicación, utilización, manejo, práctica, usufructo, moda, costumbre, boga.

Antónimos: Abuso, exceso, extralimitación, demasía, tropelía, atropello, desmán, violencia.

UTIL

Sinónimos: Provechoso, aprovechable, conveniente, fructífero, beneficioso, válido, servible, necesario.

Antónimos: Inútil, infructuoso, vano, baldío, estéril, superfluo, innecesario, nulo, inservible.

V

VACA

Sinónimos: Vaquilla, novilla, ternera, becerra.
Antónimos: Toro, cornúpeta, astado, morlaco, morucho, marrajo, novillo, becerro, buey, cabestro, manso, choto, utrero, ternero, jato.

VACIO

Sinónimos: Vano, huero, hueco, desocupado, desmantelado, solitario, desierto, despoblado.
Antónimos: Lleno, repleto, abarrotado, abigarrado, arracimado, colmado, rebosante, atestado, saturado, henchido, congestionado.

VALIENTE

Sinónimos: Valeroso, héroe, heroico, esforzado, osado, intrépido, temerario, bravo, denodado, impávido, farruco, templado, arrojado, bizarro, conquistador, gallardo, bravío.
Antónimos: Cobarde, miedoso, medroso, pusilánime, menguado, amilanado, asustadizo, tímido, pacato, apocado, encogido.

VALORAR

Sinónimos: Valuar, evaluar, tasar, aforar, cotizar, justipreciar, aquilatar, calibrar, calcular, computar, estimar.
Antónimos: Devaluar, desvalorizar, despreciar, subestimar, desmerecer, rebajar, desacreditar.

VARIADO

Sinónimos: Diverso, cambiante, distinto, polifacético diferente, multiforme, surtido.
Antónimos: Uniforme, monocorde, igual, monótono semejante, regular, periódico, isócromo, rítmico, acom·pasado, metódico, asistemático, amanerado.

VARONIL

Sinónimos: Viril, macho, vigoroso, masculino, esforzado, hombruno, enérgico, variado.
Antónimos: Afeminado, marica, maricón, sarasa, invertido, sodomita, homosexual, «jibia», andrógino, castrado, capado, eunuco.

VELAR

Sinónimos: Trasnochar, desvelarse.
Antónimos: Dormir, descansar, reposar, roncar, dormitar, sestear, trasponerse, adormecer, pernoctar.

VENENO

Sinónimos: Tóxico, tósigo, virus, estupefaciente, ponzoña, solimán, rejalgar.
Antónimos: Contraveneno, antídoto, antitóxico, triaca, remedio, bálsamo, lenitivo, específico, elixir, panacea.

VENGANZA

Sinónimos: Represalia, desquite, vindicta, «vendetta», revancha.
Antónimos: Perdón, remisión, absolución, condonación, indulto, amnistía, jubileo, gracia, clemencia.

VENTAJA

Sinónimos: Superioridad, prioridad, preeminencia. beneficio, provecho, conveniencia.
Antónimos: Desventaja, inferioridad, mengua, perjuicio, dificultad, contrariedad, pero, inconveniente.

VERANO

Sinónimos: Estío, canícula.
Antónimos: Invierno, invernada, helada.

VERBOSIDAD.

Sinónimos: Verborrea, elocuencia, facundia, afluencia, pico, labia, desparpajo, grandilocuencia.
Antónimos: Laconismo, concisión, parquedad.

VERDAD

Sinónimos: Veracidad, legalidad, autenticidad, realidad, sinceridad, ortodoxia.
Antónimos: Mentira, embuste, infundio, impostura, calumnia, falsedad, engaño, falacia, sofisma, superchería, andrómina, embeleco, patraña, farsa, trapisonda, comedia, ficción.

VERGÜENZA

Sinónimos: Rubor, pudor, pudibundez, recato, decoro, turbación, honra, pundonor, sonrojo.
Antónimos: Desvergüenza, desfachatez, cinismo, insolencia, desplante, descaro, impudencia, procacidad, desenfado, descoco, desgarro, frescura, impudicia.

VEROSIMIL

Sinónimos: Probable, creíble, posible, admisible.
Antónimos: Inverosímil, increíble, improbable, imposible, irracional, absurdo, inexistente.

VICIO

Sinónimos: Maldad, perversidad, corrupción, libertije, disipación, crápula, inmoralidad, depravación, relajación, degradación, degeneración, fango, cieno, lodo.
Antónimos: Virtud, moral, moralidad, ética, honestidad, santidad, bondad, probidad, honradez.

VICTORIA

Sinónimos: Triunfo, éxito.
Antónimos: Derrota, revés, desastre, descalabro, hecatombe, contratiempo, fracaso.

VIEJO

Sinónimos: Anciano, senil, caduco, decrépito, cascado, provecto, otoñal, longevo, antañón, vetusto, vejestorio, carcamal, decano, canoso, veterano, patriarca; usado, ajado, gastado, raído, deteriorado.
Antónimos: Joven, mozo, mozalbete, adolescente, núbil, muchacho, pimpollo, galán, efebo, guayabo, mancebo, doncel; nuevo, flamante, reciente, intacto, virgen, moderno, original.

VIRTUD

Sinónimos: Moral, ética, honestidad, escrupulosidad, santidad, probidad, honradez.
Antónimos: Vicio, maldad, perversidad, perversión, corrupción, libertinaje, disipación, inmoralidad, depravación, degradación, degeneración, fango, cieno, lodo.

VITUPERAR

Sinónimos: Desalabar, censurar, criticar, motejar, difamar, infamar, denigrar, desprestigiar, afrentar, vejar, vilipendiar, desacreditar, denostar.
Antónimos: Alabar, elogiar, ponderar, encomiar, ensalzar, loar, aprobar, aplaudir, celebrar, preconizar, enaltecer, prestigiar, bendecir, exaltar, glorificar.

VIVO

Sinónimos: Existente, subsistente, vital, animado, palpitante, orgánico, viviente.
Antónimos: Muerto, exánime, exangüe, cadáver, fiambre, inanimado, yerto, inerte, difunto, finado, víctima, interfecto, inorgánico.

VOLUNTAD

Sinónimos: Volición, querer, deseo, espontaneidad, albedrío, libertad, arbitrio, disposición, talante, autodeterminación, capricho, intención, intento, designio, propósito.

Antónimos: Abulia, nolición, volubilidad, versatilidad, inconstancia.

VOLUNTARIO

Sinónimos: Espontáneo, libre, potestativo, consciente.

Antónimos: Obligatorio, forzado, forzoso, imperioso, preceptivo, impuesto, necesario, imprescindible, indispensable, preciso, indeclinable, inexcusable, exigible.

VOMITAR

Sinónimos: Volver, devolver, regurgitar, eructar, regoldar, repetir.

Antónimos: Tragar, deglutir, engullir, ingurgitar, pasar, atragantar.

VOZ

Sinónimos: Sonido, fonema, fonación, vocablo, articulación, vocalización, inflexión, entonación, acento, gorjeo, trino, gorgorito.

Antónimos: Afonía, ronquera, mudez, carraspera.

VULGAR

Sinónimos: Adocenado, desconocido, indocumentado, anónimo, ignorado, oscuro, innominado, común, gregario, corriente, ramplón, manido, trillado, sabido, visto, chabacano.

Antónimos: Ilustre, insigne, eximio, egregio, célebre, famoso, renombrado, reputado, preclaro, destacado, distinguido, prestigioso, noble, excelente, excelso, glorioso, conspicuo, notable, sobresaliente, erudito, eminente, ínclito, relevante, destacado, descollante, prohombre, original, ingenioso, inusitado.

Y

YACER

Sinónimos: Acostarse, descansar, echarse, tumbarse, reposar, tenderse.
Antónimos: Erguirse, alzarse, levantarse.

YACIENTE

Sinónimos: Tendido, plano, acostado, horizontal.
Antónimos: Levantado, erguido, parado, apuesto.

YACIJA

Sinónimos: Cama, catre, fosa, hoya, huesa, lecho, sepultura, tumba.
Antónimos: Mausoleo, sepulcro.

YACIMIENTO

Sinónimos: Mina, filón, veta, petróleo.
Antónimos: Peñasco, roca, risco, pedrusco.

YANTAR

Sinónimos: Comer, manjar, alimento, vianda.
Antónimos: Sobra, residuo, desecho, excedente.

YEGUA

Sinónimos: Jaca, potra, potranca.
Antónimos: Caballo, corcel, rocín, jamelgo, rocinante, penco, trotón, cuartago, jaco, potro, percherón.

YEMA

Sinónimos: Retoño, renuevo, brote, capullo.
Antónimos: Producto, provecho, beneficio, cosecha.

YERMO

Sinónimos: Baldío, infértil, páramo, desierto.
Antónimos: Fecundo, fértil, productivo, óptimo.

YERRO

Sinónimo: Error, equivocación, olvido, confusión.
Antónimos: Tino, tacto, tiento, destreza.

YERTO

Sinónimos: Rígido, tieso, gélido, álgido.
Antónimos: Movido, reanimado, alentado, confortado.

YESCA

Sinónimos: Pajuela, hupe, acicate, incentivo.
Antónimos: Finalidad, objetivo, circunstancia, resultado.

YUGO

Sinónimos: Dominio, opresión, sujeción, sumisión.
Antónimos: Libertad, independencia, emancipación, liberación.

YUNQUE

Sinónimos: Bigornia, forzuado, paciente, esforzado.
Antónimos: Vacuo, hueco, vano, baladí.

Z

ZAFIO

Sinónimos: Grosero, incívico, inculto, paleto, palurdo, rudo, tosco.
Antónimos: Civilizado, cortés, culto, educado, erudito, fino.

ZAMPOÑA

Sinónimos: Albogue, cornamusa, dulzaina, gaita, pífano.

ZARZA

Sinónimos: Cambrón, espino, maleza, maraña, mata, matorral, zarzal, zarzamora.

ZIGZAGUEANTE

Sinónimos: Quebrado, picudo, aserrado, anguloso, articulado.
Antónimos: Ondulado, undoso, sinuoso, serpenteado, culebreante, tortuoso, retorcido, crespo.

ZODIACO

Sinónimos: Constelación, eclíptica.

ZONA

Sinónimos: Comarca, país, región.

ZORRO

Sinónimos: Astuto, ladino, raposo, taimado.
Antónimos: Noble, abierto, sincero, bonachón, incauto.

ZURDO

Sinónimos: Siniestro, babor, izquierdo, zocato, coco.
Antónimos: Derecho, diestro, estribor, recto.

ZURRAR

Sinónimos: Adobar, apalear, castigar, censurar, curtir, pegar.
Antónimos: Acariciar, suavizar, elogiar, ayudar, curar.

LEXICO
AUXILIAR

LEXICO

Esta segunda parte que denominamos «Léxico Auxiliar», viene a cumplir, simplemente, las funciones de un normal diccionario de sinónimos, con la utilidad para aquellos lectores –que precisando una consulta simple quieran evitarse hojear el diccionario principal (de sinónimos y antónimos)– que sólo deseen encontrar un simple sinónimo para evitarse repeticiones o cacofonías cuando estén escribiendo un texto o una carta, hallen rápidamente la solución al pequeño problema planteado.

Observarán, no obstante, que algunos de los vocablos que siguen a la palabra matriz –la que es objeto de consulta–, no son exactamente sinónimos en la literal acepción del término. Pero sí se les podrá considerar como tales si se tiene en cuenta que la raíz etimológica o génesis, sí conserva una relación de sinonimia con las voces que la acompañan. Y en el último de los casos quedará siempre patente la existencia de una correlación o afinidad –«ideas afines»– entre uno y otro vocablo.

A

abad. *Fraile.*
abadesa. *Monja.*
abajo. *Abajo, ¡muera!*
abandonado. *Desprevenido, indefenso.*
abandonar. *Desalojar, desamparar, descuidar, desistir, salir.*
abandono. *Descuido, negligencia.*
abarca. *Calzarse.*
abarcar. *Incluido, tener.*
abarrotado. *Lleno.*
abastecer. *Dar.*
abate. *Fraile, sacerdote.*
abatimiento. *Humildad.*
abatir. *Desanimar, humillar.*
abdicar. *Rehusar.*
abertura. *Abrir, ranura.*
abonado. *Comprar, pagado.*
aberración. *Absurdo.*
abierto. *Indefenso.*
abigarrado. *Antiestético, compuesto, multicolor.*
abigarramiento. *Mezclar.*
abismado. *Admiración.*
abismar. *Humillar.*
abismarse. *Sumergirse.*
abismo. *Infierno, profundo.*
abjuración. *Apostasía.*
abjurar. *Rectificar.*
abnegación. *Altruismo, caridad.*
abnegado. *Bienhechor.*
abogacía. *Derecho.*

abogado. *Apoderado.*
abogar. *Defender, nulo, propugnar.*
abolir. *Derogar, nulo, suprimir.*
abollado. *Rugoso.*
abolladura. *Concavidad.*
abominar. Maldecir.
abonar. *Exculpar, pagar.*
abono. *Manjar.*
abordable. *Accesible.*
abordar. *Empezar, preguntar.*
aborigen. *Castizo, nacional, primitivo.*
aborrecer. *Gastar.*
aborrecimiento. *Envidia.*
abortar. *Matar.*
aborto. *Fracaso.*
abotagado. *Gordo.*
abra. *Golfo.*
abracadabra. *Irreligión.*
abracadabrante. *Extraordinario.*
abrasador. *Caliente.*
abrazar. *Ceñir, incluido.*
abrazo. *Caricia.*
abreviación. *Derechura.*
abreviar. *Acelerar.*
abrigar. *Tapar.*
abrir. *Abrir.*
abrogar. *Derogar, nulo.*
abroncar. *Protestar.*
abroquelar. *Defender, seguridad.*

abrumado. *Cansado.*
abrumador. *Incómodo.*
abrupto. *Aspero, rugoso.*
absolución. *Perdón.*
absolutismo. *Autocracia.*
absoluto. *Absoluto, incondicional, total.*
absorber. *Asimilar, atraer, absorber, sacar.*
absorto. *Admiración.*
abstemio. *Abstemio.*
abstención. *Irresolución, sobreseimiento, neutralidad, prohibición.*
abstinencia. *Castidad.*
abstracto. *Abstracto, inmaterial, nominal.*
abstraído. *Distracción.*
abstruso. *Incomprensible, oscuro.*
absurdo. *Absurdo, inverosímil.*
abuchear. *Protestar.*
abuelo. *Ascendiente.*
abulia. *Abulia.*
abúlico. *Apático.*
abultado. *Gordo, grande.*
abultamiento. *Convexidad, hipertrofia.*
abultar. *Abultar, aumentar, dilatar, inflar.*
abundancia. *Abundancia, verbosidad.*
abundante. *Grande, mucho.*
¡abur! *Despedida.*
aburrir. *Aburrir, injusticia, intemperancia.*
abyección. *Deshonor, indignidad.*
acá. *Aquí.*
acabable. *Finito, temporal.*

acabado. *Excelente.*
acabamiento. *Decadencia, fin.*
acabar. *Acabar, morir.*
academia. *Sociedad.*
academicismo. *Clasicismo.*
acaecimiento. *Hecho.*
acallar. *Silenciar.*
acaparar. *Curvo.*
acarrear. *Causa, efecto, llevar, tirar.*
acartonado. *Marchito.*
acaso. *Casualidad, probable.*
acatador. *Obediente.*
acatamiento. *Respeto, sumisión.*
acatar. *Acatar, asentir, obedecer.*
acatólico. *Infiel.*
acaudalado. *Rico.*
acaudillar. *Mandar.*
acceder. *Conceder, permiso.*
accesible. *Accesible, afable, sociable.*
accésit. *Premio.*
acceso. *Entrar, impulsivo.*
accesorio. *Accesorio, secundario, accidental, adición.*
accidentado. *Montaña.*
accidental. *Accidental, casualidad, provisional.*
accidente. *Casualidad, desgracia, imprevisto, insensibilidad, mal, variado.*
acción. *Hecho.*
accionar. *Movimiento.*
accionista. *Crédito.*
acechar. *Ver.*
acedo. *Amargo.*
acelerar. *Acelerar.*
acento. *Palabra, voz.*

acentuar. *Aumentar, destacar.*
aceptación. *Moda.*
aceptar. *Aceptar, aprobar, recibir.*
acequia. *Canal.*
acerado. *Duro.*
acerbo. *Amargo.*
acérrimo. *Constante, intolerancia.*
acertadamente. *Bien.*
acertado. *Acertar.*
acertar. *Acertar.*
acervo. *Cantidad, pluralidad.*
aciago. *Infelicidad.*
acibarado. *Amargo.*
acicate. *Estimular.*
acidia. *Pereza.*
ácido. *Amargo.*
aclamar. *Aplaudir.*
aclaración. *Explicación.*
aclarar. *Claro, escampar.*
aclimatado. *Acostumbrado.*
acobardar. *Desanimar.*
acodado. *Arista, rincón.*
acogedor. *Agradar, cariñoso, sociable.*
acoger. *Aceptar, admisión, amparar, recibir.*
acogida. *Saludo.*
acometer. *Atacar.*
acomodado. *Adecuado, rico.*
acomodar. *Poner.*
acomodarse. *Ajustar.*
acompañamiento. *Compañía.*
acompasado. *Acompasado, regular, uniforme.*
acondicionado. *Adecuado.*
acongojado. *Triste.*

aconsejar. *Aconsejar.*
acontecimiento. *Hecho.*
acopiar. *Coger.*
acoplar. *Ajustar, unión.*
acorazado. *Embarcación.*
acorde. *Simultáneo.*
acortar. *Contraer, derechura, disminuir, encoger.*
acosar. *Atacar, perseguir.*
acostado. *Horizontal.*
acostumbrado. *Acostumbrado.*
acotado. *Limitado.*
acotar. *Cerrar.*
acre. *Amargo.*
acrecentar. *Aumentar.*
acrecer. *Aumentar.*
aceditar. *Acreditar.*
acreedor. *Crédito.*
acriminar. *Inculpar.*
acrimonia. *Severidad.*
acrisolado. *Puro.*
acritud. *Severidad.*
activar. *Acelerar.*
actividad. *Actividad, celo, diligencia, eficacia, movimiento, trabajar.*
activo. *Activado, animado, rápido.*
acto. *Hecho, parcial.*
actor. *Principal.*
actual. *Actual, moderno.*
actuante. *Activo, beligerante.*
actuar. *Intervenir, trabajar.*
acuciante. *Rápido.*
acuciar. *Estimular.*
acudir. *Ir.*
acueducto. *Canal.*
ácueo. *Líquido.*
acuerdo. *Acuerdo.*
acullá. *Allí.*

acumulación. Unión.
acumular. Unión.
acurrucarse. Agacharse.
acusado. Reo, visible.
acusar. Delatar, inculpar.
achacar. Inculpar.
achacoso. fermo.
achaflanadura. Chaflán.
achantar. Callar, silenciar.
achaparrado. Bajo.
achaque. Excusa.
achararse. Turbado.
achares. Dudar.
acharolado. Brillante.
achatado. Bajo, romo.
achicar. Disminuir.
achicharrar. Caliente.
achispado. Borracho.
achocolatado. Moreno.
achuchar. Apretar
adagio. Dicho.
adalid. Defender, jefe.
adamado. Afeminado.
adaptar. Ajustar.
adecentado. Limpio.
adecuado. Adecuado, oportuno, propio.
adefesio. Feo, inelegante.
adehala. Dar.
adelantado. Temprano.
adelantar. Adelantar, aprender, avanzar, florecer, mejorar, preceder.
adelante. Adelante, animar.
adelanto. Civilización, ilustración.
ademán. Expresivo.
adentrar. Entrar, arraigar, meter.
adepto. Amigo.
aderezado. Cocido.

aderezar. Arreglar.
aderezo. Adornado, gala, joya.
adherir. Aceptar, adherir, agarrar, unión.
adición. Adición.
adicional. Accesorio.
adicto. Amigo.
adiestrar. Enseñar.
adinamia. Débil.
adinerado. Rico.
adiós. Despedida.
adiposo. Gordo.
adipsia. Adipsia.
aditamento. Adición, accesorio.
adivinación. Intuición.
adivinador. Hechizar.
adivinar. Indicio.
adivino. Hechizar.
adjetivo. Accesorio, accidental, cualidad, secundario.
adjudicar. Dar.
adjunto. Adición.
adlátere. Amigo, compañía.
adminículo. Mueble.
administrador. Apoderado.
administrar. Dar, mandar.
admirable. Extraordinario, ioh!
admirablemente. Bien.
admiración. Atención, admirable.
admisible. Verosímil.
admisión. Admisión.
admitido. Corriente.
admitir. Aceptar, aprobar, recibir.
admonición. Reprensión.
adocenado. Esfumar, vulgar.
adoctrinar. Enseñar.

adolecerse. *Condolerse.*
adolescente. *Joven.*
adonis. *Guapo.*
adoptar. *Aceptar, albedrío (libre), amparar, hijo, uso.*
adoración. *Amor.*
adormecer. *Dormir.*
adornado. *Elegante, Adornado.*
adorno. *Gala, lujo.*
adquirido. *Adquirido.*
adquirir. *Comprar, éxito.*
adrede. *Intencionado.*
adscribir. *Unión.*
aduar. *Choza.*
adueñarse. *Hurtar.*
adulación. *Adulación.*
adulta. *Mujer.*
adulterado. *Impuro, corrompido.*
adulterar. *Degeneración.*
adulterio. *Lujuria.*
adulto. *Hombre, viejo.*
adusto. *Adusto, antipático.*
advenedizo. *Extranjero, extraño.*
advenimiento. *Llegada.*
advenir. *Venir.*
adversario. *Enemigo.*
adversidad. *Desgracia, contrariedad, decadencia, fracaso, infelicidad.*
adverso. *Desfavorable.*
advertido. *Prevenido.*
advertir. *Aconsejar, represión, ver.*
advocación. *Nombre.*
adyacente. *Contiguo.*
aéreo. *Liviano.*
afabilidad. *Lenidad.*
afable. *Afable, simpático.*

afamado. *Ilustre.*
afanar. *Trabajar.*
afección. *Enfermo.*
afectación. *Afectación, fingimiento.*
afectado. *Incluido, turbado.*
afectar. *Conexión, propio.*
afectividad. *Sensibilidad.*
afectivo. *Impresionable.*
afecto. *Amor.*
afectuoso. *Afable, cariñoso.*
afeitado. *Lampiño.*
afeminado. *Afeminado.*
aferrarse. *Intolerancia.*
afianzado. *Consistente.*
afianzar. *Arraigar.*
afición. *Afición.*
afilado. *Puntiaudo, delgado.*
afinado. *Fino, melodía.*
afincarse. *Arraigar.*
afín. *Semejante.*
afines. *Parientes.*
afirmación. *Afirmación.*
afirmar. *Asentir, creer, decir.*
aflicción. *Aflicción, desconsuelo, dolor, duelo.*
afligido. *Triste.*
aflojar. *Aflojar, disminuir, laxante.*
aflorar. *Aparecer, salir.*
afluencia. *Verbosidad, compañía, abundancia.*
afluente. *Río.*
afluir. *Converger, ir.*
afonía. *Afonía.*
aforar. *Valorar.*
aforismo. *Dicho.*
afortunado. *Oportuno, suerte.*
afrenta. *Deshonor, desprestigio.*

afrentar. *Agraviar, vituperar.*
afrodisíaco. *Lujuria.*
afrontar. *Aceptar, resistir.*
¡afuera! *¡Muera!*
afueras. *Periferia.*
agachar. *Agachar.*
agallas. *Valiente.*
agarrar. *Agarrar, arraigar.*
agarrotar. *Apretar.*
agasajo. *Dar.*
agazapado. *Oculto.*
agente. *Apoderado, causa.*
agibílibus. *Arte, hábil.*
ágil. *Ágil.*
agilidad. *Diligencia.*
agio. *Ganancia.*
agiotista. *Vender.*
agitación. *Desorden, intranquilidad.*
agitado. *Turbado.*
agitar. *Movimiento.*
aglomeración. *Mucho.*
aglomerar. *Reunir.*
aglutinar. *Adherir, unión.*
agnado. *Pariente.*
agnosia. *Ignorante.*
agobiado. *Cansado.*
agobiador. *Incómodo.*
agobiante. *Incómodo.*
agolpar. *Reunir, unión.*
agonía. *Aflicción, decadencia, fin.*
ágora. *Reunir.*
agostado. *Marchito, seco.*
agotado. *Cansado, débil.*
agotar. *Acabar, gastar.*
agraciado. *Guapo, premio.*
agradable. *Afable, cómodo, simpático, suave.*
agradar. *Agradar.*
agradecido. *Agradecido.*

agradecimiento. *Gratitud.*
agrado. *Placer.*
agrandar. *Aumentar.*
agravar. *Empeorar, exacerbar.*
agraviar. *Agraviar, atacar, vituperar.*
agraz. *Temprano, verde.*
agredir. *Agredir, atacar.*
agregado. *Adición, accesorio.*
agremiación. *Unión, sociedad.*
agreste. *Inadecuado, descortés, inculto, pueblo.*
agriar. *Exacerbar.*
agrietar. *Abrir.*
agrio. *Amargo.*
agrupación. *Sociedad, unión*
agrupar. *Clasificar.*
agua. *Mar.*
aguacero. *Llover.*
aguado. *Abstemio.*
aguantable. *Soportable.*
aguantar. *Tolerancia, resistir.*
aguante. *Paciencia.*
aguardar. *Aguardar.*
aguardentoso. *Aspero.*
agudeza. *Clarividencia, gracioso.*
agudo. *Gracioso, grave, listo, puntiagudo, rápido.*
agüero. *Indicio.*
aguijonear. *Estimular.*
águila. *Listo.*
aguinaldo. *Dar.*
agujerear. *Abrir.*
agur. *Despedida.*
aguzado. *Puntiagudo.*
¡ah! *¡Oh!*

aherrojar. *Esclvitud.*
ahí. *Allí.*
ahijado. *Hijo.*
ahínco. *Gana.*
ahíto. *Hartura.*
ahogado. *Estrecho.*
ahogar. *Asfixiar, matar, reprimir.*
ahora. *Actual.*
ahorcar. *Matar.*
ahorrar. *Ahorrar, eludible.*
ahuchar. *Ahorrar.*
ahuecado. *Esponjoso.*
ahuecar. *Inflar.*
ahumado. *Negro.*
ahuyentar. *Perseguir, expulsión.*
airado. *Ira.*
airar. *Enfadar.*
airear. *Respirar.*
airecillo. *Aura.*
airoso. *Exito, garboso, victoria.*
aislado. *Local, separado.*
aislamiento. *Soledad, incomunicación.*
ajado. *Marchito, sucio, viejo.*
ajeno. *Ajeno, extraño, impropio.*
ajetrear. *Cansado.*
ajetreo. *Actividad, andar.*
ajo. *Blasfemia.*
ajuar. *Mueble.*
ajumado. *Borracho.*
ajustado. *Estrecho, adecuado.*
ajustar. *Ajustar.*
ajuste. *Acuerdo.*
ajusticiar. *Matar.*
ala. *Flanco.*
Alá. *Deísmo.*

alabanza. *Alogio.*
alabar. *Alabar, aplaudir, bendecir.*
abaladero. *Aplaudir.*
alabeado. *Curvo.*
alabear. *Flexible.*
alambicado. *Escasez.*
alambicar. *Raciocinio.*
alambre. *Filamento.*
alampar. *Dolor.*
alarde. *Manifiesto.*
alargar. *Dilatar, estirar.*
alarido. *Gritar.*
alarife. *Construir.*
alarma. *Atención, peligroso, miedoso.*
alarmante. *Grave.*
alazán. *Caballo.*
albañal. *Canal.*
albedrío. *Albedrío, libertad, voluntad.*
alberca. *Lago.*
albergar. *Alojar.*
albino. *Blanco, rubio.*
albo. *Blanco.*
albor. *Principio.*
alborear. *Amanecer.*
alborotado. *Impulsivo, turbado.*
alboroto. *Desorden, ruido.*
alborozado. *Alegre.*
albricias. *Felicitación.*
albufera. *Lago.*
albur. *Casualidad.*
alcabala. *Gravamen.*
alcahuete. *Encubrir, intervenir, rufián.*
alcaldada. *Injusticia.*
alcance. *Importante.*
alcances. *Inteligencia.*
alcantarilla. *Canal.*

alcanzar. *Exito.*
alcaraz. *Caballo.*
alcázar. *Palacio.*
alcoba. *Recámara.*
alcoholismo. *Borracho.*
alcoholizado. *Borracho.*
alcor. *Montaña.*
alcornoque. *Ignorante.*
aldea. *Pueblo.*
aldeano. *Inadecuado, local, pueblo.*
aleación. *Mezclar.*
alear. *Mejorar.*
aleatorio. *Casualidad.*
aleccionar. *Enseñar.*
aledaños. *Cercano, contiguo, periferia.*
alegar. *Decir.*
alegato. *Defender.*
alegórico. *Figurado.*
alegrarse. *Consuelo, congratularse.*
alegre. *Alegre, borracho.*
alegremente. *Irreflexión.*
alegría. *Gozo.*
alejado. *Ausente, lejano.*
alejamiento. *Desapego.*
alejarse. *Huir, ir, salir.*
alelado. *Distracción, tonto.*
alcluya. *¡Viva!*
alentar. *Animar, estimular, existencia, respirar.*
alerta. *Atención.*
aleteo. *Movimiento.*
alevosía. *Traición.*
alforza. *Plegar.*
algarabía. *Ruido.*
algidez. *Frío.*
alguacil. *Cuidar.*
algunos. *Pluralidad.*
alhaja. *Joya.*

alharacas. *Afectación, entusiasmo, gritar.*
alianza. *Acuerdo, unión.*
alias. *Apodo.*
alicaído. *Débil, triste.*
alicatado. *Adornado.*
aliciente. *Atraer, estimular.*
alienado. *Loco.*
aliento. *Respirar.*
alifafe. *Enfermo.*
aligerar. *Acelerar.*
alimaña. *Animal.*
alimentarse. *Comer, asimilar.*
alimento. *Manjar.*
alineación. *Ordem.*
alineado. *Paralelo.*
aliñado. *Adornado, cocido.*
alistar. *Admisión.*
alivio. *Consuelo, disminuir.*
aljófar. *Joya.*
alma. *Alma, conciencia, persona, valiente.*
almacenar. *Ahorrar.*
almadreña. *Calzarse.*
almenara. *Canal.*
almibarado. *Dulce.*
almidonado. *Blanco.*
almirante. *Jefe.*
almoncda. *Vender.*
almuédano. *Sacerdote.*
alnado. *Hijo.*
alocadamente. *Irreflexión.*
alocado. *Informal.*
alocución. *Monólogo.*
alojar. *Admisión, alojar.*
alopatá. *Desemejante.*
alopecia. *Lampiño.*
alpargata. *Calzarse.*
alquería. *Pueblo.*
alquilar. *Arrendar.*

alquitarado. *Puro.*
alrededores. *Cercano, periferia.*
altanería *Soberbia.*
alterable. *Variable.*
alteración. *Cambiar, desorden.*
alterado. *Turbado, descompensado, corrompido.*
alterar. *Cambiar, transformar.*
altercado. *Discordia.*
altercar. *Discutir.*
alternar. *Cambiar.*
alterno. *Intermitente.*
alternativa. *Albedrío, permiso, ratificar.*
alternativo. *Variado, transformar, intermitente.*
altibajos. *Transformar.*
Altísimo. *Deísmo.*
altísimo. *Alto, ilustre.*
altisonancia. *Verbosidad.*
altitud. *Alto.*
altivez. *Soberbia.*
alto. *Alto, arriba, excelente, ¡atrás!, descandaso, cumbre, máximo, quietud, parar.*
altruismo. *Caridad, altruismo.*
altruista. *Bienhechor.*
altura. *Alto.*
alucinación. *Apariencia, ofuscación.*
alucinado. *Loco.*
alucinar. *Hechizar, cegar, engañar.*
alud. *Derumbamiento.*
aludir. *Mencionar.*
alumbrado. *Borracho, luz.*

alumbrar. *Nacer.*
alumno. *Discípulo.*
aluvión. *Abundancia.*
alveolo. *Concavidad.*
alza. *Ganancia, ¡viva!*
alzada. *Alto.*
alzar. *Construir, subir.*
allá. *Allí.*
allí. *Allí.*
amable. *Afable, cortés.*
amaestrar. *Enseñar.*
amago. *Amenaza, apariencia, conato, indicio, peligro.*
amainar. *Disminuir, escampar, decrecer.*
amalgamar. *Unión.*
amanecer. *Amanecer, nacer, principio.*
amanerado. *Uniforme.*
amanuense. *Escrito.*
amaño. *Engañar.*
amarar. *Llegada.*
amargado. *Descontento.*
amargo. *Amargo.*
amargura. *Aflicción, desconsuelo, dolor.*
amarrar. *Agarrar, atar.*
amasar. *Hacer.*
amazacotado. *Macizo, compacto..*
amazona. *Mujer.*
ambages. *Indirecto, rodeo.*
ambición. *Avaricia.*
ambicioso. *Grande.*
ambiente. *Fama. lugar.*
ambiguo. *Eclecticismo, neutralidad, medio, indeterminado, incomprensible, oscuro.*
ámbito. *Lugar.*

ambrosía. *Manjar.*
ambular. *Andar.*
amenaza. *Amenaza, peligro, apariencia.*
amenguar. *Decrecer, disminuir, reducir.*
ameno. *Interesante.*
amigo. *Amigo.*
amilanado. *Cobarde, pusilanimidad.*
aminorar. *Disminuir.*
amistad. *Concordia.*
amnesia. *Olvido.*
amnistía. *Perdón.*
amo. *Amo, poderdante, patrono.*
amohinar. *Enfadar.*
amojamado. *Marchito, seco.*
amolar. *Desagradar, molestia.*
amoldado. *Adecuado.*
amonestación. *Represión.*
amonestar. *Aconsejar, desaprobar, vituperar.*
amor. *Afición, amor.*
amor propio. *Soberbia.*
amoralidad. *Inmoralidad.*
amordazar. *Callar, silenciar.*
amorfo. *Amorfo, asimétrico, irregular.*
amoroso. *Cariñoso.*
amortiguar. *Disminuir.*
amortiguarse. *Morir.*
amoscar. *Enfadar.*
amostazar. *Enfadar.*
amovible. *Inestable.*
amparado. *Defendido.*
amparar. *Amparar, defender, encubrir.*
ampliado. *Extractado.*
ampliar. *Aumentar.*

amplificar. *Ampliado.*
amplificar. *Aumentar.*
amplio. *Ancho, grande, ilimitado.*
ampo. *Blanco.*
ampolla. *Esférico.*
ampulosidad. *Afectación, aumentar, verbosidad.*
amputación. *Substracción.*
amuleto. *Irreligión.*
anacoreta. *Soledad, ascetismo.*
anacreóntico. *Amor, placer.*
anacrónico. *Antiguo, inadecuado, inoportuno.*
anacronismo. *Discordancia.*
anagrama. *Figurado.*
anales. *Hechos, historia.*
analfabeto. *Ignorante.*
analgésico. *Mitigar.*
análisis. *Análisis, descomposición.*
analizar. *Distinguir.*
analogía. *Analogía.*
análogo. *Semejante, simétrico.*
anarquía. *Desorden.*
anarquismo. *Anarquía.*
anatematizar. *Maldecir.*
ancestral. *Antiguo.*
anciano. *Anciano, viejo.*
anclar. *Pararse.*
ancho. *Ancho.*
andaluzada. *Aumentar.*
andanada. *Vituperar.*
andar. *Andar.*
andas. *Carruaje.*
andrajo. *Andrajo.*
andrógino. *Afeminado.*
andrómina. *Mentira.*
andurriales. *Periferia.*

anécdota. *Historia.*
anegar. *Sumergir.*
anejo. *Accesorio, accidental, adición.*
anémico. *Débil.*
anestesia. *Insensibilidad.*
anexo. *Adición.*
anfibio. *Eclecticismo, indeterminado, medio, neutralidad.*
anfibiológico. *Incomprensible, oscuro.*
ángel. *Ángel.*
angelical. *Bueno, guapo.*
angosto. *Estrecho.*
ángulo. *Arista, esquina, rincón.*
anguloso. *Poliédrico, punti agudo, zigzagueante, polígono.*
angustia. *Aflicción, desconsuelo.*
angustiado. *Triste.*
anhelar. *Respirar.*
anhelo. *Gana.*
anhidro. *Seco.*
anillo. *Joya.*
ánima. *Alma.*
animación. *Compañía.*
animado. *Animado, expresivo, orgánico, vivo.*
animadversión. *Odio.*
animal. *Animal, barbarie.*
animalidad. *Cuerpo.*
animar. *Animar, estimular, consuelo.*
animismo. *Deísmo, religión.*
ánimo. *Adelante, valiente.*
animosidad. *Malevolencia, odio.*
animoso. *Atrevido.*

aniquilado. *Débil.*
aniquilar. *Aniquilar, derrota, deshacer, matar.*
anochecer. *Anochecer.*
anodino. *Anodino, insulso, ineficacia.*
anomalía. *Anormalidad, defecto.*
anonadar. *Aniquilar, humillar.*
anónimo. *Anónimo, desconocido, plebeyo, vulgar.*
anormal. *Enfermo, idiotez.*
anormalidad. *Anormalidad, defecto.*
anotar. *Escrito.*
anquilosis. *Inactividad, quietud.*
ansia. *Gana, vomitar.*
antagonismo. *Contrariedad, desacuerdo, enemigo, diferencia.*
antañón. *Antiguo, viejo.*
antártico. *Sur.*
antecámara. *Antecámara.*
antecedente. *Preceder, anterioridad.*
anteceder. *Preceder.*
antecesor. *Ascendiente.*
antedespacho. *Antecámara.*
antediluviano. *Antiguo.*
antelación. *Anterioridad.*
antemano. *Anterioridad.*
antepasado. *Ascendiente.*
anteponer. *Adelantar, preceder.*
anterioridad. *Anterioridad.*
antes. *Anterioridad, pasado.*
antesala. *Principio.*
antialcoholismo. *Abstemio.*

anticipadamente. *Anteriori-dad.*
anticipar. *Adelantar, prece-der.*
anticipo. *Crédito.*
anticlericalismo. *Irreligión.*
anticristiano. *Infiel.*
Anticristo. *Anticristo.*
anticuado. *Antiguo.*
antídoto. *Contrariedad, con-traveneno.*
antieconómico. *Caro.*
antiestético. *Antiestético.*
antífrasis. *Contrariedad.*
antífona. *Oración.*
antigualla. *Antiguo, pasado.*
antihigiénico. *Insalubre.*
antilogía. *Contrariedad.*
antilógico. *Absurdo.*
antimilitarista. *Paz.*
antinomia. *Absurdo, contra-riedad, argucia.*
antipatía. *Contrariedad, de-sapego.*
antipático. *Antipático.*
antipatriotismo. *Antipatrio-tismo.*
antípodas. *Contrariedad.*
antirreligioso. *Irreligión.*
antisepsia. *Higiene.*
antítesis. *Contrariedad, dife-rencia.*
antitético. *Contrariedad.*
antitóxico. *Contraveneno.*
antojo. *Gana.*
antología. *Pluralidad.*
antónimo. *Contrariedad.*
antorcha. *Luz.*
antro. *Concavidad.*
antropófago. *Barbarie.*
antropológico. *Humano.*

antropomorfismo. *Deísmo.*
antuvión. *Azote.*
anudar. *Atar, unión.*
anular. *Derogar, nulo, supri-mir.*
anunciar. *Decir, promulgar.*
anuncio. *Conato, indicio.*
anverso. *Anverso.*
anzuelo. *Atraer, engañar.*
añadido. *Adición.*
añadidura. *Adición.*
añagaza. *Engañar.*
añejo. *Antiguo.*
añoranza. *Aflicción, memo-ria, triste.*
añoso. *Viejo.*
aojar. *Hechizar.*
apabullar. *Apretar.*
apacentar. *Comer.*
apacibilidad. *Tranquilidad.*
apacible. *Afable, dócil, paz, sereno.*
apache. *Malhechor, pillo.*
apadrinar. *Amparar.*
apagado. *Mate, triste.*
apagar. *Apagar, reprimir.*
apañar. *Arreglar.*
aparato. *Lujo.*
aparatoso. *Solemne.*
aparcamiento. *Poner.*
aparecer. *Aparecer, salir.*
aparecido. *Imaginario.*
aparejado. *Unión.*
aparejo. *Gala.*
aparente. *Figurado.*
aparición. *Imaginario.*
apariencia. *Fenómeno, rea-lidad.*
apartado. *Excluido, separa-do, lejano.*
apartamiento. *Neutralidad.*

apartarse. *Quitar, huir, abstenerse.*
aparte. *Separado.*
apasionamiento. *Injusticia, intolerancia.*
apasionante. *Importante.*
apatía. *Indiferencia, pereza, negligencia.*
apático. *Apático.*
apátrida. *Antipatriotismo, extranjero.*
apear. *Bajar.*
apechar. *Aceptar.*
apechugar. *Aceptar, empujar, soportable.*
apego. *Afición.*
apelmazado. *Sólido.*
apelmazar. *Apretar.*
apellidar. *Nombre.*
apenado. *Triste.*
apencar. *Aceptar, soportable.*
apéndice. *Accesorio, adición, cola.*
apercepción. *Idea.*
apercibido. *Prevenido.*
apercibimiento. *Amenaza.*
apercibir. *Reprensión.*
apergaminado. *Marchito.*
apero. *Cosa.*
aperreado. *Descontento.*
apestoso. *Insalubre.*
apetencia. *Gana.*
apetito. *Hambre, instinto.*
apetitoso. *Gustar.*
ápice. *Cumbre, parcial.*
apiñado. *Compacto.*
apiparse. *Hartura.*
apisonar. *Apretar.*
aplacar. *Disminuir, mitigar, reprimir.*

aplanado. *Desanimar, romo.*
aplastado. *Romo.*
aplastante. *Grande.*
aplastar. *Apretar.*
aplaudir. *Alabar, aplaudir, aprobar.*
aplauso. *Elogio, ovación.*
aplazar. *Atrasar, retardar.*
aplicación. *Celo, uso.*
aplicado. *Constante, ocupado.*
aplicarse. *Aprender, dar, trabajar.*
aplomo. *Prudencia, sereno.*
apocado. *Apático, pusilanimidad, cobarde, tímido.*
apocalíptico. *Trágico.*
apócrifo. *Incierto, mentira.*
apoderado. *Apoderado.*
apoderarse. *Hurtar.*
apodíctico. *Indiscutible*
apodo. *Apodo.*
apogeo. *Cumbre, apogeo, prosperidad.*
apolillado. *Viejo.*
apolíneo. *Guapo.*
apología. *Alabar, defender.*
apólogo. *Leyenda.*
apoplético. *Gordo.*
aportación. *Ingreso, parcial.*
aportar. *Traer.*
aposentar. *Alojar.*
apósito. *Remediable.*
aposta. *Intencionado.*
apostado. *Oculto.*
apostarse. *Poner.*
apostasía. *Apostasía, perjurio, ateísmo.*
apostatar. *Rectificar.*
apostilla. *Explicación.*
apostolado. *Enseñar.*

apostrofar. *Preguntar.*
apoteósico. *Entusiasmo.*
apoteosis. *Alabar.*
apoyado. *Apoyado.*
apoyar. *Amparar, ayudar.*
apoyo. *Base, principal.*
apreciable. *Visible.*
apreciar. *Apreciar, valorar.*
aprehensión. *Idea.*
apremiante. *Rápido.*
aprender. *Aprender.*
aprendido. *Adquirido.*
aprendiz. *Discípulo, inexpe-riencia.*
aprensión. *Idea, desconfianza.*
aprensivo. *Miedoso, impresionable.*
apresar. *Encarcelar.*
aprestado. *Preparado.*
apresurar. *Acelerar.*
apretado. *Estrecho, macizo, tacaño.*
apretar. *Apretar, empujar.*
apretujar. *Apretar.*
aprieto. *Difícil.*
apriorístico. *Prejuicio.*
aprisa. *Rápido.*
aprobación. *Elogio.*
aprobar. *Aceptar, aplaudir, alabar, aprobar, asentir.*
apropiado. *Adecuado, favorable, oportuno.*
apropiarse. *Absorber, asimilar, hurtar.*
aprovechable. *Util.*
aprovechado. *Avaricia.*
aprovechar. *Aprender.*
aprovisionar. *Dar.*
aproximarse. *Atraer.*
apto. *Apto.*

apuesta. *Discutir.*
apuesto. *Garboso.*
apuntalado. *Inconsistente.*
apuntar. *Escrito, admisión.*
apunte. *Proyecto.*
apuradísimo. *Trágico.*
apurar. *Acabar, gastar.*
apuro. *Difícil.*
aquelarre. *Reunir.*
aquende. *Aquí.*
aquí. *Aquí.*
aquiescencia. *Aprobar, asentir, permiso.*
aquilatar. *Apreciar, valorar.*
aquilón. *Huracán.*
arancel. *Ley, pagado, valorar.*
arandela. *Círculo.*
arañar. *Frotamiento.*
arbitraje. *Acuerdo, sentencia.*
arbitrariedad. *Injusticia.*
arbitrario. *Voluntario.*
arbitrio. *Arte, gravamen, voluntad.*
árbitro. *Juez.*
árbol. *Planta.*
arbolario. *Insensato.*
arbóreo. *Planta.*
arbusto. *Planta.*
arcada. *Vomitar.*
arcadia. *Jardín.*
arcaico. *Antiguo.*
arcángel. *Ángel.*
arcano. *Oculto, incomprensible.*
archimillonario. *Rico.*
archivar. *Ahorrar.*
archivo. *Pluralidad.*
arder. *Encender.*
ardido. *Valiente.*

ardiente. *Caliente.*
ardite. *Insignificante.*
ardor. *Entusiasmo.*
ardoroso. *Caliente.*
arduo. *Difícil.*
área. *Lugar.*
arenga. *Monólogo.*
argot. *Lenguaje*
argucia. *Argucia.*
argüir. *Impugnar, deducción.*
argumentación. *Razonamiento.*
argumentar. *Impugnar.*
argumento. *Prueba, tesis.*
aridez. *Infecundidad.*
árido. *Sólido.*
arisco. *Adulto, antipático, insociable.*
arista. *Arista, esquina.*
aristócrata. *Noble.*
arma. *Militar.*
armado. *Defendido.*
armar. *Hacer.*
armazón. *Síntesis.*
armiño. *Blanco.*
armisticio. *Paz.*
armonía. *Concordancia, melodía, concordia, ecleticismo, equilibrio, orden, paz, proporción.*
armónico. *Simétrico.*
arnés. *Adornado.*
aroma. *Fragancia.*
arpegio. *Melodía, ruido.*
arpía. *Feo.*
arqueado. *Convexidad, curvo.*
arqueológico. *Antiguo.*
arquetipo. *Modelo.*
arquitecto. *Construir.*
arrabal. *Exterior, periferia.*

arraigado. *Antiguo, profundo.*
arraigar. *Arraigar.*
arrancar. *Desarraigar, desunión, despegar, quitar, sacar, partida.*
arranque. *Impulsivo.*
arrapiezo. *Niño.*
arras. *Prueba, seguridad.*
arrasar. *Destruir.*
arrastrado. *Infelicidad, pillo, cansado.*
arrastrar. *Deslizamiento, llevar, tirar.*
arre. *Adelante.*
arrea. *¡Oh!*
arrebañar. *Coger.*
arrebatado. *Colorado, impulsivo, rápido.*
arrebatamiento. *Distracción.*
arrebatar. *Desenfrenar, hechizar, hurtar.*
arrebato. *Entusiasmo, ira.*
arrebolado. *Colorado.*
arrebujar. *Tapar.*
arreciar. *Aumentar.*
arrecife. *Isla.*
arrechucho. *Enfermo.*
arreglar. *Arreglar.*
arreglo. *Remediable, acuerdo.*
arregostarse. *Ratificar.*
arrelenado. *Cómodo.*
arremeter. *Agredir, atacar.*
arremolinar. *Converger.*
arrendar. *Arrendar.*
arreos. *Adornado.*
arrepentimiento. *Arrepentimiento, conversión.*
arrepentirse. *Rectificar.*

arrequive. *Condicional, galas.*
arrestar. *Encarcelar.*
arrestos. *Valiente.*
arriar. *Bajar.*
arriba. *Arriba, cumbre.*
arribada. *Llegada.*
arribar. *Venir.*
arribo. *Llegada.*
arriesgado. *Audaz.*
arrimado. *Cercano.*
arrinconado. *Olvido.*
arriscado. *Atrevido, audaz.*
arrítmico. *Descompasado, irregular.*
arrivista. *Audaz, extranjero.*
arrobamiento. *Distracción.*
arrodillarse. *Agacharse.*
arrogancia. *Soberbia.*
arrogante. *Garboso.*
arrojado. *Decidido, valiente, audaz.*
arrojar. *Desalojar, expulsión, segregar, tirar.*
arrollador. *Grande.*
arrollar. *Plegar, destruir, derrota, empujar.*
arropar. *Tapar.*
arrostrar. *Aceptar, resistir.*
arroyo. *Río.*
arruga. *Plegar, ranura.*
arrugado. *Rugoso.*
arruinado. *Pobre.*
arruinar. *Destruir.*
arrullo. *Musitar.*
arrumaco. *Caricia.*
arrumbado. *Despreciar, inútil, olvido.*
arsenal. *Mucho.*
arte. *Arte.*
arteria. *Canal.*

artería. *Astucia.*
artes. *Astucia.*
artesano. *Obrero.*
ártico. *Norte.*
articulación. *Orden, unión, palabra, voz.*
articulado. *Verbal, zigzagueante.*
articular. *Ajustar, decir.*
artífice. *Obrero.*
artificial. *Artificial.*
artificio. *Apariencia, arte, engañar, fingimiento.*
artillado. *Defendido.*
artista. *Construir, maestro, obrero.*
artístico. *Estético, fino.*
as. *Maestro, sabio.*
asalariado. *Pagado.*
asaltar. *Atacar.*
asamblea. *Reunir, sociedad.*
asar. *Caliente.*
asaz. *Mucho, suficiente.*
ascendencia. *Ascendiente.*
ascender. *Subir.*
ascendiente. *Ascendiente, prestigio.*
asceta. *Virtud.*
ascetismo. *Ascetismo, templanza.*
aseado. *Limpio.*
asechanza. *Traición, engañar.*
asediar. *Ceñir.*
asegurado. *Consistente.*
asegurar. *Afirmación, decir, persuadir.*
asenderado. *Cansado.*
asenderar. *Perseguir.*
asenso. *Asentir.*
asentado. *Apoyado, estable.*

asentimiento. *Afirmación, fe.*

asentir. *Afirmación, asentir, creer.*

asenso. *Fe.*

asepsia. *Higiene.*

asequible. *Posible, comprensible, accesible.*

aserción. *Afirmación.*

aserrado. *Zigzagueante.*

aserto. *Afirmación.*

asesinar. *Matar.*

asesino. *Malhechor.*

asesorar. *Aconsejar.*

asestar. *Dar.*

aseveración. *Afirmación.*

asfixiar. *Asfixiar, matar.*

asiático. *Lujo.*

asiduidad. *Celo.*

asiduo. *Constante.*

asiento. *Base.*

asignación. *Cobrar.*

asilo. *Alojar, amparar.*

asimetría. *Desproporción.*

asimétrico. *Asimétrico, irregular.*

asimilado. *Adquirido, igual.*

asimilar. *Asimilar.*

asir. *Agarrarse.*

asistente. *Presente.*

asistir. *Amparar, obedecer, ayudar.*

asociación. *Sociedad, unión.*

asolar. *Destruir.*

asomar. *Aparecer, salir.*

asombro. *Admiración.*

asombroso. *Extraordinario.*

asomo. *Conato, indicio.*

asonada. *Rebelión.*

aspaviento. *Afectación.*

aspecto. *Apariencia, forma.*

aspereza. *Severidad.*

asperges. *Mojado.*

áspero. *Adusto, áspero, disonancia, antipático, rugoso.*

aspersión. *Mojado.*

aspirar. *Absorber, gana, intentar, respirar, sacar.*

asquear. *Desagradar, repeler.*

asqueroso. *Antipático, sucio.*

astado. *Toro.*

astenia. *Débil.*

astracanada. *Absurdo.*

astringente. *Astringente.*

astronómico. *Grande.*

astroso. *Andrajo.*

astucia. *Astucia.*

asueto. *Holgar.*

asumir. *Tener.*

asunto. *Tesis.*

asuso. *Arriba.*

asustadizo. *Cobarde, miedoso, tímido.*

asustado. *Turbado.*

atacar. *Agredir, atacar.*

atado. *Pluralidad, torpe.*

atadura. *Conexión.*

atajar. *Adelantar, reprimir.*

atajo. *Andar, cantidad.*

atalayar. *Ver.*

atañente. *Propio, relativo.*

atañer. *Conexión.*

ataque. *Insensibilidad.*

atar. *Atar, empaquetar.*

atareado. *Ocupado.*

atarjea. *Canal.*

atarugarse. *Turbado.*

atascadero. *Estorbar.*

atascamiento. *Quietud.*

atascar. *Cerrar, parar.*

ataviado. *Adornado.*
atavío. *Adornado, galas.*
atavismo. *Antiguo, innato.*
ateísmo. *Ateísmo, increduli-dad, irreligión.*
atemperado. *Moderado.*
atemperar. *Mitigar.*
atenazar. *Aflicción, apretar.*
atención. *Atención, celo, cuidar, gasto, pagar.*
atender. *Cuidar.*
ateneo. *Sociedad.*
atentado. *Delito, infringir.*
atentar. *Infringir.*
atento. *Cortés.*
atenuar. *Disminuir, mitigar.*
aterciopelado. *Suave.*
aterido. *Frío.*
aterrizar. *Llegada, venir.*
atesorar. *Ahorrar, tener.*
atestación. *Juramento.*
atestado. *Lleno.*
atestiguar. *Afirmación.*
atezado. *Moreno, negro.*
atiborrarse. *Hartura.*
ático. *Buhardilla.*
atinar. *Acertar.*
atisbar. *Ver.*
atisbo. *Indicio.*
atizar. *Estimular.*
atleta. *Fuerte.*
atmósfera. *Lugar.*
atolondrado. *Turbado.*
atolondramiento. *Distrac-ción, irreflexión.*
atolladero. *Estorbar.*
átomo. *Pequeño.*
atonía. *Atrofia, débil, inacti-vidad.*
atónito. *Admiración.*
atontado. *Tonto.*

atorar. *Cerrar.*
atorrante. *Pillo.*
atosigar. *Cansado, rápido.*
atrabiliario. *Adusto, antipá-tico.*
atracador. *Hurtar.*
atracar. *Hurtar.*
atracón. *Hartura.*
atractivo. *Atraer, estético, interesante, perfecto.*
atraer. *Agradar, atràer, esti-mular, hechizar.*
atragantar. *Tragar, turbado.*
atrancar. *Cerrar.*
atrapar. *Encarcelar.*
atrás. *¡Atrás!, pasado.*
atrasar. *Atrasar, retardar.*
atraso. *Barbarie.*
atravesado. *Transversal.*
atravesar. *Abrir, entrar.*
atrayente. *Interesante, sim-pático.*
atrevido. *Atrevido, audaz.*
atribución. *Derecho.*
atribuir. *Inculpar.*
atributo. *Perfección, cuali-dad.*
atrición. *Arrepentimiento.*
atrocidad. *Crueldad, injusti-cia.*
atrofia. *Atrofia, débil, dismi-nuir, inactividad.*
atronar. *Ruido.*
atropelladamente. *Irreflexi-xión.*
atropellado. *Rápido.*
atropellar. *Empujar.*
atropello. *Abuso, desgracia, injusticia.*
atroz. *Grande.*
atuendo. *Lujo, vestirse.*

atufarse. *Enfadarse.*
aturdido. *Turbado.*
aturdimiento. *Ofuscación.*
aturdir. *Ensordecer.*
aturullarse. *Turbado.*
audaz. *Atrevido, audaz.*
audición. *Oír.*
audiencia. *Juez, oír, saludo.*
auditorio. *Compañía.*
auge. *Apogeo, arriva, civilización, prosperidad.*
augurar. *Decir.*
augurio. *Indicio.*
augusto. *Solemne.*
aullar. *Gritar.*
aumentar. *Aumentar, crecer, estirar.*
aumento. *Gravamen.*
auparse. *Erguirse, levantarse.*
aura. *Aplaudir, aura, fama.*
áureo. *Brillante, prosperidad.*
aureola. *Ceñir, círculo, fama.*
aurora. *Nacer, principio.*
auscultar. *Atención, oír.*
ausentar. *Despedida, salir, marcharse, ir.*
ausente. *Ausente.*
auspicio. *Indicio.*
auspicios. *Amparar, ayudar, decir, hablar.*
austeridad. *Ascetismo, severidad, frugalidad, modestia, templanza.*
austero. *Desadornado, sencillo.*
austral. *Sur.*
autarquía. *Libertad.*
autárquico. *Independiente.*

autenticidad. *Verdad.*
auténtico. *Cierto, real, efectivo.*
auto. *Resolución, sentencia, carruaje.*
autobús. *Carruaje.*
autocracia. *Autocracia.*
autóctono. *Nacional, castizo.*
autodeterminación. *Albedrío (libre), libertad, voluntad.*
automáticamente. *Instinto.*
automatismo. *Inconsciencia.*
automóvil. *Carruaje.*
autonomía. *Albedrío (libre), libertad.*
autónomo. *Independiente.*
autopista. *Andar.*
autor. *Crear.*
autoridad. *Autoridad, derecho, jefe, mandar, orden, prestigio.*
autoritario. *Severidad.*
autoritarismo. *Autocracia.*
autorización. *Permiso.*
autorizado. *Lícito, válido.*
autorizar. *Aprobar, ratificar, seguridad.*
auxiliar. *Amparar, ayudar, provisional, subordinado.*
aval. *Seguridad.*
avance. *Civilización, ilustración.*
avanzada. *Preceder, primero.*
avanzar. *Adelantar, andar, aumentar, avanzar.*
avaricia. *Largueza, avaricia, egoísmo.*
iave César! *Saludo.*
iave María! *Saludo.*

avecinarse. *Venir.*
avellanado. *Delgado.*
avenencia. *Acuerdo, concordia.*
avenirse. *Acuerdo.*
aventajar. *Mejorar, sobrar.*
aventura. *Causalidad, hecho.*
aventurado. *Peligro.*
aventurero. *Audaz.*
avería. *Mal, pérdida.*
averiado. *Corrompido, damnificado, deteriorado, enfermo.*
averiguado. *Conocido.*
averiguar. *Buscar, encontrar.*
averno. *Infierno.*
aversión. *Desapego, odio, repeler.*
avezado. *Acostumbrado.*
aviar. *Arreglar.*
avidez. *Avaricia, gana.*
avieso. *Malo.*
avilantez. *Atrevido, desvergüenza.*
avinagrado. *Adusto, amargo.*
avisado. *Listo.*
avisar. *Comunicación.*

avispado. *Listo.*
avivar. *Acelerar, estimular, exacerbar.*
avizorar. *Ver.*
avulgarado. *Esfumar.*
¡ax! *Dolor.*
axiomático. *Cierto, verdad.*
¡ay! *Dolor.*
ayer. *Pasado.*
ayes. *Llorar.*
ayo. *Criado, maestro.*
ayuda. *Favor.*
ayudar. *Amparar, ayudar.*
ayunar. *Ayunar.*
ayuno. *Carecer.*
ayuso. *Abajo.*
azabachado. *Negro.*
azafata. *Criado.*
azar. *Casualidad, desgracia*
azarado. *Turbado.*
azorado. *Turbado.*
azotar. *Castigo.*
azote. *Azote, mal.*
azucarado. *Dulce.*
azuzar. *Estimular.*

B

babieca. *Idiotez, tonto.*
babor. *Flanco, izquierdo.*
babucha. *Calzarse.*
«baby». *Niño.*
bacanal. *Divertirse.*
badulaque. *Insensato.*
bagatela. *Insignificante.*
¡bah! *¡Bah!, ¡oh!*
bahía. *Golfo.*
bailar. *Movimiento.*
baja. *Pérdida.*
bajar. *Agacharse, decrecer, bajar, caer.*
bajel. *Embarcación.*
bajeza. *Deshonor, humildad, inferioridad, ruindad, indignidad.*
bajío. *Isla.*
bajo. *Bajo, mínimo.*
bala. *Pillo.*
baladí. *Insignificante.*
baladrón. *Valiente.*
baladronada. *Soberbia.*
balance. *Comparar, síntesis.*
balanceo. *Principio.*
balbucir. *Empezar.*
baldado. *Torpe.*
balde (de). *Gratuito.*
balde (en). *Inútil.*
baldeado. *Mojado.*
baldío. *Erial, holgar, inculto, ineficacia, inútil.*
baldión. *Holgar.*
balón. *Esférico.*
balsa. *Embarcación, labo.*

bálsamo. *Consuelo, contraveneno, remediable.*
baluarte. *Defendido.*
balumba. *Mucho.*
bambolear. *Movimiento.*
bambolla. *Lujo.*
banal. *Insignificante, anodino.*
bancal. *Escalera.*
bancarrota. *Fracaso.*
banco. *Isla.*
banda. *Flanco, pluralidad.*
bandada. *Pluralidad.*
bandera. *Figurado.*
bandido. *Hurtar, malhechor.*
bandolero. *Malhechor.*
banquero. *Rico.*
bañado. *Mojado.*
baño. *Superficial.*
baqueteado. *Acostumbrado.*
báquico. *Borracho.*
barahúnda. *Ruido.*
barajar. *Mezclar.*
baratero. *Valiente.*
baratija. *Baratija.*
baratillo. *Vender.*
barato. *Barato, fácil.*
báratro. *Infierno.*
barbaridad. *Imprudencia.*
barbarie. *Barbarie.*
bárbaro. *Extranjero, grande, ineducado.*
barbián. *Atrevido, garboso, valiente.*
barbilampiño. *Lampiño.*

263

barbotar. *Musitar.*
barbudo. *Velludo.*
barco. *Embarcación.*
baremo. *Ley.*
barnizado. *Lustroso.*
barómetro. *Manifiesto, indicio.*
barrabasada. *Falta, infringir, injusticia.*
barraca. *Choza.*
barragán. *Joven.*
barranco. *Profundo.*
barredura. *Residuo.*
barrenar. *Abrir.*
barrer. *Expulsión.*
barrera. *Estorbar.*
barrido. *Limpio.*
barrio. *Periferia.*
barro. *Cuerpo.*
barroco. *Antiestético.*
barrunto. *Indicio.*
bártulo. *Cosa.*
barullo. *Desorden.*
basamento. *Base.*
basca. *Vomitar.*
base. *Base, principio, ley.*
básico. *Esencial, principal.*
basquiña. *Saya.*
basta. *¡Atrás!*
bastante. *Mucho, necesario, suficiente.*
bastardeado. *Impuro.*
bastardear. *Empeorar, degeneración.*
bastardo. *Ilegítimo.*
bastimentos. *Menjar.*
bastión. *Defendido.*
basto. *Aspero, tosco.*
basura. *Residuo.*
batacazo. *Caer.*
batahola. *Ruido.*

batalla. *Guerra.*
batel. *Embarcación.*
batería. *Pluralidad.*
batir. *Derrota.*
baturrillo. *Mezclar.*
bautismo. *Principio.*
bautizado. *Cristiano.*
bautizar. *Conversión, nombre.*
bazofia. *Manjar, residuo.*
beata. *Monja.*
beatitud. *Cielo.*
beato. *Fraile, virtud.*
bebé. *Niño.*
bebedizo. *Bebida.*
bebido. *Borracho.*
bebistrajo. *Bebida.*
beca. *Amparar.*
becerra. *Vaca.*
becerro. *Toro.*
bedel. *Dependiente.*
beduino. *Barbarie.*
befa. *Irrespetuosidad.*
belcebú. *Diablo.*
belén. *Desorden.*
Belial. *Diablo.*
bélico. *Guerra, miliar.*
beligerancia. *Beligerancia.*
beligerante. *Enemigo.*
belitre. *Pillo.*
bellaco. *Pillo.*
bellaquería. *Astucia.*
bellido. *Guapo.*
bello. *Bueno, guapo.*
bendecir. *Alabar, bendecir.*
bendito. *Bueno, sagrado.*
benefactor. *Altruismo, bienhechor.*
beneficencia. *Altruismo, caridad.*
beneficiado. *Sacerdote.*

beneficiario. Recibir.

beneficio. *Beneficioso, bicoca, bien, bienhechor, favor, ganancia, ventala.*

beneficioso. *Beneficioso, favorable, saludable, útil.*

benemérito. *Bueno, excelente.*

beneplácito. *Aprobar, permiso.*

benevolencia. *Altruismo, benevolencia, caridad.*

benévolo. *Bueno, favorable.*

benignidad. *Compasión, benevolencia, clemencia, lenidad.*

benigno. *Afable, bueno.*

benjamín. *Hijo.*

beocio. *Ignorante, tonto.*

beodo. *Borracho.*

bergante. *Pillo.*

bermejo. *Rubio.*

berrear. *Gritar.*

berrinche. *Enfadarse.*

berzotas. *Ignorante.*

besamano. *Saludo.*

besando. *Contiguo.*

beso. *Caricia.*

bestia. *Animal, barbarie, ignorante.*

beta. *Filamento.*

bicicleta. *Carruaje.*

bicoca. *Beneficioso, bicoca.*

bicolor. *Multicolor.*

bicho. *Animal.*

bien, sí, ¡viva!

bienandanzas. *Bienes, felicidad.*

bienaventurado. *Bienaventurado.*

bienaventuranza. *Cielo.*

bienes. *Bienes, rico.*

bienestar. *Placer, sano, felicidad.*

bienhechor. *Bienhechor, altruismo.*

bienmandado. *Dócil, obediente.*

bienquisto. *Apreciar.*

bienvenida. *Saludo.*

bies. *Oblicuo.*

bigardo. *Holgar, pereza.*

bigotudo. *Velludo.*

biografía. *Historia.*

biológico. *Animado, orgánico, natural.*

birlar. *Hurtar.*

birrete. *Cubrirse.*

birria. *Feo, inelegante.*

bisar. *Ratificar.*

bisbisar. *Musitar.*

bisel. *Chaflán, par.*

bisoño. *Inexperiencia.*

bisutería. Candidez, niño.

bizantino. *Insignificante.*

bizarro. *Garboso, valiente.*

biznieto. *Descendiente.*

blanco. *Blanco, fin, rubio.*

blando. *Apático, blando, maduro.*

blandura. *Lenidad.*

blanquecino. *Claro.*

blasfemia. *Blasfemia.*

blasonado. *Noble.*

blasonar. *Alabar.*

bledo. *Insignificante.*

blindaje. *Lámina.*

blonda. *Ralo.*

blondo. *Rubio.*

bloquear. *Ceñir.*

boato. *Lujo.*

bobalicón. *Tonto.*

bobo. *Idiotez, tonto.*
boca. *Concavidad.*
boceto. *Proyecto.*
bochorno. *Calma, vergüen-*
za.
bochornoso. *Caliente.*
boda. *Matrimonio.*
bodega. *Sótano.*
bodoque. *Ignorante, tonto.*
bofetada. *Azote.*
boga. Moda, uso.
bohío. *Choza.*
boina. *Cubrirse.*
bola. *Esférico, mentira.*
boliche. *Esférico.*
bolonio. *Ignorante.*
bolsa. *Vender.*
bollo. *Concavidad.*
bombacho. *Pantalones.*
bombín. *Cubrirse.*
bondad. *Benevolencia, per-*
fección, virtud.
bondadoso. *Bueno.*
bonete. *Cubrirse.*
bonificación. *Cobrar, ganar.*
bonísimo. *Optimo.*
bonito. *Estético, guapo.*
borceguí. *Calzarse.*
borado. *Adornado, fino.*
borde. *Arista, esquina, limi-*
tado, periferia.
bóreas. *Norte.*
borrachera. *Borracho.*
borracho. *Borracho.*
borrado. *Limpio.*
borrasca. *Tempestad.*
borrego. *Ignorante.*
borrico. *Ignorante.*
borrón. *Sucio, proyecto.*
borroso. *Invisible, oscuro.*
bosquejo. *Proyecto, síntesis.*

bostezar. *Respirar.*
bota. *Calzarse.*
botar. *Expulsión.*
botarate. *Informal, insensa-*
to.
bote. *Embarcación.*
botella. *Continente.*
botica. *Remediable.*
botín. *Calzarse.*
botones. *Criado.*
bóveda. *Concavidad, techo.*
bracero. *Obrero.*
braga. *Pantalón.*
bragado. *Enérgico, valiente,*
varonil.
brahmán. *Sacerdote.*
brahmanismo. *Deísmo.*
bramante. *Filamento.*
bramar. *Gritar.*
bravío. *Inculto, ineducado.*
bravo. *Valiente, ¡viva!*
brazada. *Gavilla.*
bravucón. *Valiente.*
brebaje. *Bebida.*
brecha. *Abrir.*
bregar. *Trabajar.*
breva. *Beneficioso, bicoca.*
breve. *Breve, corto, pequeño.*
breviario. *Extractado.*
brial. *Saya.*
bribón. *Pillo.*
bridón. *Caballo.*
brigada. *Pluralidad.*
brillante. *Brillante, joya, lus-*
troso.
brillantez. *Prosperidad.*
brillar. *Destacar.*
brillo. *Luz.*
brindar. *Congratularse.*
brioso. *Enérgico, fuerte.*
brisa. *Aura.*

brizna. *Filamento, parcial.*
brodequín. *Calzarse.*
broma. *Divertirse.*
bromista. *Bromista.*
bronca. *Aspero, discordia, reprensión.*
bronceado. *Moreno.*
bronco. *Disonancia.*
brotar. *Aparecer, nacer, salir.*
brote. *Hijo, indicio.*
broza. *Residuo.*
bruja. *Deidad, imaginario.*
brujería. *Extraordinario, hechizar.*
brulote. *Embarcación.*
bruma. *Evaporarse.*
brumoso. *Obscuro.*
bruno. *Moreno.*
bruñido. *Brillante, lustroso.*
brusco. *Adusto, áspero, rápido.*
brutalidad. *Crueldad.*
bruto. *Animal, barbarie, ignorante, insensato.*
bucear. *Buscar.*
bucle. *Curvo.*
bucólico. *Pueblo.*
budismo. *Deísmo.*
buena fe. *Lealtad.*
buenaventuranza. *Felicidad.*

bueno. *Beneficioso, excelente, bueno, sano, sí.*
buey. *Toto.*
bufar. *Enfadarse, respirar.*
bufido. *Despreciar, descortés.*
bufo. *Cómico.*
bufón. *Gracioso.*
bufonada. *Bromista.*
buharda. *Buhardilla.*
buhinero. *Vender.*
buido. *Delgado, puntiagudo.*
bula. *Exención, privilegio.*
bulo. *Mentira.*
bulto. *Convexidad, resalto.*
bulla. *Ruido.*
bullanga. *Ruido.*
bullicio. *Ruido.*
bullir. *Movimiento.*
bullón. *Plegar.*
buque. *Embarcación.*
burdo. *Tosco.*
burgo. *Pueblo.*
burgués. *Rico.*
burla. *Irrespetuosidad.*
burlar. *Engañar.*
burlesco. *Cómico.*
burlón. *Bromista.*
buscar. *Buscar.*
busilis. *Difícil.*
búsqueda. *Buscar.*
buzo. *Sumergirse.*

C

ica! ¡Bah!, no.

cabal. Cuerdo, exacto, completo.

cábalas. Hipótesis, proyecto.

cabalgata. Compañía.

caballero. Caballero, noble, hombre.

caballerosidad. Espiritualidad, dignidad, lealtad, honor.

caballo. Caballo.

caballón. Resalto.

cabaña. Choza.

cabecilla. Jefe.

cabelludo. Velludo.

cabestro. Toro.

cabeza. Inteligencia, extremo, cabeza.

cabezada. Azote.

cabezo. Montaña.

cabezón. Constante.

cabezota. Constante, macrocéfalo.

cabezudo. Macrocéfalo.

cabildo. Pluralidad, reunirse.

cabizbajo. Triste.

cabo. Cola, extremo, península.

cabrillear. Brillantes.

cacarear. Alabar, gritar.

caciquear. Intervenir.

caco. Hurtar.

cacofonía. Disonancia.

cacumen. Clarividencia, inteligencia.

cachazudo. Flemático.

cachete. Azote.

cachivache. Cosa, mueble.

cacho. Parcial.

cachondo. Lujuria.

cachorro. Descendiente.

cadáver. Muerto.

cadavérico. Descolorido.

cadencia. Melodía.

cadencioso. Acompasado.

cadete. Discípulo.

caducar. Acabar.

caducidad. Fin.

caduco. Viejo.

caer. Infringir, caer.

cafre. Barbarie.

cagón. Cobarde.

caída. Falta.

caído. Flojo, oblicuo.

caídos. Morir.

cairel. Adornado.

caja. Pecho.

calabacear. Denegar.

calabazas Negación.

calabobos. Llover.

calabozo. Encarcelar.

calado. Mojado.

calamidad. Mal.

calaña. Calidad.

calar. Abrir, permeable, sumergir, cubrir.

calarse. Cubrirse.

calavera. Cabeza, insensato, pillo, vicio.

calcillas. Enano.

calco. Copia.

calculado. *Previsto.*
calcular. *Valorar.*
caldeado. *Caliente.*
caldear. *Encender.*
calendario. *Proyecto.*
calenturiento. *Caliente.*
calesa. *Carruaje.*
caletre. *Inteligencia.*
calibrar. *Clasificar, valorar.*
calidad. *Calidad, cualidad.*
cálido. *Caliente, entusiasmo.*
calidoscopio. *Ver.*
caliente. *Caliente, actual.*
calificación. *Sentencia, resolución.*
calificar. *Juicio.*
cáliga. *Calzarse.*
caliginoso. *Caliente.*
caligráfico. *Escrito.*
cáliz. *Sufrir.*
calma. *Aura, paciencia, paz, tempestad, tranquilidad.*
calmante. *Remediable, consuelo.*
calmar. *Mitigar.*
calmoso. *Flemático, lento.*
caló. *Lenguaje.*
calumnia. *Maledicencia.*
calumniar. *Agraviar, inculpar, vituperar.*
caluroso. *Caliente, entusiasmo.*
calvario. *Sufrir.*
calvero. *Erial, inculto.*
calvo. *Lampiño.*
calzada. *Andar.*
calzar. *Calzar.*
calzas. *Pantalón.*
calzones. *Pantalón.*
callado. *Callar, desconocido,*

implícito, mudez, silencio, taciturno.
callar. *Omitir, silenciar.*
callejear. *Andar.*
callejero. *Público.*
camaleón. *Inconstante.*
camándula. *Fingimiento.*
cámara. *Sociedad.*
camarada. *Amigo.*
camarero. *Criado.*
cambalachear. *Cambiar.*
cambiante. *Variable, multicolor, variado.*
cambiar. *Cambiar, transformar.*
camelo. *Engañar.*
caminar. *Andar, ir.*
camino. *Andar.*
camión. *Carruaje.*
camorra. *Discordia.*
campante. *Contento.*
campaña. *Guerra.*
campear. *Destacar.*
campechanía. *Sinceridad.*
campechano. *Afable.*
campeón. *Defender.*
campeonato. *Guerra.*
campesino. *Pueblo.*
campiña. *Tierra.*
campo. *Lugar, tierra.*
camueso. *Ignorante.*
camuflado. *Apariencia, fingimiento, oculto.*
camuflar. *Tapar.*
camuñas. *Imaginario.*
canal. *Río.*
canalón. *Canal.*
canalla. *Malo, pillo, rufián.*
cancelar. *Acabar, desempeñar, desarrendar, derogar, nulo.*

cacerbero. *Cuidar.*
canceroso. *Corrompido.*
canchal. *Montaña.*
candente. *Caliente.*
candidez. *Candidez.*
candongo. *Caricia.*
candor. *Candidez.*
canela. *Excelente.*
canguelo. *Miedoso.*
caníbal. *Barbarie.*
canica. *Esférico.*
canícula. *Verano.*
canijo. *Débil.*
canjear. *Cambiar.*
canoa. *Embarcación.*
canon. *Gravamen, ley, modelo, precepto.*
canónigo. *Sacerdote, sagrado.*
canonjia. *Beneficioso, bicoca.*
canoso. *Blanco, viejo.*
cansado. *Cansado, incómodo.*
cansar. *Aburrir, desagradar.*
cansino. *Cansado, lento.*
cantar. *Decir.*
cantera. *Abundancia.*
canto. *Flanco, melodía.*
cantón. *Arista, esquina.*
cañería. *Canal.*
caos. *Desorden.*
caótico. *Obscuro.*
capa. *Superficial.*
capacitado. *Apto.*
capado. *Infecundidad, capado, afeminado.*
capadura. *Substracción.*
capataz. *Autoridad, jefe.*
capelo. *Cubrirse.*
capellán. *Sacerdote.*

capilaridad. *Extender.*
capital. *Ciudad, primordial, principal, rico.*
capitalista. *Rico.*
capitán. *Jefe, militar.*
capitel. *Cabeza.*
capitoste. *Autoridad.*
capitulación. *Acuerdo.*
capitular. *Rendir.*
capítulo. *Parcial, reunir.*
capón. *Azote.*
caporal. *Jefe.*
capricho. *Gana, injusticia, voluntad.*
caprichoso. *Imaginario, inconsciente, irregular, original, raro.*
captación. *Soborno.*
captar. *Atraer, éxito.*
capturar. *Encarcelar.*
cara. *Anverso, cara, frente, faz.*
carabela. *Embarcación.*
carabina. *Criado.*
carácter. *Calidad, cualidad, enérgico.*
característica. *Cualidad.*
característico. *Castizo, particular, propio.*
caracterizado. *Adecuado, prestigio.*
caradura. *Pillo.*
carámbano. *Frío.*
carambola. *Indirecto.*
carantoña. *Caricia.*
caravana. *Compañía, pluralidad.*
carbón. *Combustible.*
carburante. *Combustible.*
carca. *Obscurantismo.*
carcajear. *Reír.*

carcamal. *Viejo.*
carcelero. *Cuidar.*
carcomer. *Destruir.*
cardenal. *Lesionado.*
cardenillo. *Mohoso.*
cardíaco. *Impresionable.*
cardinal. *Principal.*
carecer. *Faltar, tener.*
carenar. *Arreglar.*
carencia. *Carecer, nada.*
careta. *Engañar.*
carga. *Gravamen, incómodo, mochuelo, pesado, potencia, sufrir, trabajar.*
cargado. *Lleno.*
cargador. *Obrero.*
cargar. *Aceptar, atascar.*
cargo. *Trabajar.*
cariacontecido. *Triste.*
caricaturizar. *Irrespetuosidad.*
caricia. *Caricia.*
caridad. *Altruismo, caridad, dar, magnanimidad.*
cariño. *Afición, amor, caricia, celo.*
cariñoso. *Afable, cariñoso.*
carisma. *Dar.*
caritativo. *Bienhechor, bueno.*
carmen. *Jardín.*
carmesí. *Colorado.*
carnalidad. *Lujuria.*
carnaval. *Divertirse.*
carne. *Carne.*
carnicería. *Matar.*
caro. *Barato.*
carocas. *Caricia.*
carpanta. *Hambre.*
carraca. *Deteriorado.*
carraspear. *Respirar.*

carrapera. *Afonía.*
carrera. *Andar, orden, trabajar.*
carreta. *Carruaje.*
carretela. *Carruaje.*
carretera. *Andar.*
carro. *Carruaje.*
carromato. *Carruaje.*
carroña. *Mohoso.*
carroza. *Carruaje.*
carruaje. *Carruaje.*
carta. *Comunicación, ley.*
cartel. *Fama.*
carterista. *Hurtar.*
casa. *Inmueble.*
casamiento. *Matrimonio.*
cascado. *Viejo.*
cascar. *Hablar.*
cascarrabias. *Ira.*
cascos. *Cabeza, inteligencia, pie.*
caseta. *Choza.*
casillero. *Clasificar, orden.*
casino. *Sociedad.*
caso. *Ejemplo.*
casta. *Ascendiente, calidad.*
castidad. *Castidad.*
castigo. *Mal.*
castillo. *Palacio.*
castizo. *Castizo, puro.*
castrado. *Infecundidad, afeminado.*
castrense. *Guerra, militar.*
casualidad. *Casualidad.*
casuístico. *Particular.*
cataclismo. *Mal.*
catacumba. *Sótano.*
catadura. *Calidad, forma.*
catalepsia. *Hechizar, insensibilidad.*
catálogo. *Orden.*

cataplasma. *Remediable.*
catapulta. *Tirar.*
catar. *Comer, gustar, ver.*
catarata. *Abundancia, río.*
catástrofe. *Desgracia, fracaso, mal.*
catastrófico. *Perjudicial.*
cate. *Azote.*
catecúmeno. *Discípulo.*
catedrático. *Maestro.*
categoría. *Cualidad, clasificación, calidad.*
categórico. *Claro, explícito.*
catequista. *Maestro.*
catequizar. *Enseñar, persuadir.*
caterva. *Compañía, pluralidad.*
cateto. *Ineducado, pueblo.*
catilinaria. *Vituperar.*
catite. *Cubrirse.*
catolicismo. *Deísmo.*
católico. *Cristiano, universal, sano.*
catolizar. *Conversión.*
cauce. *Canal.*
caución. *Embargo.*
caudal. *Cantidad, rico, bienes.*
caudillo. *Autoridad, jefe.*
causa. *Causa, causalidad, justificación.*
causahabiento. *Recibir.*
causalidad. *Causalidad.*
causar. *Causa.*
cautela. *Prudencia, astucia, atención, cuidad.*
cauteloso. *Prevenido.*
cautivador. *Interesante.*
cautivar. *Agradar, atraer, hechizar, simpático.*

cautividad. *Esclavitud.*
cautivo. *Esclavitud.*
caverna. *Concavidad.*
cavernícola. *barbarie, obscurantismo.*
cavernoso. *Aspero.*
cavilar. *Raciocinio, reflexión.*
cazar. *Encarcelar.*
cazurro. *Taciturno.*
cebar. *Comer.*
cebarse. *Crueldad.*
cebo. *Estimular, manjar.*
cecina. *Carne.*
ceder. *Arrendar, dar, disminuir, mitigar, obedecer, rendirse, retroceder, transferible.*
cédula. *Nombre.*
céfiro. *Aura.*
cegar. *Ver.*
cegato. *Cegar.*
ceguera. *Ofuscación.*
cejar. *Desistir, disminuir, rendir, retroceder.*
celada. *Engañar.*
celar. *Atención, cuidar.*
celda. *Concavidad, encarcelar.*
celebrar. *Alabar, congratularse.*
célebre. *Gracioso, ilustre.*
celebridad. *Fama.*
celeridad. *Diligencia.*
celestina. *Encubrir, intervenir.*
celibato. *Soltería.*
celo. *Celo.*
celos. *Dudar, envidia.*
celular. *Esponjoso.*
cena. *Comer.*

cenáculo. *Reunirse.*
cenceño. *Delgado.*
cenicienta. *Postergación.*
cénit. *Arriba, cumbre.*
ceniza. *Residuo.*
«cenizo». *Desgracia.*
cenobita. *Ascetismo, fraile, soledad.*
censo. *Gravamen.*
censura. *Juicio, ver.*
censurar. *Reprensión, vituperar.*
centelleante. *Brillante.*
centinela. *Cuidar, ver.*
centón. *Pluralidad.*
central. *Interior.*
centrar. *Converger.*
centrífuga. *Divergir.*
centrípeta. *Converger.*
centro. *Centro, medio, sociedad.*
céntuplo. *Múltiplo.*
ceñido. *Limitado.*
ceñir. *Ceñir.*
ceño. *Enfadar.*
ceñudo. *Adusto, serio.*
cepo. *Engañar.*
ceporro. *Descortés, ignorante, tonto.*
cercano. *Cercano.*
cercar. *Ceñir.*
cercenadura. *Substracción.*
cercenar. *Disminuir.*
cerciorarse. *Persuadirse.*
cerco. *Periferia.*
cerebro. *Inteligencia.*
ceremonia. *Culto.*
ceremonioso. *Cortés, solemne.*
cerner. *Clasificar, llover.*
cernícalo. *Ignorante.*

cero. *Nada.*
cerote. *Miedoso.*
cerrado. *Compacto.*
cerrar. *Atacar, cerrar, abrir.*
cerril. *Descortés, inculto, ineducado.*
cerro. *Montaña.*
certificado. *Permiso.*
certificar. *Afirmación.*
cerviz. *Cráneo.*
cesación. *Sobreseimiento.*
cesar. *Acabar, desistir, interrumpir, rehusar.*
cetro. *Autoridad, mandar.*
ciar. *retroceder.*
cicatería. *Avaricia, escasez.*
cicatero. *Tacaño.*
cicatriz. *Efecto.*
cicerone. *Orientado.*
ciclo. *Intermitente.*
ciclón. *Huracán, tempestad.*
ciclópeo. *Alto, grande.*
ciego. *Cegar, turbado.*
cielo. *Cielo, deísmo.*
ciencia. *Ciencia, teoría.*
cieno. *Vicio.*
científico. *Sabio.*
cierto. *Cierto, sí.*
cifra. *Cantidad, figurado.*
cilicio. *Castigo.*
cima. *Cumbre.*
cimarrón. *Holgar, pereza.*
cimbel. *Estimular.*
cimborrio. *Techo.*
cimbreado. *Curvo.*
cimbreante. *Flexible.*
cimbrearse. *Agacharse.*
cimero. *Alto.*
cimiento. *Base.*
cincelar. *Hacer.*
cinismo. *Desvergüenza.*

cinta. *Filamento.*
cinto. *Ceñir.*
cinturón. *Ceñir, periferia.*
cipote. *Ignorante, tonto.*
circuito. *Periferia.*
circular. *Andar.*
círculo. *Círculo, sociedad.*
circundar. *Ceñir.*
circunloquio. *Indirecto, rodeo.*
circunscribir. *Ceñir.*
circunscripto. *Condicionado, exterior, limitado, particular.*
circunspección. *Prudencia.*
circunspecto. *Formal, sensato, serio.*
circunstancia. *Accidental.*
circunstante. *Presente.*
cirineo. *Ayudar.*
cisco. *Desorden, discordia, ruido.*
cisma. *Desunión.*
cisura. *Abrir.*
citar. *Mencionar.*
ciudad. *Ciudad.*
ciudadanía. *Patriotismo.*
ciudadano. *Individuo, nacional, súbdito.*
ciudadela. *Defendido.*
civil. *Paisano, profano, público.*
civilización. *Civilización, ilustración.*
civilizado. *Educado.*
civilizar. *Enseñar.*
civismo. *Patriotismo.*
cizaña. *Perjudicial.*
cizañero. *Informal.*
clamar. *Gritar, pedir.*
clamor. *Aplaudir.*

clamorear. *Pedir.*
clandestino. *Ilegítimo, oculto.*
claque. *Aplaudir.*
clarear. *Amanecer, trasparente.*
claridad. *Luz.*
clarificado. *Puro.*
clarividencia. *Clarividencia, intuición.*
claro. *Blanco, claro, comprensible, directo, explícito, ilustre, noble, ralo.*
¡claro! *Sí.*
claroscuro. *Medio.*
clase. *Calidad, clasificar.*
clasicismo. *Clasicismo.*
clásico. *Antiguo, castizo, propio.*
clasificación. *Orden.*
clasificar. *Clasificar.*
clástico. *Frágil.*
claudicación. *Pusilanimidad.*
claudicar. *Infringir, rendirse.*
cláusula. *Ley.*
clausurar. *Cerrar.*
clavado. *Adecuado, exacto.*
clavar. *Meter.*
clave. *Esencial, principal.*
clemencia. *Clemencia, compasión, perdón.*
cleptómano. *Hurtar.*
clérigo. *Sacerdote.*
cliché. *Copia, invariable.*
cliente. *Comprar.*
clínica. *Medicina.*
cloroformizado. *Insensibilidad.*
clorosis. *Débil.*
club. *Sociedad.*

coaccionar. *Exigir, obligatorio.*
coadjutor. *Ayudar, sacerdote.*
coadyuvar. *Ayudar.*
coagularse. *Solidificarse.*
coalición. *Unión.*
coartar. *Limitado, reprimir.*
coba. *Adulación.*
cobarde. *Cobarde.*
cobardía. *Pusilanimidad.*
cobertera. *Encubrir.*
cobertizo. *Techo.*
cobijar. *Alojar, tapar.*
cobrar. *Cobrar, ganancia, venganza.*
cobro. *Crédito, ingreso.*
cocción. *Bebida.*
cóccix. *Cola.*
cocer. *Caliente.*
cocido. *Cocido.*
coco. *Animal, feo, imaginario.*
cocodrilesco. *Fingimiento.*
coctel. *Mezclar.*
cochambroso. *Sucio.*
coche. *Carruaje.*
cochino. *Sucio.*
codearse. *Comunicación.*
codicia. *Avaricia, envidia.*
codiciar. *Gana.*
coeficiente. *Cantidad.*
coercer. *Refrenar, reprimir.*
coercible. *Tocar.*
coexistencia. *Compatible.*
cofradía. *Sociedad.*
coger. *Aceptar, agarrar, coger, hurtar, recibir.*
cognado. *Pariente.*
cogorza. *Borracho.*
cogote. *Cráneo.*

cohecho. *Soborno.*
coherencia. *Concordancia.*
cohibir. *Refrenar, reprimir.*
cohonestar. *Exculpar, justificación.*
cohorte. *Compañía, militar.*
coincidencia. *Analogía, casualidad, concordancia, identidad.*
coincidente. *Compatible, igual, simultáneo.*
cojijoso. *Ira.*
cojo. *Incompleto.*
cola. *Aguardar, cola, e.xtremo, orden.*
colaborar. *Ayudar.*
colación. *Dar, comer.*
coladura. *Errar.*
colapso. *Dormir, inactividad, insensibilidad, quietud.*
colarse. *Entrar.*
colateral. *Pariente.*
colección. *Pluralidad.*
coleccionar. *Ahorrar.*
colecta. *Pedir.*
colectividad. *Pluralidad, sociedad.*
colectivismo. *Democracia.*
colector. *Canal.*
colegial. *Discípulo.*
colegio. *Sociedad.*
cólera. *Ira.*
coletilla. *Adición.*
coleto. *Cuerpo.*
colgado. *Suspendido.*
colilla. *Residuo.*
colina. *Montaña.*
colindante. *Cercano.*
colisión. *Guerra.*
colmado. *Lleno.*

colmo. *Adición, superioridad.*
colocado. *Apoyado.*
colocar. *Poner.*
colofón. *Epílogo, fin.*
color. *Cualidad.*
colorado. *Colorado, inmoralidad.*
colosal. *Alto, grande.*
coloso. *Fenómeno, gigante.*
columbrar. *Ver.*
columpiar. *Movimiento.*
collado. *Montaña.*
comadre. *Mujer.*
comadreo. *Maledicencia.*
comandante. *Autoridad, jefe.*
comatoso. *Dormir.*
combado. *Curvo.*
combarse. *Flexible.*
combate. *Guerra*
combatiente. *Beligerante, militar.*
combatir. *Impugnar.*
combinación. *Composición, proposición.*
combinado. *Compuesto.*
combinar. *Mezclar.*
combustible. *Combustible.*
combustión. *Encender.*
comedia. *Fingimiento, mentira.*
comedido. *Cortés, moderado, prudencia.*
comentar. *Interpretar.*
comentario. *Explicación.*
comenzar. *Empezar.*
comer. *Comer.*
comerciante. *Vender.*
comercio. *Comunicación.*
comerse. *Omitir.*
comestible. *Manjar.*

cometer. *Hacer, infringir, realización.*
cometido. *Deber, trabajar.*
comezón. *Gana, dolor.*
cómico. *Cómico, gracioso.*
comida. *Comer, manjar.*
comidilla. *Tesis.*
comienzo. *Principio.*
comilón. *Gula.*
cominería. *Insignificante.*
comino. *Insignificante.*
comisión. *Cobrar, ganancia, pluralidad.*
comisionado. *Apoderado, enviar.*
comiso. *Embargo.*
comité. *Pluralidad.*
comitente. *Poderdante.*
comitiva. *Compañía.*
cómitre. *Crueldad.*
comodidad. *Sensualismo.*
cómodo. *Cómodo.*
comodoro. *Jefe.*
compacto. *Compacto, impermeable, macizo, sólido, tupido.*
compadecer. *Condoler, pésame.*
compadrazgo. *Acuerdo.*
compadre. *Amigo, padre.*
compaginar. *Concordancia.*
compañero. *Amigo.*
compañía. *Compañía, sociedad.*
comparar. *Comparar.*
comparecer. *Presente, venir.*
comparsa. *Compañía.*
compartir. *Intervenir.*
compasión. *Clemencia, compasión.*

compatibilidad. *Concordancia.*
compatible. *Compatible.*
compatriota. *Nacional.*
compeler. *Exigir, obligatorio.*
compendiado. *Extractado.*
compendio. *Breve, extractado, síntesis.*
compendioso. *Laconismo.*
compenetración. *Acuerdo.*
compensación. *Premio.*
compensar. *Desagraviar, pagar, restituir.*
competencia. *Guerra, intervenir, mandar.*
competente. *Apto.*
competición. *Guerra.*
competidor. *Enemigo.*
compilación. *Pluralidad.*
compinche. *Amigo.*
complacencia. *Felicidad, gozo, placer, tolerancia.*
complacer. *Agradar, congratular(se), gozar, permiso.*
complacido. *Contento.*
complaciente. *Cortés, obediente.*
complejo. *Compuesto, complejo.*
complementario. *Accesorio, secundario.*
complemento. *Adición.*
completo. *Completo, incondicional, todo, total.*
complicado. *Complejo, compuesto, difícil.*
complicar. *Enredar.*
cómplice. *Ayudar.*
complot. *Acuerdo.*

componenda. *Acuerdo.*
componente. *Parcial.*
componer. *Arreglar.*
comportamiento. *Hecho.*
composición. *Composición, síntesis.*
compostura. *Adornado, formal, gala, remediable.*
comprado. *Pagado.*
comprar. *Comprar, soborno.*
comprender. *Tener.*
comprendido. *Conocido, incluido.*
comprensible. *Claro, comprensible, racional.*
comprensión. *Inteligencia, razón, tolerancia.*
comprimir. *Apretar, contraer.*
comprobación. *Ejemplo, prueba.*
comprometido. *Culpable, grave.*
compromisario. *Apoderado, enviar.*
compromiso. *Acuerdo, deber, débito, difícil.*
compuesto. *Impuro, complejo, compuesto.*
compulsar. *Comparar.*
compunción. *Arrepentimiento, condolerse.*
compugnido. *Triste.*
computar. *Valorar.*
común. *Corriente, general, ordinario, sencillo, vulgar.*
comunal. *Local, público.*
comunicación. *Comunicación.*
comunicar. *Comunicación.*

277

comunicativo. *Locuaz, sociable.*
comunidad. *Colegio, sociedad.*
comunismo. *Democracia.*
conato. *Empezar.*
concatenación. *Conexión.*
concausa. *Causa.*
concavidad. *Concavidad.*
cóncavo. *Hueco.*
concebir. *Crear.*
conceder. *Conceder, dar, permiso.*
concenso. *Asentir.*
concentrado. *Atención, compacto.*
concentrar. *Contraer, converger, reunir.*
concepción. *Proyecto.*
concepto. *Idea, fama, juicio.*
conceptuar. *Juicio.*
concerniente. *Relativo.*
concernir. *Conexión.*
concesionario. *Arrendar.*
conciencia. *Alma, conciencia, honrado, inteligencia, moralidad, razón.*
concienzudamente. *Celo.*
concienzudo. *Exacto, profundo.*
concierto. *Acuerdo, orden.*
conciliábulo. *Reunir.*
conciliación. *Acuerdo, concordia, eclecticismo, paz.*
conciliar. *Concordancia.*
concilio. *Reunir.*
concisión. *Laconismo.*
conciso. *Breve, corto.*
concitar. *Estimular.*
conciudadano. *Nacional.*
concluir. *Acabar.*

conclusión. *Deducción, epílogo, fin.*
concluyente. *Claro.*
concoideo. *Curvo.*
concomitancia. *Acuerdo, conexión.*
concordancia. *Analogía, concordancia.*
concordante. *Simultáneo.*
concordia. *Acuerdo, concordia, paz, unión.*
concreción. *Unión.*
concreto. *Determinado, efectivo, explícito, particular.*
conculcar. *Infringir.*
concupiscencia. *Intemperancia, lujuria, placer, sensualismo.*
concurrencia. *Compañía, reunir.*
concurrente. *Presente.*
concurrir. *Converger, ir.*
concurso. *Compañía.*
conchabar. *Acuerdo, unión.*
condecoración. *Premio.*
condea. *Castigo.*
condenado. *Condenado, malo.*
condenar. *Desaprobar, maldecir.*
condensado. *Compacto, extractado.*
condensar. *Licuar, síntesis.*
condescendencia. *Lentitud, tolerancia.*
condescender. *Conceder.*
condición. *Calidad, condicional, ley, cualidad.*
condicionado. *Condicional, dependiente, relativo.*

condigno. *Concordancia.*
condolencia. *Pésame.*
condolerse. *Condolerse.*
condonación. *Perdón.*
condotiero. *Jefe, militar.*
conducido. *Orientado.*
conducir. *Llevar.*
conducta. *Hecho.*
conducto. *Canal.*
conductor. *Jefe.*
condumio. *Manjar.*
conectar. *Ajustar, unión.*
conexión. *Concordancia, co-nexión.*
conexionado. *Relativo.*
conexionar. *Unión.*
confabulación. *Acuerdo.*
confeccionar. *Hacer.*
confederación. *Sociedad, unión.*
conferencia. *Diálogo, monólogo.*
conferenciar. *Hablar.*
conferir. *Dar.*
confesar. *Decir.*
confesión. *Afirmación, conversión.*
confiado. *Creer, desprevenido.*
confianza. *Confianza, esperanza, seguridad.*
confidente. *Amigo.*
configuración. *Forma.*
confín. *Contiguo, limitado, periferia.*
confinamiento. *Expatriación.*
confinante. *Cercano.*
confirmar. *Ratificar.*
confiscación. *Embargo.*
conflagración. *Anormalidad.*

conflicto. *Difícil, guerra.*
confluir. *Converger.*
conforme. *Contento, sí.*
conformidad. *Acuerdo, analogía, aprobar, concordancia, concordia, identidad, paciencia, proporción, semejante, simétrico.*
confortable. *Cómodo.*
confortar. *Animar, consuelo.*
confraternidad. *Altruismo.*
confrontar. *Comparar.*
confundir. *Confundir, humillar, mezclar.*
confundirse, *Errar.*
confusión. *Anarquá, desorden.*
confuso. *Incomprensible, obscuro, turbado.*
confutar. *Impugnar.*
congelado. *Frío.*
congelar. *Solidificar.*
congénere. *Homogéneo, igual, semejante.*
congeniar. *Acuerdo.*
congénito. *Innato.*
congestionado. *Colorado, lleno.*
conglomerado. *Mezclar.*
conglutinar. *Adherir.*
congoja. *Aflicción, dolor, insensibilidad.*
congratulación. *Felicitación.*
congratularse. *Congratularse.*
congregación. *Sociedad.*
congregar. *Reunir.*
congreso. *Reunir, sociedad.*
congrua. *Cobrar.*
congruencia. *Analogía, concordancia.*

congruente. *Adecuado, oportuno.*
conjetura. *Figurado, hipótesis, indicio.*
conjeturado. *Previsto.*
conjeturar. *Creer.*
conjunción. *Unión.*
conjunto. *Pluralidad, simultáneo.*
conjura. *Acuerdo.*
conjuración. *Acuerdo.*
conjurar. *Deshechizar, eludible, estorbar, pedir.*
conjuro. *Maldecir.*
conmemoración. *Fiesta, memoria.*
conmilitón. *Militar.*
conminación. *Amenaza.*
conmiseración. *Compasión.*
conmoción. *Movimiento, revolución, sensibilidad.*
conmovedor. *Trágico.*
conmovido. *Turbado.*
conmutar. *Cambiar.*
connatural. *Esencial, innato.*
connubio. *Matrimonio.*
conocido. *Conocido, vulgar.*
conocimiento. *Conciencia, inteligencia, teoría.*
conquibus. *Rico.*
conquista. *Exito.*
conquistar. *Persuadir.*
consagrado. *Sagrado.*
consagrarse. *Trabajar.*
consanguíneo. *Pariente.*
consciente. *Intencionado, voluntario.*
consecuencia. *Deducción, defecto.*
consecuente. *Constante.*
consecutivo. *Continuo.*

conseguido. *Adquirido.*
conseguir. *Exito.*
conseja. *Leyenda.*
consejo. *Juicio, pluralidad, reunir, sociedad.*
consentimiento. *Aprobar, permiso, tolerancia.*
consentir. *Asentir, conceder.*
conserje. *Cuidar.*
conservar. *Ahorrar.*
considerable. *Grande.*
consideración. *Atención, prejuicio, reflexión, respeto.*
considerado. *Cortés.*
considerar. *Apreciar.*
consigna. *Mandar, ley.*
consignación. *Destino.*
consignar. *Nombre.*
consignatario. *Apoderado.*
consiliario. *Aconsejar.*
consistente. *Consistente, duro, sólido, tenaz.*
consolación. *Consuelo.*
consolar. *Animar.*
consolidado. *Consistente.*
consonancia. *Concordancia.*
consorcio. *Sociedad, unión.*
consortes. *Matrimonio.*
conspicuo. *Ilustre.*
conspiración. *Acuerdo.*
constancia. *Indicio.*
constante. *Constante, continuo.*
constantemente. *Siempre.*
constar. *Compuesto.*
constatar. *Afirmación.*
constelación. *Pluralidad.*
consternación. *Aflicción.*
constitución. *Composición, ley.*

constitucionalismo. *Demo-cracia.*
constituido. *Adquirido, com-puesto.*
constreñido. *Limitado.*
constreñir. *Astringente, obligatorio, refrenar.*
construcción. *Inmueble.*
construir. *Construir, hacer.*
consubstancial. *Esencial.*
consuelo. *Consuelo, gozo.*
consuetudinario. *Acostumbrado, costumbre.*
consultar. *Preguntar.*
consumación. *Fin.*
consumar. *Acabar, realización.*
consumido. *Débil, delgado.*
consumir. *Acabar, comer, gastar.*
consumirse. *Morir.*
consumo. *Gastar.*
consunción. *Atrofia, débil.*
contacto. *Contiguo, unión.*
contado. *Exacto, poco.*
contagiar. *Comunicación, extender.*
contar. *Narración, tener.*
contemplación. *Atención.*
contemporáneo. *Actual, moderno.*
contemporización. *Eclectismo, tolerancia.*
contender. *Discutir.*
contendiente. *Beligerante, enemigo.*
contener. *Refrenar, reprimir, tener.*
contenido. *Contenido, incluido.*
contentamiento. *Gozo.*

contentar. *Desenfadar.*
contento. *Alegre, contento, gozo.*
contera. *Adición.*
contestar. *Responder.*
contienda. *Guerra.*
contiguo. *Cercano, contiguo.*
continencia. *Castidad.*
continente. *Continente, tierra.*
contingencia. *Casualidad.*
contingente. *Cantidad, parcial.*
continuación. *Posterioridad.*
continuamente. *Siempre.*
continuar. *Continuo, permanecer, reanudar.*
continuo. *Continuo, incesante, siempre.*
contoneo. *Movimiento.*
contorno. *Periferia.*
contorsión. *Movimiento.*
contra. *Estorbar.*
contrabando. *Ilegítimo.*
contradecir. *Impugnar, negación.*
contradicción. *Argucia, contrariedad.*
contradictorio. *Absurdo.*
contraer. *Astringente, contraer, encoger.*
contrahecho. *Desgarbado.*
contraído. *Adquirido.*
contrapeso. *Equilibrio.*
contraposición. *Contrariedad, diferencia.*
contraproducente. *Contrariedad, desfavorable.*
contrariado. *Descontento.*
contrariedad. *Contrariedad, desacuerdo, desgracia.*

281

desventaja, difícil, discordancia, fracaso, imprevisto.

contrario. *Enemigo, incompatible, desfavorable, desigual.*

contrarrestar. *Equilibrio, estorbar.*

contrasentido. *Absurdo, argucia, contrariedad.*

contrastar. *Prueba.*

contraste. *Contrariedad, diferencia.*

contrata. *Acuerdo.*

contratar. *Arrendar.*

contratiempo. *Derrota, difícil, desgracia, fracaso, imprevisto, mal, variado.*

contratista. *Patrono.*

contrato. *Acuerdo.*

contraveneno. *Contraveneno.*

contravenir. *Infringir.*

contribución. *Gravamen, parcial.*

contribuir. *Ayudar.*

contrición. *Arrepentimiento.*

contrincante. *Enemigo.*

contristado. *Triste.*

contristarse. *Condolerse.*

controlar. *Cuidar, mandar.*

controversia. *Discutir.*

contubernio. *Acuerdo, unión.*

contumacia. *Impenitencia, intolerancia.*

contumaz. *Constante.*

contusión. *Lesionado.*

convaleciente. *Enfermo.*

convalidar. *Ratificar.*

convencer. *Persuadir.*

convención. *Acuerdo, sociedad.*

convencionalismo. *Prejuicio.*

conveniencia. *Concordancia, ventaja.*

conveniente. *Adecuado, beneficioso, importante, oportuno, útil.*

convenientemente. *Bien.*

convenio. *Acuerdo.*

convenir. *Asentir.*

conventículo. *Reunir.*

convento. *Colegio.*

converger. *Converger.*

convergir. *Converger.*

conversación. *Diálogo.*

conversar. *Hablar.*

conversión. *Conversión.*

convertir. *Transformar.*

convexidad. *Convexidad, resalto.*

convexo. *Curvo.*

convicción. *Fe.*

convidar. *Estimular.*

convincente. *Indiscutible, racional.*

convivencia. *Acuerdo, concordia, paz.*

convulsión. *Desorden, movimiento.*

convulso. *Turbado.*

cónyuges. *Matrimonio.*

cooperar. *Ayudar.*

cooperativa. *Sociedad.*

coordinación. *Concordancia, conexión, orden.*

copa. *Continente.*

copete. *Plumaje.*

copia. *Abundancia, copia, modelo.*

copiar. *Escrito.*
copioso. *Mucho.*
coplero. *Poeta.*
cópula. *Unión.*
coquetear. *Agradar.*
coqueteo. *Caricia.*
coquetería. *Afectación.*
coraje. *Decidido, ira.*
coraza. *Lámina.*
corazón. *Amor, centro, valiente.*
corazonada. *Intuición.*
corbeta. *Embarcación.*
corcel. *Caballo.*
corcovado. *Desgarbado.*
corcusir. *Coser.*
cordial. *Cariñoso.*
cordilla. *Veneno.*
cordón. *Filamento.*
cordura. *Prudencia.*
corifeo. *Autoridad, jefe.*
corito. *Desnudar.*
cornúpeta. *Toro.*
coro. *Compañía.*
corolario. *Deducción, efecto.*
corona. *Ceñir, premio.*
coronamiento. *Epílogo, éxito, fin.*
coronar. *Acabar.*
corporación. *Colegio, sociedad.*
corporeidad. *Existencia.*
corpóreo. *Material, real.*
corpulento. *Grande.*
Corpus. *Jesucristo.*
corpúsculo. *Pequeño.*
correazo. *Azote.*
corrección. *Regeneración, represión.*
correctamente. *Bien.*
correctivo. *Castigo.*

correcto. *Cortés, educado.*
corredor. *Vender.*
corregible. *Remediable.*
corregir. *Desaprobar, disminuir, mejorar, rectificar.*
correoso. *Flexible.*
correr. *Andar, despalzamiento, extender, perseguir.*
correspondencia. *Comunicación, concordancia, conexión, proporción.*
corresponder. *Cambiar.*
correspondiente. *Propio, simétrico.*
corresponsal. *Apoderado.*
correveidile. *Informal.*
corrido. *Vergüenza.*
corriente. *Corriente, frecuente, ordinario, sencillo, vulgar.*
corro. *Lugar.*
corroborar. *Ratificar.*
corroer. *Destruir.*
corromper. *Hedor.*
corrompido. *Corrompido, impuro.*
corrupción. *Inmoralidad, lujuria, soborno, vicio.*
corruptela. *Abuso.*
cortapisa. *Estorbar, limitado, refrenar.*
cortar. *Interrumpir.*
corte. *Calidad, ciudad, compañía.*
cortedad. *Escasez.*
cortejo. *Compañía.*
cortés. *Cortés, sociedad.*
corteza. *Periferia.*
cortical. *Superficial.*
cortijo. *Choza, pueblo.*

283

corto. *Breve, corto, insuficiente, poco, tímido, tonto.*
coruscante. *Brillante.*
cosa. *Cosa, mueble.*
coscorrón. *Azote.*
cosechar. *Coger, cosechar.*
coser. *Coser.*
cósmico. *Natural.*
cosmopolita. *Antipatriotismo, extranjero, universal.*
cosquillas. *Caricia.*
cosquilleo. *Placer.*
costado. *Flanco.*
costalada. *Caerse.*
coste. *Pagado, valorar.*
costeado. *Pagado.*
costear. *Pagar.*
costilla. *Hueso, espalda.*
costo. *Pagado.*
costoso. *Caro, difícil.*
costumbre. *Costumbre, experiencia, moda, uso.*
costura. *Coser.*
cota. *Montaña.*
cotejar. *Comparar.*
cotilleo. *Maledicencia.*
cotización. *Pagado.*
cotizar. *Pagar, valorar.*
coto. *Limitado.*
cotorrear. *Hablar.*
coturno. *Calzarse.*
coyunda. *Matrimonio.*
coyuntura. *Oportuno, tiempo.*
coz. *Azote.*
cráneo. *Cráneo.*
crápula. *Vicio.*
craso. *Gordo, grande.*
cráter. *Concavidad.*
Creador. *Deísmo.*
crear. *Crear, fundar.*

crecer. *Crecer.*
crecido. *Alto.*
credencial. *Nombramiento.*
crédito. *Crédito, fama, fe,
prestigio.*
credo. *Fe.*
credulidad. *Fe.*
crédulo. *Creer.*
creencia. *Deísmo, fe, religión.*
creer. *Creer.*
creíble. *Probable, verosímil.*
crema. *Excelente, óptimo.*
cremar. *Encender.*
crematístico. *Ganancia.*
crepitar. *Ruido.*
crepúsculo. *Amanecer, anochecer.*
creso. *Rico.*
crespo. *Curvo, ondulante.*
cresta. *Plumaje.*
cretinismo. *Idiotez.*
cretino. *Tonto.*
creyente. *Cristiano.*
cría. *Descendiente.*
criada. *Criado.*
criadero. *Nacer.*
criado. *Criado, subordinado.*
criatura. *Mortal, niño, persona.*
cribar. *Clasificar.*
crimen. *Delito, infringir.*
criminal. *Culpable, malhechor, reo.*
crío. *Niño.*
cripta. *Sótano.*
crisis. *Anormalidad, cambiar, decadencia, fracaso,
transformarse.*
crispar. *Astringente.*

cristalino. *Claro, transparente.*
cristalizado. *Poliédrico.*
cristalizar. *Realización, solidificar, transformar.*
cristianismo. *Deísmo.*
cristianizar. *Conversión.*
cristiano. *Cristiano.*
Cristo. *Jesucristo.*
criterio. *Juicio, ley, prudencia, razón.*
crítica. *Explicación, juicio, maledicencia.*
criticar. *Vituperar.*
crítico. *Difícil, grave.*
croar. *Gritar.*
crónica. *Antiguo, hecho, historia.*
cronista. *Prosista.*
croquis. *Proyecto.*
crucero. *Andar, embarcación.*
crucial. *Importante.*
crucificado. *Jesucristo.*
crudamente. *Derechura.*
crudeza. *Severidad.*
crudo. *Crudo, verde.*
crueldad. *Crueldad.*
cruento. *Crueldad.*
crujido. *Ruido.*
cruz. *Incómodo, «mochuelo», reverso, sufrir, trabajar.*
cruzado. *Defender, militar, transversal.*
cuadrilátero. *Polígono.*
cruadrilla. *Gavilla, pluralidad.*
cuajado. *Lleno, maduro.*
cuajar. *Solidificar, transformar.*

cualesquiera. *Indeterminado.*
cualidad. *Cualidad.*
cuantía. *Cantidad.*
cuantioso. *Abundancia.*
cuarentena. *Dudar.*
cuartago. *Caballo.*
cuarteado. *Inconsistente.*
cuartear. *Abrir.*
cuartel. *Parcial.*
cuartelada. *Rebelión.*
cuartelero. *Militar.*
cuartos. *Rico.*
cuba. *Borracho.*
cubeta. *Continente.*
cúbico. *Poliédrico.*
cubierta. *Techo.*
cubil. *Concavidad, choza.*
cubileteo. *Engañar.*
cubismo. *Modernismo.*
cubrir. *Cubrir, tapar, vestir.*
cucamonas. *Caricia.*
cuco. *Fino, pequeño.*
cuchichear. *Musitar.*
cuchipanda. *Divertirse.*
cuchitril. *Choza.*
cuchufleta. *Bromista, diversión.*
cuenta. *Débito, pagado.*
cuentista. *Informal.*
cuento. *Leyenda, mentira.*
cuerda. *Filamento.*
cuerdo. *Cuerdo, sensato.*
cuerpo. *Cuerpo.*
cuesta. *Montaña, rampa.*
cuestación. *Pedir.*
cuestión. *Discordia.*
cuestionar. *Preguntar.*
cueva. *Concavidad, sótano.*
cuidado. *Atención, celo, cuidar.*

cuidadoso. *Prevenido.*
cuidar. *Cuidar.*
cuita. *Aflicción, infelicidad.*
cuitado. *Miedoso, tímido.*
culebreante. *Ondulado.*
culminante. *Importante.*
culpa. *Falta.*
culpable. *Culpable.*
culpado. *Reo.*
culpar. *Inculpar.*
cultivado. *Cultivado.*
cultivar. *Enseñar, trabajar.*
cultivo. *Práctica.*
culto. *Culto, educado, religión, sabio.*
cultura. *Ilustración.*
cumbre. *Apogeo, cumbre, prosperidad.*
cumplido. *Completo, cortés.*
cumplidor. *Obediente.*
cumplimentar. *Cumplir, felicitación.*
cumplir. *Cumplir, obedecer.*
cúmulo. *Cantidad, mucho.*
cuna. *Principio.*
cundir. *Extenderse.*
cuota. *Parcial.*
cúpula. *Techo.*

cuquería. *Astucia.*
cura. *Remediable, sacerdote.*
curable. *Remediable.*
curado. *Sano.*
curandero. *Medicina.*
curda. *Borracho.*
curia. *Derecho.*
curial. *Juez.*
curiosear. *Ver.*
curiosidad. *Curiosidad, imprudencia.*
curioso. *Limpio.*
«curritos». *Enano.*
curro. *Elegante.*
currucato. *Elegante.*
cursar. *Enviar.*
cursi. *Antiestético, inelegante.*
cursilería. *Afectación.*
curso. *Andar, movimiento.*
curtido. *Acostumbrado.*
curvear. *Flexible.*
curvo. *Curvo.*
cúspide. *Cumbre.*
custodia. *Seguridad.*
custodiar. *Cuidar.*
cutre. *Avaricia.*

CH

chabacano. *Tosco, vulgar.*
chabola. *Choza.*
chacota. *Bromista, divertir.*
cháchara. *Diálogo, hablar.*
chacho. *Niño.*
chafado. *Deteriorado, romo, rugoso.*
chafar. *Desarreglar.*
chafarrinón. *Sucio.*
chaflán. *Chaflán.*
chalado. *Loco.*
chalán. *Vender.*
chalanear. *Cambiar.*
chalet. *Palacio.*
chalupa. *Embarcación.*
chamarilero. *Vender.*
chamba. *Suerte.*
chambelán. *Criado.*
chambergo. *Cubrirse.*
chamizo. *Choza.*
chamorra. *Cabeza.*
chamuscar. *Encender.*
chancero. *Bromista.*
chanchullo. *Acuerdo, engañar, ilícito.*
chancleta. *Calzarse, inepto.*
chanclo. *Calzarse.*
chanelar. *Comprensible.*
changa. *Cambiar.*
chantaje. *Amenaza, hurtar.*
chanza. *Divertirse.*
chanzoneta. *Bromista, divertirse.*
chapa. *Lámina.*
chaparrear. *Llover.*
chaparrón. *Mucho.*

chapín. *Calzarse.*
chapucería. *Mediocre, tosco.*
chapucero. *Inhábil.*
chapuz. *Trabajar.*
chapuza. *Insignificante, mediocre, pequeño, tosco, trabajar.*
chapuzón. *Sumergirse.*
«chaquetero». *Inconstante.*
charca. *Lago.*
charco. *Lago, mar.*
charlar. *Hablar.*
charlatán. *Locuaz.*
charrán. *Pillo.*
charro. *Inelegante, tosco.*
chascarrillo. *Leyenda.*
chasco. *Desengañar.*
chasquear. *Engañar.*
chasquido. *Ruido.*
chatarra. *Baratija.*
chato. *Romo.*
chaval. *Niño.*
chaveta. *Loco.*
checa. *Encarcelar.*
chepa. *Desgarbado.*
cheposo. *Desgarbado.*
«chic». *Elegante.*
chico. *Bajo, corto, niño.*
chichón. *Lesionado.*
chicoleo. *Adulación.*
chicha. *Carne.*
chichirinada. *Nada.*
chiflado. *Loco.*
chilindrina. *Insignificante.*
chinchar. *Desagradar, molestia.*

chinchorrería. *Insignificante.*
chinchorrero. *Informal.*
chinela. *Calzarse.*
chingar. *Bebida.*
«chipén». *Excelente.*
chiquilicuatrro. *Informal.*
chiquillo. *Niño.*
chirigota. *Divertirse.*
chirigotero. *Bromista.*
chirimbolo. *Cosa, mueble.*
chiripa. *Suerte.*
chirle. *Insulso.*
chirona. *Encarcelar.*
chirrido. *Ruido.*
chirumen. Inteligencia.
chisgarabís. *Informal, insensato.*
chisme. *Cosa, mueble.*
chismorrear. *Hablar.*
chismorreo. *Maledicencia.*
chismoso. *Informal.*
chispazo. *Indicio, luz.*
chispeante. *Gracioso.*
chispear. *Llover.*
chispero. *Plebeyo.*
chispo. *Borracho.*
chistar. *Hablar, responder.*
chiste. *Gracioso.*
chistera. *Cubrirse.*
chistoso. *Gracioso.*
chitón. *Silencio.*

«chivarse». *Delatar.*
chocante. *Admiración, raro.*
chocarrero. *Bromista, cómico, gracioso.*
chochear. *Loco.*
chocho. *Viejo.*
chola. *Cabeza.*
choque. *Guerra.*
chorar. *Hurtar.*
chorro. *Continuo.*
chotearse. *Irrespetuosidad.*
choto. *Toro.*
choza. *Choza.*
chozo. *Choza.*
chubasco. *Llover, tempestad.*
chuchería. *Baratija.*
chufla. *Bromista, divertido.*
chuleta. *Carne.*
chulo. *Plebeyo, rufián, valiente.*
chunguearse. *Irrespetuosidad.*
chungón. *Bromista.*
chupado. *Delgado.*
chupar. *Absorber, sacar.*
«chupóptero». *Holgar.*
churro. *Mediocre.*
churumbel. *Niño.*
chusco. *Bromista, divertirse, gracioso*
chusma. *Plebeyo.*

D

dable. *Posible.*
dádiva. *Dar.*
dadivoso. *Generoso, largue-*
za.
dama. *Mujer.*
damnificado. *Damnificado.*
dandi. *Elegante.*
danzante. *Informal.*
dañado. *Condenado, co-*
rrompido, damnificado.
dañino. *Insalubre, malo,*
perjudicial.
dañoso. *Perjudicial.*
dar. *Conceder, dar.*
dato. *Cantidad, prenda,*
prueba.
deambular. *Andar.*
debacle. *Desorden.*
debajo. *Abajo.*
debatir. *Discutir.*
debe. *Débito.*
debelar. *Derrota.*
deber. *Deber.*
debidamente. *Bien.*
debido. *Adecuado, justicia,*
legítimo, lícito.
débil. *Abulia, apático, blan-*
do, fuerte, inconsistente.
debilidad. *Decadencia, pusi-*
lanimidad.
debilitación. *Atrofia.*
débito. *Débito.*
debut. *Principio.*
debutar. *Empezar.*
decadencia. *Barbarie, deca-*
dencia, ruina.

decaído. *Débil, desanimar.*
decano. *Viejo.*
decapitar. *Matar.*
decencia. *Castidad, honor,*
moralidad.
decentar. *Empezar.*
decente. *Honrado, limpio.*
decepción. *Desesperanza,*
desilusión.
decepcionar. *Desengañar.*
decidido. *Atrevido, decidi-*
do.
decir. *Decir.*
decisión. *Importante.*
declamación. *Monólogo.*
declamado. *Verbal.*
declaración. *Afirmación, di-*
cho, explicación, senten-
cia.
declarar. *Decir.*
declinación. *Decadencia,*
degeneración.
declinar. *Empeorar, rehu-*
sar.
declive. *Montaña, rampa.*
decolorado. *Mate.*
decorado. *Adornado.*
decoro. *Castidad, dignidad,*
moralidad, vergüenza.
decrecer. *Bajar, decrecer,*
disminuir.
decrépito. *Anciano, viejo.*
decrepitud. *Decadencia.*
decretar. *Promulgar.*
decreto. *Ley, resolución.*
decúbito. *Horizontal.*

décuplo. *Múltiplo.*
dechado. *Modelo.*
dédalo. *Confundir.*
dedicarse. *Trabajar.*
dedo. *Mano.*
deducción. *Efecto.*
deducir. *Disminuir.*
defección. *Traición.*
defecto. *Desmérito, escasez, imperfección.*
defectuoso. *Deteriorado, incompleto, mediocre.*
defender. *Amparar, defender, esculpar, propugnar.*
defenderse. *Resistir.*
defendido. *Defendido.*
defensa. *Justificación.*
defenso. *Defendido.*
defensor. *Defender.*
deferente. *Cortés.*
deficiencia. *Defecto, déficit, substracción.*
deficiente. *Incompleto, mediocre.*
déficit. *Faltar, pérdida.*
definición. *Explicación.*
definido. *Concreto, determinado.*
definir. *Describir.*
definitivo. *Fijo, último.*
deforme. *Amorfo, antiestético, desgarbado, irregular.*
defraudar. *Fracaso, hurtar.*
defunción. *Morir.*
degeneración. *Atrofia, degeneración, vicio.*
degenerado. *Impuro.*
degenerar. *Empeorar.*
deglutir. *Tragar.*
degollar. *Matar.*
degollina. *Matar.*

degradación. *Deshonor, destitución, indignidad, vicio.*
degustar. *Gustar.*
deidad. *Deidad.*
deificar. *Ensalzar.*
deífico. *Divino.*
deísmo. *Deísmo, religión.*
dejación. *Desistir.*
dejadez. *Descuido, negligencia.*
dejado. *Apático.*
dejamiento. *Indiferencia.*
dejar. *Rehusar, salir, soltar.*
dejo. *Gustar.*
delante. *Anterioridad.*
delantera. *Frente.*
delantero. *Preceder.*
delatar. *Delatar, inculpar.*
delectación. *Placer.*
delegado. *Apoderado, enviar.*
deleitar. *Agradar.*
deleitarse. *Divertirse, gozar.*
deleite. *Placer.*
deletéreo. *Veneno.*
deleznable. *Frágil, inconsistente, inestable.*
delgado. *Delgado.*
deliberación. *Reflexión.*
deliberado. *Intencionado.*
deliberar. *Discutir.*
delicadeza. *Afectación.*
delicado. *Cortés, educado, delicado, enfermo, fino, frágil.*
delicia. *Placer.*
delicioso. *Agradar, excelente.*
delincuente. *Culpable, malhechor, reo.*

delinear. *Describir, descripción, proyecto.*
delinquio. *Distracción.*
delinquir. *Infringir.*
deliquio. *Insensibilidad.*
delirar. *Loco.*
delirio. *Entusiasmo, ilusión.*
delito. *Delito, infringir.*
delta. *Isla.*
demagogia. *Democracia.*
demandadero. *Criado.*
demandar. *Pedir, preguntar.*
demarcación. *Limitado, lugar.*
demasía. *Abundancia, abuso, inmoderado.*
demente. *Loco.*
demérito. *Defecto.*
democracia. *Autocracia.*
demoler. *Destruir.*
demonche. *Diablo.*
demonio. *Diablo.*
demora. *Tardío.*
demorar. *Atrasar, retardar.*
demostración. *Justificación, práctica, prueba, realización, razonamiento.*
demostrar. *Persuadir.*
demudado. *Turbado.*
denegación. *Prohibición.*
denegar. *Desaprobar, negación.*
denegrido. *Negro.*
dengue. *Afectación.*
denigrar. *Maledicencia, vituperar.*
denodado. *Valiente.*
denominación. *Nombre.*
denostar. *Vituperar.*

denso. *Compacto, macizo, pesado, sólido.*
dentera. *Envidia.*
dentro. *Incluido, interior.*
denunciar. *Delatar, inculpar, nulo.*
departir. *Diálogo, hablar.*
depauperado. *Débil.*
depauperar. *Desasimilar.*
dependencia. *Esclavitud, inferioridad.*
dependiente. *Relativo, súbdito, subordinado.*
depilado. *Lampiño.*
deplorable. *Pésimo.*
deplorar. *Condolerse.*
deponer. *Afirmación, destitución, soltar.*
deportación. *Expatriación.*
deportar. *Expulsión.*
depositado. *Contenido.*
depositario. *Tener.*
depósito. *Continente, lago.*
depravación. *Vicio.*
depravarse. *Degeneración.*
deprecación. *Pedir.*
depreciado. *Barato.*
depredar. *Hurtar.*
depurado. *Fino, puro.*
depurar. *Limpio.*
derecho. *Anverso, crédito, derecho, directo, gravamen, pagado, perpendicular, recto, vertical.*
derechura. *Derechura.*
derivación. *Efecto.*
derivado. *Primitivo.*
derivar. *Deducción, nacer, procedencia.*
derogar. *Promulgar.*
derramar. *Sembrar.*

derramarse. *Sobrar.*
derretir. *Fundir.*
derribar. *Destruir.*
derrochar. *Gastar.*
derrota. *Fracaso.*
derrotado. *Andrajo.*
derrotero. *Andar.*
derrotismo. *Desesperanza.*
derruir. *Destruir.*
derrumbre. *Derrumbamiento.*
derrumbar. *Destruir.*
derrumbarse. *Caer.*
desaborido. *Insulso.*
desabrido. *Adusto, antipático.*
desacatador. *Desobediente.*
desacatamiento. *Irrespetuosidad.*
desacatar. *Infringir.*
desacato. *Infringir.*
desacertadamente. *Mal.*
desacertar. *Errar.*
desaconsejar. *Aconsejar.*
desacoplar. *Desajustar.*
desacorde. *Discordancia.*
desacostumbrado. *Denso, raro.*
desacreditado. *Desprestigio.*
desacreditar. *Desvalorizar, vituperar.*
descreditar. *Acreditar.*
desacuerdo. *Desunión, disentir.*
desadornado. *Adornado.*
desafecto. *Frialdad.*
desafiar. *Estimular.*
desafinado. *Disonancia.*
desafío. *Guerra.*
desaflojar. *Aflojar.*
desaforado. *Grande.*

desafuero. *Injusticia.*
desagarrar. *Soltar.*
desagradable. *Amargo, antipático, áspero, incómodo.*
desagradar. *Agradar.*
desagradecido. *Desagradecido.*
desagradecimiento. *Ingratitud.*
desagrado. *Dolor.*
desagraviar. *Desagraviar.*
desaguisado. *Injusticia.*
desahogado. *Ancho, atrevido.*
desahogo. *Consuelo, desvergüenza, mitigarse.*
desahuciado. *Desesperanza, irremediable.*
desahuciar. *Desalojar, desarrendar, expulsión.*
desaire. *Desgarbado, despreciar.*
desajustar. *Desajustar.*
desalabar. *Vituperar.*
desalabear. *Inflexible.*
desalentado. *Desanimar.*
desaliento. *Pusilanimidad.*
desaliñado. *Andrajo, desordenado, inelegante.*
desalmado. *Malo.*
desalojar. *Desalojar, desarrendar, expulsión.*
desalquilar. *Desarrendar.*
desamarrar. *Desatar, soltar.*
desamor. *Desapego, t goísmo, odio.*
desamparar. *Desamparar.*
desandar. *Retroceder.*
desangrado. *Débil.*
desanimación. *Soledad.*

desanimar. *Desaconsejar, desanimar.*

desánimo. *Desesperanza, pusilanimidad.*

desanudar. *Desenredar.*

desapacible. *Adusto, áspero.*

desaparecer. *Desaparecer, morir, perderse.*

desapasionado. *Desapego, egoísmo, odio.*

desapegar. *Despegar.*

desapego. *Afición.*

desapercibido. *Desprevenido, distracción.*

desaplicado. *Holgar.*

desaprensivo. *Pillo.*

desapretar. *Aflojar.*

desaprobar. *Desaprobar.*

desapuntar. *Descoser.*

desarmado. *Impotencia, indefenso.*

desarmar. *Deshacer.*

desarmonía. *Desproporción, discordancia.*

desarraigar. *Aniquilar, desarraigar, sacar.*

desarrebujar. *Desenredar.*

desarreglar. *Desarreglar.*

desarrendar. *Desarrendar.*

desarrollado. *Ampliado.*

desarrollar. *Desplegar, florecer.*

desarrollarse. *Crecer.*

desarrollo. *Hipertrofia.*

desarropar. *Desnudarse, destapar.*

desarticular. *Desarreglar, desunión.*

desartillado. *Indefenso.*

desaseado. *Sucio.*

desasimilar. *Desasimilar.*

desasir. *Soltar.*

desasnar. *Enseñar.*

desasosiego. *Intranquilidad.*

desasosegado. *Turbado.*

desastrado. *Andrajo, infelicidad.*

desastre. *Derrota, fracaso.*

desastrosamente. *Mal.*

desastroso. *Perjudicial.*

desatar. *Desatar, desenfrenar, desceñir, desempaquetar.*

desataviado. *Desadornado.*

desatender. *Descuidar, negligencia.*

desatentato. *Imprudencia.*

desatinado. *Absurdo.*

desatino. *Loco,*

desautorizado. *Desprestigio, nulo.*

desautorizar. *Desaprobar, negación.*

desavenencia. *Desacuerdo, desunión, discordia.*

desayuno. *Comer.*

desazonado. *Descontento.*

desbancar. *Hurtar.*

desbarajuste. *Desorden.*

desbaratadamente. *Irreflexión.*

desbaratado. *Deteriorado.*

desbaratar. *Derrota, desarreglar, deshacer.*

desbarrar. *Errar, imprudencia.*

desbocar. *Desenfrenar.*

desbordamiento. *Abundancia.*

desbordante. *Grande, lleno.*

desbordar. *Desenfrenar, sobrar.*

descabalado. Incompleto.
descabellado. Absurdo.
descacharrado. Deteriorado.
descaecer. Empeorar.
descaecido. Débil.
descaecimiento. Degeneración, pusilanimidad.
descalabro. Derrota, fracaso, perjudicial.
descalificado. Desprestigio.
descalzar. Descalzar.
descambiar. Descambiar.
descaminado. Desorientado, pobre.
descampado. Llanura.
descansado. Cómodo, descansado.
descansar. Apoyado, dormir, holgar, parar.
descanso. Consuelo, parar, quietud.
descarado. atrevido, audaz.
descargar. Exculpar.
descargo. Justificación.
descariñado. Descariñado.
descarnadamente. Derechura.
descaro. Desgarro, desvergüenza.
descarriado. Desorientado.
descarrilar. Desenfrenar.
descastado. Descariñado, ingratitud.
descastar. Aniquilar, quitar.
descatolización. Irreligión.
descatolizar. Apostasia.
descender. Bajar, caer.
descendiente. Descendiente, derivado, hijo.
desceñir. Desceñir.
descerrajado. Malo.

descifrar. Acertar, claro, interpretar.
descoco. Desvergüenza.
descolorido. Descolorido.
descollante. Ilustre.
descollar. Destacar.
descomedido. Descortés, grande.
descomedirse. Desenfrenar.
descompasado. Descompasado, grande.
descomponer. Desarreglar, deshacer.
descomposición. Análisis, descomposición.
descompuesto. Corrompido, impuro.
descomunal. Grande.
desconceptuado. Desprestigio.
desconceptuar. Desacreditar, desvalorizas.
desconcertado. Turbado.
desconcertante. Admiración, incomprensible.
desconcierto. Desorden.
desconectado. Inconexión.
desconectar. Desajustar, desunión.
desconfianza. Desesperanza, desconfianza, peligro.
desconfiar. Dudar.
descongestionar. Disminuir, vacío.
desconocido. Anónimo, desconocido, oculto, vulgar.
desconsideración. Irrespetuosidad.
desconsiderado. Descortés.
desconsiderar. Despreciar.

desconsuelo. *Aflicción, desamparar, desconsuelo.*
descontado. *Previsto.*
descontar. *Disminuir.*
descontento. *Descontento.*
desconveniencia. *Discordancia.*
descorazonar. *Desanimar.*
descorrer. *Abrir.*
descortés. *Descortés.*
descortesía. *Descortés.*
descoser. *Descoser.*
descoyuntar. *Desajustar.*
descrédito. *Deshonor, desprestigio.*
descreimiento. *Deshonor, desprestigio.*
descreimiento. *Incredulidad.*
descripción. *Descripción, inventario.*
descristianización. *Irreligión.*
descuajar. *Desarraigar.*
descubierto. *Conocido, débito, manifiesto.*
descubridor. *Sabio.*
descubrir. *Delatar, destapar. encontrar.*
descubrirse. *Descubrirse.*
descuidado. *Desprevenido, inelegante.*
descuidar. *Descuidar, negligencia.*
descuido. *Distracción, negligencia, olvido.*
desdecir. *Discordancia, inadecuado, negación, silenciar.*
desdecir. *Rectificar.*
desdeñoso. *Despreciar.*
desdibujado. *Obscuro.*
desdicha. *Desgracia, infelicidad, mal.*
desdoblamiento. *Descomposición.*

desdoblar. *Desplegar.*
desdorar. *Desacreditar.*
desdoro. *Deshonor, desprestigio.*
desecado. *Seco.*
desechar. *Denegar, despreciar, rehusar.*
desecho. *Residuo.*
desembalar. *Desempaquetar.*
desembarazado. *Agil, garboso.*
desembarazado. *Atrevido.*
desembarazo. *Atrevido.*
desembargo. *Desembargo.*
desembocar. *Fin.*
desembolsar. *Sacar.*
desembolso. *Gastar, gasto.*
desembozar. *Destapar.*
desembragar. *Desajustar.*
desembrollar. *Desenredar.*
desembuchar. *Decir, vomitar.*
desemejante. *Desemejante.*
desemejanza. *Diferencia.*
desempaquetar. *Desempaquetar.*
desempatar. *Desigual.*
desempeñar. *Desempeñar.*
desencadenar. *Desatar, empezar.*
desencajado. *Descolorido, turbado.*
desencajar. *Desajustar.*
desencantar. *Deshechizar.*
desencanto. *Desengañar, desilusión.*
desencarcelar. *Libertar.*
desencoger. *Estirar.*
desencolar. *Despegar.*
desenfadado. *Atrevido.*
desenfadar. *Desenfadar.*
desenfado. *Desvergüenza, garboso.*
desenfardar. *Desempaque-*

tar.
desenfardelar. *Desempaquetar.*
desenfreno. *Inmoderado.*
desenfrenar. *Desenfrenar.*
desenfreno. *Intemperancia.*
desenfundar. *Destapar.*
desenfurruñarse. *Desenfadar.*
desengaizar. *Desenredar.*
desengañar. *Desengañar, disuadir.*
desengaño. *Desilusión.*
desengarzar. *Desatar, desenredar.*
desengranar. *Desajustar.*
desenmarañar. *Desenredar.*
desenlace. *Fin, resolución.*
desenlazar. *Desatar.*
desenmascarar. *Destapar.*
desenojar. *Desenfadar.*
desenredar. *Desenredar.*
desenrollar. *Desplegar.*
desentenderse. *Abstenerse.*
desenterrar. *Exhumar.*
desentrañar. *Acertar, interpretar, ver.*
desentrenado. *Desacostumbrado.*
desentrenamiento. *Inexperiencia.*
desentumecer. *Actividad.*
desentumir. *Actividad.*
desenvoltura. *Atrevido, desvergüenza.*
desenvolver. *Desempaque-
tar.*
desenvolvimiento. *Evolu-
ción.*
desenvuelto. *Agil, garboso.*
deseo. *Gana, hambre, voluntad.*
desequilibrado. *Desigual,
loco.*
desequilibrio. *Anormalidad,*

desequilibrio, despropor-
ción.
deserción. *Traición.*
desertar. *Huir.*
desesperación. *Desesperanza, ira.*
desesperanza. *Desesperanza.*
desestimar. *Denegar, despreciar.*
desfachatez. *Desvergüenza.*
desfajar. *Desceñir.*
desfalcar. *Hurtar.*
desfallecido. *Débil.*
desfallecimiento. *Insensibilidad.*
desfatigado. *Descansado.*
desfavorable. *Contrariedad,
desfavorable, desventaja.*
desfilar. *Andar.*
desfogue. *Impulsivo*
desgaire. *Desgarbado, inelegante.*
desgajar. *Desunión, quitar.*
desgalichado. *Desgarbado.*
desgana. *Desgana, frialdad,
indiferencia.*
desgañitarse. *Gritar.*
desgarbado. *Desgarbado.*
desgarrar. *Deshacer.*
desgarro. *Desvergüenza.*
desgarrón. *Desgarro.*
desgastado. *Viejo.*
desgaste. *Pérdida.*
desglosar. *Quitar.*
desgorrarse. *Descubrirse.*
desgracia. *Desgracia, infelicidad, mal.*
desgraciarse. *Fracaso.*
desguarnecido. *Indefenso.*
desguazar. *Deshacer.*
deshabillé. *Desnudarse.*
deshabilitado. *Vacío.*
deshabituado. *Desacostumbrado, inexperiencia.*

deshacer. *Desarreglar, descomposición, deshacer, destruir, suprimir, fundir.*
deshechizar. *Deshechizar.*
desheredado. *Pobre.*
deshidratado. *Seco.*
deshinchar. *Desinflar.*
deshilar. *Descoser.*
deshilvanar. *Descoser.*
deshipnotizar. *Deshechizar.*
deshipotecar. *Desembargo, desempeñar.*
deshonestidad. *Inmoralidad, lujuria.*
deshonor. *Inmoralidad, indignidad.*
deshonra. *Deshonor, desprestigio, indignidad.*
deshonrar. *Profanación.*
deshumanizado. *Impasible.*
desiderátum. *Cumbre.*
desidia. *Descuido, negligencia, pereza.*
desierto. *Erial, soledad, vacío.*
designación. *Destino, nombramiento.*
designar. *Nombre.*
designio. *Intencionado, proyecto, voluntad.*
desigualdad. *Desequilibrio, desproporción.*
desigual. *Asimétrico, descompasado, desigual, distinto.*
desilusión. *Desesperanza, desilusión.*
desilusionar. *Desengañar.*
desincautación. *Desembargo.*
desinfección. *Higiene.*
desinflar. *Desinflar.*
desintegración. *Descomposición.*
desintegrar. *Desunión.*
desinterés. *Altruismo, cari-*

dad, desapego, desgana, indiferencia, negligencia.
desinteresado. *Bienhechor, generoso.*
desinteresarse. *Abstenerse, descuidar.*
desistimiento. *Irresolución, sobreseimiento.*
desistir. *Desistir, rendirse.*
desjuiciado. *Insensato.*
deslavazado. *Descolorido.*
deslealtad. *Perjurio, traición.*
desleírse. *Fundirse.*
desliar. *Desatar, desempaquetar.*
desligado. *Incomplejo.*
desligamiento. *Inconexión.*
desligar. *Desatar.*
desligarse. *Abstenerse.*
desliz. *Falta, infringir.*
deslizamiento. *Deslizamiento.*
deslucido. *Desadornado, mate.*
deslumbramiento. *Ofuscación.*
deslumbrar. *Cegar.*
deslustrado. *Mate.*
desmadejado. *Débil.*
desmajolarse. *Descalzarse.*
desmán. *Abuso, desorden, falta.*
desmandarse. *Desacatar, desenfrenarse.*
desmantelado. *Indefenso, vacío.*
desmantelar. *Destruir.*
desmañado. *Inhábil.*
desmarrar. *Soltar.*
desmayado. *Inexpresivo.*
desmayo. *Desanimar, insensibilidad.*
desmazalado. *Débil.*
desmedido. *Grande.*
desmedrado. *Bajo, pequeño.*
desmedrar. *Decadencia.*

desmejorar. *Degeneración.*
desmejorarse. *Empeorar.*
desmembración. *Desunión.*
desmentir. *Negación.*
desmerecer. *Desvalorizar.*
desmerecimiento. *Desméri-to.*
desmesurado. *Grande, in-moderado.*
desmirriado. *Delgado.*
desmontar. *Descomposición.*
desmoralización. *Desespe-ranza, inmoralidad.*
desmoronamiento. *Derrum-bamiento.*
desmoronar. *Deshacer.*
desnaturalizado. *Impuro.*
desnivelado. *Desigual.*
desnudar. *Desnudar.*
desnutrirse. *Desasimilar.*
desobedecer. *Desacatar, in-fringir.*
desobediencia. *Irrespetuosi-dad.*
desobediente. *Desobediente, indócil.*
desocupado. *Ocioso, vacío.*
desocupar. *Desalojar.*
desodorante. *Fragancia, inodoro.*
desoír. *Despreciar, distrac-ión, en ordeer.*
desojarse. *Cegar.*
desolación. *Aflicción.*
desolar. *Destruir.*
de sopetón. *Improvisado.*
desorden. *Anarquía, desor-den.*
desordenado. *Inmoderado.*
desordenar. *Enredar.*
desorganización. *Desorden.*
desorientado. *Desorientado.*
despacio. *Lento.*
despacioso. *Lento.*
despachar. *Enviar, vender.*

despacho. *Permiso.*
desparejado. *Impar.*
desparpajo. *Locuaz, verbosi-dad.*
desparramar. *Dispersar, sembrar.*
despavorido. *Miedoso.*
despecho. *Desesperanza.*
despedazado. *Deteriorado.*
despedazar. *Desarreglar, destruir.*
despedida. *Despedida, ex-pulsión.*
despedir. *Desarrendar, egre-gar, tirar.*
despegado. *Descariñado, in-sociable.*
despegar. *Adherir.*
despego. *Desapego, desga-na, indiferencia.*
despejado. *Ancho, listo.*
despejar. *Divertirse, escam-par.*
despejo. *Clarividencia.*
despepitarse. *Gritar.*
despeñadero. *Profundo.*
desperdiciar. *Gastar.*
desperdicio. *Residuo.*
desperdigado. *Separado.*
desperdigar. *Dispersar.*
desperfecto. *Deteriorado, mal, perjudicial.*
despertar. *Deshechizar, em-pezar, estimular.*
despiadado. *Crueldad, incle-mencia.*
despido. *Expulsión.*
despierto. *Listo, velar.*
despilfarrar. *Gastar.*
despilfarro. *Largueza.*
despistado. *Desorientado.*
desplacer. *Desagradar.*
desplazamiento. *Movimien-to.*
desplante. *Desvergüenza.*

desplazarse. *Andar, ir.*
desplegar. *Abrir, desplegar.*
desplegarse. *Dispersarse, divergir.*
desplomado. *Oblicuo.*
desplomarse. *Dispersarse. divergir.*
desplome. *Derrumbamiento.*
despoblado. *Soledad, vacío.*
despojado. *Carecer.*
despojar. *Hurtar.*
despojo. *Residuo.*
desportillado. *Deteriorado.*
desposeer. *Destitucióm, embargo, hurtar.*
desposorio. *Matrimonio.*
despotismo. *Autocracia.*
despotricar. *Imprudencia.*
despreciable. *Insignificante.*
despreciado. *Barato.*
despreciar. *Desacatar, despreciar, desvalorizar.*
desprender. *Desceñir, despegar, quitar, segregar, soltar.*
desprendido. *Generoso.*
desprendimiento. *Altruismo, caridad, derrumbamiento, largueza.*
despreocupación. *Negligencia.*
despreocuparse. *Abstenerse, descuidar.*
desprestigiar. *Vituperar, desacreditar.*
desprestigio. *Desprestigio.*
desprevenido. *Desprevenido, distracción, imprevisto.*
desproporción. *Desproporción.*
desproporcionado. *Inadeucado.*
despropósito. *Absurdo, loco, tonto.*
desproveer. *Embargo.*

desprovisto. *Carecer, vacío.*
después. *Futuro, posteridad.*
despuntar. *Destacar.*
desquiciamiento. *Anormalidad, desorden.*
desquiciar. *Desajustar, desarreglar, deshacer.*
desquite. *Venganza.*
destacado. *Ilustre, importante.*
destacamento. *Parcial.*
destacar. *Destacar.*
destapar. *Abrir, destapar.*
destartalado. *Desorden.*
destello. *Indicio, luz.*
destemplado. *Frío.*
destemplanza. *Intemperancia.*
destierro. *Expatriación.*
destilación. *Licuarse.*
destilar. *Segregar.*
destino. *Destino, fatalismo, fin, trabajar.*
destitución. *Destitución.*
destocarse. *Descubrirse.*
destornillado. *Insensato.*
destrocar. *Descambiar.*
destrozado. *Andrajo, deteriorado, viejo.*
destrozar. *Derrota, desarreglar, deshacer, destruir.*
destrozo. *Mal, pérdida.*
destructor. *Embarcación.*
destruir. *Aniquilar, desarreglar, deshacer, suprimir.*
desunido. *Incomplejo, separado.*
desunión. *Descomposición, desunión.*
desuso. *Desuso.*
desvaído. *Descolorido.*
desvalido. *Desamparar.*
desvalijar. *Hurtar.*
desvalorizar. *Desvalorizar.*
desván. *Buhardilla.*

desvaneer. *Desaparecer, esfumar, evaporar.*
desvanecimiento. *Insensibilidad.*
desvariar. *Loco.*
desvarío. *Ilusión.*
desvelarse. *Velar.*
desvelo. *Celo, cuidar.*
desvencijado. *Deteriorado.*
desventaja. *Desventaja, inferioridad.*
desventajoso. *Perjudicial.*
desventura. *Desgracia, infelicidad.*
desvergüenza. *Desvergüenza, inmoralidad.*
desviación. *Rodeo.*
desviado. *Desorientado, lejano.*
desvincular. *Desunión.*
desvío. *Desapego.*
desvirtuado. *Impuro.*
desvirtuar. *Impugnar.*
desvitalizar. *Matar.*
desvivirse. *Gana.*
detallado. *Concreto.*
detalle. *Parcial.*
detener. *Encarcelar, interrumpir, retardar.*
detenerse. *Pararse.*
deteriorado. *Damnificado,
deteriorado, viejo.*
deteriorar. *Desarreglar, deshacer.*
deterioro. *Mal, perjudicial.*
determinación. *Resolución,
sentencia.*
determinado. *Atrevido, concreto, decidido, determi-
nado.*
determinante. *Causa.*
determinar. *Distinguir.*
determinismo. *Fatalismo.*
detestable. *Mediocre, pésimo.*

detestar. *Desgana, maldecir.*
detonación. *Ruido.*
detracción. *Vituperar.*
detrás. *Posteridad.*
detrimento. *Perjudicial.*
detritus. *Residuo.*
deuda. *Débito.*
deudo. *Pariente.*
devastar. *Destruir.*
devengar. *Cobrar.*
devengo. *Ingreso.*
devoción. *Afición, amor,
culto, oración.*
devolución. *Desembargo,
devolución.*
devolver. *Descambiar, restituir, vomitar.*
devorar. *Comer.*
día. *Día.*
diablo. *Diablo, «El anticristo».*
diablura. *Falta, infringir.*
diabólico. *Malo.*
diácono. *Sacerdote.*
diadema. *Ceñir.*
diáfano. *Claro, comprensible, limpio, transparente.*
diagnóstico. *Juicio.*
diagonal. *Oblicuo, transversal.*
dialéctica. *Raciocinio, razonamiento.*
diálogo. *Diálogo.*
diamante. *Joya.*
diantre. *Diablo.*
diatriba. *Reprensión, vituperar.*
dibujar. *Describir.*
dibujarse. *Aparecer.*
dicacidad. *Vituperar.*
dicción. *Palabra.*
dictado. *Nombre.*
dictados. *Ley.*
dictadura. *Autocracia.*
dictamen. *Juicio, resolución.*

dictar. *Promulgar.*
dicha. *Felicidad, bien.*
dicho. *Hecho.*
diedro.*Arista, esquina, rincón.*
diente. *Puntiagudo.*
diestra. *Derecha.*
diestro. *Apto, hábil.*
dieta. *Ayunar, cobrar, sociedad.*
dietética. *Higiene.*
diezmar. *Disminuir, entresacar.*
difamación. *Maledicencia.*
difamar. *Vituperar.*
diferencia. *Diferencia.*
diferenciado. *Desemejante.*
diferenciar. *Distinguir.*
diferente. *Desemejante, desigual, distinto, variado.*
diferir. *Atrasar, retardar.*
difícil. *Difícil, grave, incomprensible, indócil.*
dificultad. *Desventaja, difícil.*
dificultar. *Estorbar.*
dificultoso. *Difícil.*
difundir. *Segregar.*
difundirse. *Aumentar, extenderse.*
difunto. *Muerto.*
difuso. *Verbosidad.*
digerir. *Asimilar.*
dignarse. *Hacer.*
dignatario. *Autoridad.*
dignidad. *Dignidad, honor, prestigio.*
dignísimo. *Bueno, excelente.*
digno. *Honrado.*
digresión. *Desorientado, rodeo.*
dilación. *Tardío.*
dilapidación. *Largueza.*
dilapidar. *Gastar.*
dilatado. *Ampliado, ancho,*

duradero, ilimitado, largo.
dilatar. *Estirar, retardar.*
dilatarse. *Dilatarse.*
dilema. *Albedrío (libre).*
diletante. *Afición.*
diligencia. *Actividad, carruaje, celo, condicional, diligencia.*
dilucidación. *Explicación.*
diluirse. *Fundirse.*
diluviar. *Llover.*
dimanar. *Nacer, procedencia.*
diminuto. *Pequeño.*
dimitir. *Rehusar.*
din. *Rico.*
dinámico. *Activo.*
dinamismo. *Actividad, diligencia, movimiento.*
dinero. *Rico.*
dingolondango. *Amor, caricia.*
dintel. *Dintel.*
diñarla. *Morir.*
dionisíaco. *Borracho.*
diorama. *Ver.*
dios. *Deísmo, religión.*
diploma. *Permiso, premio.*
diplomacia. *Indirecto.*
diplomático. *Cortés.*
dipsómano. *Borracho.*
diputación. *Sociedad.*
dique. *Reprimir.*
dirección. *Destino.*
directo. *Derechura, directo, recto.*
director. *Autoridad, jefe.*
directriz. *Ley.*
dirigente. *Autoridad.*
dirigido. *Orientado.*
dirigir. *Enseñar, mandar.*
dirimir. *Resolución.*
disanto. *Fiesta.*
discernimiento. *Prudencia, raciocinio, razón.*

discernir. *Distinguir.*
disciplina. *Disciplina, orden.*
   sumisión.
disciplinado. *Azote.*
discípulo. *Discípulo.*
disco. *Círculo.*
díscolo. *Indócil.*
disconforme. *Desigual.*
disconformidad. *Contrarie-*
   dad, desacuerdo, discor-
   dancia.
discontinuo. *Intermitente.*
disconvenir. *Disentir.*
discordancia. *Desacuerdo,*
   discordancia.
discordante. *Inadecuado, in-*
   comparable.
discordar. *Disentir.*
discordia. *Desacuerdo, desu-*
   nión, discordia.
discreción. *Prudencia.*
discrepancia. *Desacuerdo,*
   diferencia.
discreto. *Sencillez, sensato.*
discriminar. *Análisis, dese-*
   mejante, distinguir.
disculpa. *Excusa.*
disculpar. *Perdón, exculpar.*
discurrir. *Andar, raciocinio,*
   reflexión.
discursear. *Hablar.*
discurso. *Inteligencia, mo-*
   nólogo, raciocinio, razón.
discutible. *Incierto.*
discutir. *Discutir.*
disecado. *Inactividad.*
disección. *Análisis.*
diseminar. *Dispersar, sem-*
   brar.
disensión. *Desacuerdo, dis-*
   cordia.
disentir. *Desacuerdo, disen-*
   tir.
diseñar. *Descripción.*
diseño. *Proyecto.*

disertación. *Monólogo.*
disfavor. *Desprestigio, mo-*
   lestia.
disforme. *Feo, grande, irre-*
   gular.
disfraz. *Excusa.*
disfrazado. *Fingimiento,*
   oculto.
disfrazar. *Tapar.*
disfrutar. *Divertirse, gozar,*
   tener.
disgregación. *Desunión.*
disgregar. *Suprimir.*
disgustado. *Aflicción, discor-*
   dia.
disidencia. *Desunión.*
disimilitud. *Desemejanza.*
disimulado. *Oculto.*
disimular. *Fingimiento.*
disimulo. *Fingimiento.*
disipación. *Vicio.*
disipar. *Esfumar, gastar.*
disiparse. *Desaparecer, va-*
   porarse.
dislate. *Absurdo, loco.*
dislocación. *Desorden.*
dislocante. *Absurdo.*
dislocar. *Desajustar, desa-*
   rreglar.
disminución. *Substracción.*
disminuido. *Limitado.*
disminuir. *Bajar, decrecer,*
   disminuir, encoger, redu-
   cir.
disnea. *Asfixiar.*
disociación. *Descomposi-*
   ción, desunión.
disonancia. *Discordancia,*
   disonancia.
disoluto. *Lujuria.*
disolver. *Fundir, suprimir.*
dispar. *Desemejante, desi-*
   gual, distinto, heterogé-
   neo, incomparable, in-
   compatible.

disparado. *Rápido.*
disparar. *Tirar.*
dispararse. *Andar.*
disparatado. *Absurdo, disparatar. Errar.*
disparate. *Loco.*
disparidad. *Desacuerdo, diferencia.*
dispendioso. *Caro, gastar, gasto.*
dispensa. *Exención, privilegio.*
dispensar. *Perdón.*
dispersado. *Separado.*
dispersar. *Dispersar, divergir.*
displicencia. *Indiferencia.*
displicente. *Adusto, antipático.*
disponer. *Mandar, promulgar, tener.*
disponerse. *Empezar.*
disponibilidad. *Tener.*
disponible. *Efectivo, exención, pasivo.*
disposición. *Ley, orden, precepto, voluntad.*
dispuesto. *Apto, decidido, preparado, prevenido, previsto.*
disputa. *Discordia.*
disputar. *Discutir.*
disquisición. *Explicación, raciocinio, teoría.*
distancia. *Largo.*
distanciado. *Lejano, ralo, separado, sucesivo.*
distante. *Lejano, separado.*
distinción. *Diferencia, premio, privilegio.*
distinguible. *Visible.*
distinguido. *Elegante, ilustre.*
distinguir. *Apreciar, desemejante, destacar, distin-*

guir, ver.
distintivo. *Figurado.*
distinto. *Asimétrico, desemejante, desigual, distinto, heterogéneo, variado.*
distracción. *Distracción.*
distraer. *Divertir.*
distribución. *Orden.*
distribuir. *Clasificar, dar.*
distrofia. *Atrofia.*
disturbio. *Desorden.*
disuadir. *Desaconsejar, desengañar.*
disyuntiva. *Albedrío (libre), contrariedad.*
diteísmo. *Deísmo.*
ditirambo. *Alabar.*
diurno. *Día.*
divagación. *Desorientado, rodeo.*
divergencia. *Desacuerdo, desunión, disentir.*
divergir. *Divergir.*
diverso. *Desemejante, desigual, distinto, heterogéneo, variado.*
diversidad. *Doscordancia, pluralidad.*
diversión. *Divertirse, fiesta.*
divertirse. *Agradar.*
divinidad. *Deidad, deísmo.*
divino. *Divino, excelente, sagrado.*
divisa. *Figurado, tesis.*
divisar. *Ver.*
divisas. *Rico.*
división. *Clasificar, desunión.*
divisor. *Factor.*
divisoria. *Limitado.*
divorcio. *Contrariedad, desunión.*
divulgado. *Conocido.*
divulgar. *Extender.*
doblar. *Aumentar, plegar.*

doble. *Doble, identidad, igual, par.*
doblegable. *Flexible.*
doblegar. *Humillar.*
doblez. *Fingimiento.*
dócil. *Dócil, obediente.*
docto. *Sabio.*
doctor. *Maestro, medicina.*
doctrina. *Ciencia, disciplina, teoría.*
doctrinar. *Enseñar.*
doctrino. *Discípulo.*
documentado. *Apto, exacto, sabio.*
documento. *Prueba.*
dogma. *Fe, verdad.*
dogmatizar. *Afirmación, enseñar.*
dolerse. *Condolerse.*
doliente. *Enfermo.*
dolo. *Engañar.*
dolor. *Aflicción, arrepentimiento, compasión, dolor, pésame.*
dolorido. *Triste.*
doloroso. *Dolor.*
domar. *Enseñar.*
domeñar. *Reprimir.*
domesticado. *Educado, enseñar.*
domesticidad. *Civilización.*
doméstico. *Criado, privado.*
domiciliado. *Persona.*
dominaciones. *Angel.*
dominado. *Conocido.*
dominar. *Mandar, refrenar, reprimir.*
dómine. *Maestro.*
domingo. *Fiesta.*
dominio. *Derecho, propio, superioridad.*
don. *Dar, perfección.*
donaire. *Garboso, gracioso.*
donairoso. *Gracioso.*

donar. *Dar.*
doncel. *Joven.*
doncella. *Soltería.*
dones. *Bienes.*
donoso. *Gracioso.*
dorado. *Rubio.*
dormido. *Distracción.*
dormir. *Dormir.*
dormitar. *Dormir.*
dorso. *Reverso.*
dosis. *Cantidad.*
dotación. *Cobrar.*
dotado. *Tener.*
dote. *Cualidad, dar, perfección.*
draconiano. *Severidad.*
dragaminas. *Embarcación.*
dramático. *Trágico.*
dríada. *Deidad.*
droga. *Remediable.*
druioda. *Sacerdote.*
dual. *Par.*
dualismo. *Religión.*
dubitativo. *Incierto.*
dublé. *Baratija.*
dúctil. *Blando, flexible.*
ducho. *Desconfianza, dudar.*
duda. *Desconfianza, dudar.*
dudar. *Dudar.*
dudoso. *Incierto, indeciso.*
duelo. *Compasión, dolor, guerra.*
duende. *Deidad, imaginario.*
dueña. *Ama.*
dueño. *Amo, patrono.*
dulce. *Afable, dulce.*
dulcinea. *Amor.*
dulzura. *Melodía.*
dúo. *Diálogo.*
duplo. *Doble, múltiplo.*
durable. *Estable.*
duradero. *Duradero, fijo, incesante, perpetuo.*
durar. *Permanecer.*

E

¡ea! *Adelante.*
ebrio. *Borracho.*
eclectismo. *Eclectismo.*
eclesiástico. *Sacerdote, sagrado.*
eclipsar. *Cegar, desaparecer, esfumar, tapar.*
esclosión. *Nacer.*
eco. *Efecto, ruido.*
económico. *Barato, ganancia.*
economizar. *Ahorrar.*
ecuación. *Igual.*
ecuánime. *Sereno.*
ecuanimidad. *Equilibrio, fortaleza, justicia, prudencia.*
ecuestre. *Caballo.*
ecuménico. *Universal.*
echadizo. *Enviar.*
echado. *Horizontal.*
edad. *Tiempo.*
edén. *Jardín.*
edicto. *Ley, promulgar.*
edificación. *Inmueble.*
edificar. *Construir, enseñar, hacer.*
edificio. *Inmueble.*
educado. *Cortés, educado.*
educador. *Maestro.*
educando. *Discípulo.*
educar. *Enseñar.*
efebo. *Guapo, joven.*
efectismo. *Apariencia.*
efectivamente. *Sí.*
efectividad. *Realidad.*

efectivo. *Cantidad, efectivo, real.*
efecto. *Cosas, efecto, eficacia, muebles.*
efectuar. *Cumplir, hacer, realización.*
efemérides. *Hecho historia.*
efervescencia. *Encender, intranquilidad.*
eficacia. *Actividad, efecto, éxito, eficacia, potencia.*
eficiencia. *Efecto, eficacia.*
efímero. *Breve, temporal.*
efluvio. *Evaporarse.*
efugio. *Eludible.*
efusión. *Entusiasmo.*
efusivo. *Cariñoso.*
egolatría. *Egoísmo.*
egoísmo. *Materialismo.*
egregio. *Ilustre, noble.*
eje. *Centro.*
ejecución. *Realización.*
ejecutante. *Activo.*
ejecutar. *Cumplir, hacer, matar.*
ejecutoria. *Honor, permiso, sentencia.*
ejemplar. *Bueno, excelente, modelo.*
ejemplarizar. *Enseñar.*
ejemplo. *Ejemplo, modelo, práctico.*
ejercicio. *Actividad, ejemplo, experiencia, práctica.*
ejercitado. *Acostumbrado.*
ejército. *Militar.*

elaborar. Hacer.
elación. Soberbia.
elástico. Flexible.
elección. Nombramiento.
electrizar. Animar, encender, entusiasmo.
electrocutar. Matar.
electrón. Pequeño.
elegancia. Lujo.
elegante. Elegante, estética.
elegía. Llorar.
elegíaco. Triste.
elegido. Bienaventurado.
elegir. Albedrío (libre), entresacar.
elemental. Fácil, inferioridad, simple.
elemento. Extractado, lugar, parcial, principio.
elenco. Orden, pluralidad, sociedad.
elevación. Cumbre, espiritualidad, montaña.
elevado. Alto, grande.
elevar. Levantar, subir.
eliminar. Desasimilar, quitar, separado.
elixir. Remediable.
eliminado. Excluido.
eliminar. Matar.
elíptico. Implícito.
élite. Elegante.
elixir. Contraveneno.
elocuencia. Verbosidad.
elogiar. Alabar.
elogio. Elogio.
elucubración. Teoría.
eludible. Eludible.
eludir. Rehusar.
emanación. Evaporar.

emanar. Nacer, procedencia, segregar.
emancipación. Libertad.
embajador. Apoderado, enviar.
embalado. Rápido.
embalar. Empaquetar.
embaldosado. Suelo.
embalsamado. Fragancia.
embalse. Lago.
embarazo. Torpe, estorbar.
embarazoso. Incómodo.
embarcación. Embarcación.
embarcarse. Entrar.
embargo. Embargo.
embate. Atascar.
embastar. Coser.
embaucar. Engañar.
embeber. Absorber.
embeleco. Caricia, engaño, mentira.
embelesado. Distracción.
embelesar. Agradar, atraer, hechizar.
embeleso. Admiración.
embestir. Agredir, atacar.
emblema. Figurado.
embocado. Suave.
embocadura. Gustar.
embolado. Engañar, toro.
embolismo. Confundir, desorden, mezclar, obscuro.
embolsar. Ahorrar.
emboscada. Engañar; traición.
emboscado. Oculto.
embotado. Débil, romo.
embotamiento. Inactividad, insensibilidad.
embozado. Fingimiento, indirecto, oculto.

embozar. *Tapar.*
embragar. *Ajustar.*
embriagado. *Borracho.*
embrión. *Principio.*
embrionario. *Amorfo.*
embrollado. *Complejo, obscuro.*
embrollador. *Informal.*
embrollar. *Confundir, enredar.*
embrollo. *Desorden.*
embrujo. *Hechizar.*
embuchado. *Engañar.*
embuste. *Engañar, mentira.*
embutir. *Meter.*
emerger. *Aparecer, salir.*
emérito. *Pasivo.*
emigración. *Andar, expatriación.*
emigrar. *Ir.*
eminencia. *Resalto, sabio.*
eminente. *Alto, ilustre.*
emisario. *Enviar.*
emitir. *Segregar.*
emoción. *Sensibilidad.*
emocionado. *Turbado.*
emocionante. *Impresionable.*
emoliente. *Blando, mitigar.*
emolumento. *Cobrar.*
emotivo. *Impresionable.*
empacar. *Empaquetar.*
empacho. *Hartura, vergüenza.*
empadronamiento. *Orden.*
empalagado. *Hartura.*
empalagar. *Aburrir, desagradar.*
empalmar. *Unión.*
empantanado. *Interrumpir.*
empañado. *Lleno, mojado.*

empapar. *Absorber.*
empaque. *Afectación, serio.*
empaquetar. *Empaquetar.*
emparentado. *Homogéneo.*
empatar. *Igual.*
empavesado. *Adornado.*
empecer. *Estorbar.*
empedernido. *Impertinsncia.*
empellón. *Empujar.*
empeñado. *Difícil.*
empeñar. *Empeñar.*
empeñarse. *Débito.*
empeño. *Conato, constante, deber, gama, importante.*
empeorar. *Empeorar.*
empezar. *Empezar.*
empinado. *Alto, vertical.*
empinar. *Bebida, erguir, levantar.*
empingorotado. *Alto.*
empíreo. *Cielo.*
empirimismo. *Materialismo, práctica.*
Emplazamiento. *Lugar.*
emplear. *Gastar.*
emplearse. *Trabajar.*
empleo. *Uso.*
emporcado. *Sucio.*
emporio. *Ciudad, vender.*
empotrar. *Meter.*
emprendedor. *Atrevido, audaz.*
emprender. *Empezar.*
empresa. *Hecho, sociedad.*
empresario. *Arrendar, patrono.*
empujar. *Empujar.*
empuñar. *Agarrar.*
emulación. *Envidia, guerra.*
émulo. *Enemigo.*

enaguas. *Saya.*
enajenable. *Transferible.*
enajenación. *Distracción.*
enajenado. *Loco.*
enajenar. *Vender.*
enaltecer. *Alabar, ensalzar.*
enaltecer. *Acreditar.*
enamorarse. *Amor.*
enano. *Bajo, enano, pequeño.*
enarbolar. *Subir.*
enardecer. *Animar, encender.*
enardecimiento. *Entusiasmo.*
encabezar. *Empezar.*
encabritarse. *Erguirse.*
encadenar. *Atar, unión.*
encajar. *Ajustar, meter.*
encaje. *Fino, ralo.*
encajonar. *Empaquetar.*
encalado. *Blanco.*
encallar. *Parar.*
encaminado. *Orientado.*
encaminarse. *Destino.*
encanijado. *Delgado.*
encanecido. *Viejo.*
encantado. *Contento.*
encantador. *Simpático.*
encantamiento. *Extraordinario.*
encantar. *Agradar, hechizar.*
encanto. *Perfección.*
encaramarse. *Subir.*
encarcelar. *Encarcelar.*
encarecer. *Abultar, alabar.*
encargado. *Apoderado, autoridad, enviar, jefe.*
encargar. *Aconsejar, mandar.*
encarnado. *Colorado.*

encarnar. *Figurado.*
encarnizamiento. *Crueldad.*
encarrilado. *Orientado.*
encasquetar. *Cubrirse.*
encasquillar. *Cerrar.*
encauzado. *Orientado.*
encauzamiento. *Orden.*
encender. *Encender.*
encendido. *Entusiasmo.*
encerrar. *Encarcelar, meter,
tener.*
encetar. *Empezar.*
enciclopedia. *Palabra.*
encima. *Arriba.*
enclavado. *Poner.*
enclavar. *Meter.*
enclenque. *Débil.*
enclítico. *Seguir.*
encocorar. *Desagradar, molestia.*
encoger. *Agachar, contraer,
desinflar, encoger.*
encogido. *Cobarde, tímido.*
encolar. *Adherir.*
encomendar. *Mandar.*
encomiar. *Alabar.*
encomio. *Elogio.*
encongimiento. *Pusilanimidad.*
enconar. *Exacerbar.*
encono. *Odio.*
encontrado. *Contrariedad.*
encontrar. *Acertar, encontrar, hallar.*
enconrvado. *Curvo, incluido.*
encuadrar. *Meter, tener.*
encubierto. *Fingimienœ,
oculto.*
encubrir. *Encubrir, fingimiento.*

encuentro. *Guerra.*
encumbrado. *Alto.*
encumbrar. *Ensalzar, subir.*
enchancletarse. *Calzarse.*
enchiquerar. *Encarcelar.*
enchufe. *Beneficioso, bicoca.*
endeble. *Débil, inconsistente.*
endecha. *Llorar.*
endémico. *Acostumbrado, corriente, frecuente.*
endemoniado. *Condenado, malo.*
enderezado. *Orientado, recto, tirante.*
enderezar. *Erguir, levantar.*
endiablado. *Malo.*
endilgar. *Dar.*
endino. *Malo.*
endiosamiento. *Egoísmo, soberbia.*
endiosar. *Ensalzar.*
endosable. *Transferible.*
endosar. *Dar.*
endriago. *Deidad, imaginaria.*
enemigo. *Contrariedad, diablo, enemigo, incompatible, malevolencia, odio.*
enemistad. *Discordia.*
energía. *Actividad, eficacia, potencia.*
enérgico. *Enérgico, fuerte, varonil.*
energúmeno. *Malo.*
enervado. *Débil.*
enfadar. *Aburrir, desagradar.*
enfadarse. *Enfadarse.*
enfangado. *Sucio.*
enfardar. *Empaquetar.*

enfardelar. *Empaquetar.*
énfasis. *Afectación, destacar.*
enfático. *Expresivo.*
enfebrecer. *Encender.*
enfebrecido. *Caliente.*
enfermizo. *Débil.*
enfermo. *Enfermo.*
enfervorizar. *Animar.*
enfurecer. *Enfadar.*
enfrascado. *Ocupado.*
enfrascarse. *Trabajar.*
enfrentarse. *Guerra.*
enfundar. *Tapar.*
enfurruñar. *Enfadar.*
engaitar. *Engañar.*
engalanado. *Adornado, elegante.*
enganchar. *Unión.*
engancharse. *Admisión.*
engañarse. *Errar.*
engañifa. *Engañar.*
engañar. *Engañar.*
engaño. *Apariencia, engañar, incierto, mentira.*
engaritar. *Engañar.*
engendrar. *Crear.*
engendro. *Feo.*
engolado. *Serio, soberbia.*
engolfado. *Ocupado.*
engolosinar. *Afición, estimular.*
engomado. *Impermeable.*
engomar. *Adherir.*
engorro. *Estorbar, mochuelo.*
engorroso. *Desagradar, difícil.*
engranar. *Ajustar.*
engrandecer. *Aumentar, ensalzar.*

engrandecimiento. *Prosperidad.*

engreimiento. *Inmodestia, soberbia.*

engrosar. *Abultar, aumentar.*

engullir. *Comer, tragar.*

enhiesto. *Erguirse, vertical.*

enhorabuena. *Felicitación.*

enigmático. *Obscuro.*

enjaezado. *Adornado.*

enjalbegado. *Blanco.*

enjambre. *Mucho, pluralidad.*

enjaulado. *Encarcelar.*

enjuague. *Acuerdo, engañar, ilícito.*

enjugar. *Acabar.*

enjuiciar. *Juicio.*

enjundia. *Esencial, substancia.*

enjundioso. *Importante, interesante.*

enjuto. *Delgado, seco.*

enlace. *Conexión, matrimonio, unión.*

enlazar. *Atar.*

enlodado. *Sucio.*

enlosado. *Suelo.*

enlucir. *Limpio.*

enlutado. *Negro.*

enmarañado. *Complejo, desorden, obscuro.*

enmarañar. *Confundir, enredar.*

enmarcar. *Ceñir.*

enmascarado. *Fingimiento, oculto.*

enmendable. *Remediable.*

enmendar. *Rectificar.*

enmendar. *Mejorar.*

enmienda. *Conversión, regeneración.*

enmohecer. *Florecer.*

enmudecer. *Callar, silenciar.*

enojar. *Enfadar.*

enojo. *Ita.*

enorme. *Grande.*

enquistar. *Meter.*

enraizado. *Profundo.*

enredado. *Complejo, obscuro.*

enredador. *Informal.*

enredar. *Informal.*

enrevesado. *Difícil, incomprensible, obscuro.*

enriquecer. *Mejorar.*

enrolarse. *Admisión.*

ensalzamiento. *Elogio.*

ensalzar. *Alabar, bendecir, ensalzar, subir.*

ensamblar. *Ajustar, unión.*

ensayado. *Preparado.*

ensayista. *Prosista.*

ensayo. *Práctica.*

ensenada. *Golfo.*

enseña. *Figurado.*

enseñanza. *Deducción, disciplina, efecto.*

enseñar. *Enseñar.*

enser. *Mueble.*

ensimismamiento. *Distracción.*

ensombrecido. *Negro.*

ensordecer. *Callar, ensordecer, silenciar.*

ensortijado. *Curvo.*

ensueño. *Imginario.*

entarimado. *Suelo.*

ente. *Cosa, individuo, substancia.*

enteco. *Débil, delgado, enfermo.*
entelequia. *Imaginario, inexistencia, inmaterial.*
entenado. *Hijo.*
entender. *Comprensible.*
entenderse. *Acuerdo.*
entendido. *Sabio.*
entendimiento. *Inteligencia, razón.*
entente. *Acuerdo.*
enterarse. *Aprender.*
entereza. *Enérgico, fortaleza.*
entero. *Completo, todo.*
enterrar. *Inhumar.*
entibiar. *Disminuir.*
entidad. *Importante, realidad, sociedad, substancia.*
entonación. *Voz.*
entono. *Inmodestia.*
entorchado. *Adornado.*
entorpecer. *Estorbar.*
entornar. *Cerrar.*
entrada. *Admisión, ingreso.*
entrante. *Ondulado, rincón.*
entraña. *Amor, interior.*
entrar. *Entrar.*
entredicho. *Desprestigio, prohibición.*
entregar. *Conceder, dar, rendir.*
entrenado. *Acostumbrado, preparado.*
entresacar. *Entresacar.*
entretejer. *Unión.*
entretener. *Agradar.*
entretenida. *Aguardar.*
entretenimiento. *Divertirse.*
entrever. *Ver.*
entreverar. *Intercalar.*

entrevista. *Diálogo.*
entrometerse. *Intervenir.*
entroncar. *Unión.*
entronizar. *Ensalzar.*
entumecido. *Torpe.*
entumecimiento. *Inactividad.*
entusiasmo. *Afición, entusiasmo.*
enumeración. *Descripción.*
enunciar. *Decir.*
envanecimiento. *Inmodestia.*
envasado. *Contenido.*
envase. *Continente.*
envejecer. *Arraigar.*
envenenar. *Matar.*
envergadura. *Importante.*
envés. *Reverso.*
enviado. *Angel, enviar.*
enviar. *Enviar.*
envidia. *Egoísmo, envidia.*
envidiable. *Optimo.*
envolver. *Ceñir, empaquetar, garra, incluido.*
enzarzarse. *Guerra.*
epi-. *Arriba.*
epicentro. *Centro.*
epicúreo. *Gula, placer.*
epicureísmo. *Intemperancia, sensualismo.*
epidemia. *Extender.*
epidérmico. *Superficial.*
epidermis. *Periferia.*
epifanía. *Aparecer, nacer.*
epígrafe. *Nombre.*
epigrama. *Irrespetuosidad.*
epilepsia. *Movimiento.*
epílogo. *Epílogo, fin.*
episódico. *Secundario.*
episodio. *Hecho, parcial.*

311

epístola. *Comunicación.*
epíteto. *Cualidad.*
epítome. *Extractado, síntesis.*
época. *Tiempo.*
equidad. *Justicia.*
equidistante. *Paralelo.*
equilibrado. *Cuerdo, estable, igual.*
equilibrio. *Equilibrio, normalidad, proporción.*
equino. *Caballo.*
equiparar. *Comparar.*
equipo. *Pluralidad, vestirse.*
equitación. *Caballo.*
equivalente. *Igual.*
equivocado. *Incierto, inexacto.*
equivocarse. *Errar.*
equívoco. *Obscuro.*
erecto. *Recto, vertical.*
eremita. *Soledad.*
ergástula. *Encarcelar.*
erguido. *Vertical.*
erguirse. *Erguirse, levantarse.*
erial. *Erial, inculto.*
erigir. *Construir, fundar.*
erizado. *Lleno, puntiagudo.*
ermita. *Soledad.*
ermitaño. *Ascetismo, soledad.*
erótico. *Amor, inmoralidad.*
erotismo. *Lujuria.*
errar. *Errar.*
erróneo. *Incierto, inexacto.*
error. *Mentira.*
eructar. *Vomitar.*
erudición. *Ciencia.*
erudito. *Sabio.*
esbarar. *Deslizamiento.*

esbelto. *Alto, garboso.*
esbirro. *Cuidar.*
esbozo. *Proyecto, síntesis.*
escabroso. *Montaña.*
escabullirse. *Deslizamiento, huir, ir.*
escala. *Cantidad, escalera, ley, orden, pararse.*
escalar. *Subir.*
escaldado. *Cocido.*
escalera. *Escalera.*
escalfado. *Cocido.*
escalinata. *Escalera.*
escalofriante. *Impresionable.*
escalón. *Parcial.*
escalonado. *Sucesivo.*
escamado. *Desconfianza.*
escamoteador. *Extraordinario.*
escamotear. *Hurtar.*
escamotearse. *Desaparecer.*
escampado. *Llanura.*
escampar. *Escampar.*
escanciar. *Bebida.*
escándalo. *Inmoralidad, ruido.*
escapar. *Huir, salir.*
escaparse. *Ir.*
escapatoria. *Excusa.*
escape. *Rápido, escusa.*
escarabajeo. *Arrepentimiento.*
escaramuza. *Guerra, prólogo.*
escarapela. *Figurado.*
escarceo. *Principio, rodeo.*
escarcha. *Frío.*
escarmiento. *Castigo.*
escarnio. *Irrespetuosidad.*

escarpado. *Aspero, monta-*
ña, perpendicular.
escarpín. *Calzarse.*
escasear. *Faltar.*
escasez. *Déficit, escasez.*
escaso. *Insuficiente, peque-*
ño, poco.
escatimar. *Ahorrar.*
escatología. *Residuo.*
escena. *Parcial.*
escenario. *Lugar.*
escepticismo. *Incredulidad,*
irreligión.
escisión. *Desunión.*
esclarecido. *Ilustre, noble.*
esclavitud. *Esclavitud.*
escoger. *Albedrío (libre), en-*
tresacar.
escogido. *Elegante.*
escolar. *Discípulo.*
escollo. *Estorbar, isla.*
escolta. *Compañía.*
esconder. *Encubrir, desapa-*
recer.
escondido. *Oculto.*
escoria. *Residuo.*
escote. *Parcial.*
escozor. *Dolor.*
escrito. *Escrito.*
escritor. *Prosista.*
escrúpulo. *Desconfianza,*
prejuicio.
escrupulosidad. *Justicia.*
escrupuloso. *Exacto.*
escrutar. *Buscar, ver.*
escuadra. *Arista, esquina.*
escuálido. *Delgado.*
escuchar. *Oír.*
escuchimizado. *Delgado.*
escudarse. *Defender, seguri-*
dad.

escudero. *Criado.*
escudriñar. *Buscar.*
escuela. *Colegio.*
escuerzo. *Bajo.*
escuetamente. *Derechura.*
escueto. *Desadornado, di-*
recto, laconismo, simple.
esculapio. *Medicina.*
escurrirse. *Deslizamiento.*
esencia. *Excelente, fragan-*
cia, óptimo, substancia.
esencial. *Esencial, impor-*
tante, principal, propio.
esfera. *Calidad, lugar.*
esférico. *Esférico.*
esforzado. *Valiente, varonil.*
esforzarse. *Trabajar.*
esfuerzo. *Conato.*
esfumado. *Descolorido, obs-*
curo.
esfumar. *Esfumar.*
esfumarse. *Desaparecer.*
eslabonar. *Unión.*
eslora. *Largo.*
esmaltado. *Adornado, lus-*
trado.
esmerado. *Excelente.*
esmerilado. *Mate, opaco.*
esmero. *Celo.*
esnobismo. *Elegante. exóti-*
co, moda, modernismo.
esotérico. *Oculto.*
espabilado. *Listo.*
espaciado. *Intermitente,*
ralo, sucesivo.
espacio. *Inmensidad, lugar.*
espacioso. *Ancho, grande.*
espadachín. *Valiente.*
espalda. *Espalda, reverso.*
espaldarazo. *Permiso, ratifi-*
car.

espantar. Expulsión.
espantoso. Miedoso.
español. Nacional.
españolismo. Patriotismo.
esparcido. Separado.
esparcimiento. Divertirse.
esparcir. Dispersar, divergir, extender, sembrar.
espasmo. Astringente.
especial. Particular.
especie. Calidad, clasificar, idea.
especificado. Concreto, determinado.
especificar. Describir, distinguir.
específico. Contraveneno, particular, remediable.
espécimen. Prueba.
espectacular. Público, solemne.
espectador. Compañía, presente, ver.
espectro. Deidad, imaginario.
especulación. Ciencia, ganancia, raciocinio, teoría.
especular. Vender.
espejeante. Brillante.
espejismo. Apariencia, engañar, ilusión, imaginar.
espejo. Modelo.
espejuelo. Atraer.
espeluznante. Impresionable.
esperado. Previsto.
esperanza. Confianza, esperanza, ilusión.
esperpento. Absurdo, feo, inelegante.
espesar. Solidificar.

espeso. Compacto, macizo, pesado, tupido.
espesor. Ancho.
espesura. Planta.
espiar. Atención, ver.
espichar. Morir.
espigado. Alto.
espigar. Cosechar.
espingarda. Gigante.
espinoso. Difícil.
espiral. Curvo, ondulado.
espíritu. Alma, calidad, valiente.
espiritul. Abstracto, inmaterial.
espiritualismo. Espiritualismo.
espíritus (los). Diablo.
esplendidez. Largueza.
espléndido. Brillante, generoso, óptimo.
esplendor. Apogeo, civilización, prosperidad.
esplendoroso. Brillante.
esplín. Aburrir.
espolear. Estimular.
espolique. Criado.
esponjar. Dilatar.
esponjoso. Esponjoso, permeable.
esponsales. Matrimonio.
espontaneidad. Sinceridad, voluntad.
espontáneo. Albedrío (libre), improvisado, voluntario.
esporádico. Accidental, casualidad, infrecuente, particular, raro.
esportillero. Obrero.
esposar. Atar.
esposos. Matrimonio.

espuma. *Óptimo.*
espurio. *Degeneración, ilegítimo.*
esquela. *Comunicación.*
esquelético. *Delgado.*
esqueleto. *Hueso, síntesis.*
esquema. *Síntesis.*
esquiar. *Deslizamiento.*
esquina. *Arista, esquina.*
esquinado. *Adusto.*
esquinazo. *Arista, esquina.*
esquirla. *Hueso.*
esquirol. *Substituto.*
esquivar. *Eludible.*
esquivo. *Adusto, insociable.*
esquizofrénico. *Idiotez, tonto.*
estabilidad. *Equilibrio, quietud.*
estabilización. *Quietud.*
estabilizar. *Parar, permanecer.*
establecer. *Fundar, promulgar.*
estable. *Consistencia, estable, fijo, invariable.*
estación. *Parar.*
estacionado. *Interrumpir.*
estacionar. *Parar, permanecer.*
estadio. *Lugar.*
estadístico. *Cantidad.*
estado. *Inventario.*
estafa. *Engañar.*
estafar. *Hurtar.*
estafermo. *Inactividad, inelegante, tonto.*
estallar. *Abrir, empezar.*
estallido. *Ruido.*
estamento. *Parcial, sociedad.*

estampido. *Ruido.*
estancamiento. *Quietud.*
estancar. *Parar.*
estandarte. *Figurado.*
estanque. *Lago.*
estante. *Presente.*
estantigua. *Feo, gigante, imaginario.*
estatal. *Nacional.*
estática. *Quietud.*
estatismo. *Quietud.*
estatuario. *Garboso.*
estatuir. *Promulgar.*
estatura. *Alto.*
estatuto. *Ley.*
este. *Este.*
estela. *Efecto.*
estentóreo. *Ruido.*
estepa. *Erial, inculto, llanura.*
esteriotipado. *Invariable.*
esterilidad. *Ineficacia, infecundidad.*
esterilizado. *Puro.*
estertor. *Respirar.*
esteta. *Guapo.*
estético. *Estético.*
estibar. *Equilibrio.*
estigma. *Deshonor, desprestigio.*
estigmatizar. *Vituperar.*
estilar. *Uso.*
estilarse. *Moda.*
estilista. *Maestro.*
estilo. *Arte, calidad, costumbre.*
estimación. *Mérito.*
estimar. *Apreciar, valorar.*
estimular. *Animar, estimular.*
estío. *Verano.*

315

estipendio. *Cobrar.*
estirado. *Tirante, serio, soberbia.*
estirar. *Dilatar, estirar.*
estirpe. *Ascendiente.*
estival. *Caliente.*
estofa. *Calidad.*
estofado. *Adornado.*
estoicismo. *Fortaleza, paciencia.*
estoico. *Impasible.*
estólido. *Insensato, tonto.*
estomagar. *Aburrir, desagradar, molestia.*
estorbar. *Estorbar.*
estornudar. *Respirar.*
estrafalario. *Afectación, inelegante, raro.*
estrago *Mal*
estrambote. *Adición.*
estrambótico. *Afectación.*
estrangular. *Matar.*
estraperlo. *Ilegítimo.*
estratagema. *Engañar.*
estrategia. *Arte.*
estrato. *Lámina.*
estratosfera. *Inmensidad.*
estrechar. *Apretar.*
estrechez. *Escasez, pobre, severidad.*
estrecho. *Estrecho.*
estregar. *Frotamiento.*
estrella. *Casualidad, fatalismo, suerte.*
estremecido. *Turbado.*
estrellado. *Polígono.*
estrenado. *Intacto.*
estrenar. *Empezar.*
estreno. *Prinçipio.*
estreñir. *Astringente.*
estrépito. *Ruido.*

estribar. *Apoyado.*
estribillo. *Invariable.*
estribor. *Derecha, flanco.*
estricto. *Exacto, necesario.*
estridencia. *Disonancia, ruido.*
estridor. *Ruido.*
estro. *Entusiasmo, fecundidad.*
estrofa. *Parcial.*
estropajoso. *Andrajoso, sucio.*
estropeado. *Deteriorado.*
estropear. *Desarreglar, destruir.*
estropicio. *Desarreglar.*
estructura. *Orden.*
estruendo. *Ruido.*
estrujar. *Apretar.*
estudiado. *Afectación.*
estudiante. *Discípulo.*
estudiar. *Aprender, trabajar.*
estudio. *Análisis.*
estulticia. *Imprudencia.*
estupefacción. *Admiración.*
estupefaciente. *Veneno.*
estupendo. *Extraordinario.*
estupidez. *Idiota.*
estúpido. *Tonto.*
estupor. *Admiración.*
etapa. *Parcial, tiempo.*
etcétera. *Múltiplo.*
etéreo. *Inmaterial, liviano.*
eternamente. *Siempre.*
eternidad. *Eternidad.*
eterno. *Deísmo, duradero, perpetuo.*
ética. *Moralidad, virtud.*
etiología. *Casualidad.*
etiqueta. *Cortés, gala, nombre.*

Eucaristía (La). *Jesucristo.*
eufemismo. *Figurado, indirecto, rodeo.*
eufonía. *Melodía.*
euforia. *Felicidad, sano.*
eufórico. *Alegre.*
eunuco. *Afeminado.*
eureka. *¡Viva!*
euritmia. *Concordancia, proporción.*
eutrapelia. *Insignificante.*
Eva. *Mujer.*
evacuación. *Expatriación, partida.*
evacuar. *Salir.*
evadir. *Eludible, huir, salir.*
evaluar. *Valorar.*
Evangelio. *Verdad.*
evaporar. *Desaparecer, evaporar.*
evasiva. *Excusa.*
eventual. *Provisional.*
eventualidad. *Casualidad.*
evidente. *Cierto, claro.*
evitable. *Eludible.*
evitar. *Estorbar, quitar.*
eviterno. *Eternidad, perpetuo.*
evocación. *Memoria.*
evolución. *Evolución, movimiento.*
evolucionar. *Transformar.*
evolucionismo. *Materalismo.*
exabrupto. *Descortés, imprudencia, inoportuno.*
exacción. *Gravamen.*
exacerbar. *Exacerbar.*
exactitud. *Identidad, severidad.*

exacto. *Cierto, exacto, formal, igual.*
exageración. *Aumentar.*
exagerar. *Abultar.*
exágono. *Polígono.*
exaltación. *Entusiasmo, nombramiento.*
exaltado. *Impulsivo.*
exaltar. *Acreditar, alabar, encender, ensalzar, subir.*
examen. *Análisis, buscar, prueba, reflexión.*
examinar. *Ver.*
exangüe. *Débil, muerto.*
exánime. *Muerto, quietud.*
exasperación. *Ira.*
excarcelar. *Libertad.*
excedente. *Superávit.*
exceder. *Mejorar.*
excelencia. *Noble, perfección, ventaja.*
excelente. *Bueno, excelente, ilustre, óptimo.*
excelsior. *Arriba.*
excelso. *Alto, arriba, excelente, ilustre.*
excentricidad. *Afectación.*
excéntricos. *Lejano, raro.*
excepción. *Minoría, privilegio.*
excepcional. *Extraordinario, grande, particular.*
exceptuado. *Excluido.*
exceptuar. *Exención.*
excesivo. *Grande, inmoderado, mucho.*
exceso. *Abundancia, abuso, injusticia, intemperancia.*
excipiente. *Accesorio.*
excitabilidad. *Sensibilidad.*
excitable. *Impresionable.*

excitado. *Turbado.*
excitar. *Animar, estimular.*
exclamar. *Decir.*
excluido. *Excluido.*
excluir. *Exención.*
exclusiva. *Privilegio.*
exclusivo. *Propio.*
excremento. *Residuo.*
excretar. *Segregar.*
exculpar. *Exculpar.*
excusa. *Exculpar, perdón.*
execración. *Blasfemia.*
execrar. *Maldecir.*
exégesis. *Explicación, interpretar.*
exención. *Exención, privilegio.*
exento. *Excluido, exención.*
exequias. *Duelo.*
exhalar. *Respirar, segregar.*
exhausto. *Acabar, vacío.*
exhibición. *Manifiesto.*
exhortar. *Pedir.*
exhumar. *Exhumar.*
exigencia. *Deber.*
exigente. *Severidad.*
exigible. *Necesario, obligatorio.*
exigir. *Exigir.*
exiguidad. *Escasez, minoría.*
exiguo. *Corto, mínimo, pequeño.*
exilio. *Expatriación.*
eximido. *Excluido.*
eximio. *Excelente, ilustre.*
eximir. *Exención, privilegio.*
existencia. *Ahorrar, existencia, tener.*
existente. *Vivo.*
existir. *Florecer.*

éxito. *Exito, eficacia, prosperidad, victoria.*
explicar. *Describir.*
expresión. *Expresivo.*
expreso. *Explícito.*
expulsión. *Expulsión.*
éxodo. *Andar, expatriación.*
exoneración. *Destitución.*
exonerar. *Deshonor.*
exorbitante. *Grande.*
exorcizar. *Deshechizar.*
exordio. *Prólogo.*
exornado. *Adornado.*
exótico. *Exótico, extranjero.*
exotismo. *Modernismo.*
expandir. *Aumentar, dispersar, divergir, extender.*
expansión. *Dilatar.*
expansionar. *Divertir.*
expansivo. *Cariñoso, locuaz, sociable.*
expatriación. *Esperanza, expectación.*
expectativa. *Aguardar.*
expediente. *Arte.*
expedir. *Enviar.*
expeditivo. *Fácil, rápido.*
expédito. *Agil, diligencia.*
expeler. *Salir.*
experiencia. *Experiencia, práctica, realización.*
experimentación. *Práctica.*
experimentado. *Acostumbrado, preparado.*
experto. *Apto, hábil.*
expiación. *Castigo.*
expiar. *Sufrir.*
expirar. *Fin, morir, respirar.*
explanada. *Llanura.*
explayar. *Ampliado, divertir.*
expletivo. *Innecesario.*

explicación. *Explicación, justificación, teoría.*
explicar. *Decir, hallar, interpretar.*
explícito. *Claro, explícito.*
explorado. *Conocido.*
explorar. *Buscar.*
exposición. *Ruido.*
explotar. *Abrir.*
expolio. *Hurtar.*
exponente. *Manifiesto, prueba.*
exponer. *Decir, poner.*
exportar. *Enviar.*
exposición. *Explicación, narración, peligro.*
expresado. *Explícito.*
expresar. *Hablar, nombre.*
expresión. *Dicho, expresivo, palabra, saludo.*
expresionismo. *Modernismo.*
expresivo. *Expresivo.*
exprofeso. *Intencionado.*
expropiar. *Embargo.*
expuesto. *Manifiesto.*
expugnable. *Accesible, inconsistente.*
expulsar. *Desalojar, desarrendar, salir.*
expurgado. *Puro.*
expurgar. *Limpio.*
exquisito. *Agradar, excelente, fino.*
éxtasis. *Distracción.*
extemporáneo. *Inactual, inoportuno, tardío.*
extender. *Abrir, aumentar, comunicación, desplegar, dilatar, dispersar.*
extendido. *Ampliado.*

extenso. *Duradero, grande, ilimitado, largo.*
extenuado. *Cansado, débil.*
exterior. *Exterior, forma, periferia.*
exterioridad. *Apariencia.*
exteriorizado. *Manifiesto.*
exterminar. *Aniquilar, suprimir, deshacer, matar.*
externo. *Exterior, público.*
extinción. *Fin.*
extinguir. *Acabar, aniquilar, apagar, desaparecer, desarraigar, morir.*
extirpar. *Aniquilar, desarraigar, sacar.*
extorsión. *Incómodo, molestia, perjudicial.*
extra. *Cobrar, excelente, óptimo, provisional.*
extractado. *Extractado.*
extracto. *Síntesis.*
extraer. *Absorber, desarraigar, sacar.*
extralimitación. *Abuso, injusticia.*
extramuro. *Exterior, periferia.*
extranjero. *Exótico, extranjero.*
extrañamiento. *Expatriación.*
extraño. *Admiración, ajeno, exótico, extranjero, extraño, impropio, original, raro.*
extraordinario. *Extraordinario, grande.*
extraplano. *Delgado.*
extrarradio. *Exterior, periferia.*

extravagancia. *Afectación.*
extravagante. *Antiestético,*
improbable, raro.
extraviar. *Perder.*
extraviado. *Desorientado.*
extraviarse. *Desaparecer,*
errar.
extremar. *Abultar.*
extremo. *Máximo, mínimo.*
extremidad. *Cola, extremo,*
pie.
extremismo. *Radicalismo.*
extremo. *Extremo.*
extrínseco. *Exterior.*
exuberancia. *Abundancia.*
exuberante. *Lozano.*
exultante. *Alegre.*
exvoto. *Dar.*
eyacular. *Salir.*

F

fabricar. *Construir, hacer.*
fábula. *Leyenda, mentira.*
fabuloso. *Grande, imaginario.*
faccioso. *Rebelión.*
fácil. *Fácil.*
facilidad. *Ventaja.*
facilitar. *Ayudar, dar.*
facineroso. *Malhechor, malo.*
facsímil. *Copia.*
factible. *Fácil, posible.*
factor. *Causa, factor.*
factótum. *Apoderado.*
facultad. *Derecho.*
facultar. *Permiso.*
facultativo. *Medicina.*
facundia. *Locuaz, verbosidad.*
facha. *Calidad, inelegante.*
fachenda. *Inmodestia.*
fachendoso. *Soberbia.*
fachoso. *Inelegante.*
faena. *Trabajar.*
fagina. *Gavilla.*
fajar. *Ceñir.*
fajo. *Gavilla.*
falacia. *Engañar, mentir.*
falange. *Militar.*
falda. *Saya.*
faldón. *Saya.*
falsario. *Engañar.*
falseado. *Impuro.*
falso. *Inexacto.*
falta. *Defecto, falta, desméri-*

to, escasez, infringir, nada.
faltar. *Carecer, faltar, infringir.*
falto. *Incompleto.*
falúa. *Embarcación.*
falla. *Infringir.*
fallar. *Errar, fracaso.*
fallecer. *Morir.*
fallir. *Fracaso.*
fallo. *Falta, resolución, sentencia.*
fama. *Fama, prestigio.*
familia. *Ascendiente, pluralidad, sociedad.*
familiar. *Pariente, privado.*
familiarizado. *Acostumrbado.*
famoso. *Ilustre.*
fámulo. *Criado.*
fanático. *Impulsivo.*
fanatismo. *Afición, intolerancia, radicalismo.*
«fané». *Marchito.*
fanfarrón. *Apariencia, valiente.*
fanfarronear. *Alabar.*
fanfarronería. *Desgarro, soberbia.*
fango. *Indignidad, vicio.*
fantasioso. *Inmodestia.*
fantasma. *Deidad, imaginario.*
fantasmagórico. *Ilusión, imaginario.*

321

fantástico. *Imaginario.*
faquín. *Obrero.*
faramalla. *Verbosidad.*
«fardar». *Vestirse.*
farfullar. *Hablar, musitar.*
fariseísmo. *Fingimiento.*
faro. *Luz.*
farra. *Divertir.*
fárrago. *Engañar, fingimiento, mentira.*
fascinación. *Ofuscamiento.*
fascinar. *Agradar, hechizar, simpático.*
fase. *Transformar.*
fastidiar. *Aburrir, desagradar.*
fastidio. *Desgana, molestia.*
fastidioso. *Incómodo.*
fasto. *Hecho, historia.*
fastuosidad. *Lujo.*
fatal. *Ineludible, irremediable, perjudicial.*
fatalidad. *Desgracia, fatalismo.*
fatalismo. *Fatalismo.*
fatídico. *Desgracia.*
fatigado. *Cansado.*
fatigoso. *Incómodo.*
fatuo. *Tonto.*
fauna. *Animal.*
fauno. *Deidad.*
fausto. *Lujo.*
fautor. *Ayudar, culpable.*
favor. *Favor, prestigio.*
favorable. *Beneficioso, favorable, ventaja.*
favorecer. *Amparar, ayudar.*
favorecido. *Premio.*
favoritismo. *Injusticia.*
favorito. *Albedrío (libre), amigo.*

faz. *Anverso, cara, forma.*
fe. *Confianza, esperanza, religión.*
feble. *Fébil, delgado.*
febril. *Caliente.*
fecundidad. *Fecundidad.*
fechoría. *Delito, infringir.*
federación. *Sociedad, unión.*
fehaciente. *Cierto, verdad.*
felicitación. *Elogio, felicitación, ovación.*
feliz. *Acertar, oportuno.*
felonía. *Perjuicio, traición.*
felpa. *Reprensión.*
femenino. *Mujer.*
fementido. *Traición.*
fémina. *Mujer.*
fenecer. *Morir.*
fenomenal. *Grande.*
fenómeno. *Extraordinario, feo.*
feo. *Antiestético, desorden.*
feracidad. *Fecundidad.*
feria. *Vender.*
ferial. *Vender.*
feriar. *Comprar.*
fermento. *Causa.*
ferocidad. *Crueldad.*
férreo. *Severidad.*
fertilidad. *Abundancia, fecundidad.*
fertilizante. *Manjar.*
férvido. *Entusiasmo.*
fervor. *Entusiasmo.*
fervoroso. *Entusiasmo.*
festejo. *Fiesta.*
festín. *Divertir.*
festival. *Fiesta.*
festivo. *Cómico, gracioso.*
fetiche. *Irreligión.*
fetichismo. *Amor, respeto.*

fetidez. *Hedor.*
feto. *Feo.*
feudatario. *Dependiente, súbdito.*
fez. *Cubrirse.*
fiador. *Seguridad.*
fiambre. *Frío, muerto.*
fianza. *Empeñar, seguridad.*
fiar. *Confianza.*
fiasco. *Fracaso.*
fiat. *Permiso.*
fibra. *Filamento.*
ficción. *Apariencia, engañar, fingimiento, ilusión, leyenda, mentira.*
fichero. *Clasificar, orden.*
fidedigno. *Cierto, verdad.*
fidelidad. *Lealtad.*
fiel. *Cristiano, exacto, honrado, seglar.*
fiereza. *Crueldad, inclemencia.*
fiero. *Ira.*
fiesta. *Caricia, divertirse, fiesta.*
figura. *Faz, forma.*
figuración. *Ilusión.*
figurado. *Imaginario.*
figurar. *Existencia.*
figurarse. *Creer.*
figurín. *Elegante.*
fijar. *Adherir, arraigar, atención.*
fijo. *Estable, exacto, invariable, quietud.*
fila. *Orden.*
filamento. *Filamento.*
filantropía. *Altruismo, caridad.*
filántropo. *Bienhechor.*
filete. *Carne.*

filfa. *Mentira.*
filia. *Amor.*
filiación. *Ascendiente.*
filiar. *Derivado, descendiente, dependiente.*
filigrana. *Fino, joya, ralo.*
filípica. *Reprensión, vituperar.*
filisteo. *Gigante.*
filo. *Arista, esquina.*
filón. *Rico.*
filosofar. *Raciocinio.*
filosofía. *Paciencia.*
filósofo. *Sabio.*
filtrado. *Puro.*
filtrar. *Entrar.*
filtro. *Bebida.*
fin. *Destino, epílogo, fin.*
finado. *Muerto.*
final. *Ultimo.*
finalidad. *Fin, intencionado.*
finalizar. *Acabar.*
financiar. *Pagar.*
financiero. *Rico.*
finar. *Acabar, morir.*
finca. *Inmueble.*
finchado. *Soberbia.*
fingido. *Figurado.*
fingimiento. *Apariencia, fingimiento.*
finito. *Finito, temporal.*
fino. *Cortés, delgado, educado, elegante, suave.*
finta. *Amenaza, apariencia, fingimiento.*
firmar. *Aceptar.*
firme. *Consistente, constante, enérgico, estable, válido.*

323

firmeza. *Decidido, equilibrio, fortaleza, intolerancia.*
fiscalizar. *Ver.*
fisco. *Gravamen.*
fisgar. *Ver.*
fisgoneo. *Curiosidad.*
físico. *Medicina, material.*
fisiológico. *Natural.*
fisonomía. *Cara, faz, forma.*
flácido. *Blando.*
flaco. *Defecto, delgado.*
flagrante. *Actual.*
flamante. *Intacto, moderno, nuevo.*
flamear. *Movimiento, ondulado.*
flamenco. *Rufián, valiente.*
flanco. *Flanco.*
flaquear *Disminuir, retroceder.*
flaqueza. *Falta, lenidad, pusilanimidad.*
flatulencia. *Vomitar.*
fleco. *Adornado.*
flemático. *Flemático.*
fletar. *Arrendar.*
flete. *Gravamen.*
flexible. *Cubrirse, flexible.*
flojedad. *Desapego, pereza.*
flojo. *Débil, flojo.*
flor. *Excelente, óptimo.*
florear. *Adulación.*
florecer. *Aparecer, cosechar, nacer.*
florecimiento. *Civilización, prosperidad.*
floripondio. *Adornado.*
flotante. *Suspendido.*
flotar. *Flotar.*
fluctuación. *Variado.*

fluctuante. *Variable.*
fluctuar. *Dudar, flotar.*
fluido. *Evaporar, líquido.*
fluir. *Salir.*
flujo. *Abundancia, movimiento, subir.*
flujo y reflujo. *Transformar.*
fluvial. *Río.*
fobia. *Odio.*
foco. *Centro.*
fofo. *Blando, esponjoso.*
fogosidad. *Entusiasmo.*
fogueado. *Acostumbrado.*
foguear. *Encender.*
foliculario. *Prosista.*
follaje. *Innecesario.*
folletinesco. *Imaginario, interesante, trágico.*
folletón. *Leyenda.*
follón. *Cobarde, pillo.*
fomentar. *Estimular.*
fonación. *Voz.*
fonda. *Alojar.*
fondear. *Buscar, parar.*
fondeadero. *Golfo.*
fondo. *Esencial.*
fonema. *Palabra, voz.*
fonético. *Verbal.*
forajido. *Malhechor.*
forastero. *Ausente, extranjero.*
forcejeo. *Guerra.*
forestal. *Planta.*
forjar. *Crear, hacer.*
formación. *Pluralidad.*
formado. *Adquirido.*
formal. *Accidental, formal, nominal, serio.*
formalidad. *Condicional.*
formalmente. *Explícito.*
formar. *Hacer.*

formato. *Forma.*
formidable. *Grande.*
fórmula. *Ley.*
formulario. *Cortés, nominal.*
fornicación. *Lujuria.*
fornido. *Fuerte.*
fornitura. *Adornado.*
fortaleza. *Defendido, fortaleza.*
fortificación. *Defendido.*
fortuito. *Casualidad.*
fortuna. *Felicidad, suerte.*
forzado. *Obligatorio, esclavitud.*
forzar. *Abrir.*
forzoso. *Necesario, obligatorio.*
forzudo. *Fuerte.*
forraje. *Manjar.*
fosa. *Cavidad.*
fósil. *Antiguo.*
fosilizado. *Inactividad.*
fotografiar. *Descripción.*
fracaso. *Derrota, derrumbamiento, ineficacia.*
fracción. *Factor.*
fraccionado. *Parcial.*
fragancia. *Fragancia.*
fragata. *Embarcación.*
frágil. *Débil, inconsistente, inestable.*
fragilidad. *Falta.*
fragmentado. *Parcial.*
fragmentario. *Incompleto.*
fragor. *Ruido.*
fragoso. *Aspero, montaña, rugoso.*
fraguar. *Hacer.*
fraile. *Fraile.*
francachela. *Divertir.*
frangible. *Frágil.*

franquear. *Entrar.*
franqueza. *Lealtad, sinceridad.*
franquicia. *Exención, privilegio.*
fraternidad. *Altruismo.*
frasco. *Continente.*
frase. *Dicho.*
fraseología. *Lenguaje.*
fraternidad. *Caridad, unión.*
fraude. *Hurtar.*
frecuente. *Corriente, frecuente.*
fregado. *Desorden, limpio.*
fregar. *Frotamiento.*
freila. *Monja.*
freír. *Caliente.*
frenar. *Reprimir.*
frenesí. *Entusiasmo, ira.*
freno. *Refrenar, reprimir.*
frente. *Anverso, frente.*
fresco. *Actual, atrevido, descansado, frío, lozano, pillo.*
frescura. *Desvergüenza.*
frialdad. *Indiferencia.*
fricación. *Frotamiento.*
fricción. *Frotamiento.*
frígido. *Frío.*
frigorífico. *Frío.*
frío. *Inexpresivo.*
friolera. *Insignificante.*
frívolo. *Insignificante.*
fronda. *Planta.*
frondoso. *Lozano.*
frontera. *Limitado.*
frontis. *Frente.*
frontispicio. *Frente.*
frotamiento. *Frotamiento.*
fructífero. *Beneficioso, fecundidad, útil.*

fructificar. *Cosechar.*
fructificación. *Exito.*
fructuoso. *Beneficioso.*
frugalidad. *Templanza.*
fruición. *Placer.*
fruslería. *Baratija, insignifi-cante.*
frustración. *Fracaso.*
fruto. *Deducción, efecto.*
ifu! *¡Bah!*
fúcar. *Rico.*
fuente. *Principio.*
fuera. *Excluido, exterior.*
fuero. *Derecho, ley, privile-gio.*
fuerte. *Consistente, defendi-do, grande.*
fuerza. *Actividad, eficacia, mayoría, militar, potencia.*
fugaz. *Breve, instantáneo, temporal.*
fugarse. *Huir, ir, salir.*
fugitivo. *Breve.*
ful. *Mediocre, pésimo.*
fulano. *Indeterminado.*
fulero. *Informal.*
fúlgido. *Brillante.*
fuliginoso. *Negro.*
fulminante. *Instantáneo, rá-pido.*
fullería. *Engañar.*

fumigación. *Higiene.*
función. *Fiesta.*
funcionar. *Movimiento.*
fundado. *Probable.*
fundamental. *Esencial, pri-mordial, principal.*
fundamento. *Base, causa, principal.*
fundar. *Fundar.*
fundir. *Hacer, unión.*
fúnebre. *Triste.*
funeral. *Duelo.*
funesto. *Infelicidad, perjudi-cial, pésimo.*
fungible. *Gastar.*
fungoso. *Esponjoso.*
furia. *Deidad, ira.*
furioso. *Loco.*
furor. *Ira.*
furtivo. *Oculto.*
fusible. *Combustible.*
fusilar. *Matar.*
fusionar. *Unión.*
fuste. *Calidad, substancia.*
fustigar. *Vituperar.*
futesa. *Baratija, insignifi-cante.*
fútil. *Insignificante.*
futurismo. *Modernismo.*
futuro. *Futuro.*

G

gabela. *Gravamen.*
gachí. *Mujer.*
gachó. *Hombre.*
gachón. *Gracioso.*
«gafe». *Desgracia.*
gajes. *Cobrar.*
gala. *Lujo, manifiesto.*
galán. *Adornado, estético, garboso, joven.*
galante. *Cortés.*
galardón. *Premio.*
gala. *Gala, vestirse.*
galbana. *Pereza.*
galeno. *Medicina.*
galeón. *Embarcación.*
galeote. *Esclavitud.*
galera. *Embarcación, encarcelar.*
galerna. *Huracán, tempestad.*
Galileo (El). *Jesucristo.*
galopante. *Rápido.*
galopar. *Andar.*
galope. *Rápido.*
galopín. *Pillo.*
galvanizar. *Resucitar.*
gallardete. *Figurado.*
gallardo. *Garboso, valiente.*
gallear. *Destacar, gritar.*
galleta. *Azote.*
gallina. *Afeminado, cobarde.*
gallito. *Valiente.*
gallo. *Autoridad.*
gamberro. *Ineducado.*
gana. *Gana, hambre.*
ganado. *Animal.*

ganancia. *Ganancia, ingreso.*
ganapán. *Obrero. plebeyo.*
ganar. *Avanzar, mejorar, prosperidad.*
gancho. *Intervenir, rufián.*
ganchudo. *Curvo.*
gandul. *Holgar.*
gandulería. *Pereza.*
ganga. *Barato.*
gangrenado. *Corrompido.*
gángster. *Malhechor.*
gansada. *Tonto.*
gañán. *Ineducado.*
garambainas. *Gala, innecesario.*
garantía. *Prueba, seguridad.*
garba. *Gavilla.*
garatusa. *Caricia.*
garbear. *Hurtar.*
garboso. *Garboso.*
garita. *Choza.*
garlito. *Engañar.*
garra. *Mano.*
garrafal. *Grande.*
garrido. *Adornado, guapo.*
gárrulo. *Locuaz.*
garzón. *Joven.*
gas. *Evaporar.*
gasa. *Ralo.*
gasolina. *Combustible.*
gastado. *Deteriorado, viejo.*
gastar. *Uso.*
gastarse. *Moda.*
gasto. *Gasto.*
gatear. *Subir.*

gatuperio. *Engañar.*
gaudeamus. *Fiesta.*
gavilla. *Pluralidad.*
gazapina. *Gavilla.*
gazmoñería. *Fingimiento.*
gaznápiro. *Candidez, tonto.*
gazuza. *Hambre.*
gélido. *Frío.*
gemas. *Joya.*
gemelo. *Homogéneo, par, igual.*
gemir. *Llorar.*
genealogía. *Ascendiente, pariente.*
generación. *Fecundidad.*
general. *Abstracto, total.*
generalidad. *Mayoría.*
generalizado. *Frecuente.*
generalizar. *Inducción.*
generar. *Crear.*
genérico. *General.*
género. *Calidad.*
generosidad. *Caridad, altruismo, largueza, magnanimidad.*
generoso. *Generoso.*
génesis. *Principio.*
genialidad. *Intuición.*
genio. *Calidad, cualidad, deidad, enérgico, inteligencia.*
gentil. *Cortés, garboso, infiel.*
gentilhombre. *Criado, noble.*
gentilismo. *Deísmo, irreligión.*
gentío. *Compañía.*
gentualla. *Plebeyo.*
genuflexión. *Agachar.*
genuino. *Legítimo, puro.*

geografía. *Tierra.*
geométrico. *Regular.*
geórgico. *Pueblo.*
gerente. *Auroridad, jefe.*
gerifalte. *Jefe.*
germanía. *Lenguaje.*
germen. *Causa, principio.*
germinar. *Nacer.*
gesta. *Hecho.*
gestación. *Principio.*
gesticulación. *Expresivo.*
gestionar. *Intervenir.*
gesto. *Expresivo, hecho.*
gibar. *Molestia.*
gigante. *Gigante.*
gigantesco. *Alto, grande.*
gili. *Tonto.*
gimnasia. *Actividad.*
gimotear. *Llorar.*
girar. *Enviar.*
giro. *Transformar, movimiento.*
gitanería. *Caricia.*
gitano. *Simpático.*
glacial. *Frío.*
glaciar. *Frío.*
gladiador. *Fuerte.*
global. *Total.*
globular. *Esférico.*
gloria. *Cielo, fama, honor.*
glorificar. *Alabar, ensalzar.*
glorioso. *Ilustre.*
glosa. *Explicación.*
glosar. *Interpretar.*
glosario. *Palabra.*
glotonería. *Gula.*
glutinoso. *Blando.*
gnomo. *Deidad.*
gobernado. *Súbdito.*
gobernador. *Autoridad.*
gobernante. *Autoridad.*

gobernar. *Mandar.*
gobierno. *Autoridad, disciplina.*
goce. *Placer, uso.*
golfo. *Golfo, pillo.*
golilla. *Cuidar, juez.*
golosear. *Gustar.*
golosinear. *Gustar.*
goloso. *Gula.*
golpe. *Abundancia, azote, desgracia, gracioso, ruido.*
golpeado. *Lesionado.*
golpear. *Agredir.*
gollería. *Innecesario.*
golletazo. *Fin.*
gomoso. *Elegante.*
góndola. *Embarcación.*
gordinflón. *Gordo.*
gordo. *Gordo, grave.*
gorgojo. *Enano.*
gorgorito. *Ruido, voz.*
gorjeo. *Voz.*
gorra. *Cubrirse, gratuido.*
goteo. *Continuo.*
gótico. *Elegante.*
gozar. *Gozar, tener.*
gozo. *Gozo, placer.*
gozoso. *Alegre.*
gracia. *Dar, favor, garboso, gracioso, nombre, perdón, perfección, privilegio.*
grácil. *Delgado.*
gracioso. *Cómico, gracioso, gratuito.*
grada. *Escalera.*
gradería. *Escalera.*
grado. *Parcial.*
gráfico. *Escrito, expresivo.*
grana. *Colorado.*
grande. *Grande, grave.*

grandilocuencia. *Verbosidad.*
grandioso. *Solemne.*
granjear. *Exito.*
granjería. *Beneficioso.*
granizado. *Frío.*
grano. *Convexidad.*
grano. *Derechura.*
granuja. *Pillo.*
granular. *Esférico.*
granzas. *Residuo.*
grasiento. *Suave.*
gratificación. *Cobrar, dar.*
gratitud. *Agradecido, gratitud.*
grato. *Agradar, cómodo.*
gratuito. *Gratuito.*
gravamen. *Gravamen.*
grave. *Grave, importante, pesado, serio.*
gravitar. *Apoyado, pesado.*
gravoso. *Pagado, perjudicial.*
gregario. *Esfumar, vulgar.*
gregüesco. *Pantalón.*
gremio. *Sociedad.*
gresca. *Discordia.*
grieta. *Ranura.*
grima. *Dolor, repeler.*
grímpola. *Figurado.*
gringo. *Extranjero.*
gris. *Eclecticismo, indeterminado, medio, mediocre, neutralidad, obscuro, triste.*
gritar. *Gritar, protestar.*
gritería. *Ruido.*
grito. *Aplaudir.*
grosero. *Antiestético, descortés, ineducado, tosco.*
grosería. *Descortés.*

grotesco. *Antiestético, cómico.*
grueso. *Gordo.*
grullo. *Ineducado.*
gruñir. *Enfadarse, musitar.*
grupo. *Pluralidad.*
gruta. *Concavidad.*
guaja. *Pillo.*
guantada. *Azote.*
guante. *Mano.*
guapo. *Guapo, valiente.*
guarda. *Atrás.*
guardado. *Defendido, oculto.*
guardainfante. *Saya.*
guardar. *Ahorrar, cuidar.*
guardia. *Compañía, cuidar.*
guardián. *Cuidar.*
guarecerse. *Seguridad.*
guarnecido. *Defendido.*
guarnición. *Adornado, militar.*
guarro. *Sucio.*
guasearse. *Irrespetuosidad.*
guasón. *Bromista.*

guayabo. *Joven.*
guerra. *Guerra.*
guerrero. *Indócil, militar.*
guerrillero. *Militar.*
guía. *Jefe, maestro, permiso.*
guiado. *Orientado.*
guillado. *Loco.*
guillarse. *Huir.*
guiñapo. *Andrajo.*
guiño. *Expresivo.*
guión. *Figurado, síntesis.*
guipar. *Ver.*
guirnalda. *Ceñir.*
guisado. *Cocido.*
guita. *Rico.*
gula. *Gula.*
gules. *Colorado.*
gulusmear. *Gustar.*
gurrumino. *Afeminado.*
gusanillo. *Animal.*
gustar. *Agradar, gustar.*
gusto. *Estético, gozo, moda, placer.*

H

haber. *Crédito, tener.*
haberes. *Cobrar.*
hábil. *Apto, hábil.*
habilidoso. *Hábil.*
habilitado. *Apoderado.*
habilitar. *Permiso.*
habitante. *Persona.*
hábito. *Costumbre, vestir.*
habituado. *Acostumbrado.*
habitual. *Corriente, frecuente.*
habla. *Lenguaje.*
hablado. *Verbal.*
hablador. *Locuaz.*
hablar. *Hablar.*
hablilla. *Maledicencia.*
hacedero. *Fácil posible.*
hacendado. *Rico.*
hacendosa. *Ahorrar.*
hacer. *Construir, crear, hacer.*
hacienda. *Bienes, rico.*
hacina. *Gavilla.*
hacha. *Maestro, sabio.*
hada. *Deidad.*
hado. *Casualidad, fatalismo.*
hagiografía. *Historia.*
¡hala! *¡Adelante!*
hagalar. *Adulación, agradar.*

halago. *Caricia.*
halda. *Saya.*
hálito. *Aura, respirar.*
halo. *Círculo.*
«hall». *Antecámara.*
hallar. *Acertar, encontrar, hallar.*
hambre. *Gana, hambre.*
hampa. *Plebeyo.*
haragán. *Holgar.*
haraganería. *Pereza.*
harapiento. *Andrajo.*
harapo. *Andrajo.*
hartura. *Hartura.*
hastiado. *Descontento, hartura.*
hastiar. *Aburrir, desagradar.*
haz. *Anverso, gavilla, pluralidad.*
hazaña. *Hecho.*
hebra. *Filamento.*
hecatombe. *Derrota, mal.*
heces. *Residuo.*
hechicera. *Hechicar.*
hechicería. *Extraordinario.*
hechizar. *Agradar, hechizar.*
hecho. *Acostumbrado, ejemplo, hecho, maduro, realización.*

hechura. *Forma.*
hediondez. *Hedor.*
hedonismo. *Intemperancia, sensualismo.*
hedonista. *Placer.*
hedor. *Hedor.*
hegemonía. *Destacar, superioridad.*
helado. *Admiración, frío.*
helar. *Solidificar.*
helicón. *Cielo.*
heliogábalo. *Gula.*
hembra. *Mujer.*
hemorragia. *Pérdida.*
henchido. *Lleno.*
hendidura. *Ranura.*
heraldo. *Preceder.*
herbolario. *Insensato.*
hercúleo. *Fuerte.*
heredado. *Innato.*
heredar. *Recibir.*
heredero. *Descendiente, hijo.*
hereje. *Infiel.*
herejía. *Incredulidad, infringir, mal.*
herido. *Lesionado.*
herir. *Agredir.*
hermafrodita. *Afeminado.*
hermana. *Igual, monja.*
hermandad. *Altruismo, caridad, concordia, sociedad, unión.*
hermanar. *Unión.*
hermano. *Fraile, persona.*
hermenéutica. *Interpretar.*
hermético. *Callar, taciturno.*
hermetismo. *Silencio.*
hermoso. *Estético, guapo.*
héroe. *Deidad, valiente.*
heroico. *Valiente.*

hervido. *Cocido.*
hervidero. *Mucho.*
hervor. *Encender.*
herramienta. *Cosa.*
herrumbroso. *Mohoso.*
heteróclito. *Irregular, particular.*
heterodoxia. *Incredulidad, mentira.*
heterogéneo. *Desigual, distinto, heterogéneo.*
hético. *Delgado.*
hiato. *Disonancia.*
híbrido. *Compuesto, eclecticismo, impuro, neutralidad.*
hidalgo. *Caballero, noble.*
hidalguía. *Dignidad, honor, lealtad.*
hidráulica. *líquido.*
hidrocéfalo. *Macrocéfalo.*
hidrófilo. *Sed.*
hidrofobia. *Adipsia.*
hidrópico. *Seco, sed, gordo.*
hidrosfera. *Mar.*
hiel. *Amargo.*
hierático. *Serio.*
hierba. *Planta.*
hierofante. *Sacerdote.*
higiene. *Higiene.*
higiénico. *Saludable.*
hijastro. *Hijo.*
hijo. *Hijo, descendiente, procedencia.*
hijuelo. *Derivado.*
hilarante. *Cómico.*
hilaridad. *Reír.*
hilera. *Orden.*
hilo. *Firmamento.*
hilvanar. *Coser, unión.*

himeneo. *Matrimonio.*
hincapié. *Apoyado, ratificar.*
hincarse. *Agacharse.*
hincar. *Meter.*
hincha. *Odio.*
«hinchado». *Ampliado, gordo.*
hinchar. *Abultar, aumentar, dilatar, inflar.*
hincha. *Aplaudir.*
hinchazón. *Afectación, soberbia.*
hipar. *Llorar, respirar.*
hipérbole. *Aumentar.*
hiperbóreo. *Norte.*
hiperhemia. *Colorado.*
hiperestesia. *Sensibilidad.*
hipertrofia. *Aumentar, hipertrofia.*
hípico. *Caballo.*
hipnotismo. *Insensibilidad.*
hipnotizar. *Hechizar.*
hipo. *Abajo.*
hipocondríaco. *Triste.*
hipócrates. *Medicina.*
hipocresía. *Fingimiento.*
hipotecar. *Embargo, empeñar, vender.*
hipótesis. *Hipótesis.*
hipotético. *Incierto.*
hirsuto. *Velludo.*
hisopear. *Mojado.*
hiapno. *Nacional.*
hispanofobia. *Antipatriotismo.*
histérico. *Loeo.*
histerismo. *Enfermo.*
historia. *Historia.*
historiado. *Adornado.*
historiador. *Prosista.*
historiar. *Narración.*

histórico. *Antiguo, verdad.*
historieta. *Historia.*
hoces. *Ondulado.*
hocico. *Cara.*
hoja. *Lámina.*
hola. *Saludo.*
holgado. *Ancho.*
holgar. *Congratular, holgar, sobrar.*
holgazán. *Holgar, ocioso.*
holgazanería. *Pereza.*
holgorio. *Divertir.*
holocausto. *Matar.*
hombre. *Hombre, mortal, persona.*
homenaje. *Juramento, respeto.*
homeopático. *Pequeño.*
hominal. *Humano.*
homogéneo. *Homogéneo, igual.*
homogeneidad. *Identidad.*
homónimo. *Igual.*
homólogo. *Semejante, simétrico.*
homosexual. *Afeminado.*
hondo. *Profundo.*
hondonada. *Concavidad.*
honestidad. *Castidad, moralidad, virtud.*
hongo. *Cubrirse.*
honor. *Dignidad, honor, vergüenza.*
honorabilidad. *Dignidad, honor.*
honorabilísimo. *Excelente.*
honorable. *Bueno.*
honorarios. *Cobrar, pagado.*
honorífico. *Gratuito, nominal.*

honra. *Honor, vergüenza.*
honradez. *Honor, lealtad, moralidad, virtud.*
honrado. *Honrado.*
honrar. *Acreditar.*
hopo. *Cola.*
¡hopo! *¡Muera!*
hora. *Tiempo.*
horadar. *Abrir.*
horda. *Barbarie, plebeyo.*
horizontal. *Horizontal.*
horizonte. *Ver.*
horma. *Modelo.*
hormiguero. *Mucho.*
hormiguillo. *Dolor.*
horrible. *Antiestético, feo.*
horro. *Exención.*
horror. *Miedoso.*
horroroso. *Feo.*
¡hosanna! *¡Viva!*
hosco. *Adusto, insociable.*
hospedar. *Alojar.*
hospedería. *Alojar.*
hospitalario. *Bienhechor, generoso.*
hospitalidad. *Alojar, amparar.*
Hostia Santa. *Jesucristo.*
hostigar. *Molestia, perseguir.*
hostil. *Contrariedad, desfavorable.*
hostilidad. *Enemigo, guerra.*
hotel. *Alojar, palacio.*
hotentote. *Barbarie.*
hoy. *Actual.*
hoya. *Concavidad.*
hoyo. *Concavidad.*
hoz. *Curvo.*
hueco. *Concavidad, esponjoso, hueco, ranura, vacío.*

huella. *Efecto, ranura.*
huero. *Vacío.*
huerto. *Cultivado, jardín.*
hueso. *Hueso, incómodo, «mochuelo».*
huésped. *Extranjero.*
huestes. *Militar.*
huir. *Huir, ir, salir.*
hule. *Impermeable.*
humanidad. *Clemencia, cuerpo.*
humanista. *Sabio.*
humanitario. *Bienhechor.*
humanitarismo. *Altruismo, compasión, caridad.*
humano. *Mortal, persona.*
humedecido. *Mojado.*
húmedo. *Mojado.*
humildad. *Humildad, modestia.*
humilde. *Pequeño.*
humillación. *Indignidad, sumisión.*
humillar. *Despreciar, humillar, rendir.*
humo. *Evaporar.*
humores. *Líquido.*
humorista. *Bromista, gracioso.*
humorístico. *Cómico.*
humos. *Soberbia.*
hundido. *Profundo.*
hundir. *Sumergir.*
huracán. *Huracán, tempestad.*
huraño. *Adusto, antipático, insociable.*
hurgar. *Estimular, movimiento.*
hurón. *Adusto.*

I

ibérico. *Nacional.*
iceberg. *Frío.*
iconoclasta. *Destruir, irreligión.*
ida. *Partida.*
idea. *Idea, proyecto.*
ideal. *Abstracto, excelente, imaginario, modelo, nominal.*
idealismo. *Espiritualismo, teoría.*
idear. *Crear.*
ídem. *Igual.*
idéntico. *Igual, mismo.*
identidad. *Identidad.*
identificación. *Acuerdo.*
idilio. *Amor.*
idioma. *Lenguaje.*
idiosincrasia. *Calidad, cualidad.*
idiota. *Tonto.*
idiotez. *Idiotez.*
ido. *Ausente.*
idólatra. *Infiel.*
idolatría. *Afición, amor.*
ídolo. *Deidad, irreligión.*
idóneo. *Apto.*
ignaro. *Ignorante.*
ignominia. *Deshonor.*
ignorado. *Anónimo, desconocido, oculto, vulgar.*
ignorancia. *Inexperiencia.*
ignorante. *Ignorante, inepto.*
ignorantismo. *Obscurantismo.*
ignoto. *Desconocido.*

igorrote. *Barbarie.*
igual. *Constante, igual, invariable, mismo, uniforme.*
igualdad. *Equilibrio, identidad.*
ilación. *Deducción.*
ilegal. *Ilegítimo, ilícito, nulo.*
ilegalidad. *Injusticia.*
ilegítimo. *Ilegítimo, nulo.*
ileso. *Ileso, indemne.*
iletrado. *Ignorante.*
ilícito. *Ilegítimo, ilícito.*
ilicitud. *Injusticia.*
ilimitado. *Absoluto, grande, ilimitado, incondicional, inmensidad, largo.*
ilógico. *Absurdo, improbable.*
ilota. *Esclavitud.*
iluminación. *Luz.*
ilusión. *Apariencia, esperanza, ilusión, imaginario.*
ilusionismo. *Extraordinario.*
ilustración. *Ciencia, civilización, ilustración.*
ilustrado. *Sabio.*
ilustrarse. *Aprender.*
ilustre. *Ilustre, noble.*
imagen. *Faz, figurado.*
imaginación. *Imaginario.*
imaginar. *Crear, hipótesis.*
imaginaria. *Velar.*
imaginario. *Imaginario.*
imán. *Atraer, sacerdote.*

imbécil. *Tonto.*
imbecilidad. *Idiotez.*
imberbe. *Joven, lampiño.*
imborrable. *Fijo, perpetuo.*
imbuir. *Meter.*
imitación. *Copia.*
imitado. *Semejante.*
impaciencia. *Gana, ira.*
impalpable. *Inmaterial, intangible.*
impar. *Impar, unidad.*
imparcialidad. *Frialdad, insensibilidad.*
impasible. *Impasible, inexpresivo, sereno.*
impávido. *Valiente.*
impecable. *Perfección.*
impedido. *Torpe.*
impedimento. *Estorbar, prohibición.*
impedir. *Estorbar.*
impeler. *Empujar, estimular, tirar.*
impenetrable. *Compacto, impermeable, inaccesible.*
impenitencia. *Impenitencia.*
impensadamente. *Irreflexión.*
impensado. *Imprevisto, improvisado, inintencionado.*
imperativo. *Deber.*
imperar. *Mandar.*
imperceptible. *Cegar, invisible, pequeño.*
imperecedero. *Eternidad, perpetuo.*
imperfección. *Defecto.*
imperfecto. *Incompleto, mediocre.*
impericia. *Inhábil.*
imperio. *Libertad.*

imperioso. *Obligatorio.*
impermeable. *Compacto, impermeable.*
impertérrito. *Valiente.*
impertinencia. *Imprudencia, molestia.*
impertinente. *Inoportuno.*
imperturbable. *Flemático, impasible, sereno.*
impetrar. *Pedir.*
impetuoso. *Fuerte, impulsivo, inmoderado, rápido.*
impiedad. *Ateísmo, irreligión.*
implacable. *Crueldad, inclemencia, severidad.*
implantar. *Fundar.*
implicar. *Incluido.*
implícito. *Implícito.*
implorar. *Pedir.*
impoluto. *Limpio.*
imponderable. *Desconocido, excelente, imprevisto, inmaterial.*
imponente. *Impresionable, solemne.*
imponer. *Aprender, dar, enseñar.*
importación. *Entrar.*
importancia. *Soberbia.*
importante. *Grave, importante.*
importe. *Pagado, valorar.*
importunar. *Molestia.*
imposibilidad. *Impotencia.*
imposibilitado. *Torpe.*
imposible. *Difícil, imposible, inverosímil.*
imposición. *Ingreso.*
impostor. *Engañar.*

imposturas. *Argucia, menti-*
ra, vituperar.
impotencia. *Impotencia,*
ineficacia, infecundidad.
impracticable. *Imposible,*
inaccesible.
imprecar. *Maldecir.*
impreciso. *Abstracto, inde-*
terminado, inexacto.
impregnado. *Lleno.*
impremeditación. *Improvi-*
sado.
imprescindible. *Esencial,*
necesario, obligatorio.
imprecisión. *Efecto, idea,*
juicio.
impresionabilidad. *Sensibi-*
lidad.
impresionable. *Impresiona-*
ble.
impresionante. *Impresiona-*
ble.
impresionismo. *Modernis-*
mo.
imprevisto. *Imprevisto.*
improbable. *Improbable, in-*
verosímil.
ímprobo. *Grande.*
improcedente. *Ilícito, im-*
propio, inadecuado, ino-
portuno.
improductivo. *Infecundidad.*
improperio. *Agraviar.*
impropiamente. *Mal.*
impropio. *Ajeno, impropio,*
inadecuado.
improvisado. *Improvisado.*
improviso (de). *Imprevisto,*
improvisado.
imprudencia. *Imprudencia.*
imprudente. *Insensato.*

impúber. *Niño.*
impudencia. *Desvergüenza,*
inmoralidad.
impudicia. *Desvergüenza,*
inmoralidad, lujuria.
impudor. *Lujuria.*
impuesto. *Gravamen, obli-*
gatorio.
impugnar. *Impugnar.*
impulsar. *Acelerar, empujar,*
estimular, tirar.
impulsivo. *Impulsivo.*
impulso. *Instinto.*
impuntual. *Inexacto, tardío.*
impuro. *Impuro.*
impureza. *Lujuria.*
imputabilidad. *Casualidad.*
imputar. *Delatar, inculpar.*
inabordable. *Inaccesible.*
inacabable. *Duradero, eter-*
nidad, ilimitado, infinito,
largo, perpetuo.
inacabado. *Incompleto.*
inaccesible. *Inaccesible, in-*
sociable.
inacción. *Holgar, quietud.*
inacostumbrado. *Original.*
inactividad. *Inactividad,*
quietud.
inactivo. *Ineficacia, ocioso,*
pasivo.
inactual. *Inactual.*
inadecuado. *Impropio, ina-*
decuado, inoportuno.
inadvertencia. *Descuido.*
inadvertido. *Inintencionado.*
inagotable. *Infinito.*
inaguantable. *Insoportable.*
inalienable. *Intransferible,*
propio.
inalterable. *Estable, fijo. in-*

tacto, invariable, permanecer, sereno.
inamovible. *Estable, fijo.*
inane. *Insignificante.*
inanición. *Débil.*
inanimado. *Inanimado, inexpresivo, inorgánico, muerto.*
inapetencia. *Desgana, hartura.*
inapreciable. *Insignificante, invisible, pequeño.*
harmonía. *Disonancia.*
inasequible. *Caro, imposible, inaccesible.*
inasistente. *Ausente.*
inatención. *Distracción.*
inaudito. *Raro.*
inaugurable. *Primero.*
inauguración. *Principio.*
inaugurar. *Abrir, empezar.*
incalculable. *Infinito, mucho.*
incansable. *Constante.*
incapacidad. *Impotencia.*
incapacitado. *Inepto.*
incautación. *Embargo.*
incautar. *Hurtar.*
incauto. *Candidez.*
incendiar. *Encender.*
incentivo. *Estimular.*
incensar. *Adulación.*
incertidumbre. *Dudar.*
incesante. *Continuo, incesante.*
incesantemente. *Siempre.*
incidental. *Accesorio, imprevisto.*
incidente. *Variado.*
incierto. *Incierto.*
incinerar. *Encender.*

incipiente. *Empezar.*
incitación. *Inducción.*
incitar. *Estimular.*
incivil. *Descortés, ineducado.*
incivilidad. *Antipatriotismo, barbarie.*
inclemencia. *Frío, inclemencia.*
inclinación. *Afición, amor, instinto.*
inclinado. *Oblicuo.*
inclinar. *Agachar.*
ínclito. *Ilustre.*
incluido. *Implícito, incluido.*
incluir. *Meter.*
inclusero. *Desconocido.*
incluso. *Incluido.*
incoar. *Empezar.*
incoercible. *Intangible.*
incógnita. *Desconocido, oculto.*
incoherencia. *Discordancia.*
incoloro. *Anodino, eclecticismo, indeterminado, mate, neutralidad, transparente.*
incólume. *Ileso, indemne,*
incombustible. *Incombustible.*
incómodo. *Incómodo.*
incomodidad. *Molestia.*
incomodísimo. *Insoportable.*
incomparable. *Excelente, incomparable.*
incomparecencia. *Ausente.*
incompatibilidad. *Contrariedad, discordancia.*
incompatible. *Incompatible.*
incompetente. *Inepto.*

incomplejo. *Incomplejo, simple.*

incompleto. *Incompleto, mediocre, aprcial.*

incomprensible. *Absurdo, incomprensible, obscuro, raro.*

incomunicación.*Incomunicación, soledad.*

inconcebible. *Raro.*

inconcreto. *Abstracto, indeterminado.*

inconcuso. *Cierto.*

incondicional. *Absoluto, amigo, incondicional.*

inconexión. *Discordancia, inconexión.*

inconfundible. *Desemejante, distinguir.*

incongruente. *Absurdo, inadecuado, inoportuno.*

inconmovible. *Estable, fijo, impasible, permanecer, quietud, sereno.*

inconsciencia. *Idiotez, irreflexión, inconsciencia.*

inconsciente. *«Inintencionado».*

inconsecuente. *Inconstante.*

inconsiderado. *Insensato.*

inconsistente. *Débil, frágil, inconsistente.*

inconstancia. *Abulia.*

inconstante. *Inconstante, variable.*

incontenible. *Desenfrenar, impulsivo.*

incontestable. *Cierto.*

incontinencia. *Intemperancia, lujuria.*

incontinenti. *Rápido.*

incontrastable. *Cierto.*

incontrito. *Impenitencia.*

incontrolable. *Rebelión.*

incontrovertible. *Cierso.*

inconveniencia. *Discordia, imprudencia.*

inconveniente. *Desventaja, estorbar, impropio, inadecuado, inoportuno.*

incorporar. *Asimilar, erguir, levantar, unión.*

incorporeidad. *Inexistencia.*

incorpóreo. *Inmaterial.*

incorrecto. *Descortés.*

incorregible. *Impenitencia.*

incorruptible. *Honrado.*

incorrupto. *Incorrupto.*

incredulidad. *Ateísmo, desconfianza, incredulidad, irreligión.*

incrédulo. *Infiel.*

increíble. *Imposible, improbable, inverosímil, raro.*

incrementar. *Aumentar.*

increpar. *Represión.*

incrustar. *Arraigar, meter.*

incubación. *Principio.*

incuestionable. *Cierto, indiscutible.*

inculcar. *Enseñar, meter.*

inculpado. *Inocente.*

inculpar. *Delatar, inculpar.*

inculto. *Descortés, ignvrante, inculto, ineducado.*

incultura. *Barbarie, obscurantismo.*

incumbencia. *Deber, intervenir.*

incumbir. *Conexión, propio.*

incumplir. *Desacatar, infringir.*

incurable. *Irremediable.*
incuria. *Descuido, negligencia.*
incurrir. *Infringir.*
incursión. *Entrar.*
indagar. *Buscar.*
indebido. *Ilegítimo, ilícito, injusticia.*
indecencia. *Inmoralidad, lujuria.*
indecisión. *Dudar.*
indeciso. *Indeciso.*
indeclinable. *Ineludible, obligatorio.*
indecoroso. *Inmoralidad, lujuria.*
indefectible. *Fatalismo.*
indefensión. *Desamparar.*
indefenso. *Impotencia, indefenso.*
indiferencia. *Desgana.*
indefinido. *Abstracto, duradero, eclecticismo, eternidad, ilimitado, indeterminado, naturalidad, perpetuo.*
indeleble. *Duradero, fijo, permanecer, perpetuo.*
indeliberación. *Irreflexión.*
indeliberado. *«Inintencionado».*
indelicado. *Descortés.*
indemne. *Ileso, indemne.*
indemnización. *Cobrar.*
indemnizar. *Pagar, restituir.*
independencia. *Albedrío (libre), libertad.*
independiente. *Absoluto, independiente.*
indeseable. *Malo, pillo, rebelión.*

indestructible. *Permanecer.*
indeterminado. *Abstracto, indeterminado.*
indicado. *Adecuado, oportuno, propio.*
indicar. *Aconsejar.*
índice. *Orden.*
indicio. *Conato, indicio.*
indiferencia. *Frialdad, indiferencia, negligencia, neutralidad.*
indiferenciado. *General.*
indiferente. *Impasible, pasivo.*
indiferentismo. *Incredulidad, irreligión.*
indígena. *Castizo, nacional.*
indigencia. *Carecer.*
indigente. *Pobre.*
indigestión. *Hartura.*
indignación. *Ira.*
indignarse. *Protestar.*
indignidad. *Deshonor, desprestigio, indignidad, ruindad.*
indino. *Indócil, malo.*
indirecto. *Indirecto, rodeo.*
indisciplina. *Rebelión.*
indisciplinado. *Desobediente.*
indisciplinarse. *Destacar.*
indiscreción. *Curiosidad, imprudencia.*
indiscreto. *Insensato.*
indiscutible. *Cierto, indiscutible.*
indispensable. *Necesario, obligatorio.*
indispuesto. *Enfermo.*
indistinguible. *Invisible.*
indistinto. *General.*

individual. *Particular.*
individualidad. *Unidad.*
individualismo. *Egoísmo.*
individuo. *Individuo, persona.*
indócil. *Desobediente, indócil.*
indocto. *Ignorante.*
indocumentado. *Anónimo, ignorante, inepto, vulgar.*
índole. *Calidad, cualidad.*
indolencia. *Desgana, frialdad, indiferencia, insensibilidad, negligencia, pereza.*
indolente. *Apático, flemático, impasible.*
indomable. *Indócil.*
indómito. *Indócil, ineducado.*
indubitable. *Cierto, creer, explícito.*
inducción. *Inducción.*
inducimiento. *Inducción.*
inducir. *Animar, estimular, persuadir.*
indudable. *Cierto, creer.*
indulgencia. *Benevolencia, perdón.*
indulto. *Perdón.*
indumentaria. *Vestirse.*
industria. *Arte.*
industrial. *Artificial.*
industrioso. *Hábil.*
inédito. *Anónimo, desconocido, oculto.*
ineducado. *Descortés, ineducado.*
inefable. *Excelente.*
ineficacia. *Fracaso, ineficacia.*

inelástico. *Inflexible.*
inelegante. *Antiestético, inelegante.*
ineluctable. *Fatalismo.*
ineludible. *Fatalismo, ineludible, necesario.*
inepto. *Ignorante, inepto, inhábil.*
inequívoco. *Claro, directo.*
inercia. *Impotencia, indiferencia, quietud.*
inerme. *Desamparar, impotencia, indefenso.*
inerte. *Inactividad, inanimado, ineficacia, muerto.*
inescrutable. *Oculto.*
inesperado. *Imprevisto.*
inestabilidad. *Desequilibrio.*
inestable. *Inconsistente, inconstante, inestable, provisional, variable.*
inevitable. *Fatalismo, ineludible, irremediable.*
inexacto. *Incierto, inexacto.*
inexcusable. *Ineludible, obligatorio.*
inexhausto. *Infinito.*
inexistencia. *Inexistencia, nada.*
inexistente. *Inverosímil, nominal.*
inexorabilidad. *Severidad.*
inexorable. *Crueldad, fatalismo, inclemencia.*
inexperiencia. *Inexperiencia.*
inexperto. *Inepto.*
inexplicable. *Absurdo, raro.*
inexplorado. *Desconocido.*
inexpresivo. *Inexpresivo.*
inexpugnable. *Inaccesible.*

341

inextinguible. *Duradero, eternidad, fijo, infinito, perpetuo.*

inextricable. *Incomprensible.*

infalible. *Cierto.*

infamar. *Vituperar.*

infame. *Malo, mediocre, pésimo.*

infamia. *Deshonor, desprestigio, indignidad, ruindad.*

infante. *Hijo, niño.*

infantil. *Insignificante.*

infantilidad. *Candidez.*

infatigable. *Constante.*

infausto. *Infelicidad.*

infectado. *Corrompido, veneno.*

infecundidad. *Infecundidad.*

infelicidad. *Infelicidad.*

inferior. *Súbdito, subordinado, mínimo.*

inferioridad. *Desventaja, inferioridad.*

inferir. *Causa, deducción.*

infernal. *Malo, pésimo.*

inficionar. *Comunicación.*

infidelidad. *Irreligión, perjurio, traición.*

infiel. *Infiel.*

infierno. *Infierno, sufrir.*

infiltrar. *Entrar, meter, sugerir.*

ínfimo. *Insignificante, mínimo, pequeño.*

infinidad. *Cantidad, mucho.*

infinito. *Eternidad, grande, infinito, inmensidad, mucho.*

infinitud. *Inmensidad.*

inflación. *Abundancia.*

inflamable. *Combustible.*

inflamar. *Encender.*

inflar. *Inflar.*

inflexible. *Enérgico, inflexible, severidad.*

inflexión. *Voz.*

infligir. *Dar.*

influencia. *Efecto, prestigio.*

influir, *Ayudar.*

influjo. *Prestigio.*

información. *Buscar.*

informal. *Informal.*

informe. *«Amorfo», juicio.*

infortunio. *Desgracia, infelicidad, mal.*

infracto. *Constante, impasible.*

infrecuente. *Infrecuente.*

infringir. *Infringir.*

infructífero. *Infecundidad.*

infructuoso. *Fracaso, ineficacia, inútil.*

ínfulas. *Soberbia.*

infundado. *Absurdo, improbable.*

infundio. *Mentira.*

infundir. *Mentir.*

infusión. *Bebida.*

infuso. *Intuición.*

ingenio. *Cosa, inteligencia.*

ingenioso. *Gracioso, hábil, listo, original.*

ingénito. *Esencial, innato.*

ingente. *Grande.*

ingenuidad. *Candidez, naturalidad, sinceridad.*

ingerir. *Meter, tragar.*

ingerirse. *Intervenir.*

«ingleses». *Débito.*

ingratitud. *Ingratitud.*

ingrato. *Desagradar, desagradecido, incómodo.*
ingrávido. *Liviano.*
ingrediente. *Parcial.*
ingresar. *Cobrar, entrar.*
ingreso. *Admisión, ingresos.*
ingurgitar. *Comer, tragar.*
inhábil. *Inepto, inhábil.*
inhabilitado. *Vacío.*
inhabilitar. *Prohibición.*
inhalar. *Respirar.*
inherente. *Conexión, esencial, innato, unión.*
inhibición. *Irresolución, sobreseimiento.*
inhibirse. *Abstenerse.*
inhospitalario. *Desagradar, insalubre.*
inhumanidad. *Crueldad, inclemencia.*
inhumano. *Crueldad.*
inhumar. *Inhumar.*
iniciación. *Principio.*
iniciado. *Sabio.*
inicial. *Primero.*
inicar. *Empezar, intentar.*
iniciativa. *Idea.*
inicio. *Principio.*
inigualado. *Difícil, grande.*
ininflamable. *Incombustible.*
ininteligible. *Incomprensible, obscuro.*
inintencionado. *Inintencionado.*
ininterrumpido. *Continuo.*
iniquidad. *Injusticia.*
injertar. *Meter, unión.*
injuriar. *Agraviar, vituperar.*
injusticia. *Injusticia.*
injusto. *Ilegítimo, ilícito.*
inmaculado. *Limpio.*

inmanente. *Esencial, innato.*
inmaterial. *Abstracto, inmaterial.*
inmaturo. *Verde.*
inmediación. *Cercano.*
inmediatamente. *Posteridad.*
inmediato. *Cercano, contiguo.*
inmejorable. *Bueno, perfección, excelente, óptimo.*
inmensidad. *Inmensidad.*
inmenso. *Grande, ilimitado.*
inmerecido. *Injusticia.*
inmersión. *Sumergir.*
inmigración. *Repatriación.*
inmigrar. *Venir.*
inminencia. *Amenaza.*
inminente. *Cercano.*
inmiscuirse. *Intervenir.*
inmoderación. *Intemperancia.*
inmoderado. *Inmoderado.*
inmodestia. *Inmodestia.*
inmolar. *Matar.*
inmoral. *Pillo.*
inmoralidad. *Inmoralidad, lujuria, vicio.*
inmortal. *Eternidad, ilustre.*
inmovilidad. *Quietud.*
inmueble. *Inmueble.*
inmundo. *Sucio.*
inmundicia. *Residuo.*
inmune. *Ileso, indemne.*
inmunidad. *Exención, privilegio, seguridad.*
inmutable. *Impasible, invariable, permanecer, sereno.*
inmutado. *Turbado.*
innato. *Esencial, innato.*
innegable. *Cierto.*

innecesario. *Innecesario, inútil.*
innoble. *Indignidad.*
innocuo. *Ineficacia.*
innominado. *Anónimo, vulgar.*
innovación. *Regeneración.*
innovar. *Mejorar.*
innumerable. *Mucho.*
inobediente. *Desobediente, indócil.*
inobservancia. *Infringir.*
inocente. *Inocente.*
inocular. *Meter.*
inodoro. *Inodoro.*
inofensivo. *Impotencia, paz.*
inolvidable. *Gratitud.*
inopia. *Carecer, escasez, pobre.*
inopinado. *Imprevisto.*
inoportuno. *Desfavorable, inoportuno.*
inorgánico. *Inanimado, inorgánico, material, muerto.*
innovación. *Modernismo.*
inquebrantablemente. *Decidido.*
inquieto. *Indócil, turbado.*
inquietud. *Dudar, intranquilidad.*
inquilino. *Arrendar,*
inquina. *Odio.*
inquirir. *Buscar.*
inri. *Irrespetuosidad.*
insaciable. *Abaricia, sed.*
insacular. *Insalubre.*
insania. *Loco.*
insano. *Insalubre, perjudicial.*
«insatisfecho». *Descontento.*

inscribir. *Admisión.*
inscripción. *Nombre.*
inscripto. *Interior.*
inseguridad. *Desconfianza, desequilibrio, dudar, peligro.*
inseguro. *Inconsistente, inestable, provisional.*
insensatez. *Imprudencia.*
insensato. *Insensato.*
insensibilidad. *Inconsciencia, indiferencia, insensibilidad.*
insensible. *Impasible, impenitente, inclemencia, indiferencia.*
inseparable. *Amigo.*
insertar. *Meter.*
inservible. *Inadecuado, inútil, nulo.*
insidia. *Traición.*
insigne. *Ilustre.*
insignia. *Figurado.*
insignificante. *Anodino, insignificante, inútil, leve, pequeño.*
insinceridad. *Fingimiento.*
insinuar. *Decir, empezar, sugerir.*
insípido. *Anodino, insípido, insulso.*
insistente. *Constante.*
insistir. *Ratificar.*
ínsito. *Innato.*
insociabilidad. *Soledad.*
insociable. *Insociable.*
insolación. *Caliente.*
insolencia. *Desvergüenza.*
insolente. *Atrevido.*
insolidaridad. *Desunión.*
insólito. *Raro.*

insolucionable. *Irremediable.*
insolvencia. *Desprestigio.*
insolvente. *Inepto, pobre.*
insomnio. *Velar.*
insondable. *Profundo.*
insoportable. *Insoportable.*
insospechado. *Desconocido, imprevisto.*
insostenible. *Difícil, insoportable.*
inspeccionar. *Cuidar, ver.*
inspiración. *Entusiasmo, fecundidad, intuición.*
inspirado. *Acertar, oportuno.*
inspirar. *Memoria, respirar, sugerir.*
instable. *Inconstante, inestable, provisional.*
instalar. *Fundar, poner.*
instantáneo. *Breve, instantáneo.*
instante (al). *Rápido.*
instar. *Pedir, ratificar.*
instaurar. *Fundar.*
instigación. *Inducción.*
instigar. *Animar, estimular.*
instintivamente. *Instinto.*
instintivo. *«Inintencionado», natural.*
instinto. *Inconsciencia, instinto.*
institución. *Sociedad.*
instituir. *Fundar.*
institutriz. *Maestro.*
instrucción. *Ilustración, ley, precepto.*
instructor. *Maestro.*
instruido. *Educado, sabio.*
instruirse. *Aprender, enseñar.*

instrumento. *Arte.*
insuave. *Aspero.*
insubordinado. *Desobediente, rebelión.*
insubordinarse. *Desacatar.*
insubsanable. *Irremediable.*
insubstancial. *Anodino, insignificante, insulso.*
insubstantividad. *Inexistencia.*
insubstituible. *Necesario.*
Insuficiencia. *Déficit, escasez, faltar, inepto.*
insuficiente. *Incompleto, insuficiente, poco.*
insuflar. *Meter.*
insufrible. *Insoportable.*
ínsula. *Isla.*
insulso. *Anodino, insípido, insulso.*
insultar. *Agraviar, vituperar.*
insulto. *Agraviar.*
insumisión. *Rebelión.*
insumiso. *Desobediente.*
insuperable. *Excelente, perfección.*
insurgente. *Rebelión.*
intacto. *Ileso, indemne, intacto, intangible, nuevo.*
intachable. *Bueno.*
intangible. *«indiscutible», inmaterial, intangible.*
integrar. *Composición, unión.*
integridad. *Fortaleza, justicia.*
integrismo. *Radicalismo.*
íntegro. *Completo, honrado, intacto, todo, total.*
intelectual. *Sabio.*

inteligencia. *Acuerdo, cabeza, inteligencia, razón.*
inteligente. *Listo.*
inteligible. *Claro, comprensible.*
intemperancia. *Intemperancia.*
intemperante. *Inmoderado.*
intempestivo. *Inoportuno.*
intención. *Conato, intencionado, proyecto, voluntad.*
intencionado. *Intencionado.*
intendente. *Apoderado, autoridad, jefe.*
intensificar. *Aumentar.*
intenso. *Fuerte, grande.*
intentar. *Empezar, intentar.*
intento. *Conato, intencionado, proyecto, voluntad.*
intercalar. *Intercalar, meter.*
intercambio. *Cambiar.*
interceder. *Intervenir.*
interceptar. *Cerrar, estorbar, prohibición.*
interés. *Afición, celo, curiosidad, ganancia, valorar.*
interesado. *Avaricia.*
interesante. *Beneficioso, importante, interesante.*
interesar. *Agradar.*
interfecto. *Muerto.*
interferencia. *Intercalar.*
interino. *Provisional.*
interior. *Centro, conciencia, interior.*
interlocución. *Diálogo.*
intermedio. *Medio.*
interminable. *Duradero, eternidad, infinito, largo.*
intermisión. *Quietud.*
intermitencia. *Transformar.*

intermitente. *Intermitente.*
internacional. *Exótico, universal.*
internacionalista. *Antipatriotismo.*
interno. *Interior.*
interpelar. *Preguntar.*
interpolar. *Intercalar.*
interponer. *Intercalar.*
interpretación. *Explicación.*
interpretar. *Acertar, claro, hacer, interpretar.*
intérprete. *Apoderado.*
interrogante. *Dudar.*
interrupción. *Quietud.*
intersticio. *Esponjoso.*
intervalo. *Intermitente.*
intervencionismo. *Beligerante.*
intervenir. *Embargo, intervenir.*
«interviú». *Diálogo.*
interviuvar. *Preguntar.*
interrogar. *Preguntar.*
interrumpir. *Interrumpir.*
intestino. *Interior.*
intimidación. *Amenaza.*
íntimo. *Amigo, interior, privado.*
intolerable. *Incompatible, insoportable.*
intolerancia. *Intolerancia.*
intonso. *Ignorante, velludo.*
intranquilidad. *Intranquilidad.*
intrascendental. *Insigntficante.*
intrascendente. *Insignificante.*
intransferible. *Intransferible, propio.*

intransigencia. *Intolerancia, radicalismo.*
intransitable. *Inaccesible.*
intransmisible. *Intransferible.*
intransparente. *Opaco.*
intraspasable. *Intransferible.*
intratable. *Adusto, antipático, insociable.*
intrépido. *Audaz, decidido, valiente.*
intriga. *Acuerdo.*
intrigante. *Informal, interesante.*
intrincado. *Difícil, oscuro.*
intrincar. *Confundir, enredar, tergiversar.*
intríngulis. *Difícil.*
intrínseco. *Esencial, interior.*
introducción. *Prólogo.*
introducir. *Entrar, meter.*
introito. *Principio.*
introspección. *Reflexión.*
intruso. *Extranjero, extraño.*
intuición. *Clarividencia, intuición.*
inundado. *Lleno, mojado.*
inurbano. *Descortés.*
inusitado. *Desuso, nuevo, original, raro.*
inusual. *Desuso, raro.*
inútil. *Ineficacia, innecesario, insignificante, inútil, torpe.*
inutilizar. *Destruir.*
invadido. *Lleno.*
invadir. *Entrar.*
invalidar. *Derogar, nulo.*
inválido. *Torpe.*
invariable. *Constante, fijo, invariable, permanecer.*

invectiva. *Reprensión, vituperar.*
invención. *Leyenda, mentira.*
inventar. *Crear, encontrar.*
inventario. *Orden.*
inventiva. *Imaginario.*
inventor. *Sabio.*
invernada. *Invierno.*
invernal. *Frío.*
inverso. *Contrariedad.*
invertido. *Afeminado.*
inverosímil. *Imposible, improbable, inverosímil.*
invertir. *Cambiar, gastar.*
investigación. *Análisis.*
investigador. *Sabio.*
investigar. *Buscar.*
inveterado. *Antiguo.*
invierno. *Invierno.*
inviolable. *Intangible.*
invisible. *Cegar, inmaterial, invisible.*
invitación. *Gratuito.*
invitar. *Estimular.*
invocación. *Nombre.*
invocar. *Decir.*
involucrar. *Mezclar.*
involuntario. *Inintencionado.*
invulnerabilidad. *Seguridad.*
invulnerable. *Consistente.*
ión. *Pequeño.*
ir. *Ir.*
ira. *Ira.*
iracundia. *Ira.*
irascibilidad. *Ira.*
irisado. *Multicolor.*
irisación. *Brillante.*
ironía. *Bromista, contrariedad, irrespetuosidad.*

347

irracional. *Absurdo, animal, inverosímil.*
irradiar. *Divergir, extender, segregar.*
irreal. *Imaginario, inmaterial, nominal.*
irrealidad. *Inexistencia.*
irrealizable. *Imposible.*
irrebatible. *Cierto.*
irrectificable. *Irremediable.*
irredentismo. *Esclavitud.*
irreductible. *Radicalismo.*
irremplazable. *Impar.*
irreflexión. *Inconsciencia, irreflexión.*
irrefragable. *Cierto.*
irrefutable. *Cierto.*
irregular. *Amorfo, asimétrico, descompasado, intermitente, irregular.*
irregularidad. *Anormalidad, falta.*
irreligión. *Irreligión.*
irreligiosidad. *Irreligión.*
irremediable. *Fatalismo, irremediable.*
irremisible. *Ineludible.*
irrenunciable. *Ineludible.*
irreparable. *Irremediable.*

irreprochable. *Excelente, perfección.*
irresistible. *Atraer.*
irresolución. *Irresolución.*
irresoluto. *Indeciso.*
irrespeto. *Irrespetuosidad.*
irrespetuosidad. *Irrespetuosidad.*
irresponsable. *Inocente, rebelión.*
irreverencia. *Irrespetuosidad, profanación.*
irrevocablemente. *Decidido.*
irritación. *Ira.*
irritar. *Enfadar, exacerbar.*
irrogar. *Causa.*
irrompible. *Consistente.*
irrumpir. *Entrar.*
irse. *Marcharse.*
isidro. *Pueblo.*
isla. *Isla.*
islamismo. *Deísmo.*
islote. *Isla.*
isócrono. *Acompasado, uniforme.*
ítem. *Adición.*
itinerario. *Andar.*
inyectar. *Meter.*
izar. *Levantar, subir.*
izquierdo. *Izquierdo.*

J

«jabato». *Valiente.*
jabón. *Adulación.*
jaca. *Yegua.*
jacarandoso. *Garboso.*
jaco. *Caballo.*
jactancia. *Desgarro, inmodestia, soberbia.*
jactarse. *Alabar.*
jaculatoria. *Oración.*
jadear. *Respirar.*
jaez. *Calidad.*
jalbegado. *Blanco.*
jalear. *Aplaudir.*
jaleo. *Divertir, ruido.*
jalifa. *Apoderado.*
jalonar. *Determinado.*
jamar. *Comer.*
jamás. *No, nunca.*
jamelgo. *Caballo.*
jamón. *Carne.*
jamona. *Gorda.*
jaque. *Peligro, valiente.*
jarana. *Divertir.*
jardín. *Cultivado, jardín.*
jareta. *Loco.*
jarifo. *Adornado, alegre.*
jato. *Toro.*
jauja. *Abundancia, jardín,
prosperidad.*
jauría. *Pluralidad.*
jayán. *Fuerte, gigante.*
jefe. *Autoridad, jefe, patrono, poderdante.*
Jehová. *Deísmo.*
jerarquía. *Autoridad, calidad.*

jeremíaco. *Llorar.*
jerga. *Lenguaje.*
jerifalte. *Autoridad.*
jerigonza. *Lenguaje.*
jeroglífico. *Figurado.*
Jesús. *Jesucristo.*
jeta. *Cara.*
jetatura. *Desgracia.*
jiboso. *Desgarbado.*
jindama. *Miedoso.*
jinete. *Caballero.*
jirón. *Andrajo, parcial.*
jocosidad. *Reir.*
jolgorio. *Divertirse, fiesta.*
joparse. *Huir.*
¡jopo! *¡Muera!*
jornada. *Parcial, tiempo.*
jornal. *Cobrar.*
jornalero. *Obrero.*
jorobado. *Desgarbado.*
jorobar. *Desagradar, molestia.*
joven. *Joven.*
jovial. *Alegre.*
joya. *Joya.*
joyante. *Lustroso.*
jubilación. *Destitución.*
jubilado. *Pasivo.*
jubileo. *Perdón.*
júbilo. *Gozo.*
jubiloso. *Alegre.*
judaísmo. *Deísmo.*
judas. *Traición.*
judiada. *Falta, infringir,
mal.*
judío. *Avaricia.*

juego. *Pluralidad.*
juerga. *Divertir.*
juez. *Juez.*
jugar. *Divertir.*
juglar. *Poeta.*
jugo. *Esencial.*
jugoso. *Lozano, mojado.*
juguete. *Cosa.*
juicio. *Consciencia, inteligencia, juicio, prudencia, raciocinio, razón.*
juicioso. *Cuerdo, formal, sensato.*
jumera. *Borracho.*
juncal. *Garboso.*
junta. *Pluralidad, reunir, sociedad.*
juntar. *Atraer, mezclar, reunir, unión.*
junto. *Contiguo, rupido.*
Júpiter. *Deísmo.*
jura. *Juramento.*

jurado. *Juez, solemne.*
juramento. *Blasfemia, juramento.*
jurar. *Afirmación.*
jurisdicción. *Derecho, mandar.*
jurisprudencia. *Derecho, ley.*
juro. *Propio.*
justa. *Guerra.*
justicia. *Autoridad, derecho, juez, justicia.*
justificación. *Justificación, prueba.*
justificar. *Defender, exculpar.*
justipreciar. *Apreciar, valorar.*
justo. *Bienaventurado, completo, exacto, honrado, legítimo, lícito.*
juzgado. *Juez.*

K

katiuska. *Calzarse.*
kilo. *Unidad, peso.*
kilogramo. *Unidad, peso.*
kilolitro. *Unidad, medida.*

kilométrico. *Duradero, largo.*
kilómetro. *Unidad, longitud.*
kilovatio. *Unidad.*

L

laberíntico. *Incomprensible oscuro.*
laberinto. *Confundir.*
labia. *Locuaz, verbosidad.*
labor. *Trabajar.*
laborado. *Cultivado.*
laborar. *Trabajar.*
laboriosidad. *Actividad.*
laborioso. *Ocupado.*
labrado. *Cultivado.*
labrantín. *Pobre.*
labrar. *Hacer, trabajar.*
lacayo. *Criado.*
lacería. *Pobre.*
lacio. *Marchito.*
lacónico. *Breve.*
laconismo. *Laconismo.*
lacra. *Defecto.*
lacha. *Vergüenza.*
ladeado. *Oblicuo.*
letrero. *Nombre.*
ladino. *Astucia.*
lago. *Lago.*
lagotería. *Caricia.*
lagrimear. *Llorar.*
laguna. *Lago.*
laico. *Profano.*
lamedor. *Dulce.*
lamentablemente. *Mal.*
lamentar. *Condolerse.*
lamiendo. *Contiguo.*
lámina. *Lámina.*
lampiño. *Lampiño.*
lance. *Barato, hecho.*
lancha. *Embarcación.*

languidez. *Débil, desgarbado.*
lánguido. *Apático, inexpresivo.*
lanzar. *Tirar.*
lapidar. *Matar.*
lares. *Deidad.*
largarse. *Ir, marchar.*
largo. *Duradero, largo, listo, ¡fuera!*
largueza. *Largueza.*
larva. *Principio.*
lascivia. *Lujuria.*
lástima. *Compasión, condolerse.*
lastimado. *Lesionado.*
lastimar. *Atacar.*
lastimero. *Llorar, trágico, triste.*
lastre. *Pesado, estorbar.*
latente. *Oculto.*
latifundio. *Grande.*
latido. *Movimiento.*
latigazo. *Azote.*
latiguillo. *Adulación, arte.*
latir. *Existencia.*
latitud. *Ancho, lugar.*
lato. *Ampliado, ilimitado.*
latoso. *Anodino.*
latrocinio. *Hurtar.*
laudable. *Alabar.*
laudatorio. *Alabar.*
laudo. *Resolución, sentencia.*
laurel. *Premio.*

lauro. *Premio.*
lavado. *Limpio.*
laxante. *Laxante.*
laxitud. *Débil.*
laxo. *Flojo.*
laya. *Calidad.*
lazarillo. *Orientado.*
lazo. *Engañar, unión.*
lealtad. *Lealtad.*
lección. *Efecto.*
lechigada. *Pluralidad.*
lechuguino. *Elegante.*
legado. *Dar.*
legal. *Legítimo, lícito, nominal, válido.*
legalidad. *Justicia.*
legendario. *Antiguo.*
legión. *Militar, pluralidad.*
legionario. *Militar.*
legislar. *Promulgar.*
legítimo. *Efectivo, legítimo, lícito, puro, válido.*
lego. *Ignorante, seglar.*
legui. *Calzarse.*
lejano. *Lejano.*
lelo. *Tonto.*
lema. *Tesis.*
lengua. *Lenguaje.*
lenidad. *Lenidad.*
lenitivo. *Consuelo, contraveneno, mitigar, remediable.*
lenocinio. *Encubrir.*
lento. *Flemático, lento.*
leña. *Azote, castigo.*
leonino. *Injusticia.*
lerdo. *Tonto.*
lesionado. *Damninificado, lesionado.*
lesionar. *Perjudicial.*
letal. *Veneno.*
letanía. *Oración.*

letargo. *Dormir, inactividad, insensibilidad.*
letrero. *Nombre.*
leva. *Partida.*
levadura. *Causa.*
levantado. *Suspendido, vertical.*
levantamiento. *Rebelión.*
levantar. *Coger, construir, subir, erguir, levantar.*
levante. *Este.*
leve. *Leve, liviano, pequeño.*
leviatán. *Diablo.*
levigar. *Fundir.*
levita. *Sacerdote.*
léxico. *Palabra.*
ley. *Amor, ley.*
leyenda. *Leyenda.*
liar. *Atar, empaquetar, enredar.*
libar. *Absorber, bebida.*
libelo. *Agraviar.*
liberación. *Libertad, recuperación.*
liberal. *Generoso.*
liberalidad. *Desempeñar.*
libertad. *Albedrío (libre), derecho, libertad, voluntad.*
libertario. *Rebelión.*
libertinaje. *Inmoralidad, vicio.*
libertino. *Vicio.*
libidinoso. *Lujuria.*
librar. *Eludible, enviar.*
libre. *Agil, exención, ilimitado, incondicional, independiente, voluntario.*
librepensador. *Incredulidad.*
librepensamiento. *Irreligión.*
libresco. *Teoría.*
licencia. *Permiso.*

licenciar. *Expulsión.*
licencioso. *Inmoralidad, lu-*
juria.
lícito. *Legítimo, lícito.*
licitud. *Justicia.*
licor. *Bebida.*
licuar. *Licuar.*
lid. *Guerra.*
líder. *Jefe.*
lidia. *Guerra.*
liga. *Unión.*
ligar. *Atar.*
ligereza. *Imprudencia, irre-*
flexión.
ligero. *Agil, delgado, incons-*
tante, insignificante, leve,
liviano, pequeño, rápido.
lila. *Tonto.*
liliputiense. *Bajo, enano, pe-*
queño.
limar. *Mejorar.*
limen. *Umbral.*
limitado. *Condicional, corto,*
finito, local, limitado, par-
ticular, pequeño, poco, re-
lativo.
límite. *Extremo, fin, limita-*
do, máximo, periferia.
limítrofe. *Cercano.*
limosna. *Dar.*
limpiar. *Hurtar.*
límpido. *Limpio.*
limpio. *Limpio, puro.*
linaje. *Ascendiente, calidad.*
lince. *Listo.*
linchar. *Matar.*
lindando. *Contiguo.*
linde. *Limitado.*
lindero. *Limitado.*
lindo. *Estético, guapo.*
línea. *Calidad.*

linóleo. *Impermeable.*
lío. *Desorden.*
lioso. *Informal, oscuro.*
liquidación. *Comparar, fin.*
liquidar. *Acabar, fundirse,*
licuarse, pagar, suprimir,
vender.
líquido. *Bebida, efectivo, lí-*
quido.
lisiado. *Torpe.*
liso. *Liso, recto, unicolor.*
lisonjear. *Adulación, agra-*
dar.
lista. *Inventario.*
listo. *Diligencia, listo, pre-*
parado.
litera. *Carruaje.*
literal. *Exacto, igual.*
literatura. *Lenguaje.*
litosfera. *Tierra.*
liturgia. *Culto, religión.*
litúrgico. *Solemne.*
liviano. *Insignificante, leve,*
liviano.
liviandad. *Lujuria.*
lívido. *Descolorido.*
liza. *Guerra, lugar.*
loar. *Alabar, elogio.*
lobo. *Borracho.*
lóbrego. *Obscuro.*
lobreguez. *Tiniebla.*
local. *Local, parcial, parti-*
cular.
localizado. *Limitado.*
loco. *Loco.*
locomoción. *Movimiento.*
locuaz. *Locuaz.*
locución. *Dicho.*
locura. *Absurdo.*
lodo. *Vicio.*
lógica. *Razonamiento.*

lógico. *Racional.*
lograr. *Exito.*
logrero. *Avaricia.*
lomo. *Carne, espalda, resalto.*
longanimidad. *Caridad, fortaleza, magnanimidad.*
longevo. *Viejo.*
longitud. *Largo.*
lonja. *Vender.*
lote. *Cantidad, parcial, pluralidad.*
lotería. *Casualidad, suerte.*
lozano. *Lozano.*
lubricar. *Deslizamiento.*
lubricidad. *Lujuria.*
lucidez. *Clarividencia.*
lúcido. *Brillante, cuerdo.*
lucifer. *Diablo.*
lucrativo. *Beneficioso.*
lucro. *Ganancia.*
luctuoso. *Negro, triste.*
lucha. *Guerra.*

luchador. *Fuerte.*
ludibrio. *Irrespetuosidad.*
ludir. *Frotamiento.*
luego. *Futuro, posteridad.*
luengo. *Largo.*
lugar. *Lugar, pueblo.*
lugareño. *Local, pueblo.*
lugarteniente. *Apoderado, substituto.*
lúgubre. *Triste.*
lujo. *Lujo.*
lujoso. *Adornado, elegante.*
lujuria. *Lujuria.*
lumbrera. *Sabio.*
luminaria. *Luz.*
luminoso. *Brillante, claro.*
lunar. *Defecto.*
lunático. *Inconstante, loco.*
lustroso. *Brillante, lustroso.*
luto. *Duelo.*
luz. *Día, inteligencia, luz, rico.*
luzbel. *Diablo.*

LL

llama. *Luz.*
llamarse. *Nombre.*
llamativo. *Adornado, lujo.*
llaneza. *Naturalidad, sinceridad.*
llano. *Horizontal, liso.*
llanura. *Llanura.*
llave. *Arte, esencial, importante.*
lleco. *Inculto.*
llegada. *Llegada.*
llegar. *Venir.*
lleno. *Completo, hartura, lleno, macizo.*

llevadero. *Cómodo, soportable.*
llevar. *Llevar.*
llevarse. *Moda, uso.*
llorar. *Condolerse, llorar.*
lloriquear. *Llorar.*
lloroso. *Triste.*
llover. *Llover.*
lloviznar. *Llover.*
lluvia. *Abundancia, cantidad.*

M

macerado. *Mojado.*
macerar. *Blando.*
macilento. *Descolorido.*
macizo. *Compacto, macizo, montaña, pesado, sólido.*
mácula. *Sucio.*
machacar. *Deshacer, ratificar.*
macho. *Hombre, varón.*
machorra. *Infecundidad.*
machucho. *Prudencia, viejo.*
madera. *Calidad.*
madre. *Monja.*
madrigalesco. *Cortés.*
madriguera. *Concavidad.*
madrugador. *Primero, temprano.*
madrugar. *Adelantarse.*
madurez. *Prosperidad.*
maduro. *Maduro, viejo.*
maese. *Maestro.*
maestría. *Apto, experiencia, hábil.*
maestro. *Excelente, jefe, maestro.*
magia. *Hechizar.*
mágico. *Extraordinario.*
magín. *Imaginario, intelgencia.*
magisterio. *Enseñar.*
magistrado. *Juez.*
magistral. *Excelente.*
magnanimidad. *Caridad, clemencia, lenidad, magnanimidad.*
magnánimo. *Bienhechor.*

magnate. *Noble.*
magnetismo. *Atraer.*
magnetizar. *Hechizar.*
magnificar. *Ensalzar.*
magnificencia. *Apogeo, larguea, lujo, serenidad.*
magnífico. *Excelente, generoso, ¡oh!, óptimo.*
magnitud. *Cantidad.*
mago. *Hechizar.*
magro. *Carne, delgado.*
magullado. *Lesionado.*
majadería. *Imprudencia.*
majadero. *Insensato.*
majestuoso. *Solemne.*
majo. *Elegante, plebeyo, valiente.*
mal. *Mal.*
malabarismo. *Extraordinario.*
malaconsejado. *Desaconsejar.*
malamente. *Mal.*
malandrón. *Malo.*
malaventura. *Desgracia.*
malaventurado. *Infelicidad.*
malbaratar. *Gastar.*
maldad. *Malevolencia, vicio.*
maldecir. *Maldecir.*
maldición. *Blasfemia.*
maldito. *Condenado, malo.*
maleable. *Blando.*
maleante. *Malo, pilo.*
maledicencia. *Maledicencia, vituperar.*
maléfico. *Perjudicial.*

maleficio. *Hechizar.*
malestar. *Dolor, enfermo.*
malevolencia. *Envidia, malevolencia.*
malévolo. *Malo.*
malgastar. *Gastar.*
malhadado. *Infelicidad.*
malhechor. *Malhechor, reo.*
malhumorado. *Enfadar.*
malicioso. *Malo.*
malignidad. *Malevolencia.*
maligno. *Malo.*
malintencionado. *Malevolencia, malo.*
malísimo. *Pésimo.*
malmandado. *Desobediente.*
malmirado. *Desprestigio.*
malo. *Diablo, enfermo, malo, mediocre, perjudicial.*
malogramiento. *Fracaso.*
malogro. *Fracaso.*
malquerencia. *Malevolencia, odio.*
malquisto. *Despreciar, desprestigio.*
malsano. *Insalubre, perjudicial.*
malsín. *Delatar, informar.*
malsufrido. *Ira.*
maltratado. *Damnificado.*
maltratar. *Agredir, desarreglar.*
maltrecho. *Deteriorado, lesionado.*
malvado. *Malo.*
malversar. *Gastar.*
malla. *Ralo.*
mamarracho. *Antiestético, inelegante, informal.*
mameluco. *Tonto.*

mamporro. *Azote.*
maná. *Manjar.*
manada. *Gavilla, pluralidad.*
manar. *Salir.*
mancebo. *Joven.*
mancilla. *Deshonor.*
mancillado. *Sucio.*
manco. *Incompleto.*
mancomunidad. *Unión.*
mancha. *Deshonor.*
manchado. *Sucio.*
manda. *Dar.*
mandamás. *Autoridad, jefe.*
mandamiento. *Ley, precepto.*
mandar. *Enviar, mandar.*
mandarín. *Autoridad.*
mandatario. *Apoderado.*
mandato. *Ley, mandar.*
mandíbula. *Hueso.*
mando. *Autoridad, disciplina, mandar.*
mandria. *Tímido.*
manducar. *Comer.*
manejable. *Flexible.*
manejo. *Acuerdo, uso.*
manera. *Arte, moda.*
manes. *Deidad.*
manga. *Ancho.*
mangar. *Hurtar.*
mangonear. *Intervenir.*
manía. *Odio.*
maniático. *Loco.*
manicorto. *Tacaño.*
manido. *Conocido, vulgar.*
maniego. *Izquierda.*
manifestación. *Afirmación, dicho, fenómeno, prueba.*
manifestar. *Decir.*
manifiesto. *Explícito, manifiesto.*

maniobra. *Práctica.*
manirroto. *Gastar, largueza.*
manjar. *Manjar.*
mano. *Mano, superficial.*
manojo. *Gavilla, pluralidad.*
manolo. *Plebeyo.*
manopla. *Mano.*
manosear. *Tocar.*
manotada. *zote.*
manotazo. *Azote.*
mansalva (a). *Traición.*
mansedumbre. *Paciencia.*
manso. *Afable, dócil.*
manteca. *Rico.*
mantecoso. *Blando, gordo.*
mantenedor. *Defender, pro-*
   pugnar.
mantenerse. *Comer.*
mantenimiento. *Manjar.*
manual. *Extractado, sínte-*
   sis.
manufacturar. *Hacer.*
manumisión. *Libertad.*
manuscrito. *Escrito.*
mañana. *Futuro, posteridad.*
mañanear. *Adelantar.*
mañero. *Astucia.*
mañoso. *Apto, hábil.*
maqueta. *Figurado.*
maquiavélico. *Astucia,*
   malo.
maquila. *Gravamen.*
máquina. *Cosa.*
maquinación. *Acuerdo, en-*
   gañar.
maquinalmente. *Instinto.*
mar. *Mar.*
marasmo. *Dormir, inactivi-*
   dad.
maravilla. *Admiración, fe-*
   nómeno.

maravilloso. *Extraordinario,*
   ¡oh!
marbete. *Nombre.*
marca. *Mejorar, nombre.*
marcado. *Visible.*
marcial. *Guerra, militar.*
marco. *Periferia.*
marcha. *Movimiento, parti-*
   da.
marchar. *Andar.*
marcharse. *Despedida, ir,*
   marcharse, salir.
marchito. *Marchito.*
marchoso. *Garboso, rufián.*
marejada. *Intranquilidad,*
   movimiento, tempestad.
maremágnum. *Abundancia,*
   confundir, mucho.
mareo. *Insensibilidad.*
margen. *Cantidad, flanco,*
   periferia.
maridaje. *Unión.*
maridar. *Matrimonio.*
marimorena. *Discordia.*
mariquita. *Afeminado.*
marisabidilla. *Ignorante.*
marrajo. *Astucia, toro.*
marrano. *Sucio.*
marrar. *Errar.*
marrullería. *Astucia.*
martirio. *Castigo, dolor, su-*
   frir.
marxismo. *Democracia.*
masa. *Plebeyo.*
masaje. *Frotamiento.*
máscara. *Engañar, excusa,*
   inelegante.
mascota. *Irreligión.*
masculinidad. *Varonil.*
masculino. *Hombre.*
mascullar. *Musitar.*

masoquismo. *Dolor, lujuria.*
mastodonte. *Grande.*
mastuerzo. *Insensato.*
masturbación. *Lujuria.*
mata. *Planta.*
matanza. *Matar.*
matar. *Aniquilar, apagar, matar.*
matasanos. *Medicina.*
matasiete. *Valiente.*
«match». *Guerra.*
mate. *Mate.*
matemático. *Exacto.*
materia. *Contenido, cuerpo, substancia, tesis.*
material. *Material, natural, real.*
materialismo. *Ateísmo, incredulidad, materialismo.*
matız. *Cualidad, variado.*
matón. *Valiente.*
matraquear. *Ratificar.*
matricularse. *Admisión.*
matrimonio. *Matrimonio.*
matriz. *Modelo, primitivo, principal.*
matrona. *Mujer.*
matusalén. *Viejo.*
maulero. *Engañar, fingimiento.*
máxima. *Dicho, precepto.*
máximo. *Máximo.*
máximum. *Máximo.*
mayor. *Ascendiente, máximo.*
mayoral. *Jefe.*
mayoría. *Mayoría.*
mayorista. *vender.*
mayordomo. *Apoderado.*
mayúsculo. *Grande.*
mazdeísmo. *Deísmo.*

mazmorra. *Encarcelar.*
mazo. *Gavilla.*
meandros. *Ondulado.*
meca. *Fin.*
mecánicamente. *Instinto.*
mecánico. *Artificial.*
mecenazgo. *Amparar.*
mecer. *Movimiento.*
mediado. *Medio.*
mediador. *Juez.*
mediano. *Medio, mediocre.*
mediar. *Intervenir.*
mediatización. *Esclavitud.*
mediato. *Lejano.*
medicación. *Remediable.*
medicamento. *Remediable.*
medicina. *Medicina, remediable.*
médico. *Medicina.*
medida. *Acompasado, arte, cantidad, exacto, limitado, regular.*
medio. *Arte, lugar, medio, mitad.*
mediocre. *Mediocre.*
mediocridad. *Inferioridad.*
mediodia. *Prosperidad, sur.*
meditación. *Atención, raciocinio, reflexión.*
meditado. *Preparado.*
medrar. *Aumentar, crecer, floreer, prosperidad.*
medroso. *Cobarde, miedoso.*
médula. *Centro, esencial, interior, substancia.*
medular. *Esencial.*
mefistófeles. *Diablo.*
mefítico. *Insalubre.*
megalítico. *Grande.*
megalomanía. *Soberbia.*
mejor. *Superioridad.*

mejora. *Regeneración.*
mejorar. *Mejorar.*
mejunje. *Mezclar.*
melancólico. *Triste.*
melenudo. *Velludo.*
melifluo. *Dulce, melodía, suave.*
melindre. *Afectación.*
melodía. *Melodía.*
melodramático. *Trágico.*
melón. *Ignorante.*
melopea. *Borracho.*
meloso. *Cariñoso, dulce.*
mella. *Ranura.*
mellado. *Deteriorado.*
membrana. *Lámina.*
membrudo. *Fuerte.*
memento. *Memoria.*
memo. *Tonto.*
memorandum. *Comunicación.*
memoria. *Memoria.*
memorialista. *Escrito.*
menaje. *Mueble.*
mencionar. *Mencionar, nombre.*
mendigar. *Pedir.*
mendigo. *Pobre.*
menear. *Movimiento.*
menegilda. *Criado.*
meneo. *Protestar.*
menester. *Trabajar, necesario.*
menesteroso. *Pobre.*
menestral. *Obrero.*
mengano. *Indeterminado.*
mengua. *Desprestigio, desventaja, indignidad.*
menguado. *Cobarde, pequeño, pillo.*
menguar. *Decrecer, reducir.*

mengue. *Diablo.*
menino. *Criado, enano, niño.*
menopausia. *Infecundidad.*
menor. *Mínimo, niño.*
menoscabado. *Deteriorado.*
menoscabar. *Disminuir.*
menoscabo. *Damnificado, pérdida, perjudicial, substracción.*
menospreciar. *Despreciar.*
mensaje. *Comunicación.*
mensajero. *Angel, apoderado, enviar.*
mentalidad. *Inteligencia, sabio.*
mentar. *Mencionar.*
mente. *Inteligencia, razón.*
mentecatez. *Imprudencia.*
mentecato. *Informal, insensato.*
mentira. *Mentira, no, perjurio.*
mentiroso. *Engañar, incierto.*
mentor. *Maestro.*
mentís. *Negación.*
menudear. *Frecuente.*
menudo. *Insignificante, pequeño.*
meollo. *Centro, esencial, inteligencia, substancia.*
meona. *Mujer.*
mequetrefe. *Informal, insensato.*
mercachifle. *Vender.*
mercader. *Vender*
mercado. *Vender.*
mercantilismo. *Materialismo.*
mercar. *Comprar.*

merced. Dar, favor.
mercenario. Militar, pagado.
merecido. Castigo, justicia.
merecimiento. Mérito.
meridiano. Claro.
merienda. Comer.
meridional. Sur.
merino. Juez.
meritísimo. Bueno, excelente, óptimo.
mérito. Mérito, perfección.
meritorio. Excelente, gratuito, inexperiencia, interesante, provisonal.
merluza. Borracho.
mermar. Disminuir.
merodear. Hurtar.
meseta. Llanura.
mesianismo. Esperanza.
Mesías. Jesucristo.
mesnadas. Militar.
mesurado. Moderado, prudencia, serio.
meta. Cumbre, fin.
metabolismo. Asimilar, cambiar.
metafísico. Espiritualismo, inmaterial.
metafórico. Figurado.
metálico. Rico.
metamorfosis. Evolución, transformar.
metempsicosis. Religión.
meteórico. Rápido.
meter. Entrar, intercalar, meter.
meticón. Intervenir.
meticuloso. Exacto.
metimiento. Prestigio.
metódico. Uniforme.
método. Arte, orden.

metrópoli. Ciudad.
mezcla. Composición.
mezclado. Compuesto, impuro.
mezclar. Confundir, intercalar, mezclar.
mezclarse. Intervenir.
mezquindad. Avaricia, escasez.
mezquino. Pequeño, tacaño.
miasmas. Corrompido.
microcéfalo. Microcéfalo.
microscópico. Invisible, pequeño.
miedoso. Cobarde, miedoso.
miembro. Individuo.
miga. Centro, substancia.
migaja. Residuo.
migración. Andar.
milagroso. Divino, extraordinario, suerte.
milenario. Antiguo.
miliciano. Militar.
militante. Beligerancia.
militar. Militar.
millonario. Rico.
mimbreño. Flexible.
mimetismo. Semejante.
mímica. Exprsivo, mudez.
mimo. Amor, caricia.
mina. Bicoca, nacer, rico.
minado. Hueco.
minar. Destruir.
mineral. Inorgánico.
minerva. Inteligencia.
miniatura. Pequeño.
minifundio. Pequeño.
mínimo. Mínimo.
ministerio. Trabajar.
ministro. Apoderado, sacerdote.

minorar. *Disminuir, reducir.*
minoría. *Minoría.*
minorista. *Vender.*
minucia. *Insignificante, pequeño.*
minuciosidad. *Celo.*
minucioso. *Exacto.*
minúsculo. *Insignificante, pequeño.*
minuta. *pagado, proyecto, síntesis.*
miope. *Cegar.*
mirado. *Prudencia.*
miramiento. *Prejuicio, respeto.*
mirar. *Ver.*
mirífico. *Admiración.*
miriñaque. *Saya.*
misa. *Culto.*
misantropía. *Egoísmo.*
misántropo. *Adusto, insociable.*
miscelánea. *Mezclar, variado.*
miserable. *Avaricia, malo, pobre, tacaño.*
miseria. *Escasez, humildad.*
misericordia. *Altruismo, caridad, clemencia, compasión.*
misión. *Enseñar, enviar, trabajar.*
misionero. *Apoderado.*
misiva. *Comunicación.*
mismo. *Identidad, igual, mismo.*
misterio. *Fe, incomprensible, oculto.*
misterioso. *Extraordinario.*
misticismo. *Ascetismo, espiritualismo, religión.*

místico. *Figurado.*
mitad. *Medio, mitad.*
mitigar. *Disminuir, mitigar, reprimir.*
mito. *Leyenda, mentira.*
mitología. *Religión.*
mitra. *Cubrirse.*
mixtificado. *Compuesto, impuro.*
mixto. *Compuesto, eclecticismo, medio, neutralidad.*
mixtura. *Mezclar.*
mocetón. *Alto, gigante.*
mocoso. *Niño.*
«mochales». *Loco.*
mochuelo. *Incómodo, mochuelo.*
moda. *Costumbre, moda, uso.*
modales. *Cortés.*
modalidad. *Calidad, cualidad, forma, variada.*
modelar. *Hacer.*
modelo. *Excelente, modelo.*
moderación. *Frugalidad, templanza.*
moderado. *Barato, moderado, poco.*
moderar. *Disminuir, mitigar, reprimir.*
modernismo. *Modernismo.*
modernista. *Exótico.*
modernizar. *Mejorar.*
moderno. *Moderno, nuevo.*
modestia. *Humildad, modestia, sencillez.*
módico. *Barato.*
modificar. *Transformar.*
modo. *Arte, modo.*
modorra. *Dormir..*
modorro. *Ignorante.*

modos. *Costumbre.*
modoso. *Formal, prudente.*
modulación. *Melodía.*
módulo. *Modelo, unidad.*
modrego. *Inhábil.*
mofa. *Irrespetuosidad.*
mofletufo. *Gordo.*
mogoso. *Mohoso.*
mohín. *Triste.*
mohoso. *Mohoso.*
mojado. *Mojado.*
mojigatería. *Fingimiento.*
molde. *Modelo.*
moldeable. *Flexible.*
moldura. *Resalto.*
mole. *Grande.*
molécula. *Pequeño.*
moler. *Desagradar.*
molestar. *Desagradar.*
molestia. *Molestia.*
molestísimo. *Insoportable.*
molesto. *Incómodo.*
molicie. *Placer, sensualismo.*
molido. *Cansado.*
molondra. *Cabeza.*
mollar. *Beneficioso, bicoca, blando.*
mollera. *Cabeza, inteligencia.*
momentáneo. *Breve, instantáneo.*
momento (al). *Rápido.*
momento. *Tiempo.*
momificado. *Inactividad, marchito.*
momio. *Beneficioso, bicoca.*
mona. *Borracho.*
mono. *Fino.*
mondo. *Lampiño.*
moneda. *Rico.*

monería. *Expresivo.*
monigote. *Antiestético, inepto.*
monises. *Rico.*
monja. *Monja.*
monje. *Fraile.*
monocromo. *Unicolor.*
monografía. *Historia.*
monólogo. *Monólogo.*
monopolio. *Privilegio.*
monoteísmo. *Deísmo.*
monótono. *Igual, uniforme.*
monserga. *Lenguaje, obscuro.*
monstruosidad. *Delito.*
monstruoso. *Antiestético, fenómeno, feo, grande.*
montado. *Caballero.*
montaña. *Montaña.*
montar. *Composición.*
montaraz. *Ineducado.*
monte. *Montaña.*
montepío. *Ayudar, sociedad.*
montés. *Ineducado.*
montículo. *Montaña.*
montón. *Cantidad, mucho, pluralidad.*
montuoso. *Montaña.*
monumental. *Grande.*
moños. *Soberbia.*
morador. *Persona.*
moral. *Honrado, virtud.*
moraleja. *Efecto.*
moralidad. *Moralidad, virtud.*
moratoria. *Continuo.*
mórbido. *Blando.*
morboso. *Enfermo.*
mordacidad. *Vituperar.*
mordisco. *Substracción.*

moreno. *Moreno.*
morigeración. *Templanza.*
morigerado. *Moderado.*
morir. *Acabar, desaparecer, morir.*
morlaco. *Toro.*
moroso. *Tardío.*
morral. *Ignorante, ineducado.*
morriña. *Triste.*
morro. *Península.*
morrocotudo. *Difícil, grande.*
mortal. *Grave, mortal.*
mortífero. *Crueldad, grave, veneno.*
mortificación. *Ascetismo, castigo, duelo.*
mortificar. *Agraviar.*
morucho. *Toro.*
mosaico. *Compuesto, mezclar, variado.*
«mosca». *Desconfianza, rico.*
mosconear. *Molestia.*
mosconeo. *Ruido.*
moscorra. *Borracho.*
mosén. *Sacerdote.*
mostela. *Gavilla.*
mostrado. *Manifiesto.*
mostrar. *Aparecer, destapar, poner.*
mostrenco. *Ignorante.*
mote. *Apodo, tesis.*
motejar. *Vituperar.*
motín. *Rebelión.*
motivo. *Causa, causalidad, tesis.*
motocicleta. *Carruaje.*
motor. *Causa.*
movedizo. *Inestable.*

mover. *Persuadir.*
moverse. *Andar.*
móvil. *Estimular.*
movilización. *Movimiento.*
movilizado. *Militar.*
movimiento. *Actividad, movimiento.*
mozalbete. *Joven.*
mozo. *Criado, joven, soltería.*
muchacha. *Criada.*
muchacho. *Joven, niño.*
muchedumbre. *Abundancia, compañía, mucho, pluralidad.*
mucho. *Ancho, pluralidad.*
mudable. *Inestable, variable.*
mudanza. *Cambiar, variado.*
mudar. *Cambiar, transformar.*
mudez. *Mudez.*
mudo. *Taciturno.*
mueble. *Cómodo, mueble.*
mueca. *Expresivo.*
muelle. *Blando, flexible.*
¡muera! *¡Muera!*
muerte. *Fin.*
muerto. *Inanimado, inorgánico, muerto.*
muestra. *Indicio, modelo, prueba.*
mugir. *Gritar.*
mugriento. *Sucio.*
mujer. *Mujer.*
mujeriego. *Lujuria.*
mulato. *Moreno.*
muletilla. *Invariable.*
multa. *Castigo.*
multicolor. *Multicolor.*
multiforme. *Variado.*

multimillonario. *Rico.*
múltiple. *Mucho.*
multiplicar. *Aumentar.*
multiplicidad. *Pluralidad.*
múltiplo. *Múltiplo.*
multitud. *Abundancia, cantidad, compañía.*
mullido. *Blando, esponjoso.*
mundano. *Profano.*
mundial. *Universal.*
mundo. *Experiencia, sociedad, tierra.*
mundología. *Experiencia.*
municionar. *Dar.*
municipio. *Local.*
munificencia. *Largueza.*
murar. *Cerrar.*
murmullo. *Ruido.*
murmuración. *Maledicencia.*

murmurar. *Musitar.*
muro. *Reprimir.*
murri. *Triste.*
musa. *Deidad, fecundidad.*
musculatura. *Carne.*
músculo. *Carne.*
musical. *Melodía.*
musitar. *Musitar.*
mustio. *Marchito.*
muración. *Revolución.*
mutaciones. *Transformarse.*
mutilación. *Substracción.*
mutilado. *Incompleto, torpe.*
mutis. *Callar, desaparecer, salir.*
mutismo. *Callar, mudez, silenciar, silencio.*
mutualidad. *Ayudar, sociedad.*

N

nacer. *Aparecer, nacer, procedencia, salir.*
nacido. *Derivado.*
naciente. *Este.*
nacimiento. *Principio.*
nacional. *Nacional.*
nada. *Inexistente, nada.*
nadar. *Flotar.*
nadir. *Abajo.*
najarse. *Marcharse.*
«nanay». *No.*
nansa. *Lago.*
nao. *Embarcación.*
¡naranjas! *No.*
narcisismo. *Afeminado.*
narciso. *Guapo.*
narcótico. *Dormir.*
narigudo. *Puntiagudo.*
narración. *Historia, narración.*
nata. *Excelente, óptimo.*
nativo. *Nacional.*
natural. *Calidad, cualidad, crudo, humano, incorrupto, innato, material, nacional, natural, ordinario, procedencia, puro, real, simple.*
naturalidad. *Naturalidad, normalidad, sinceridad.*
naturalmente. *Sí.*
naufragar. *Fracaso, sumergirse.*
naufragio. *Pérdida.*
naumaquia. *Lago.*
náusea. *Vomitar.*

nauseabundo. *Hedor.*
náuseas. *Repeler.*
nave. *Embarcación.*
navegar. *Andar.*
navío. *Embarcación.*
náyade. *Deidad.*
Nazareno (El). *Jesucristo.*
nebulosidad. *Tinieblas.*
nebuloso. *Obscuro.*
necedad. *Imprudencia.*
necesariamente. *Fatalismo.*
necesario. *Necesario, obligatorio, suficiente, útil.*
necesidad. *Deber, hambre.*
necesitado. *Pobre.*
necio. *Constante, ignorante, insensato, tonto.*
néctar. *Bebida.*
nefasto. *Infelicidad, perjudicial, pésimo.*
negación. *Negación.*
negado. *Inepto.*
negar. *Denegar.*
negativa. *Negación, prohibición.*
negligencia. *Descuido, indiferencia, negligencia, pereza.*
negociación. *Acuerdo.*
negociante. *Vender.*
negociar. *Arreglar, intervenir, vender.*
negrero. *Crueldad.*
negro. *Moreno, negro.*
nene. *Niño.*
neo. *Obscurantismo.*

neoclasicismo. *Moderno.*
neoclásico. *Moderno.*
neófito. *Discípulo.*
nepotismo. *Injusticia.*
nequaquam. *No.*
nereida. *Deidad.*
nerón. *Crueldad.*
nervio. *Filamento, substancia.*
nervioso. *Turbado.*
nesciente. *Ignorante.*
neto. *Castizo, efectivo, puro.*
neurasténico. *Enfermo, loco.*
neurosis. *Enfermo.*
neutralidad. *Eclecticismo, neutralidad.*
neutralizado. *Igual.*
neutralizar. *Mitigar.*
neutro. *Indeterminado, «inodoro», medio.*
nexo. *Conexión, unión.*
niebla. *Evaporar.*
nielado. *Adornado.*
nieto. *Descendiente.*
nieve. *Frío.*
nihilismo. *Anarquía, ateísmo, incredulidad.*
nimbo. *Círculo.*
nimio. *Insignificante, leve.*
ninfa. *Deidad.*
ninfomanía. *Lujuria.*
niño. *Hijo, niño.*
nirvana. *Cielo, distracción, felicidad.*
nítido. *Blanco, claro, limpio.*
nivel. *Alto.*
nivelado. *Horizontal, igual.*
níveo. *Blanco.*
no. *Negación, no.*
nobilísimo. *Excelente.*

noble. *Caballero, excelente, ilustre, noble.*
nobleza. *Dignidad, honor, lealtad, magnanimidad.*
noción. *Idea, principio.*
nocivo. *Perjudicial.*
noctámbulo. *Noche.*
noctívago. *Noche.*
nocturno. *Noche.*
noche. *Noche.*
nocherniego. *Noche.*
nolición. *Abulia.*
nómada. *Andar.*
nombradía. *Fama.*
nombramiento. *Nombramiento.*
nombrar. *Mencionar.*
nombre. *Nombre.*
nomenclátor. *Inventario.*
nómina. *Orden.*
nominal. *Nominal.*
nonada. *Insignificante.*
nones. *Impar, no.*
norma. *Ley, modelo.*
normal. *Cuerdo, perpendicular, sano.*
normalidad. *Normalidad.*
normalización. *Orden.*
norte. *Fin, norte.*
nostalgia. *Memoria, triste.*
nota. *Cualidad, fama, prestigio, proyecto.*
notabilidad. *Fama, sabio.*
notable. *Excelente, ilustre, importante.*
notar. *Ver.*
notoriedad. *Fama.*
notorio. *Manifiesto.*
novato. *Inexperiencia.*
novel. *Inexperiencia.*
novela. *Leyenda.*

novelar. *Narración.*
novelero. *Informal.*
novelesco. *Interesante.*
novelista. *Prosista.*
noveno. *Culto.*
novicia. *Monja.*
noviciado. *Provicional.*
novicio. *Fraile.*
novilla. *Vaca.*
novillero. *Ausente.*
novillo. *Toro.*
nuve. *Evaporar.*
núbil. *Joven.*
nuca. *Cráneo.*
núcleo. *Centro.*
nuera. *Hijo.*

nuestro. *Propio.*
nuevo. *Intacto, moderno, nuevo, original.*
nulidad. *Impotencia, inepto.*
nulo. *Inútil, nulo.*
numen. *Entusiasmo, fecundidad.*
numerario. *Efectivo, rico.*
número. *Cantidad.*
numeroso. *Mucho.*
nunca. *No, nunca.*
nuncio. *Apoderado, enviar.*
nupcias. *Matrimonio.*
nutrido. *Lleno.*
nutrirse. *Asimilar, comer.*

O

oasis. *Excluido, jardín.*
obcecación. *Ofuscación.*
obedecer. *Acatar, cumplir, obedecer.*
obediencia. *Respeto, sumisión.*
obediente. *Dócil, obediente.*
obertura. *Principio.*
obesidad. *Hipertrofia.*
obeso. *Gordo.*
óbice. *estorbar.*
óbito. *Morir.*
objetar. *Impugnar.*
objetivo. *Fin.*
objcto. *Cosa, mueble, tesis.*
oblación. *Matar.*
oblicuo. *Oblicuo.*
obligación. *Deber, débito, gasto, gravamen.*
obligacionista. *Crédito.*
obligado. *Agradecido, gratitud.*
obligar. *Empeñar, exigir.*
obligatorio. *Necesario, obligatorio.*
óbolo. *Dar.*
obra. *Hecho, realización, trabajar.*
obrar. *Hacer.*
obrero. *Obrero.*
obscenidad. *Inmoralidad, lujuria.*
obscurantismo. *Obscurantismo.*
obscurecer. *Anochecer, cegar, esfumar.*

obscuridad. *Noche, tiniebla.*
obscuro. *Anónimo, incomprensible, negro, obscuro, vulgar.*
obsequio. *Dar, favor.*
obsequioso. *Cortés.*
observación. *Atención.*
observador. *Obediente, ver.*
observancia. *Disciplina.*
observar. *Acatar, cumplir, ver.*
obsesión. *Perjuicio.*
obstaculizar. *Estorbar.*
obstinación. *Intolerancia.*
obstinado. *Constante, impenitencia.*
obstruccionar. *Estorbar.*
obstruir. *Cerrar.*
obtestación. *Juramento.*
obturar. *Cerrar.*
obtuso. *Tonto.*
obvención. *Cobrar.*
obviar. *Quitar.*
obvio. *Claro, comprensible, fácil.*
ocasión. *Barato, oportuno, tiempo.*
ocasional. *Accidental, casualidad, imprevisto.*
ocaso. *Barbarie, decadencia, desaparecer, fin, oeste.*
occidente. *Oeste.*
occipucio. *Cráneo.*
océano. *Mar.*
ocio. *Holgar.*
ociosidad. *Holgar, pereza.*

ocioso. *Ineficacia, innecesario, inútil, ocioso.*
octogenario. *Anciano.*
oculista. *Medicina.*
ocultar. *Encubrir, tapar.*
ocultarse. *Desaparecer.*
oculto. *Oculto.*
ocupación. *Trabajar.*
ocupado. *Ocupado.*
ocurrencia. *Gracioso, idea, original.*
ocurrente. *Gracioso.*
ocurrir. *Hecho.*
ochava. *Chaflán.*
odio. *Malevolencia, odio.*
odisea. *Andar.*
odorífero. *Fragancia.*
oeste. *Oeste.*
ofender. *Agraviar, atacar, vituperar.*
oficial. *Nominal, público.*
oficio. *Arte, culto, trabajar.*
oficiosidad. *Adulación, celo.*
oficioso. *Afable, cortés, privado.*
ofrendar. *Dar.*
ofuscación. *Ofuscación.*
ofuscado. *Turbado.*
ofuscamiento. *Ofuscación.*
ofuscar. *Cegar.*
ogro. *Barbarie.*
¡oído! *Atención.*
oír. *Oír.*
ojeriza. *Odio.*
¡ojo! *Atención.*
¡olé! *¡Viva!*
oleaje. *Movimiento.*
oleoducto. *Canal.*
oler. *Indicio, oler.*
olfatear. *Oler.*
oligarquía. *Autocracia.*

oligofrénico. *Tonto.*
olímpico. *Soberbia.*
olimpo. *Cielo.*
oliscar. *Oler.*
olisquear. *Oler.*
oloroso. *Fragancia.*
olvidadizo. *Desagradecido.*
olvidado. *Ausente, desuso, olvido.*
olvidar. *Descuidar, eludir, omitir, perder.*
olvido. *Desamparar, descuido, distracción, incomunicación, ingratitud, olvido, postergación.*
ombligo. *Centro.*
ominoso. *Indignidad.*
omisión. *Descuido, olvido, postergación.*
omitido. *Implícito.*
omitir. *Omitir, quitar, «silenciar».*
ómnibus. *Carruaje.*
omnímodo. *Absoluto, total.*
omnipotencia. *Potencia.*
onanismo. *Lujuria.*
ondulado. *Curvo, ondulado.*
oneroso. *Pagado, perjudicial.*
onomatopéyico. *Semejante.*
ontología. *Substancia.*
opaco. *Opaco.*
opalescente. *Multicolor.*
opción. *Derecho.*
operación. *Hecho.*
operante. *Activo, eficacia.*
operar. *Hacer.*
operario. *Obrero.*
opilar. *Cerrar.*
opimo. *Abundancia.*
opinión. *Juicio.*

oponerse. *Estorbar, resistir.*
oportunidad. *Tiempo.*
oportuno. *Favorable, oportuno.*
oposición. *Contrariedad, desacuerdo, diferencia, guerra, minoría.*
opresión. *Autocracia, esclavitud.*
oprimir. *Apretar.*
oprobio. *Deshonor.*
optar. *Albedrío (libre), gana.*
optimismo. *Esperanza.*
optimista. *Alegre.*
óptimo. *Excelente, óptimo.*
opuesto. *Incompatible.*
opulencia. *Abundancia.*
opulento. *Rico.*
opúsculo. *Extractado.*
oque (de). *Gratuito.*
oquedad. *Concavidad.*
oración. *Dicho, monólogo, oración,*
oráculo. *Responder, sabio.*
oral. *Verbal.*
orate. *Loco.*
orbe. *Universal.*
órbita. *Lugar, periferia.*
orden. *Calidad, disciplina, ley, orden, precepto.*
ordenación. *Orden.*
ordenado. *Sacerdote.*
ordenanza. *Dependiente.*
ordenanzas. *Ley.*
ordenar. *Clasificar, mandar, promulgar.*
ordinario. *Aspero, corriente, descortés, enviar, ineducado, inelegante, ordinario, sencillo.*
oreado. *Seco.*

orfandad. *Desamparar.*
orfebrería. *Fino.*
orgánico. *Animado, material, natural, orgánico, vivo.*
organismo. *Cosa, sociedad.*
organización. *Orden.*
organizado. *Orgánico.*
organizar. *Clasificar.*
orgía. *Divertir.*
orgullo. *Inmodestia, soberbia.*
orientación. *Ley.*
orientado. *Orientado.*
oriental. *Lujo.*
oriente. *Brillante, Este.*
orífice. *Obrero.*
orificio. *Abrir.*
oriflama. *Figurado.*
origen. *Causa, causalidad, principio, procedencia.*
originado. *Derivado.*
original. *Modelo, nuevo, original, primero, primitivo.*
originario. *Innato, primitivo.*
originarse. *Nacer.*
orilla. *Flanco, periferia.*
orillar. *Separado.*
orín. *Mohoso.*
oriundo. *Procedencia.*
orla. *Periferia.*
ornamentado. *Adornado.*
ornamento. *Gala.*
oro. *Rico, rubio.*
orondo. *Contento.*
oropel. *Adornado, apariencia, baratija.*
orto. *Aparecer, principio.*
ortodoxia. *Fe, puro, verdad.*

osado. *Atrevido, audaz, valiente.*

oscilación. *Movimiento, variado.*

oscilante. *Variable.*

ósculo. *Caricia.*

oscuro. *Negro.*

óseo. *Hueso.*

ósmosis. *Cambiar, entrar.*

osomo. *Conato.*

¡oste! *¡Muera!*

ostentación. *Inmodestia, lujo, manifiesto.*

ostentar. *Tener.*

ostentoso. *Apariencia.*

osteología. *Hueso.*

otear. *Ver.*

otero. *Montaña.*

otoñal. *Viejo.*

otorgar. *Conceder, dar.*

otro. *Ajeno, distinto.*

otrora. *Anterioridad, pasado.*

ovacionar. *Aplaudir.*

oxidado. *Mohoso.*

¡oxte! *¡Muera!*

P

pacato. *Miedoso, tímido.*
pacer. *Comer.*
paciencia. *Paciencia.*
paciente. *Enfermo.*
pacto. *Acuerdo, unión.*
pachorrudo. *Flemático.*
pachucho. *Corrompido, débil, enfermo, maduro.*
padecer. *Sufrir.*
padecimiento. *Dolor, enfermo.*
padrastro. *Padre.*
padrazo. *Padre.*
padre. *Ascendiente, crear, fraile, padre, sacerdote.*
padrino. *Padre.*
paga. *Cobrar.*
pagado. *Pagado.*
paganismo. *Irreligión, religión.*
pagano. *Infiel.*
pagar. *Pagar.*
página. *Parcial.*
pago. *Gasto.*
paisaje. *Ver.*
paisano. *Nacional, paisano.*
paja. *Innecesario.*
paje. *Criado.*
palabra. *Dicho, palabra.*
palabrería. *Teoría.*
palabrota. *Blasfemia.*
palacio. *Palacio.*
paladear. *Gustar.*
paladín. *Defender.*
paladino. *Claro.*
palafrén. *Caballo.*

palafrenero. *Criado.*
palanca. *Arte.*
palanquín. *Carruaje.*
palenque. *Lugar.*
paleolítico. *Antiguo.*
palestra. *Lugar.*
paleto. *Ineducado, pueblo.*
paliar. *Exculpar, fingimiento.*
paliativo. *Mitigar.*
palidecer. *Esfumar.*
pálido. *Decolorido.*
palingenesia. *Regeneración.*
palinodia. *Rectificar.*
palique. *Diálogo, hablar.*
paliza. *Castigo.*
palma. *Mano, premio.*
«palmar». *Morir.*
palmario. *Claro.*
palmetazo. *Azote.*
palmito. *Cara.*
palmas. *Ovación.*
palmotear. *Aplaudir.*
palo. *Castigo.*
palpable. *Claro, visible.*
palpar. *Tocar.*
palpitación. *Movimiento.*
palpitante. *Actual, expresivo, vivo.*
palpitar. *Existencia.*
palurdo. *Ineducado, pueblo.*
pamema. *Insignificante.*
pampa. *Llanura.*
pamplina. *Insignificante.*

pampringada. *Insignificante.*
panacea. *Contraveneno, remediable.*
pancista. *Materialismo.*
pandemonio. *Ruido.*
pandilla. *Compañía, gavilla, pluralidad.*
pando. *Curvo.*
panegírico. *Alabar, historia.*
pamema. *Insignificante.*
pánfilo. *Flemático, tonto.*
panfleto. *Agraviar.*
pánico. *Miedoso.*
panne. *Parar.*
panoli. *Tonto.*
panorama. *Ver.*
pantalón. *Pantalón.*
pantalla. *Encubrir.*
pantano. *Lago.*
panteísmo. *Ateísmo, incredulidad, irreligión.*
pantomina. *Mudez.*
panufla. *Calzarse.*
panzada. *Hartura.*
papá. *Padre.*
papalina. *Borracho.*
papamoscas. *Candidez, tonto.*
papanatas. *Candidez, tonto.*
paparrucha. *Mentira.*
papeleta. *«Mochuelo».*
paquete. *Elegante, embaracación.*
par. *Par.*
parabién. *Felicitación.*
parábola. *Leyenda.*
parada. *Parar, quietud.*
paradero. *Fin.*
paradigma. *Modelo.*
paradisíaco. *Felicidad.*

parado. *Ocioso, tímido.*
paradoja. *Argucia, contrariedad.*
paradójico. *Absurdo.*
parafrasear. *Decir, interpretar.*
paráfrasis. *Explicación.*
paraíso. *Cielo, jardín.*
paraje. *Lugar.*
paralelepípedo. *Poliédrico.*
paralelismo. *Concordancia, igual.*
paralelo. *Comparar, paralelo.*
parálisis. *Inactividad, quietud.*
paralítico. *Torpe.*
paralización. *Quietud.*
paralizar. *Interrumpir, parar.*
paralogismo. *Argucia.*
paramento. *Adornado.*
páramo. *Erial, inculto.*
parangón. *Modelo.*
parangonar. *Comparar.*
parapetarse. *Defender, seguridad.*
parar. *Interrumpir, parar.*
parásito. *Holgar.*
parcela. *Parcial.*
parcial. *Amigo, incompleto, local, parcial.*
parcialidad. *Beligerancia, injusticia.*
parca. *Deidad.*
parco. *Poco.*
parche. *Adición.*
pardo. *Obscuro.*
pardillo. *Pueblo.*
parecer. *Juicio.*
parecido. *Semejante.*

parejo. *Igual, par.*
parentela. *Ascendiente.*
paria. *Plebeyo.*
pariente. *Pariente.*
parigual. *Igual.*
parir. *Crear, nacer.*
parlamentario. *Apoderado.*
parlamentarismo. *Democracia.*
parlamento. *Monólogo, sociedad.*
parlanchín. *Locuaz.*
parlar. *Hablar.*
parnaso. *Cielo.*
parné. *Rico.*
paro. *Holgar, quietud.*
parodia. *Copia.*
paroxismo. *Entusiasmo, impulsivo, ira.*
parque. *Jardín.*
parquedad. *Escasez, frugalidad, templanza.*
párrafo. *Dicho.*
parranda. *Divertir.*
párroco. *Sacerdote.*
parroquiano. *Comprar.*
parsimonia. *Ahorrar, escasez, moderado, templanza.*
parte. *Comunicación, factor, lugar, parcial.*
parterre. *Jardín.*
participación. *Parcial.*
participar. *Ayudar, intervenir.*
partícula. *Pequeño.*
particular. *Extraño, individuo, paisano, particular, privado, propio, raro.*
partida. *Cantidad, despedida, guerra, partida.*

partidario. *Amigo, beligerante.*
partidismo. *Beligerancia, injusticia.*
partido. *Guerra.*
partir. *Ir, marchar, salir.*
parvo. *Leve, pequeño.*
párvulo. *Niño.*
pasadero. *Soportable.*
pasado. *Corrompido, inactual, maduro, pasado.*
pasajero. *Breve, provisional, temporal.*
pasante. *Provisional.*
pasaporte. *Permiso, seguridad.*
pasar. *Andar, desaparecer, entrar, hechos, sobras, tragar, transferible.*
pasatiempo. *Divertir.*
pasavolante. *Breve.*
pascua. *Fiesta.*
pase. *Permiso, seguridad.*
paseas. *Andar.*
pasión *Afición, amor, entusiasmo, instinto, sensibilidad.*
pasional. *Impulsivo.*
pasivo. *Pasivo.*
pasividad. *Inactividad, indiferencia.*
pasmado. *Frío.*
pasmarote. *Inactividad, tonto.*
pasmo. *Admiración.*
pasmoso. *Extraordinario.*
paso. *Parcial.*
pasta. *Rico.*
pastar. *Comer.*
pastel. *Acuerdo, engañar.*
pasteleo. *Acuerdo.*

pastor. *Sacerdote.*
pastoso. *Blando.*
pata. *Pie.*
patada. *Azote.*
patán. *Descortés, ignorante, ineducado.*
patatús. *Enfermo, insensibilidad.*
patear. *Protestar.*
patente. *Claro, manifiesto, permiso, privilegio.*
pateta. *Diablo.*
patético. *Impresionable, trágico.*
patidifuso. *Admiración.*
patillas. *Diablo.*
pátina. *Antiguo, viejo.*
patinar. *Deslizamiento.*
patitieso. *Admiración.*
patochada. *Tonto.*
patología. *Medicina.*
patológico. *Enfermo.*
patoso. *Inoportuno.*
patraña. *Leyenda, mentira.*
patriarca. *Viejo.*
patricio. *Noble.*
patrimonial. *Propio.*
patrimonio. *Bienes, rico.*
patriota. *Nacional.*
patrocinar. *Amparar.*
patrón. *Amo, autoridad, jefe, modelo, patrono, unidad.*
patrono. *Patrono.*
patrulla. *Compañía, parcial, pluralidad.*
patuela. *Plebeyo.*
paulatino. *Lento.*
pausa. *Pararse, quietud.*
pausado. *Torpe.*

pauta. *Ley, modelo, paralelo.*
pavimento. *Suelo.*
pavonearse. *Soberbia.*
pavor. *Miedoso.*
pavoroso. *Grave.*
payaso. *Gracioso.*
payo. *Pueblo.*
paz. *Concordia, paz, tranquilidad.*
pazguato. *Candidez, tonto.*
pazo. *Palacio.*
¡pche! *¡Bah!*
¡pchs! *¡Bah!*
peana. *Base.*
peatón. *Andar.*
pecado. *Delito.*
pecador. *Culpable.*
pecar. *Infringir.*
pécora. *Malo.*
pecuario. *Animal.*
peculiar. *Castizo, particular, propio.*
pecunia. *Rico.*
pechar. *Pagar.*
pechero. *Plebeyo.*
pecho. *Gravamen, pecho.*
pedagogo. *Maestro.*
pedante. *Ignorante.*
pedantear. *Alabar.*
pedantería. *Inmodestia.*
pedazo. *Parcial.*
pedestal. *Base.*
pedir. *Pedir.*
pega. *Engañar.*
pegajoso. *Blando.*
pegando. *Contiguo.*
pegar. *Adherir, castigo.*
pegote. *Adición.*
pegotón. *Gratuito.*
pegujalero. *Pobre.*

peje. *Astucia.*
pejiguera. *Incómodo.*
pelado. *Lampiño, pobre,*
«*mochuelo*».
pelafustán. *Plebeyo.*
pelagatos. *Plebeyo, vulgar.*
pelazga. *Discordia.*
peldaño. *Escalera.*
pelea. *Guerra.*
peliagudo. *Difícil.*
película. *Lámina.*
peligro. *Amenaza, peligro.*
pelma. *Flemático.*
pelmazo. *Flemático.*
pelo. *Filamento.*
pelón. *Pobre.*
peloso. *Velludo.*
pelota. *Esférico.*
pelotera. *Discordia.*
pelotilla. *Adulación.*
pelotón. *Pluralidad.*
peluca. *Reprensión.*
peludo. *Velludo.*
pelusa. *Envidia.*
pena. *Aflicción, castigo, des-*
consuelo, dolor, duelo.
penacho. *Plumaje.*
penado. *Malhechor.*
penalidad. *Castigo, sufrir.*
penar. *Sufrir.*
penco. *Caballo.*
pendencia. *Desorden, dis-*
cordia.
pendiente. *Montaña, obli-*
cuo, rampa, suspensión.
pendolista. *Escrito.*
pendón. *Figurado.*
penetrable. *Accesible, per-*
meable.
penetración. *Clarividencia.*
penetrante. *Profundo.*

penetrar. *Entrar.*
península. *Península.*
peninsular. *Nacional.*
penisla. *Península.*
penitencia. *Ascetismo, casti-*
go, duelo.
penitente. *Reo.*
penoso. *Difícil, incómodo.*
pensamiento. *Dicho, idea,*
inteligencia, proyecto.
pensar. *Raciocinio, refle-*
xión.
pensil. *Jardín.*
pensión. *Alojar, amparar.*
pensionista. *Pasivo.*
pentágono. *Polígono.*
pentagrama. *Paralelo.*
penumbra. *Oscuro.*
penuria. *Escasez, pobre.*
peña. *Soledad.*
peñascales. *Montaña.*
peñascos. *Montaña.*
peón. *Andar, obrero.*
peor. *Inferioridad.*
peplas. *Inútil.*
peque. *Niño.*
pequeñez. *Humildad, insig-*
nificante.
pequeño. *Bajo, corto, leve,*
niño, pequeño.
pequeñuelo. *Niño.*
«*pera*». *Elegante.*
percance. *Desgracia, impre-*
visto, mal, variado.
percatarse. *Ver.*
percepción. *Idea, intuición.*
perceptible. *Visible.*
percibir. *Cobrar, oír, reci-*
bir, sensibilidad, ver.
percherón. *Caballo.*

perder. *Decadencia, desaparecer, empeorar, perder.*
pérdida. *Desasimilar, mal, perjudicial, pérdida.*
perdido. *Desorientado, malo, rufián, vicio.*
perdón. *Clemencia, perdón.*
perdonavidas. *Valiente.*
perdulario. *Gastar, pillo, vicio.*
perdurabilidad. *Eternidad.*
perdurable. *Perpetuo.*
perdurar. *Permanecer.*
perecedero. *Finito, temporal.*
perecer. *Caer, morir.*
peregrinar. *Andar.*
peregrino. *Exótico, extraordinario, nuevo, original, raro.*
perencejo. *Indeterminado.*
perendengue. *Adornado, gala.*
perengano. *Indeterminado.*
perenne. *Duradero, perpetuo.*
perennidad. *Eternidad.*
perentorio. *Rápido.*
pereza. *Pereza.*
perfección. *Normalidad, perfección.*
perfeccionamiento. *Ilustración, regeneración.*
perfeccionar. *Mejorar.*
perfectamente. *Bien.*
perfecto. *Bueno, excelente.*
perfidia. *Traición.*
perfil. *Flanco, forma, periferia.*
perfilado. *Adornado, fino.*
perforar. *Abrir.*

perfume. *Fragancia.*
pergeñar. *Hacer.*
pergeño. *Forma.*
pericia. *Experiencia, hábil.*
periferia. *Periferia.*
periférica. *Exterior.*
perifollos. *Gala.*
perífrasis. *Indirecto, rodeo.*
perillán. *Pillo.*
perímetro. *Periferia.*
perínclito. *Ilustre.*
periódico. *Intermitente, regular, uniforme.*
período. *Dicho.*
periodista. *Prosista.*
peripatético. *Raro.*
peripecia. *Variado.*
periplo. *Andar.*
peripuesto. *Elegante.*
peritaje. *Arte.*
perito. *Sabio.*
perjudicado. *Damnificado.*
perjudicial. *Desfavorable, insalubre, perjudicial.*
perjuicio. *Desventaja, mal, molestia, pérdida.*
perjurio. *Perjurio, traición.*
perla. *Joya.*
permanecer. *Permanecer.*
permanente. *Duradero, esencial, estable, fijo, incesante, invariable, perpetuo.*
permeable. *Esponjoso, permeable.*
permiso. *Permiso.*
permitido. *Corriente, legítimo.*
permitir. *Conceder.*
permutar. *Cambiar.*
pernicioso. *Perjudicial.*

pernoctar. *Dormir.*
pero. *Defecto, desventaja.*
perogrullada. *Tonto.*
peroración. *Monólogo.*
perorar. *Hablar.*
perorata. *Monólogo.*
perpendicular. *Transversal, vertical.*
perpetrar. *Hacer, infringir, realizar.*
perpetuamente. *Siempre.*
perpetuo. *Perpetuo.*
perplejidad. *Dudar.*
perplejo. *Indeciso.*
perra. *Ira.*
perrera. *Choza.*
perrería. *Indignidad, mal.*
perseguir. *Atacar, perseguir.*
perseverante. *Constante.*
persistente. *Continuo, constante, incesante.*
persistir. *Resistir.*
persona. *Individuo, mortal, persona.*
personaje. *Ilustre.*
personal. *Particular, provado, propio.*
personalidad. *Conciencia.*
personarse. *Presente, venir.*
personificar. *Figurado.*
perspectiva. *Ver.*
perspicacia. *Clarividencia.*
perspicaz. *Listo.*
persuadir. *Persuadir.*
perteneciente. *Conexión, relativo.*
pertenencia. *Propio, tener.*
pertinacia. *Intolerancia.*
pertinaz. *Constante.*
pertinente. *Oportuno.*
perturbación. *Anormalidad,*

desorden, intranquilidad, revolución.
perturbado. *Loco.*
perversamente. *Mal.*
perversidad. *Vicio.*
perversión. *Vicio.*
perverso. *Condenado, malo.*
pervertirse. *Degeneración.*
pervivencia. *Duradero, existencia.*
pesadez. *Aburrir.*
pesadilla. *Prejuicio.*
pesado. *Anodino, exacto, incómodo, pesado, torpe.*
pesadumbre. *Aflicción, desconsuelo.*
pésame. *Pésame.*
pesar. *Aflicción, arrepentimiento, dolor.*
pesaroso. *Descontento.*
pescar. *Coger.*
pesetas. *Rico.*
pésimamente. *Mal.*
pesimismo. *Desesperanza.*
pesimista. *desanimar, triste.*
pésimo. *Malo, mediocre, pésimo.*
peso. *Pesado.*
pespuntear. *Coser.*
pesquis. *Clarividencia.*
pesquisa. *Buscar.*
peste. *Abundancia, hedor.*
pestilencia. *Hedor.*
pestilente. *Insalubre.*
petardo. *Engañar.*
petimetre. *Elegante.*
pétreo. *Duro.*
petrificado. *Insensibilidad, quietud.*
petróleo. *Combustible.*

petulancia. *Desgarro, inmodestia, soberbia.*
peyorativo. *Empeorar, pésimo.*
«pez». *Ignorante.*
piano. *Lento.*
piar. *Gana.*
piara. *Pluralidad.*
picado. *Corrompido.*
picar. *Estimular.*
picardía. *Astucia.*
pícaro. *Pillo.*
picazón. *Dolor.*
pico. *Locuaz, verbosidad.*
picor. *Dolor.*
picotero. *Locuaz.*
picudo. *Puntiagudo, zigzagueante.*
pie. *Base, pie.*
piedad. *Clemencia, compasión, religión.*
piel. *Periferia.*
piélago. *Mar.*
pienso. *Manjar.*
pierna. *Pie.*
pifiar. *Errar.*
pigmeo. *Bajo, enano.*
pignorar. *Empeñar, vender.*
pignorar. *Empeñar, vender.*
pigricia. *Pereza.*
pijotería. Insignificante.
pila. *Mucho.*
pilar. *Base.*
piloso. *Velludo.*
piltrafa. *Carne.*
pillaje. *Hurtar.*
pillete. *Pillo.*
pillo. *Malo, pillo.*
«pimpante». *Felicidad.*
pimpollo. *Hijo, joven, niño.*
pináculo. *Cumbre.*

pincelada. *Laconismo, síntesis.*
pinchar. *Estimular.*
pincho. *Puntiagudo.*
pindonguear. *Andar.*
pingado. *Vertical.*
pingajo. *Andrajo.*
pingos. *Vestirse.*
pingüe. *Abundancia, gordo.*
pingüino. *Tonto.*
pino. *Vertical.*
pinreles. *Pie.*
pinta. *Calidad, forma, pillo.*
pintar. *Describir.*
pintiparado. *Adecuado, favorable.*
pintoresco. *Castizo, estético.*
pintoresquismo. *Propio.*
pintura. *Descripción.*
pinturero. *Elegante, garboso.*
pipiolo. *Inexperiencia.*
piques. *Envidia.*
piquete. *Pluralidad.*
piragua. *Embarcación.*
pirarse. *Huir, ir, marchar.*
pirata. *Hurtar, malhechor.*
piropo. *Adulación.*
pirrarse. *Gana.*
pirronismo. *Incredulidad.*
pisar. *Apretar.*
pisaverde. *Elegante.*
piscina. *Lago.*
piscolabis. *Comer.*
piso. *Base, suelo.*
pisotear. *Apretar.*
pista. *Andar, efecto, indicio.*
pisto. *Inmodestia, mezclar, soberbia.*
pistonudo. *Óptimo.*
pitanza. *Manjar.*

pitar. *Protestar.*
pítima. *Borracho.*
pito. Insignificante.
pitonisa. *Hechizar.*
pitorrearse. *Irrespetuosi-*
dad.
pivote. *Puntiagudo.*
pituso. *Niño.*
pizpireta. *Listo.*
placa. *Círculo, lámina.*
plácemes. *Felicitación.*
placer. *Agradar, aprobar,*
gozo, placer, sensualismo.
placidez. *Tranquilidad.*
plaga. *Mal.*
plagado. *Lleno.*
plagio. *Copia.*
plan. *Arte, proyecto.*
plancha. *Fracaso, lámina.*
planchado. *Liso.*
planicie. *Llanura.*
plano. *Horizontal, liso, lu-*
gar, poliédrico, proyecto.
planta. *Garboso, pie, planta.*
plantabanda. *Dintel.*
plantar. *Poner, sembrar.*
planteamiento. *Proyecto.*
plantel. *Pluralidad.*
plantilla. *Modelo.*
plantón. *Aguardar.*
plañir. *Llorar.*
plaqué. *Baratija.*
plasmar. *Hacer, realización.*
transformar.
plástico. *Blando, expresivo.*
plata. *Rico.*
plática. *Diálogo.*
platicar. *Hablar.*
platonismo. *Espiritualismo.*
plaza. *Vender.*
plebeyo. *Plebeyo, vulgar.*

plesbicito. *Juicio.*
plegable. *Flexible.*
plegar. *Plegar.*
plegaria. *Oración.*
pleitesía. *Respeto.*
plenitud. *Apogeo, todo.*
pleno. *Absoluto, incondicio-*
nal, lleno, total.
plétora. *Abundancia, pros-*
peridad.
pléyade. *Pluralidad.*
pliegue. *Rugoso.*
plisar. *Plegar.*
plomo. *Vertical.*
pluma. *Plumaje.*
plumazón. *Plumaje.*
plúmbeo. *Pesado.*
plumero. *Plumaje.*
pluralidad. *Mucho, plurali-*
dad.
plus. *Cobrar.*
plutocracia. *Autocracia.*
población. *Ciudad.*
poblado. *Lleno, tupido.*
poblador. *Persona.*
pobre. *Mediocre.*
pobreza. *Modestia, senci-*
llez.
pocilga. *Choza.*
pócima. *Bebida.*
poco. *Insuficiente, poco.*
pocho. *Corrompido, desco-*
lorido, maduro.
pocholo. *Joven.*
podar. *Quitar.*
poder. *Derecho, eficacia,*
mandar, potencia.
poderdante. *Poderdante.*
poderío. *Potencia.*
poderhabiente. *Apoderado.*

podredumbre. *Inmoralidad.*
podrido. *Corrompido.*
poesía. *Espiritualismo.*
poeta. *Poeta.*
polaina. *Calzarse.*
polar. *Frío.*
polarizado. *Orientado.*
polemizar. *Discutir.*
poli. *Pluralidad.*
policía. *Autoridad, orden.*
polícromo. *Multicolor.*
poliédrico. *Poliédrico.*
polifacético. *Variado.*
polifagia. *Hambre.*
polifásico. *Itermitente.*
poligonal. *Polígono.*
polígono. *Polígono.*
polígrafo. *Sabio.*
polisón. *Sayas.*
politécnico. *Sabio.*
politeísmo. *Deísmo, religión.*
politeista. *Infiel.*
político. *Cortés.*
polizón. *Pillo.*
pollo. *Joven.*
polluelo. *Hijo.*
polos. *Contrariedad.*
poltrón. *Hogar.*
poltronería. *Pereza.*
pomo. *Continente.*
pompa. *Lujo.*
pomposo. *Apariencia, solemne.*
ponderación. *Eclecticismo, prudencia.*
ponderar. *Abultar, alabar, elogio.*
ponencia. *Juicio.*
poner. *Poner.*

poniente. *Oeste.*
pontificial. *Elegente.*
ponzoña. *Veneno.*
populacho. *Plebeyo.*
popular. *Conocido.*
popularidad. *Fama.*
poquedad. *Escasez.*
porción. *Cantidad, parcial.*
pordiosear. *Pedir.*
pordiosero. *Pobre.*
porfía. *Intolerancia.*
porfiado. *Constante.*
porfiar. *Discutir.*
pormenor. *Parcial.*
pornografía. *Lujuria.*
pornográfico. *Inmoralidad.*
poro. *Esponjoso.*
poroso. *Esponjoso, permeable.*
porqué. *Causa, casualidad, rico.*
porrazo. *Caerse.*
porrillo (a). *Abundancia.*
porro. *Ignorante.*
portaavión. *Embarcación.*
portador. *Enviar.*
portar. *Llevar.*
portento. *Fenómeno, sabio.*
portentoso. *Divino, extraordinario.*
portero. *Cuidar.*
portes. *Gravamen.*
pórtico. *Principio.*
porvenir. *Futuro, posteridad.*
posada. *Alojar.*
posado. *Apoyado.*
posar. *Parar, sumergir.*
poseedor. *Amo.*
poseer. *Tener.*
posesión. *Propio.*

posesionarse. *Recibir.*
posibilismo. *Materialismo.*
práctica.
posible. *Posible, verosímil.*
positivismo. *Materialismo,*
sensualismo.
positivo. *Efectivo, real.*
pósito. *Sociedad.*
posma. *Flemático.*
posos. *Residuo.*
posponer. *Atrasar, posterga-*
ción, seguir.
postdat. *Adición, epílogo,*
fin.
posteridad. *Posteridad.*
postergación. *Postergación.*
posterior. *Futuro, reverso,*
seguir.
postillón. *Criado.*
postín. *Inmodestia, lujo.*
«postinero». *Elegante.*
postizo. *Adición, apariencia.*
artificial, fingimiento.
postración. *Decadencia.*
postrado. *Débil, desanimar.*
postrar. *Agachar.*
postre. *Epílogo.*
postrero. *Último.*
postrimería. *Decadencia,*
futuro, último, fin.
postulado. *Tesis, verdad.*
postular. *Pedir.*
póstumo. *Futuro.*
potencia. *Fecundidad, po-*
tencia.
potencial. *Potencia.*
potentado. *Rico.*
potente. *Fuerte.*
potestad. *Angel, derecho.*
potestativo. *Voluntario.*
potingue. *Bebida.*

potísimo. *Principal.*
potra. *Yegua.*
potranca. *Yegua.*
potro. *Caballo, dolor.*
poza. *Lago.*
práctica. *Costumbre, expe-*
riencia, práctica, uso.
practicable. *Accesible.*
práctico. *Acostumbrado,*
apto, efectivo, preparado,
sabio.
pragmática. *Ley, promul-*
gar.
pragmatismo. *Materialismo,*
práctica.
pre. *Cobrar.*
preámbulo. *Indirecto, prin-*
cipio, prólogo, rodeo.
prebenda. *Beneficioso, bi-*
coca, privilegio.
preboste. *Jefe.*
precario. *Inconsistente,*
inestable, provisional.
precaución. *Atención, cui-*
dar.
precavido. *Prevenido, pre-*
visto.
precedencia. *Anterioridad.*
precedente. *Preceder.*
preceder. *Preceder.*
preceptismo. *Clasicismo.*
preceptivo. *Obligatorio.*
precepto. *Ley.*
preceptor. *Maestro.*
preces. *Oración.*
preciadísimo. *Optimo.*
precio. *Pagado, valorar.*
precioso. *Excelente, guapo.*
precipicio.*Profundo.*
precipitación. *Irreflexión,*
llover.

precipitado. *Improvisado, insensato, rápido, residuo.*
precipitar. *Acelerar.*
preciso. *Concreto, determinado, exacto, explícito, necesario, obligatorio, suficiente.*
precito. *Condenado.*
preclaro. *Ilustre, noble.*
preconcebido. *Previsto.*
preconizar. *Alabar.*
precoz. *Temprano, verde.*
precursor. *Pasado, preceder, primero.*
predecir. *Decir.*
predestinación. *Fatalismo.*
predestinado. *Bienaventurado.*
predicamento. *Fama, prestigio.*
predilección. *Afición.*
predilecto. *Albedrío (libre).*
predio. *Inmueble.*
predominar. *Destacar.*
predominio. *Superioridad, ventaja.*
preeminencia. *Privilegio, superioridad, ventaja.*
prefacio. *Principio.*
preferencia. *Afición, injusticia, privilegio.*
preferir. *Albedrío (libre).*
prefijado. *Determinado.*
pregonar. *Decir, promulgar.*
preguntar. *Preguntar.*
prehistórico. *Antiguo.*
prejuicio. *Prejuicio.*
prelación. *Anterioridad, privilegio, superioridad.*
preliminar. *Preceder, principio, prólogo.*

preludio. *Prólogo.*
prematuro. *Temprano, verde.*
premeditación. *Reflexión.*
premeditado. *Intencionado, preparado.*
premio. *Premio.*
premiosidad. *Laconismo.*
premioso. *Lento, torpe.*
premisa. *Anterioridad, preceder.*
premonitorio. *Indicio, preceder.*
prenda. *Empeñar, perfección, prueba, seguridad, vestir.*
prendarse. *Amor.*
prender. *Agarrar, arraigar, encarcelar, encender.*
prenociones. *Principio.*
prenotando. *Prólogo.*
prensar. *Apretar.*
preñado. *Fecundidad, lleno.*
preocupación. *Celo, ofuscación, prejuicio.*
preocupado. *Turbado.*
preopinante. *Preceder.*
preparado. *Apto, preparado, previsto, prevenido.*
preponderancia. *Superioridad.*
preponderar. *Destacar.*
prerrogativa. *Derecho, privilegio.*
presa. *Hurtar.*
presagiar. *Decir.*
presagio. *Indicio.*
presbítero. *Sacerdote.*
prescindible. *Innecesario.*
prescindir. *Abstenerse, excluido, omitir, quitar.*

prescribir. *Acabar, fin.*
prescripción. *Ley.*
prescripto. *Determinado.*
prescrito. *Concreto.*
presea. *Joya.*
presencia. *Garboso.*
presenciar. *Ver.*
presentación. *Apariencia.*
presentado. *Manifiesto.*
presentar. *Traer.*
presentarse. *Aparecer, venir.*
presente. *Aparecer, venir.*
presentimiento. *Indicio, intuición.*
preservación. *Higiene.*
preservar. *Eludible.*
presidente. *Autoridad, jefe.*
presionar. *Empujar.*
préstamo. *Crédito.*
prestancia. *Excelente.*
prestar. *Arrendar, dar.*
preste. *Sacerdote.*
prestidigitación. *Extraordinario.*
prestigiar. *Alabar.*
prestigiarse. *Acreditarse.*
prestigio. *Fama, prestigio.*
prestigioso. *Ilustre.*
presumible. *Probable.*
presumir. *Creer.*
presunción. *Desgarro, hipótesis, indicio, inmodestia, soberbia.*
presunto. *Figurado.*
presuponer. *Creer.*
presupuesto. *Proyecto.*
pretender. *Gana, intentar.*
preterición. *Postergación.*
pretérito. *Pasado.*
pretexto. *Excusa.*

pretorianismo. *Injusticia.*
prevalecer. *Destacar, superioridad.*
prevaricación. *Delito, perjurio, traición.*
prevaricar. *Infringir.*
prevaricato. *Perjurio, traición.*
prevención. *Encarcelar, higiene, peligro, prejuicio.*
prevenido. *Prevenido.*
prevenir. *Aconsejar.*
previamente. *Anterioridad.*
previo. *Preceder.*
previsión. *Ahorrar.*
previsor. *Prevenido.*
previsto. *Previsto.*
prez. *Honor.*
prima. *Cobrar, ganancia, gravamen, premio.*
primacía. *Superioridad.*
primate. *Noble.*
primeramente. *Anterioridad.*
primero (lo). *Primero, primicia, primitivo, primordial, temprano.*
primicia. *Primicia.*
primitivo. *Antiguo, primero, primitivo, primordial.*
primo. *Tonto.*
primogénito. *Hijo.*
primordial. *Esencial, primordial, principal.*
primoroso. *Excelente, fino.*
principal. *Esencial, excelente, independiente, jefe, noble, poderdante, primordial, principal.*
principesco. *Lujo.*

principiante. *Discípulo, inexperiencia.*
principiar. *Empezar.*
principio. *Casualidad, ley, precepto, principio, procedencia, prólogo, tesis, verdad.*
principios (los). *Primicia.*
pringado. *Sucio.*
priora. *Monja.*
prioridad. *Anterioridad, privilegio, superioridad, ventaja.*
prisa. *Diligencia.*
prisión. *Encarcelar.*
prístino. *Primero, primitivo.*
privado. *Amigo, carecer, insensibilidad, privado.*
privación. *Prohibición.*
privar. *Bebida, embargo, hurtar, uso.*
privarse. *Abstenerse, ayunar.*
privativo. *Castizo, particular, propio.*
privilegio. *Exención, privilegio.*
proa. *Frente.*
probable. *Probable, verosímil.*
probado. *Preparado.*
probanza. *Justificación.*
probar. *Comer, empezar, gustar, intentar.*
probidad. *Virtud*
problema. *Tesis.*
problemático. *Incierto.*
probo. *Honrado*
procacidad. *Desvergüenza.*
procedencia. *Procedencia.*

procedente. *Adecuado, derivado, lícito, oportuno.*
proceder. *Empezar, nacer.*
procedimiento. *Arte.*
prócer. *Caballero, noble.*
procesión. *Culto, orden.*
proceso. *Evolución.*
proclama. *Monólogo.*
proclamación. *Nombramiento.*
proclamar. *Decir, promulgar.*
proclítico. *Preceder.*
proclive. *Afición, instinto.*
procreación. *Fecundidad.*
procrear. *Crear.*
procurador. *Apoderado.*
procurar. *Intentar.*
prodigalidad. *Abundancia, gastar, largueza.*
prodigio. *Fenómeno.*
prodigioso. *Extraordinario.*
producir. *Causa, cosechar, crear, hacer.*
productible. *Beneficioso.*
productivo. *Fecundidad.*
producto. *Efecto, ganancia, múltiplo.*
productor. *Obrero.*
proemio. *Principio, prólogo.*
proeza. *Hecho.*
profanación. *Irrespetuosidad, profanación.*
profano. *Ignorante, profano, seglar.*
proferir. *Albedría (libre).*
profesa. *Monja.*
profesión. *Trabajar.*
profeso. *Fraile.*
profesor. *Maestro.*

profetizar. *Decir.*
profilaxis. *Higiene.*
profundizar. *Sumergirse.*
profundo. *Abajo, infierno, interior, profundo.*
profusión. *Abundancia.*
progenie. *Ascendiente.*
progenitor. *Ascendiente, padre.*
programa. *Preguntar, proyecto.*
progresar. *Aprender, aumentar, avanzar, crecer, florecer, mejorar.*
progresión. *Evolución, proporción.*
progreso. *Civilización, ilustración.*
prohibición. *Prohibición.*
prohibido. *Ilegítimo, ilícito.*
prohijar. *Amparar, hijo.*
prohombre. *Ilustre.*
prójimo. *Persona.*
prole. *Descendiente.*
prolegómenos. *Principio, prólogo.*
proletario. *Plebeyo.*
prolífico. *Fecundidad.*
prolijo. *Duradero, largo.*
prólogo. *Principio, prólogo.*
prolongado. *Duradero, largo.*
prolongar. *Estirar.*
promedio. *Medio.*
promesa. *Dicho, esperanza.*
prominencia. *Convexidad, montaña, resalto.*
prominente. *Alto.*
promiscuar. *Mezclar.*
promoción. *Pluralidad.*

promontorio. *Montaña, península.*
promover. *Empezar, estimular.*
promulgar. *Promulgar.*
pronosticar. *Decir.*
prontitud. *Actividad, diligencia.*
pronto. *Impulsivo, rápido, temprano.*
prontuario. *Extractado, síntesis.*
pronunciado. *Resolución, sentencia.*
pronunciamiento. *Rebelión, resolución, sentencia.*
pronunciar. *Decir.*
propagar. *Extender.*
propalar. *Extender.*
propasar. *Abuso, desacatar.*
propedeutica. *Anterioridad, principio.*
propensión. *Afición, instinto.*
propicio. *Ayudar, benevolencia, favorable, oportuno.*
propiedad. *Bien, cualidad, fijo, propio, tener.*
propietario. *Amo, efectivo, rico.*
propina. *Dar, epílogo.*
propinar. *Dar.*
propincuo. *Cercano.*
propio. *Adecuado, castizo, efectivo, enviar, esencial, identidad, mismo, oportuno, particular, propio, real.*
proponerse. *Intentar.*

proporción. *Cantidad, proporción.*
proporcionado. *Adecuado.*
proporcionar. *Dar.*
proposición. *Proyecto, tesis.*
propósito. *Conato, fin, intencionado, proyecto, voluntad.*
propuesta. *Proyecto*
propugnar. *Defender, propugnar.*
propulsar. *Empujar, estimular, movimiento.*
prorrateo. *Proporción.*
prorrogar. *Continuo, reanudar.*
prorrumpir. *Decir.*
prosa. *Materialismo.*
prosaico. *Insulso, vulgar.*
prosaísmo. *Materialismo.*
prosapia. *Ascendiente.*
proscripción. *Expatriación.*
proscripto. *Desuso.*
proseguir. *Continuo, reanudar.*
prosista. *Prosista.*
prosopopeya. *Afectación, serio.*
prosperar. *Florecer, mejorar.*
prosperidad. *Bienes, civilización, felicidad, prosperidad.*
prosternarse. *Agacharse.*
prostitución. *Deshonor, lujuria, profanación.*
prostituído. *Impuro.*
protagonista. *Principal.*
protección. *Bendecir.*
proteger. *Amparar, ayunar, defender.*

protegido. *Defendido.*
proteico. *Inconstante, transformar, variable.*
proteiforme. *Inconstante.*
protervo. *Impenitencia, malo.*
protestante. *Desobediente.*
protestantismo. *Deísmo.*
protestar. *Protestar.*
protocolario. *Solemne.*
prototipo. *Modelo.*
protuberancia. *Convexidad, resalto.*
provecto. *Viejo.*
provecho. *Bien, ganancia, ventaja.*
provechoso. *Beneficioso, útil.*
proveer. *Dar.*
provenir. *Nacer, procedencia.*
proverbio. *Dicho.*
proverbial. *Propio.*
providencia. *Deísmo, resolución, sentencia.*
providencial. *Divino, suerte.*
providente. *Prevenido.*
próvido. *Prevenido.*
provinciano. *Pueblo.*
provisión. *Ahorrar, manjar, tener.*
provisional. *Provisional.*
provisorio. *Provisional.*
provisto. *Lleno, tener.*
provocar. *Estimular, vomitar.*
proyección. *Efecto.*
proyectar. *Extender, tirar.*
proyecto. *Proyecto.*
proxeneta. *Encubrir, intervenir.*
proximidad. *Anterioridad.*
próximo. *Cercano.*

prudencia. *Prudencia.*
prudente. *Cuerdo, sensato.*
prueba. *Ejemplo, justificación, práctica, prueba, realización, trabajar.*
prurito. *Gana.*
psicología. *Alma, cualidad.*
psique. *Alma.*
púa. *Puntiagudo.*
púber. *Joven.*
publicar. *Decir, promulgar.*
publicista. *Prosista.*
público. *Compañia, manifiesto, persona, público.*
puchero. *Expresivo.*
pudibundez. *Vergüenza.*
pudicia. *Castidad.*
pudiente. *Rico.*
pudor. *Castidad, vergüenza.*
pueblerino. *Local.*
pueblo. *Plebeyo, pueblo.*
puerco. *Sucio.*
pueril. *Insignificante.*
puerilidad. *Candidez.*
puerto. *Golfo.*
pues. *Sí.*
puesto. *Lugar.*
puente. *Unión.*
púgil. *Fuerte.*
pugilato. *Guerra.*
pugna. *Guerra.*
pujar. *Aumentar, dilatar.*
pujo. *Gana.*
pulcritud. *Celo.*
pulcro. *Limpio.*
pulga. *Enano.*
pulido. *Educado, fino, limpio, liso, lustroso.*
pulimentado. *Suave.*
pulir. *Mejorar.*
pulmones. *Pecho.*
pulso. Movimiento.
pulular. *Abundancia, movimiento.*

pulverizar. *Aniquilar, deshacer.*
pundonor. *Dignidad, honor, vergüenza.*
punición. *Castigo.*
punta. *Extremo, peninsular.*
puntal. *Alto, base, principal.*
puntapié. *Azote.*
puntear. *Coser.*
puntiagudo. *Puntiagudo.*
puntilla. *Epílogo, ralo.*
puntilloso. *Dignidad, impresionable.*
punto. *Lugar, maduro, tesis.*
puntual. *Exacto, formal.*
puntualizado. *Concreto.*
punzante. *Puntiagudo.*
punzar. *Dolor, estimular.*
puñado. *Poco, pluralidad.*
puñetazo. Azote.
puño. *Mano.*
pupila. *Clarividencia.*
pureza. *Castidad.*
purgado. *Puro.*
purgante. *Laxante.*
purgar. *Limpio, sufrir.*
purgatorio. *Sufrir.*
purificado. *Puro.*
purismo. *Clasicismo.*
puritanismo. *Radicalismo, severidad.*
puritano. *Honrado.*
puro. *Abstracto, castizo, puro, simple.*
púrpura. *Colorado.*
purrela. *Residuo.*
purriela. *Residuo.*
pusilánime. *Cobarde, miedoso, tímido.*
pusilanimidad. *Pusilanimidad.*
putrefacto. *Corrompido.*

Q

quebradizo. *Frágil, inconsistente.*
quebrado. *Montaña, zigzagueante.*
quebrantar. *Deshacer, infringir.*
quebranto. *Mal, pérdida, perjudicial.*
quebrar. *Desarreglar.*
quedamente. *Musitar, silencio.*
quedo. *Quietud.*
quehacer. *Trabajar.*
queja. *Protestar.*
quejarse. *Condolerse.*
quejido. *Llorar.*
quemado. *Enfadarse.*
quemar. *Caliente, encender.*
querella. *Discordia.*
querellarse. *Delatar.*
querencia. *Afición.*
querer. *Amor, gana, voluntad.*
querube. *Angel, guapo.*
querubín. *Angel.*
¡quiá! *¡Bah!, no.*

quid. *Causa, difícil.*
quidam. *Indeterminado, plebeyo, vulgar.*
quiebra. *Fracaso.*
quieto. *Pasivo.*
¡quieto! *¡Atrás!*
quietud. *Inactividad, quietud, tranquilidad.*
quijotismo. *Espiritualismo.*
quimera. *Discordia, fenómeno, ilusión.*
quimérico. *Imaginario, imposible.*
químico. *Artificial, inorgánico.*
quincalla. *Baratija.*
quinta. *Palacio.*
quintaesencia. *Esencial.*
quinto. *Inexperiencia, militar.*
quisquilla. *Insignificante.*
quisquilloso. *Informal.*
quitamoscas. *Adulación.*
quitar. *Desceñir, disminuir, hurtar, quitar.*
quizá. *Probable.*

R

rabadán. *Jefe.*
rabadilla. *Cola.*
rabia. *Ira.*
rabiar. *Enfadarse.*
rabieta. *Enfadarse, ira.*
rabillo. *Cola.*
rabino. *Sacerdote.*
rabisalsera. *Garboso.*
rabo. *Cola, extremo.*
racial. *Nacional.*
racimo. *Pluralidad.*
raciocinio. *Inteligencia, ra-*
ciocinio, razonamiento.
ración. *Parcial.*
racional. *Persona, racional.*
racionalismo. *Ateísmo.*
racha. *Suerte.*
rada. *Golfo.*
radiante. *Brillante.*
radiar. *Divergir.*
radical. *Principal.*
radicalismo. *Radicalismo,*
revolución.
raer. *Aniquilar, desarraigar.*
ráfaga. *Huracán, luz.*
raído. *Viejo.*
raíz. *Principio.*
raja. *Ranura.*
rajar. *Abrir, hablar.*
rajatabla. *Absoluto, severi-*
dad.
ralea. *Ascendencia, calidad.*
ralo. *Ralo.*
ramalazo. *Dolor, desgracia,*
enfermo.
ramificarse. *Divergir.*

ramillete. *Pluralidad.*
rampa. *Montaña, rampa.*
rampante. *Subir.*
ramplón. *Tosco, vulgar.*
ranciedad. *Desuso.*
rancio. *Antiguo, inelegante.*
rancho. *Choza, manjar,*
pueblo.
randa. *Hurtar, pillo.*
rango. *Calidad.*
ranura. *Ranura.*
rapacidad. *Hurtar.*
rapado. *Lampiño.*
rapapolvo. *Represión.*
rapaz. *Niño.*
rapidez. *Diligencia.*
rápido. *Rápido.*
rapiña. *Hurtar.*
raposería. *Astucia.*
rapsoda. *Poeta.*
raptar. *Hurtar.*
rapto. *Impulsivo.*
raquítico. *Débil, pequeño.*
raquitismo. *Atrofia.*
rareza. *Afectación, fenóme-*
no, improbable.
raro. *Improbable, infrecuen-*
te, poco, raro.
rasante. *Superficial.*
raso. *Liso, llanura, vulgar.*
rascar. *Frotamiento.*
rasgadura. *Desgarro.*
rasgar. *Deshacer.*
rasgo. *Hecho.*
rasgos. *Faz.*
rasguño. *Lesionado.*

raspar. *Frotamiento.*
ràstrear. *Buscar.*
rastrero. *Indignidad.*
rastro. *Efecto, vender.*
rasurado. *Lampiño.*
rata. *Hurtar.*
ratería. *Hurtar.*
ratero. *Hurtar.*
ratificar. *Ratificar.*
ratonera. *Engañar.*
raudal. *Abundancia.*
raudo. *Rápido.*
raya. *Limitado.*
rayado. *Rugoso.*
rayano. *Cercano.*
rayo. *Luz.*
raza. *Ascendencia, calidad.*
razón. *Causa, causalidad, consciencia, inteligencia, justificación, prueba, razón, razonamiento.*
razonable. *Lícito, racional.*
razonamiento. *Discordia, raciocinio, razonamiento.*
razzia. *Hurtar.*
reacción. *Efecto, venganza.*
reaccionar. *Repeler.*
reaccionarismo. *Obscurantismo.*
reacio. *Desobediente, indócil, pereza.*
reafirmar. *Ratificar.*
real. *Efectivo, lugar, material, real.*
realce. *Convexidad.*
realidad. *Existencia, realidad, substancia, verdad.*
realismo. *Materialismo.*
realizable. *Fácil, posible.*
realización. *Práctico, realización.*

realizar. *Cumplir, hacer, vender.*
realzar. *Ensalzar.*
reanimar. *Animar, resucitar.*
reanudar. *Reanudar.*
reavivar. *Resucitar.*
rebaja. *Substracción.*
rebajado. *Barato, romo.*
rebajar. *Desvalorizar, disminuir, humillar.*
rebañar. *Coger.*
rebaño. *Pluralidad.*
rebasar. *Sobrar.*
rebatir. *Impugnar.*
rebato. *Atención.*
rebelarse. *Desacatar.*
rebelde. *Desobediente, impenitente, indócil.*
rebeldía. *Rebelión.*
rebelión. *Rebelión.*
reblar. *Retroceder.*
rebosante. *Lleno.*
rebosar. *Segregar.*
rebotica. *Recámara.*
rebullicio. *Ruido.*
rebuscado. *Afectación.*
rebuscar. *Buscar.*
rebuznar. *Gritar.*
recabar. *Exito, pedir.*
recadero. *Enviar.*
recaer. *Empeorar.*
recalcar. *Apretar, destacar.*
recalcitrante. *Constante, impenitencia.*
recamado. *Adornado, fino.*
recámara. *Recámara.*
recapacitación. *Reflexión.*
recapacitar. *Raciocinio.*
recapitulación. *Extractado, síntesis.*
recargo. *Gravamen.*

recato. *Castidad, modestia, vergüenza.*

recaudar. *Cobrar.*

recelar. *Dudar.*

recelo. *Desconfianza.*

recepción. *Admisión, entrar, saludo.*

receptáculo. *Continente.*

receptivo. *Pasivo.*

receta. *Ley.*

recibimiento. *Antecámara, saludo.*

recibir. *Aceptar, cobrar, recibir.*

reciente. *Actual, cercano, moderno, nuevo.*

recinto. *Lugar.*

recio. *Fuerte.*

recipiendario. *Admisión.*

recipiente. *Continente.*

reciprocidad. *Ayudar, cambiar, igual.*

recitación. *Monólogo.*

recitado. *Verbal.*

reclamación. *Protestar.*

reclamar. *Exigir, pedir.*

reclinado. *Oblicuo.*

reclinar. *Agachar.*

recluir. *Encarcelar.*

recluta. *Militar.*

reclutar. *Reunir.*

recobrar. *Desembargo, ganancia, restituir.*

recobro. *Recuperación.*

recocho. *Marchito, seco.*

recodo. *Arista, curvo, rincón.*

recoger. *Coger, cosechar, plegar, recibir.*

recogimiento. *Formal, soledad.*

recolectar. *Cosechar.*

recoleto. *Insociable, soledad.*

recomendación. *Precepto.*

recomendar. *Aconsejar, amparar, mandar.*

recompensa. *Premio.*

reconcentrado. *Atención.*

reconciliación. *Concordia, conversión.*

recóndito. *Incomprensible, interior, oculto, profundo.*

reconfortar. *Consuelo.*

reconocer. *Afirmación, apreciar, ver.*

reconocido. *Agradecido, gratitud.*

reconocimiento. *Buscar, análisis.*

reconstrucción. *Síntesis.*

reconvención. *Represión.*

reconvenir. *Desaprobar, vituperar.*

recopilación. *Pluralidad.*

recopilado. *Extractado.*

récord. *Máximo, mejorar.*

recordación. *Memoria.*

recordar. *Memoria, mencionar.*

recorrido. *Andar, largo.*

recoser. *Coser.*

recostado. *Apoyado.*

recoveco. *Ondulado.*

recrear. *Divertir, gozar.*

recriminación. *represión.*

recriminar. *Desaprobar, inculpar.*

recrudecer. *Aumentar, empeorar, exacerbar.*

rectificable. *Remediable.*

rectificado. *Puro.*

rectificar. *Rectificar.*

rectitud. *Derechura, justicia, lealtad, moralidad.*
recto. *Directo, honrado, perpendicular, recto.*
rector. *Autoridad, independiente, jefe, sacerdote.*
recuelo. *Bebida.*
recuerdo. *Dar, indicio, memoria, saludo.*
recular. *Retroceder.*
recuperación. *Desembargo, recuperación.*
recuperar. *Ganancia, mejorar.*
recurso. *Arte, bien, excusa, ingreso.*
recusar. *Desaprobar, impugnar, inculpar, rehusar.*
rechazar. *Denegar, desaprobar, negación, rehusar, repeler.*
rechifla. *Protestar.*
rechistar. *Hablar, responder.*
rechoncho. *Bajo.*
rechupete (de). *Agradar.*
red. *Ralo.*
redactor. *Prosista.*
redada. *Pluralidad.*
rededor. *Periferia.*
redención. *Libertad.*
Redentor (El). *Jesucristo.*
redicho. *Afectación.*
redimir. *Desempeñar.*
rédito. *Ganancia.*
redomado. *Astucia.*
redondeado. *Curvo.*
redondel. *Círculo.*
redondo. *Esférico.*
reducido. *Corto, estrecho, limitado, pequeño, poco.*
reducir. *Contraer, decrecer,*

disminuir, encoger, reducir, reprimir.
redundancia. *Abundancia, ratificar.*
reembolsar. *Restituir.*
reembolso. *Recuperación.*
reemplazar. *Cambiar, substituto.*
reemprender. *Reanudar.*
reenganchar. *Ratificar.*
refacción. *Comer.*
refajo. *Sayas.*
referéndum. *Juicio.*
referente. *Propio, relativo.*
referir. *Conexión, mencionar, narración.*
refinamiento. *Placer.*
reflejo. *Brillante, efecto, luz, pasivo.*
reflexión. *Aconsejar, atención, conciencia, raciocinio, razón, reflexión.*
reflexionar. *Reflexión.*
reflexivo. *Cuerpo, sensato.*
reflujo. *Bajar.*
refocilar. *Divertir, gozar.*
reformar. *Rectificar.*
reforzar. *Ayudar.*
refractario. *Desobediente, incombustible.*
refrán. *Dicho.*
refregar. *Frotamiento.*
refrenar. *Refrenar, reprimir.*
refrendar. *Aprobar, ratificar, seguridad.*
refresco. *Bebida.*
refriega. *Guerra.*
refrigerado. *Frío.*
refrigerio. *Comer, consuelo.*
refugiar. *Seguridad.*
refugio. *Alojar, amparar.*

refulgente. *Brillante.*
refunfuñar. *Musitar.*
refutar. *Impugnar.*
regado. *Mojado.*
regalado. *Gratuito.*
regalar. *Dar.*
regalía. *Privilegio.*
regalo. *Placer, sensualismo.*
regañar. *Desaprobar, vituperar.*
regaño. *Reprensión.*
regate. *Excusa.*
regatear. *Ahorrar, disminuir.*
regato. *Río.*
regeneración. *Regeneración.*
regenerar. *Mejorar, resucitar.*
regentar. *Mandar.*
regente. *Apoderado, autoridad, independiente, substituto.*
regido. *Dependiente.*
régimen. *Arte, ayunar, orden.*
regimiento. *Pluralidad.*
regio. *Lujo.*
regir. *Mandar.*
registrar. *Ver.*
registro. *Buscar, inventario.*
reglas. *Ley, precepto.*
reglado. *Acompasado, regular.*
reglamentación. *Orden.*
reglamentario. *Lícito.*
reglamento. *Ley.*
regocijado. *Alegre.*
regocijarse. *Congratular.*
regocijo. *Fiesta.*
regodearse. *Divertir, gozar.*
regoldar. *Vomitar.*
regresar. *Retroceder, venir.*

regulación. *Orden.*
regular. *Acompasado, incesante, ordinario, regular, uniforme.*
regularidad. *Normalidad, orden.*
régulo. *Jefe.*
regurgitar. *Vomitar.*
regusto. *Gustar.*
rehén. *Seguridad.*
rehuir. *Eludible.*
rehusar. *Eludible, rehusar.*
reinar. *Existencia, mandar.*
reincidente. *Impenitencia.*
reincidir. *Ratificar.*
reintegración. *Devolución.*
reintegrar. *Ratificar.*
reintegración. *Devolución.*
reintegrar. *Cobrar, restituir.*
reintegro. *Devolución, gasto.*
reír. *Reír.*
reiterado. *Frecuente.*
reiterar. *Ratificar.*
reivindicación. *Derecho, pedir, recuperación.*
reivindicar. *Exigir.*
rejalgar. *Veneno.*
relación. *Comunicación, concordancia, conexión, orden, proporción.*
relacionar. *Comparar.*
relajación. *Inmoralidad, inventario, lujuria, vicio.*
relajado. *Débil, flojo.*
relajar. *Laxante.*
relamido. *Afectación, limpio.*
relámpago. *Breve, instantáneo, luz.*
relampaguear. *Brillante.*
relapso. *Impenitencia.*
relativo. *Relativo.*

relato. *Narración.*
regalar. *Expatriación, postergación.*
relente. *Frío.*
relevante. *Excelente, ilustre, importante.*
relevar. *Cambiar.*
relevo. *Substituto.*
relicario. *Joya.*
relieve. *Convexidad, destacar, resalto.*
religión. *Deísmo, religión.*
religiosa. *Monja.*
religiosidad. *Religión.*
religioso. *Fraile, sagrado.*
reliquia. *Defecto, efecto, residuo.*
reluciente. *Brillante, lustroso.*
relumbrante. *Brillante.*
relleno. *Compacto, lleno, macizo.*
remachar. *Rectificar.*
remanente. *Sobrar, superávit.*
remanso. *Quietud, tranquilidad.*
rematado. *Pésimo.*
rematar. *Acabar.*
remate. *Cumbre, epílogo, fin.*
remediable. *Remediable.*
remediar. *Amparar, mejorar.*
remedio. *Contraveneno, remediable.*
remedo. *Copia.*
remembranza. *Memoria.*
rememorar. *Memoria.*
remendar. *Arreglar, coser.*
remesar. *Enviar.*

remilgo. *Afectación.*
reminiscencia. *Memoria.*
remisión. *Perdón.*
remiso. *Desobediente, pereza.*
remitir. *Disminuir, enviar.*
remojado. *Mojado.*
remolcar. *Llevar, tirar.*
remolino. *Huracán, movimiento, tempestad.*
remolón. *Desobediente, pereza.*
remontar. *Subir.*
remoquete. *Apodo.*
rémora. *Estorbar.*
remordimiento. *Arrepentimiento.*
remoto. *Antiguo, lejano, pasado.*
remover. *Destitución, movimiento.*
rempujar. *Empujar.*
remuneración. *Cobrar, premio.*
remusgo. *Aura.*
renacer. *Resucitar.*
renacimiento. *Regeneración.*
renacuajo. Enano.
rencor. *Odio.*
rendibú. *Cortés.*
rendido. *Cansado.*
rendija. *Ranura.*
rendimiento. *Efecto, ganancia, respeto, sumisión.*
rendir. *Cosechar, derrotar, rendir.*
renegado. *Incredulidad.*
renegar. *Apostasía, maldecir, rectificar.*
reniego. *Blasfemia.*
renombrado. *Ilustre.*

renombre. *Fama.*
renovación. *Regeneración, renovación.*
renovado. *Moderno.*
renovar. *Mejorar, transformar, ratificar.*
renta. *Cobrar, ganancia.*
rentista. *Rico.*
renuente. *Desobediente, indócil.*
renuevo. *Hijo.*
renunciable. *Eludible.*
renunciar. *Desistir, rehusar.*
renuncio. *Falta, infringir.*
reñir. *Desaprobar, discutir, vituperar.*
reo. *Condenado, culpable, malhechor, reo.*
reparable. *Remediable.*
reparar. *Arreglar, atención, desagraviar, dudar, restituir, ver.*
repartir. *Dar.*
repasar. *Coser.*
repatriación. *Repatriación*
repecho. *Montaña, rampa.*
repeler. *Desagradar, repeler.*
repentino. *Imprevisto, improvisado, instantáneo.*
repentizado. *Improvisado.*
repercusión. *Efecto.*
repertorio. *Inventario, orden.*
repetido. *Frecuente, mucho.*
repetir. *Ratificar, vomitar.*
replegar. *Plegar, retroceder.*
repleto. *Lleno.*
replicar. *Impugnar, responder.*
reponer. *Ratificar.*
reportar. *Refrenar, reprimir.*

reposado. *Descansado, sereno.*
reposar. *Holgar.*
reposo. *Quietud, tranquilidad.*
reprender. *Desaprobar, vituperar.*
reprensión. *Reprensión.*
represalia. *Venganza.*
representación. *Idea.*
representado. *Poderdante.*
representante. *Apoderado, enviar.*
representar. *Descripción.*
representativo. *Castizo.*
reprimenda. *Reprensión.*
reprimir. *Refrenar, reprimir.*
reprobar. *Desaprobar.*
réprobo. *Condenado.*
reprochar. *Vituperar.*
reproducción. *Copia, figurado.*
reproducir. *Crear.*
reptar. *Andar, deslizamiento.*
república. *Sociedad.*
republicanismo. *Democracia.*
repudiar. *Apostasía, despreciar, rehusar, repeler.*
repuesto. *Ahorra, sano.*
repugnancia. *Contrariedad, desprecio, diferencia.*
repugnante. *Antipático, incompatible.*
repugnar. *Desagradar, repeler.*
repujado. *Resalto.*
repulgos. *Afectación.*
repulsa. *Desaprobar, negación, prohibición.*

repulsar. *Denegar, rehusar, repeler.*
repulsión. *Desapego.*
repulsivo. *Antipático.*
reputado. *Ilustre.*
reputación. *Fama, honor.*
reputar. *Acreditar.*
requerir. *Exigir, pedir.*
requiebro. *Adulación.*
requilorios. *Condicional, indirecto, rodeo.*
requisa. *Embargo.*
requisición. *Embargo.*
requisito. *Condicional.*
res. *Animal.*
resabido. *Sabio.*
resabio. *Defecto.*
resaltar. *Destacar.*
resalto. *Resalto.*
resarcir. *Ganancia, pagar, restituir, venganza.*
resbaladizo. *Suave.*
resbalar. *Deslizamiento.*
resbalón. *Falta, infringir.*
rescate. *Libertad, recuperación.*
rescindir. *Nulo.*
rescoldo. *Efecto.*
reseco. *Seco.*
resentimiento. *Irresolución, odio.*
resentir. *Enfadar.*
reseñar. *Describir.*
reserva. *Ahorrar, pasivo, silenciar, silencio, tener.*
reservado. *Callar, oculto, taciturno.*
resguardar. *Seguridad.*
resguardo. *Amparar.*
residenciar. *Inculpar.*
residente. *Persona.*

residuo. *Efecto, residuo.*
resignación. *Paciencia.*
resistencia. *Fortaleza.*
resistente. *Consistente, duro, fuerte, irreflexible, tenaz.*
resistir. *Resistir, soportable.*
resistirse. *Desacatar.*
resolución. *Resolución, sentencia.*
resollar. *Respirar.*
resonancia. *Efecto, ruido.*
resoplar. *Respirar.*
resorte. *Arte.*
respaldar. *Seguridad.*
respaldo. *Reverso.*
respetabilidad. *Prestigio.*
respetar. *Acatar.*
respeto. *Prejuicio, respeto, tolerancia.*
respetuosidad. *Respeto.*
réspice. *Responder.*
respirar. *Respirar.*
respiro. *Descansado, holgar.*
resplandeciente. *Brillante.*
resplandor. *Luz.*
responder. *Responder.*
responsabilidad. *Prestigio.*
responsable. *Autoridad, culpable, jefe.*
respondo. *Fin.*
respuesta. *Efecto.*
resquebrajado. *Inconsistente, frágil.*
resquebrajar. *Deshacer.*
resquemor. *Odio.*
restablecido. *Sano.*
restablecerse. *Mejorar.*
restablecido. *Sano.*
restablecimiento. *Regeneración.*
restar. *Disminuir, quitar.*

restitución. *Desembargo, devolución.*
restituir. *Restituir.*
resto. *Superávit.*
restregadura. *Frotamiento.*
restregamiento. *Frotamiento.*
restrictivo. *Particular.*
restringido. *Limitado, particular, relativo.*
restringir. *Astringente, disminuir.*
restringir. *Astringente.*
resucitar. *Resucitar.*
resuelto. *Atrevido, decidido.*
resultado. *Efecto.*
resultante. *Derivado, efecto.*
resumen. *Breve, extractado, síntesis.*
resumido. *Extractado.*
resurgir. *Resucitar.*
retaco. *Bajo, enano.*
retaguardia. *Seguir, último.*
retahila. *Inventario, orden.*
retal. *Residuo.*
retar. *Estimular.*
retardar. *Atrasar, retardar.*
retazo. *Parcial.*
retención. *Embargo.*
retener. *Ahorrar.*
retentiva. *Memoria.*
reticencia. *Omitir.*
retícula. *Ralo.*
retirado. *Lejano, pasivo.*
retirar. *Destitución, quitar.*
retirarse. *Ir, retroceder, salir.*
retiro. *Soledad.*
retocado. *Fino.*
retocar. *Mejorar, rectificar.*
retoño. *Descendiente, hijo, niño.*

retorcer. *Tergiversar.*
retorcido. *Curvo, ondulado.*
retorno. *Devolución, repatriación.*
retortijón. *Curvo.*
retozar. *Divertirse, movimiento.*
retozón. *Alegre.*
retractación. *Apostasía.*
retractarse. *Rectificar.*
retraído. *Insociable, tímido.*
retraimiento. *Soledad.*
retrasado. *Tardío.*
retrasar. *Atrasar, retardar.*
retraso. *Posteridad.*
retrechería. *Astucia, fingimiento.*
retrechero. *Guapo.*
retribución. *Cobrar.*
retribuido. *Pagado.*
retroactivo. *Pasado.*
retroceder. *Decrecer, desistir, empeorar, retroceder.*
retrógrado. *Obscurantismo.*
retrospectivo. *Antiguo, pasado.*
retruécano. *Cambiar.*
retumbar. *Ruido.*
reunión. *Colegio.*
reunir. *Reunir.*
revalidar. *Ratificar.*
revancha. *Venganza.*
revelación. *Fe, nutrición.*
revelar. *Aparecer, decir.*
revenido. *Seco.*
reventado. *Cansado.*
reventar. *Abrir, desagradar, molestia, morir.*
reverberar. *Brillante.*
reverencia. *Cortés, respeto, saludo.*

reversión. *Recuperación.*
reverso *Reverso.*
revertir. *Restituir, venir.*
revés. *Azote, contrariedad, derrota, fracaso, reverso.*
revesado. *Difícil, indócil, obscuro.*
revestir. *Tapar.*
revistar. *Ver.*
revivir. *Animar, resucitar.*
revocar. *Derogar, limpio, rectificar.*
revolcón. *Frotamiento.*
revoltoso. *Indócil.*
revolución. *Desorden, rebelión, revolución.*
revolucionar. *Transformar.*
revolver. *Mezclar.*
revuelo. *Desorden.*
revuelta. *Desorden, rincón.*
revuelto. *Indócil.*
reyerta. *Discordia.*
rezagado. *Tardío.*
rezagar. *Atrasar, retrasar.*
rezar. *Decir.*
rezo. *Oración.*
rezongar. *Musitar.*
rezos. *Culto.*
rezumar. *Segregar.*
ría. *Río.*
¡riá! *¡Adelante!*
ribazo. *Montaña.*
ribete. *Adición, indicio.*
rico. *Rico.*
ridiculez. *Afectación, escasez.*
ridículo. *Antiestético, cómico, inelegante, pequeño.*
rielar. *Brillante.*
riesgo. *Peligro.*
rigidez. *Severidad.*

rígido. *Inflexible, recto, sólido.*
rigor. *Inclemencia, obligatorio, severidad.*
riguroso. *Exacto.*
rijoso. *Lujuria.*
rimbombancia. *Verbosidad.*
rimbombar. *Ruido.*
rimero. *Cantidad, mucho, poeta, pluralidad.*
rincón. *Lugar, rincón.*
rinconada. *Arista, rincón.*
ringlera. *Orden.*
ringorrango. *Adornado, gala.*
riña. *Discordia, guerre, reprensión.*
riñón. *Centro, valiente.*
río. *Ría.*
ripio. *Innecesario.*
riqueza. *Abundancia, bien, lujo, rico.*
risco. *Montaña.*
risible. *Cómico.*
rítmico. *Acompasado, regular, uniforme.*
ritmo. *Melodía.*
ritos. *Culto.*
ritual. *Solemne.*
rival. *Enemigo.*
rivalidad. *Discordia, envidia, guerra.*
riza. *Mal.*
rizado. *Curvo.*
robar. *Hurtar.*
robinsón. *Fuerte.*
robusto. *Fuerte, lozano.*
roca. *Duro, montaña.*
roce. *Comunicación.*
rociado. *Mojado.*
rocín. *Caballo.*

rococó. *Antiestético.*
rochschild. *Rico.*
rodada. *Ranura.*
rodaja. *Círculo.*
rodear. *Ceñir.*
rodeo. *Eludible, indirecto, rodeo.*
rodrigón. *Criado.*
roer. *Destruir.*
rogar. *Pedir.*
rojo. *Colorado.*
rollizo. *Gordo.*
romanticismo. *Espiritualismo, modernismo.*
romo. *Tonto, romo.*
rompedizo. *Frágil.*
romper. *Desarreglar, deshacer, destruir.*
rompetechos. *Gigante.*
rompible. *Frágil.*
rompimiento. *Desgarro.*
roncar. *Dormir, respirar.*
roncería. *Caricia.*
roncero. *Pereza.*
ronco. *Disonancia.*
rondar. *Andar.*
ronquera. *Afonía.*
ronquido. *Ruido.*
ronroneo. *Ruido.*
roña. *Sucio.*
roñosería. *Avaricia.*
roñoso. *Mohoso, tacaño.*
ropa. *Vestir.*
ropaje. *Vestir.*
rosicler. *Rubio.*
rostro. *Cara, faz.*
rota. *Derrota.*
rotación. *Movimiento.*
roto. *Andrajo, deteriorado, incompleto.*
rotonda. *Círculo.*

rotulador. *Escrito.*
rótulo. *Nombre.*
rotundo. *Absoluto, claro, completo.*
rotura. *Desgarro.*
roturado. *Cultivado.*
rozagante. *Adornado, alegre, contento.*
rozamiento. *Discordia.*
rozar. *Frotamiento.*
rubicundo. *Rubio.*
rubio. *Rubio.*
rubor. *Vergüenza.*
ruborizado. *Colorado.*
rubricar. *Afirmación, ratificar, seguridad.*
rudimentario. *«Amorfo», inferioridad.*
rúdimento. *Principio.*
rudo. *Ignorante, ineducado.*
ruedo. *Círculo.*
rufián. *Rufián.*
rugir. *Gritar.*
rugoso. *Aspero, rugoso.*
ruido. *Ruido.*
ruín. *Pequeño, pillo, rufián, tacaño.*
ruina. *Decadencia, mal, ruina.*
ruindad. *Avaricia, indignidad, ruindad.*
ruinoso. *Viejo.*
rumbo. *Andar.*
rumboso. *Generoso, largueza.*
rumiar. *Raciocinio.*
rumor. *Maledicencia, musitar, ruido.*
runrún. *Maledicencia, ruido.*
rupestre. *Antiguo.*
rural. *Local, pueblo.*

rusticidad. *Barbarie.*
rústico. *Descortés, inculto, ineducado, pueblo, tosco.*
ruta. *Andar.*

rutilante. *Brillante.*
rutina. *Experiencia, práctica.*
rutinariamente. *Instinto.*

S

sabana. *Llanura.*
saber. *Ciencia.*
sabido. *Conocido, corriente, vulgar.*
sabiduría. *Ciencia.*
sabiendas. *Intencionado.*
sabio. *Sabio.*
sabor. *Gustar.*
saborear. *Gustar.*
sabotaje. *Destruir.*
sabotear. *Estorbar.*
sacar. *Entresacar, sacar.*
sacerdote. *Sacerdote.*
sacerdotisa. *Sacerdote.*
saciedad. *Hartura.*
Sacramento (El). *Jesucristo.*
sacratísimo. *Sagrado.*
sacrificar. *Matar.*
sacrificio. *Altruismo.*
sacrilegio. *Irrespetuosidad, profanación.*
sacro. *Sagrado.*
sacrosanto. *Sagrado.*
sacudida. *Movimiento.*
sadismo. *Crueldad, inclemencia, lujuria.*
sacudeo. *Materilismo.*
sagacidad. *Clarividencia.*
sagaz. *Listo.*
Sagrada Forma. *Jesucristo*
sagrado. *Sagrado.*
sahumerio. *Fragancia.*
sainete. *Gustar.*
salacidad. *Lujuria.*
salado. *Gracioso.*
salario. *Cobrar.*

saldar. *Pagar, vender.*
saldo. *Barato.*
saleroso. *Gracioso.*
salida. *Excusa, partida.*
saliente. *Convexidad, este, resalto.*
salir. *Aparecer, ir, salir.*
salmo. *Oración.*
salmodia. *Oración.*
salpicado. *Lleno.*
salpicadura. *Efecto.*
salteador. *Malhechor.*
saltear. *Hurtar.*
saltarse. *Omitir.*
salubre. *Saludable.*
isalud! *Saludo.*
saludable. *Beneficioso, saludable.*
saludador. *Hechizar, medicina.*
saludo. *Saludo.*
salutación. *Saludo.*
salutífero. *Saludable.*
salva. *Juramento.*
salvación. *Libertad.*
salvado. *Indemne.*
Salvador (El). *Jesucristo.*
salvaguardia. *Seguridad.*
salvaje. *Barbarie, ineducado.*
salvajismo. *Barbarie.*
isalve! *Saludo.*
salvo. *Indemne.*
salvoconducto. *Permiso, seguridad.*

404

sambenito. *Deshonor, desprestigio.*
sanción. *Castigo.*
sancionar. *Aprobar, ratificar.*
sanchopancismo. *Materialismo.*
sandalia. *Calzarse.*
sandez. *Imprudencia.*
sandio. *Insensato, tonto.*
sandunguero. *Gracioso.*
sangría. *Pérdida.*
sangriento. *Crueldad.*
sanguijuela. *Holgar.*
sanguinario. *Barbarie, crueldad.*
sano. *Ileso, incorrupto, saludable.*
santiamén. *Instantáneo.*
santidad. *Virtud.*
Santísimo (El). *Jesucristo.*
santo. *Bienaventurado, bienhechor, bueno, sagrado, virtud.*
saña. *Crueldad, inclemencia, ira.*
saquear. *Hurtar.*
sarao. *Fiesta.*
sarasa. *Afeminado.*
sarcasmo. *Irrespetuosidad.*
sarracina. *Azote.*
satán. *Diablo.*
satanás. *Diablo.*
satánico. *Malo.*
satélite. *Dependiente, secundario, subordinado.*
satinado. *Brillante, suave.*
satírico. *Cómico.*
satirizar. *Irrespetuosidad.*
sátiro. *Deidad, lujuria.*
satisfacción. *Felicidad, gozo,*

justificación, placer, venganza.
satisfacer. *Agradar, desagraviar, pagar, restituir.*
satisfacerse. *Congratularse.*
satisfactoriamente. *Bien.*
satisfactorio. *Excelente.*
satisfecho. *Alegre, contento, hartura, pagado.*
saturado. *Lleno.*
saturnal. *Divertir.*
saudade. *Memoria, triste.*
savia. *Manjar.*
saya. *Saya.*
sayón. *Crueldad.*
sazón. *Oportuno, tiempo.*
sazonado. *Cocido, maduro.*
secante. *Transversal.*
sección. *Parcial.*
secesión. *Desunión.*
seco. *Abstemio, adusto, delgado, inexpresivo, marchito, seco.*
secretar. *Segregar.*
secretario. *Apoderado, subordinado.*
secreto. *Anónimo, oculto, silenciar.*
sectarismo. *Beligerancia, incredulidad, radicalismo.*
sector. *Lugar, parcial.*
secuaz. *Beligerancia.*
secuela. *Efecto.*
secuestrar. *Hurtar.*
secuestro. *Embargo.*
secular. *Antiguo, perpetuo, profano, seglar.*
secundar. *Ayudar, ratificar.*
secundario. *Accesorio, accidental, secundario.*
sed. *Gana, sed.*

sedante. *Mitigar.*
sede. *Centro.*
sedentario. *Quietud.*
sedición. *Rebelión.*
sediento. *Seco, sed.*
sedimentar. *Sumergir.*
sedimento. *Efecto, residuo.*
seducir. *Agradar, atraer, engañar, hechizar, simpático.*
sedoso. *Suave.*
seglar. *Profano, seglar.*
segregar. *Desasimilar, quitar, segregar.*
seguidamente. *Posterioridad.*
seguido. *Continuo, incesante, recto, sucesivo.*
seguir. *Permanecer, perseguir, reanudar, seguir.*
segundo. *Instantáneo.*
segundogénito. *Hijo.*
seguridad. *Confianza, equilibrio, seguridad.*
seguro. *Cierto, consistente, fijo.*
seísmo. *Movimiento.*
seleccionado. *Puro.*
seleccionar. *Albedrío (libre), clasificar, entresacar.*
selecto. *Elegante, excelente, fino.*
selvático. *Ineducado.*
sello. *Cualidad.*
semblanza. *Descripción, historia.*
sembrado. *Cultivado, lleno.*
sembrar. *Sembrar.*
semejante. *Homogéneo, indeterminado, persona, semejante, simétrico, uniforme.*

semajanza. *Analogía.*
semidiós. *Deidad.*
seminario. *Colegio.*
seminarista. *Discípulo.*
semoviente. *Animal.*
senado. *Sociedad.*
sencillez. *Candidez, modestia, naturalidad, sencillez, sinceridad.*
sencillo. *Desadornado, fácil, incomplejo, sencillo, simple.*
sendero. *Andar, senda.*
Séneca. *Sabio.*
senectud. *Anciano.*
senil. *Anciano, viejo.*
seno. *Centro, concavidad, golfo.*
sensación. *Idea, sensibilidad.*
sensacional. *Importante, interesante.*
sensatez. *Prudencia.*
sensato. *Sensato.*
sensibilidad. *Sensibilidad.*
sensible. *Dolor, importante, impresionable, material, real.*
sensualidad. *Lujuria, sensualismo.*
sensualismo. *Intemperancia, materialismo, sensualismo.*
sensualista. *Placer.*
sentarse. *Pararse.*
sentencia. *Dicho, juicio, resolución, sentencia.*
sentenciador. *Juez.*
sentido. *Calidad, cualidad, impresionable, inteligencia.*

sentimental. *Impresionable.*
sentimentalismo. *Compasión, espiritualismo.*
sentimiento. *Aflicción, arrepentimiento, compasión, desconsuelo, pésame, sensibilidad.*
sentir. *Condolerse, juicio, oír, sensibilidad.*
señal. *Efecto, figurado, indicio, prueba.*
señalado. *Determinado.*
señero. *Destacar, ilustre.*
Señor (El). *Deísmo, Jesucristo.*
señor. *Amo, caballero.*
señora. *Mujer.*
señorear. *Mandar.*
señorío. *Libertad.*
señorita. *Afeminado, mujer.*
señuelo. *Estimular.*
separación. *Descomposición, despedida, destitución, desunión, soledad.*
separado. *Excluido, lejano, ralo, separado.*
separar. *Abrir, desceñir, despegar, distinguir, quitar.*
separar. *Dispersar, repeler.*
sepelio. *Inhumar.*
sequedad. *Laconismo, sed.*
séquito. *Compañía.*
ser. *Cosa, mueble, persona, substancia.*
serafín. *Angel, guapo.*
serenidad. *Calma.*
sereno. *Cuidar, flemático, quietud, sereno.*
serie. *Orden, pluralidad, uniforme.*

serio. *Adusto, formal, grave, importante, serio.*
sermón. *Reprensión.*
sermonear. *Vituperar.*
serpenteado. *Ondulado.*
serpiente (la). *Diablo.*
servible. *Util, válido.*
servicial. *Cortés.*
servicio. *Deber, favor.*
servidor. *Criado, subordinado.*
servidumbre. *Esclavitud, gravamen, humildad.*
servilismo. *Deshonor, sumisión.*
servir. *Obedecer.*
servirse. *Hacer.*
sesgado. *Oblicuo.*
sesión. *Reunir.*
seso. *Inteligencia, prudencia.*
sestear. *Dormir.*
sesudo. *Cuerdo, prudencia, sensato.*
seudónimo. *Apodo.*
severidad. *Inclemencia, severidad.*
servicia. *Crueldad.*
sexagenario. *Anciano.*
sí. *Afirmación, sí.*
siamés. *Par.*
sibarita. *Gula, placer.*
sibaritismo. *Intemperancia, sensualismo.*
sicalipsis. *Lujuria.*
sicalíptico. *Inmoralidad.*
siempre. *Perpetuo, siempre.*
siervo. *Súbdito, subordinado.*
sietemesino. *Temprano.*

407

sigilo. *Callar, silenciar, silencio.*
significativo. *Expresivo, importante.*
signo. *Figurado, indicio.*
siguiente. *Posteridad.*
silbar. *Gritar, protestar.*
silbido. *Ruido.*
silenciar. *Callar, omitir, silenciar.*
silencio. *Anónimo, mudez, quietud, silencio.*
sílfide. *Deidad.*
silfos. *Deidad.*
silogismo. *Razonamiento.*
silvano. *Deidad.*
silvestre. *Inculto.*
sima. *Profundo.*
simbólico. *Figurado.*
simetría. *Desproporción, proporción.*
simétrico. *Regular, semejante, simétrico.*
símil. *Comparar.*
similar. *Homogéneo, semejante.*
similitud. *Identidad, semejante.*
similor. *Baratija.*
simpatía. *Afición, benevolencia.*
simpático. *Simpático.*
simpatizante. *Beligerancia.*
simple. *Incomplejo, puro, sencillo, simple, tonto.*
simpleza. *Tonto.*
simplón. *Candidez, tonto.*
simulación. *Apariencia, fingimiento.*
simulacro. *Apariencia.*
simulado. *Figurado.*

simún. *Huracán.*
simultáneo. *Simultáneo.*
sincerarse. *Justificación.*
sinceridad. *Candidez, œ! ltad, naturalidad, sinceridad, verdad.*
sincretismo. *Eclecticismo.*
sincrónico. *Acompasado, simultáneo.*
sincronismo. *Concordancia.*
sincronización. *Concordancia.*
sincronizado. *Simultáneo.*
sindéresis. *Prudencia.*
sindicación. *Unión.*
sindicato. *Sociedad.*
síndrome. *Indicio.*
sinecura. *Beneficioso, bicoca.*
sinfín. *Mucho.*
sinfonía. *Melodía.*
singular. *Extraordinario, impar, original, particular, raro.*
singularidad. *Unidad.*
singularizarse. *Destacar.*
siniestra. *Izquierda.*
siniestrado. *Infelicidad, mal, malevolencia, malo, pérdida.*
sinnúmero. *Cantidad, mucho.*
sino. *Fatalismo.*
sinónimo. *Igual, semejante.*
sinopsis. *Síntesis.*
sinrazón. *Injusticia.*
sinsabor. *Aflicción.*
sinsonate. *Tonto.*
sinsorgo. *Insulso.*
síntesis. *Comprosición, síntesis.*

sintético. *Artifical.*
sintetizado. *Extractado.*
síntoma. *Indicio.*
sinuoso. *Indirecto, ondulado.*
sinvergüenza. *Pillo, rufián.*
sirena. *Atraer, hechizar.*
sirimiri. *Llover.*
sirviente. *Criado.*
sisar. *Hurtar.*
sisear. *Protestar.*
sistema. *Arte.*
sistemático. *Uniforme.*
sistematización. *Orden.*
sitiar. *Ceñir.*
sitio. *Lugar.*
situado. *Poner.*
situar. *Poner.*
snobismo. *Elegante, exótico, moda, modernismo.*
¡so! *¡Atrás!*
sobar. *Tocar.*
soberano. *Independiente.*
soberanía. *Libertad.*
soberbia. *Soberbia.*
soborno. *Soborno.*
sobrado. *Buhardilla, innecesario.*
sobrante. *Superávit*
sobrar. *Sobrar.*
sobras. *Residuo.*
sobre. *Arriba.*
sobrecejo. *Adusto.*
sobrecogido. *Turbado.*
sobreentendido. *Implícito.*
sobreexcitación. *Actividad.*
sobreexcitar. *Estimular.*
sobrehumano. *Divino, grande.*
sobrenadar. *Flotar.*

sobrenatural. *Divino, extraordinario.*
sobrenombre. *Apodo.*
sobrepasar. *Aumentar, sobrar.*
sobreprecio. *Gravamen.*
sobrepuesto. *Adición.*
sobrepujar. *Destacar, mejorar, sobrar.*
sobresaliente. *Excelente, ilustre, substituto.*
sobresalir. *Destacar.*
sobresaltado. *Turbado.*
sobreseer. *Desistir.*
sobreseimiento. *Irresolución, sobreseimiento.*
sobresueldo. *Cobrar.*
sobretasa. *Gravamen.*
sobrevenir. *Efecto.*
sobriedad. *Escasez, frugalidad, sencillez, templanza.*
sobrio. *Desadornado, moderado, poco.*
«soca». *Astucia.*
socaire. *Excusa.*
socapa. *Excusa.*
socarrar. *Encender.*
socarronería. *Fingimiento.*
socavar. *Destruir.*
sociable. *Sociable.*
social. *Público.*
socialismo. *Democracia.*
sociedad. *Colegio, sociedad, unión.*
socolor. *Excusa.*
socorrer. *Amparar.*
socorro. *Favor.*
sodomía. *Lujuria.*
sodomita. *Afeminado.*
soez. *Descortés.*

sofisma. *Argucia, engañar, mentira.*
sofístico. *Absurdo.*
soflama. *Argucia, colorado, vergüenza, monólogo.*
sofocado. *Apagar, asfixiar, reprimir.*
sofocarse. *Asfixiarse.*
soguilla. *Obrero.*
solapado. *Fingimiento.*
solar. *Suelo.*
solazar. *Divertir.*
soldada. *Cobrar.*
soldado. *Militar.*
soldar. *Adherir, unión.*
soledad. *Incomunicación.*
solemne. *Serio, solemne.*
solemnidad. *Condicional, fiesta.*
solera. *Calidad.*
solercia. *Astucia.*
solicitar. *Pedir.*
solicitarse. *Atraer.*
solicitud. *Celo, diligencia.*
solidaridad. *Unión.*
solideo. *Cubrirse.*
solidificar. *Solidificar.*
sólido. *Consistente, sólido.*
soliloquio. *Monólogo.*
solimán. *Veneno.*
solitario. *Vacío.*
soliviantar. *Estimular.*
solo. *Impar.*
soltar. *Aflojar, desatar, libertar, soltar.*
soltería. *Soltería.*
soluble. *Fundir.*
solución. *Remediable, resolución.*
solvencia. *Crédito, fama,*

prestigio, resolución, seguridad.
solvente. *Apto.*
sollozar. *Llorar.*
soma. *Cuerpo.*
sombra. *Apariencia, imaginario, suerte. tiniebla.*
sombrerazo. *Saludo.*
sombrero. *Cubrirse.*
sombrío. *Negro, obscuro.*
somero. *Superficial.*
someter. *Acatar, rendir, reprimir.*
sometido. *Dependiente.*
sometimiento. *Esclavitud, sumisión.*
somnolencia. *Dormir.*
sonambulismo. *Hechizar, insensibilidad.*
sonámbulo. *Dormir.*
sondear. *Buscar.*
sonido. *Ruido, voz.*
sonoridad. *Ruido.*
sonreír. *Reír.*
sonrojo. *Vergüenza.*
sonsacar. *Preguntar.*
soñador. *Espiritualismo.*
sopapo. *Azote.*
soplar. *Hurtar, respirar, sugerir.*
soplo (un). *Instantáneo.*
soplón. *Delatar.*
soponcio. *Insensibilidad.*
sopor. *Dormir, insensibilidad.*
soporífero. *Dormir.*
soportable. *Soportable.*
soportar. *Resistir, tolerancia.*
soporte. *Base.*
sor. *Monja.*

sorbete. *Frío.*
sorche. *Militar.*
sordamente. *Silencio.*
sordidez. *Avaricia.*
sórdido. *Sucio.*
sordina. *Silenciar, callar.*
sordo. *Impenitencia, indiferencia, ensordecer.*
sorna. *Fingimiento.*
sornavirón. *Azote.*
sorprendente. *Extraordinario, improbable, raro.*
sorpresa. *Admiración, imprevisto.*
sortija. *Joya.*
sortilegio. *Extraordinario, hechizar.*
sosaina. *Insulso.*
sosegado. *Descansado, flemático, quietud, sereno.*
sosegar. *Holgar.*
sosiego. *Paz, tranquilidad.*
soslayar.· *Eludible, omitir, quitar, separado.*
soslayo. *Oblicuo.*
soso. *Insípido, insulso.*
sospecha. *Dudar.*
sostén. *Base.*
sostener. *Defender, propugnar.*
sostenerse. *Comer, resistir.*
sostenido. *Apoyado.*
sotabanco. *Buhardilla.*
sótano. *Sótano.*
soterrado. *Oculto, sótano.*
soterraño. *Profundo.*
soterrar. *Inhumar.*
soto. *Abajo.*
«soviet». *Democracia.*
«standard». *Igual, uniforme.*
stock. *Ahorrar.*

suasorio. *Persuadir.*
suave. *Afable, blando, dócil, moderado, suave.*
suavidad. *Lenidad, melodía.*
suavizar. *Mitigar.*
sub-. *Abajo.*
subalterno. *Dependiente, secundario, subordinado.*
subarrendar. *Arrendar.*
subastar. *Vender.*
subconsciencia. *Inconsciencia.*
subdiácono. *Sacerdote.*
súbdito. *Súbdito, subordinado.*
subestimar. *Despreciar, desvalorizar.*
subir.. *Levantar, subir.*
súbito. *Instantáneo.*
subjetividad. *Conciencia.*
sublevación. *Rebelión.*
sublimar. *Ensalzar, evaporar.*
sublime. *Excelente, solemne.*
submarino. *Embarcación.*
submúltiplo. *Factor.*
subordinación. *Esclavitud, sumisión.*
subordinado. *Dependiente, relativo, súbdito, subordinado.*
subrayar. *Destacar.*
subrepticio. *Oculto.*
subrogar. *Cambiar.*
subsanable. *Arreglar, rectificar.*
subscribir. *Aceptar.*
subscripción. *Pedir.*
subscriptor. *Comprar.*
subsidio. *Amparar, gravamen.*

subsiguiente. *Seguir.*
subsistente. *Vivo.*
subsistir. *Existencia.*
substancia. *Substancia.*
substancial. *Esencial, importante, material.*
substancioso. *Interesante.*
substantividad. *Existencia, realidad.*
substituido. *Efectivo.*
substituir. *Cambiar.*
substitutivo. *Substituto, impuro.*
substituto. *Apoderado, provisional, substituto.*
substracción. *Substracción.*
substraer. *Absorber, hurtar, quitar.*
substraerse. *Abstenerse.*
substrato. *Substancia.*
subsuelo. *Sótano.*
subterfugio. *Excusa.*
subterráneo. *Abajo, profundo, sótano.*
suburbio. *Exterior, periferia.*
subvención. *Amparar, dar.*
subvencional. *Pagar.*
subversión. *Desorden, rebelión.*
subyugar. *Agradar, atraer.*
succionar. *Absorber, sacar.*
sucedáneo. *Impuro, substituto.*
suceder. *Seguir.*
sucederse. *Cambiar.*
sucesivo. *Sucesivo.*
suceso. *Exito, hecho.*
sucesor. *Descendiente.*
sucio. *Negro, sucio.*
sucinto. *Breve, laconismo.*
suculento. *Gustar.*

sucumbir. *Caerse, morir, rendirse.*
sucursal. *Dependiente, derivado.*
sudar. *Segregar.*
suegro. *Padre.*
sueldo. *Cobrar, ingreso.*
suelo. *Suelo, tierra.*
suelto. *Agil, flojo.*
sueño. *Dormir, ilusión, imaginación.*
suerte. *Calidad, casualidad, felicidad, suerte.*
suficiencia. *Apto, inmodestia.*
suficiente. *Necesario, suficiente.*
sufragáneo. *Subalterno.*
sufragar. *Pagar.*
sufragio. *Juicio.*
sufrible. *Soportable.*
sufrido. *Paciencia.*
sufrimiento. *Aflicción, dolor, sufrir.*
sufrir. *Sufrir.*
sugerir. *Decir, memoria.*
sugestión. *Insensibilidad.*
sugestionable. *Impresionable.*
sugestionar. *Atraer, hechizar.*
sugestivo. *Interesante.*
suicida. *Perjudicial.*
suicidio. *Morir.*
sujetar. *Atar, refrenar, reprimir.*
sujeto. *Conciencia, individuo, persona.*
sulfurarse. *Ira.*
sumar. *Unión.*
sumario. *Breve, orden.*

sumergir. *Sumergir.*
sumiller. *Apoderado, criado.*
suministrar. *Dar.*
sumirse. *Sumergir.*
sumisión. *Esclavitud, obedecer, paciencia, respeto, sumisión.*
sumiso. *Dócil, obediente.*
summum. *Superioridad.*
sumo. *Alto, arriba, grande, máximo.*
suntuoso. *Solemne.*
suntuosidad. *Lujo.*
supeditación. *Esclavitud, inferioridad.*
supeditado. *Condicional, dependiente, relativo.*
superabundancia. *Abundancia.*
superar. *Sobrar.*
superarse. *Mejorar.*
superávit. *Superávit.*
superchería. *Engañar, mentira.*
superdotado. *Listo.*
superestimar. *Apreciar.*
superferolítico. *Fino.*
superficial. *Exterior, insignificante, superficial.*
superficie. *Lugar, periferia.*
superfluo. *Innecesario, inútil.*
superhombre. *Ilustre.*
superior. *Excelente, jefe, máximo, óptimo.*
superiora. *Monja.*
superioridad. *Autoridad, mayoría, superioridad, ventaja.*
superlativo. *Aumentar, grande.*

supernumerario. *Provisional, sobrar.*
superstición. *Irreligión.*
superviviente. *Indemne.*
supervivir. *Permanecer.*
supino. *Insensato, tonto.*
suplantar. *Cambiar, substituto.*
suplefaltas. *Substituto.*
suplemento. *Adición.*
suplente. *Provisional, substituto.*
suplicar. *Pedir.*
suplicio. *Castigo, dolor.*
suplir. *Cambiar.*
suponer. *Crear.*
suposición. *Hipótesis, indicio.*
supra. *Arriba.*
suprasensible. *Inmaterial.*
supremacía. *Destacar, superioridad.*
supremo. *Alto, deísmo, máximo.*
suprimir. *Derogar, quitar.*
supuesto. *Figurado, hipótesis, incierto, proyecto.*
sur. *Sur.*
surco. *Aparecer, nacer.*
sursuncorda. *Ilustre.*
surtido. *Heterogéneo, variado.*
surtir. *Dar.*
susceptible. *Impresionable.*
suscitar. *Causar, empezar, estimular.*
suspender. *Desaprobar, interrumpir.*
suspendido. *Suspendido.*
suspensión. *Destitución, sobreseimiento.*

suspenso. *Admiración.*
suspicacia. *Desconfianza.*
suspirar. *Gana, llorar, respirar.*
sustancioso. *Importante.*
sustentado. *Apoyado.*
sustentar. *Defender, propugnar.*

sustentarse. *Comer.*
susto. *Miedoso.*
susurrar. *Musitar.*
susurro. *Ruido.*
sutil. *Delgado, listo.*
sutileza. *Argucia, clarividencia.*
sutilizar. *Raciocinio.*

T

tabicar. *Cerrar.*
tábido. *Corrompido.*
tableteo. *Ruido.*
tablón. *Borracho.*
tabú. *Indiscutible, intangible, prohibición, respeto.*
tacañería. *Avaricia.*
tacaño. *Tacaño.*
tácito. *Callas, implícito, silenciar.*
taciturno. *Taciturno, triste.*
taco. *Blasfemia.*
tactar. *Tocar.*
táctica. *Arte.*
tacha. *Defecto, desprestigio.*
tachar. *Inculpar.*
tahurería. *Engañar.*
taimado. *Astucia.*
tajada. *Borracho.*
tajadas. *Carne.*
tajante. *Absoluto, general.*
tal. *Indeterminado.*
taladrar. *Abrir.*
talante. *Voluntad.*
talar. *Destruir.*
taleguilla. *Pantalón.*
talento. *Cabeza, inteligencia.*
talentoso. *Listo.*
talión. *Venganza.*
talismán. *Irreligión.*
talud. *Oblicuo.*
talla. *Alto.*
tallar. *Hacer.*
talludo. *Alto.*
tamaño. *Cantidad, grande.*

tambolearse. *Movimiento.*
tamizar. *Clasificar.*
tanagra. *Irreligión.*
tanda. *Pluralidad.*
tangible. *Efectivo, material, real, tocar.*
tanque. *Carruaje.*
tantear. Buscar, empezar.
tapado. *Oculto.*
tapar. *Cerrar, encubrir, tapar.*
tapar. Vestir.
tapiar. *Cerrar.*
taponamiento. *Estorbar.*
taponar. *Cerrar.*
tapujo. *Encubrir, engañar.*
tara. *Defecto.*
tarambana. *Informal, insensato.*
tararira. *No.*
tarasca. *Feo.*
tarascada. *Inoportuno.*
tardanza. *Tardío.*
tardo. *Flemático, lento, torpe.*
tarea. *Trabajar.*
tarifa. *Ley, pagado, valorar.*
tarquinada. *Lujuria.*
tarro. *Continente.*
tartalearse. *Movimiento, turbado.*
tartana. *Carruaje.*
tártaro. *Infierno.*
tartufo. Fingimiento.
tarzán. *Fuerte.*
tasa. *Limitado, pagado.*

tasado. *Exacto.*
tasar. *Apreciar, valorar.*
¡tate! *Atención.*
taumaturgia. *Hechizar.*
taumatúrgico. *Extraordinario.*
tautología. *Ratificar.*
taxativo. *Determinado, exacto.*
taxonomía. *Clasificar.*
teatro. *Lugar.*
técnica. *Arte.*
tecnicismo. *Lenguaje.*
técnico. *Apto, sabio.*
tecnología. *Arte.*
techado. *Techo.*
techumbre. *Techo.*
tedio. *Aburrir.*
tegumento. *Lámina.*
teísmo. *Deísmo, religión.*
teja. *Cubrirse.*
tejado. *Techo.*
tejer. *Hacer.*
tela. *Rico.*
telegráfico. *Breve.*
teología. *Causa, causalidad.*
tema. *Tesis.*
temblar. *Movimiento.*
tembloroso. *Turbado.*
temerario. *Valiente.*
temeridad. *Imprudencia.*
temeroso. *Miedoso.*
temor. *Desconfianza.*
témpano. *Frío.*
temperamento. *Cualidad.*
temperatura. *Caliente.*
tempestad. *Tempestad.*
templado. *Atrevido, caliente, gracioso, moderado, poco, tirante, valiente.*

templanza. *Ascetismo, templanza.*
temprano. *Temprano.*
templar. *Mitigar, reprimir.*
temple. *Duro, fortaleza, valiente.*
temporada. *Tiempo.*
temporal. *Intermitente, llover, profano, provisional, tempestad, temporal.*
temprano. *Verde.*
tenacidad. *Intolerancia.*
tenaz. *Constante, duro, tenaz.*
tendencia. *Afición, instinto.*
tendencioso. *Injusticia.*
tender. *Desplegar.*
tendero. *Vender.*
tendido. *Horizontal.*
tenebroso. *Obscuro.*
tenedor. *Crédito.*
tener. *Tener.*
teniente. *Ensordecer.*
tenso. *Tirante.*
tentáculo. *Encarcelar, ma no.*
tentador (el). *Diablo.*
tentar. *Estimular, tocar.*
tentativa. *Conato, proyecto.*
tentempié. *Comer.*
tenue. *Delgado.*
teodicea. *Religión.*
teofobia. *Ateísmo, irreligión.*
teogonía. *Religión.*
teologal. *Divino.*
teología. *Deísmo, religión.*
teoría. *Hipótesis, orden, teoría.*
teórica. *Teoría.*
teórico. *Nominal.*
teosofía. *Deísmo, religión.*

terapeuta. *Medicina.*
terapéutica. *Medicina.*
tercero. *Encubrir, intervenir.*
terciado. *Medio.*
terciar. *Intervenir.*
terco. *Constante.*
tergiversar. *Cambiar, confundir, tergiversar.*
terminación. *Extremo, fin.*
terminante. *Absoluto, claro, explícito, general.*
terminar. *Acabar.*
término. *Extremo, fin, limitado, palabra.*
terminología. *Lenguaje.*
terne. *Cosntante, fuerte.*
ternera. *Vaca.*
ternero. *Toro.*
terno. *Vestir.*
ternura. *Amor, compasión.*
terquedad. *Intolerancia.*
terrateniente. *Rico.*
terremoto. *Movimiento.*
terrenal. *Humano.*
terreno. *Humano, lugar, profano.*
terrible. *Miedoso.*
territorio. *Tierra.*
terror. *Miedoso.*
terrorífico. *Miedoso, trágico.*
terrorista. *Rebelión.*
terso. *Liso, lustroso.*
tertulia. *Sociedad.*
tesis. *Tesis.*
tesón. *Constante, intolerancia.*
tesoro. *Bienes, joya, rico.*
testa. *Cabeza.*
testaferro. *Apoderado, substituto.*
testarazo. *Azote.*

testarudez. *Intolerancia.*
testarudo. *Constante.*
testera. *Cabeza.*
testificar. *Afirmación.*
testigo. *Presente.*
testimoniar. *Afirmación.*
testimonio. *Juramento, prueba.*
tétrico. *Triste.*
testuz. *Cabeza, cráneo.*
texto. *Ejemplo.*
textual. *Exacto, igual.*
tiara. *Cubrirse.*
tiberio. *Desorden, ruido.*
tibieza. *Frialdad, indeciso, negligencia.*
tibio. *Caliente.*
tic. *Expresivo.*
tiempo. *Parcial, tiempo.*
tiento. *Prudencia.*
tierno. *Blando, cariñoso, verde.*
tierra. *Inmueble, tierra.*
tieso. *Duro, fuerte, serio.*
tílburi. *Carruaje.*
timar. *Hurtar.*
timbre. *Honor.*
tímido. *Cobarde, miedoso, tímido.*
timorato. *Miedoso, tímido.*
tinglado. *Desorden, techo.*
tinieblas. *Noche, tinieblas.*
tino. *Prudencia.*
tiñería. *Tacaño.*
típico. *Castizo, propio.*
tipo. *Calidad, inelegante, modelo.*
tiquismiquis. *Insignificante.*
tira. *Filamento.*
tiralevitas. *Adulación.*
tiranía. *Autocracia.*

tirante. *Recto, tirante.*
tirar. *Atraer, destruir, gastar, tirar.*
tirria. *Odio.*
titán. *Gigante.*
titánico. *Alto.*
títere. *Enano.*
titubear. *Dudar.*
titubeo. *Indeciso.*
titular. *Efectivo, medicina.*
título. *Derecho, mérito, noble, nombre, permiso.*
tiznado. *Negro, sucio.*
tobogán. *Deslizamiento.*
tocado. *Loco.*
tocando. *Contiguo.*
tocante. *Conexión.*
tocar. *Tocar.*
tocarse. *Cubrirse, pariente.*
tocayo. *Igual.*
tocólogo. *Medicina.*
toditos. *Diablo.*
tolerable. *Compatible, soportable.*
tolerancia. *Lenidad, tolerancia.*
tolerar. *Permiso.*
tollina. *Castigo.*
tomado. *Mohoso.*
tomar. *Aceptar, agarrar, coger, recibir.*
tonante. *Ruido.*
tongo. *Engañar.*
tónico. *Calidad, cualidad, general.*
tono. *Inmodestia, soberbia.*
tonsurado. *Lampiño.*
tontaina. *Tonto.*
tontería. *Tonto.*
tontillo. *Saya.*
tonto. *Idiotez, tonto.*

topar. *Encontrar, hallar.*
tope. *Extremo, fin, limitado, máximo.*
tópico. *Anodino, vulgar.*
topo. *Tonto, torpe.*
toque. *Causa, difícil.*
tórax. *Pecho.*
torbellino. *Huracán, movimiento, tempestad.*
torca. *Concavidad.*
torcedor. *Dolor.*
torcer. *Tergiversar.*
torcido. *Oblicuo.*
tormenta. *Tempestad.*
tormento. *Castigo, dolor, sufrir.*
tornadizo. *Inconstante, variable.*
tornar. *Transformarse, venir.*
tornasolar. *Brillante.*
torneado. *Curvo.*
torneo. *Guerra.*
toro. *Toro.*
torpe. *Ensordecer, inepto, inhábil, tonto, torpe.*
torpedear. *Estorbar.*
torpedero. *Embarcación.*
torpeza. *Lujuria.*
torre. *Palacio.*
torrente. *Abundancia, río.*
torta. *Azote.*
tortuosidad. *Rodeo.*
tortuoso. *Ondulado.*
tortura. *Aflicción, castigo, dolor, sufrir.*
torturar. *Aflicción.*
torvo. *Ira.*
tosco. *Descortés, ineducado, terco.*
toser. *Respirar.*

tósigo. *Veneno.*
tostado. *Moreno.*
total. *Completo, total.*
totalidad. *Todo.*
totalitarismo. *Autocracia.*
tóxico. *Veneno.*
tozudez. *Intolerancia.*
tozudo. *Constante.*
traba. *Estorbar.*
trabajador. *Obrero.*
trabajar. *Trabajar.*
trabajo. *Efecto, trabajar.*
trabajos. *Sufrir.*
trabajosamente. *Lento.*
trabajoso. *Difícil, incómodo.*
trabazón. *Conexión, unión.*
trabucar. *Confundir, tergiversar.*
traca. *Ruido.*
tracción. *Llevar, tirar.*
tradición. *Leyenda.*
tradicional. *Antiguo, castizo, propio.*
tradicionalismo. *Clasicismo.*
traducir. *Claro, interpretar.*
traer. *Traer.*
tráfago. *Abundancia, actividad.*
traficante. *Vender.*
tráfico. *Comunicación.*
tragaderas. *Creer.*
tragaldabas. *Gula.*
tragar. *Comer, tragar.*
tragedia. *Mal.*
trágico. *Trágico.*
tragón. *Gula.*
traición. *Traición.*
traje. *Vestir.*
trajear. *Vestir.*
trajín. *Actividad.*
trajinante. *Vender.*

trajinar. *Llevar.*
trama. *Acuerdo, tesis.*
tramar. *Crear.*
trámite. *Condicional.*
tramontana. *Norte.*
tramoya. *Apariencia, desorden, engañar.*
trampa. *Débido, engañar.*
trampolín. *Arte.*
tranca. *Borracho.*
trance. *Oportuno.*
tranco. *Umbral.*
tranquilidad. *Calma, confianza, normalidad, orden, paz, tranquilidad.*
tranquilo. *Flemático, quietud, sereno.*
transacción. *Vender.*
transcendencia. *Efecto.*
transcender. *Efecto.*
transcripción. *Copia.*
transcurrir. *Andar.*
transeunte. *Andar.*
transferible. *Transferible.*
transferir. *Cambiar, dar.*
transfigurar. *Transformar.*
transformación. *Evolución.*
transformar. *Transformar.*
transformismo. *Materialismo.*
transformista. *Extraordinario.*
tránsfuga. *Inconstante.*
transfundir. *Extender.*
transgresión. *Infringir.*
transgresor. *Culpable.*
transición. *Transformar.*
transido. *Aflicción, cansado..*
transigencia. *Tolerancia.*
transigir. *Rendir.*
transitable. *Accesible.*

transitar. *Andar.*
tránsito. *Morir.*
transitorio. *Inestable, provisional, temporal.*
transmitir. *Comunicación, dar, enviar.*
transmitir. *Extender.*
transmutación. *Revolución.*
transmutar. *Transformar.*
transparente. *Claro, limpio, transparente.*
transpirar. *Segregar.*
transponer. *Cambiar, desaparecer, dormir.*
transportar. *Llevar, tirar.*
transporte. *Distracción.*
transversal. *Oblicuo, transversal.*
tranvía. *Carruaje.*
trápala. *Locuaz.*
trapatiesta. *Discordia.*
trapichear. *Vender.*
trapío. *Garboso.*
trapisonda. *Engañar, mentira.*
trapisondista. *Informal.*
trapitos. *Vestir.*
trasatlántico. *Embarcación.*
trascendental. *Importante.*
trascender. *Extender, hedor.*
trasconejarse. *Perder.*
trasegar. *Cambiar.*
trasero. *Seguir.*
trasgo. *Deidad, imaginario.*
traslación. *Movimiento.*
trasladar. *Enviar, llevar.*
trasladarse. *Andar.*
traslaticio. *Figurado.*
traslúcido. *Trasparente.*
trasmañana. *Futuro.*
trasmisible. *Transferible.*

trasnochado. *Antiguo, conocido, vulgar.*
trasnochador. *Noche.*
trasnochar. *Velar.*
traspapelar. *Desaparecer, perder.*
traspasable. *Transferible.*
traspasar. *Abrir, arrendar, dar, entrar.*
traspiés. *Caer.*
trasplantar. *Llevar.*
trastazo. *Caer.*
trastienda. *Astucia, recámara.* •
trasto. *Informal.*
trastocado. *Anormalidad.*
trastocamiento. *Revolución.*
trastocar. *Transformar.*
trastornado. *Anormalidad, loco.*
trastornar. *Desarreglar.*
trastorno. *Desorden.*
trasto. *Mueble.*
trasunto. *Copia.*
tratable. *Afable, simpático, sociable.*
tratado. *Acuerdo.*
tratamiento. *Arte, remediable.*
tratante. *Vender.*
trato. *Acuerdo, comunicación.*
travesar. *Movimiento.*
travesura. *Falta, infringir.*
travieso. *Indócil.*
trayecto. *Andar.*
traza. *Arte.*
trazado. *Proyecto.*
trazar. *Describir.*
trebejo. *Mueble.*
trecho. *Lugar.*

tregua. *Descansado, interrumpir, parar, paz, quietud.*
tremendo. *Grande.*
tremolina. *Huracán, ruido.*
trémolo. *Ruido.*
trémulo. *Turbado.*
trena. *Encarcelar.*
treno. *Condolerse.*
trepanar. *Abrir.*
trepar. *Subir.*
tremolar. *Subir.*
trepe. *Desorden.*
trepidar. *Movimiento.*
triaca. *Contraveneno.*
triángulo. *Polígono.*
tribulación. *Aflicción, desgracia.*
tribunal. *Juez.*
tributo. *Gravamen, respeto.*
tricolor. *Multicolor.*
tricornio. *Cubrirse.*
trifulca. *Discordia.*
trigo. *Rico.*
trigueño. *Rubio.*
trillado. *Conocido, vulgar.*
trinar. *Enfadarse.*
trineo. *Carruaje, deslizamiento.*
trino. *Voz.*
tripada. *Hartura.*
triplo. *Múltiplo.*
triquiñuela. *Excusa.*
triquitraque. *Ruido.*
triscar. *Movimiento.*
triste. *Infelicidad, triste.*
tristeza. *Desconsuelo.*
tritón. *Deidad.*
triturar. *Deshacer.*
triunfal. *Entusiasmo.*

triunfo. *Exito, ovación, victoria.*
trivial. *Anodino, conocido, fácil, insignificante, vulgar.*
trocar. *Cambiar, tergiversar.*
trocha. *Andar.*
trofeo. *Figurado. Premio.*
troglodita. *Barbarie, gula.*
troica. *Carruaje.*
trola. *Mentira.*
trolebús. *Carruaje.*
tromba. *Huracán, llover.*
tronado. *Pobre.*
tronco. *Par.*
tronchar. *Desarreglar.*
tronera. *Informal, insensato, pillo.*
tronos. *Angel.*
tronzado. *Cansado.*
tropa. *Militar.*
tropel. *Mucho.*
tropelía. *Abuso, injusticia.*
tropezar. *Caer, encontrar, hallar.*
tropical. *Caliente.*
tropiezo. *Estorbar, falta.*
troquela. *Hacer.*
trotar. *Andar.*
trotón. *Caballo.*
trovador. *Poeta.*
trozo. *Parcial.*
truco. *Engañar.*
truculento. *Miedoso.*
truchimán. *Pillo.*
truhán. *Pillo.*
trujamán. *Vender.*
truncado. *Incompleto.*
truncar. *Omitir.*
«trust». *Sociedad.*
tubería. *Canal.*

tuétanos. *Esencial.*
tufarada. *Hedor.*
tufo. *Evaporar, hedor, soberbia.*
tul. *Ralo.*
tullido. *Torpe.*
tumba. *Fin.*
tumbado. *Horizontal.*
tumbo. *Caer.*
tumbón. *Holgar, pereza.*
tumulto. *Desorden.*
tunante. *Malo, pillo.*
tunda. *Castigo.*
tuno. *Pillo.*
tupé. *Atrevido, desvergüenza.*
tupido. *Compacto, imper-
meable, tupido.*

turba. *Plebeyo.*
turbación. *Vergüenza.*
turbado. *Turbado.*
turbamulta. *Mucho.*
turbante. *Cubrirse.*
turbio. *Obscuro.*
turbión. *Llover.*
turbonada. *Llover.*
turbulencia. *Desorden, intranquilidad, rebelión.*
turca. *Borracho.*
turgencia. *Resalto.*
turnar. *Cambiar.*
turulato. *Admiración.*
tusón. *Caballo.*
tutelar. *Amparar.*
tutiplén. *Abundancia.*

U

ubérrimo. *Abundancia, fecundidad.*
ubicuidad. *Simultáneo.*
ufanía. *Inmodestia, soberbia.*
ufano. *Cntento.*
ukase. *Ley.*
ulterior. *Ultimo.*
ulteriormente. *Posteridad.*
ultimar. *Acabar.*
último. *Ultimo.*
ultimátum. *Amenaza.*
ultraísmo. *Modernismo.*
ultrajar. *Agraviar, vituperar.*
ultramontanismo. *Obscurantismo.*
ultranza. *Decidido, incondicional.*
ultrapirenaico. *Exótico, extranjero.*
ultraterreno. *Futuro.*
ultratumba. *Futuro.*
ulular. *Gritar.*
umbral. *Umbral.*
unánime. *Igual, simultáneo.*
unanimidad. *Acuerdo, analogía.*
undoso. *Ondulado.*
ungido. *Jesucristo, sacerdote.*
ungir. *Permiso.*
único. *Impar, unidad.*
unicolor. *Unicolor.*
unidad. *Unidad.*

unificación. *Unión.*
uniforme. *Igual, regular, uniforme, vestir.*
unigénito. *Hijo, Jesucristo.*
unión. *Acuerdo, composición, concordia, conexión, matrimonio, sociedad, unión.*
unir. *Adherir, unión.*
unísono. *Simultáneo.*
universal. *General, total, universal.*
universalizar. *Inducción.*
unívoco. *Igual.*
uno. *Igual, mismo, unidad.*
unto. *Rico.*
untuoso. *Blando, suave.*
urbano. *Cortés, educado.*
urbe. *Ciudad.*
urdir. *Crear.*
urgente. *Rápido.*
usado. *Viejo.*
usía. *Noble.*
uso. *Costumbre, moda, práctica, uso.*
usual. *Corriente.*
usufructo. *Arrendar, uso.*
usura. *Avaricia.*
usurpar. *Hurtar.*
utensilio. *Cosa.*
útil. *Beneficioso, cosa, útil.*
utilidad. *Ganancia.*
utilitarismo. *Materialismo.*
utilización. *Uso.*

utopía. *Espiritualismo, imaginario, proyecto.*
utópico. *Imposible.*

utrero. *Toro.*
«uva». *Suerte.*

V X Y

vaca. *Vaca.*
vacación. *Holgar.*
vaciar. *Desinflar.*
vacilante. *Indeciso.*
vacilar. *Dudar, movimiento.*
vacío. *Carecer, esponjoso, hueco, inexistencia, inmensidad, nada, vacío.*
vagabundo. *Holgar.*
vagar. *Andar, holgar, movimiento.*
vago. *Holgar, indeterminado, inexacto.*
vagón. *Carruaje.*
vahído. *Insensibilidad.*
vaho. *Evaporarse.*
vaivén. *Transformar.*
vale. *Despedida.*
valedor. *Defender.*
valentón. *Valiente.*
valer. *Amparar.*
valeroso. *Atrevido, valiente.*
valetudinario. *Enfermo.*
valía. *Mérito.*
valido. *Amigo.*
válido. *Util, válido.*
valiente. *Audaz, valiente.*
valioso. *Importante, interesante.*
valimiento. *Prestigio.*
valor. *Bien, mérito, pagado.*
valorar. *Apreciar, valorar.*
valquiria. *Deidad.*
valuar. *Apreciar, valorar.*
valladar. *Reprimir.*
vallar. *Cerrar.*

vanagloria. *Inmodestia.*
vandalismo. *Barbarie.*
vanguardia. *Preceder, primero.*
vanidad. *Inmodestia, soberbia.*
vano. *Hueco, ineficacia, innecesario, insignificante, útil, nulo, vacío.*
vapor. *Embarcación, evaporar.*
vaporar. *Evaporar.*
vaporizarse. *Evaporar.*
vaporoso. *Delgado, transparente.*
vaquilla. *Vaca.*
varar. *Parar.*
varga. *Montaña.*
variable. *Inconstante, variable.*
variado. *Desemejante, heterogéneo, variado.*
variar. *Transformar.*
vario. *Mucho, pluralidad.*
varón. *Hombre.*
varona. *Mujer.*
varonil. *Enérgico, fuerte, varonil.*
vasallaje. *Sumisión.*
vasallo. *Súbdito, subordinado.*
vasija. *Continente.*
vaso. *Canal, continente.*
vástago. *Descendiente, hijo.*
vasto. *Ancho, grande.*
vate. *Poeta.*

vaticinar. *Decir.*
vaya. *Irrespetuosidad.*
vecino. *Cercano, persona.*
vegetación. *Planta.*
vegetal. *Orgánico, planta.*
vehemencia. *Entusiasmo.*
vehemente. *Enérgico, expresivo, impulsivo.*
vehículo. *Carruaje.*
vejar. *Vituperar.*
vejatorio. *Indignidad.*
vejestorio. *Viejo.*
vejiga. *Esférico.*
vela. *Noche.*
velada. *Fiesta, implícito, noche, oculto.*
velar. *Cuidar, tapar, velar.*
veleidoso. *Inconsistente, inconstante.*
veloz. *Rápido.*
vellido. *Velludo.*
velloso. *Velludo.*
velludo. *Velludo.*
vena. *Canal.*
venal. *Traición.*
venalidad. *Infringir, soborno.*
venático. *Loco.*
vencido. *Oblicuo.*
vencimiento. *Derrota, victoria.*
vendaval. *Huracán, tempestad.*
vender. *Vender.*
vendimiar. *Cosechar.*
veneno. *Veneno.*
veneración. *Respeto.*
venera. *Figurado.*
venerar. *Acatar.*
venganza. *Venganza.*
venia. *Permiso.*

venial. *Leve.*
venida. *Llegada.*
venidero. *Futuro, posteridad.*
venir. *Procedencia, venir.*
venta. *Alojar.*
ventaja. *Superioridad, ventaja.*
ventajoso. *Beneficioso.*
ventilar. *Discutir, resolución, respirar.*
ventisca. *Huracán.*
ventolera. *Huracán.*
ventolina. *Aura.*
ventriloquia. *Voz.*
ventura. *Bien, felicidad, suerte.*
venus. *Guapo.*
ver. *Ver.*
vera. *Flando, periferia.*
veracidad. *Sinceridad, verdad.*
verano. *Verano.*
verbal. *Verbal.*
verbalismo. *Teoría.*
verbo (un). *Instantáneo.*
verbo. *Lenguaje, palabra.*
verborrea. *Verbosidad.*
verbosidad. *Locuaz, verbosidad.*
verdad. *Realidad, sí, sinceridad, tesis, verdad.*
verdadero. *Cierto, efectivo, legítimo, real.*
verde. *Crudo, inmoralidad, lozano, temprano, verde.*
verdugo. *Crueldad.*
vereda. *Andar.*
veredicto. *Sentencia.*
vergel. *Cultivado, jardín.*
vergonzoso. *Tímido.*

vergüenza. *Castidad, dignidad, honor, indignidad, moralidad, vergüenza.*
verídico. *Cierto.*
verificación. *Prueba.*
verificar. *Hacer.*
verismo. *Realidad.*
vernáculo. *Castizo, nacional.*
vermut. *Principio.*
verosímil. *Posible, probable, verosímil.*
versallesco. *Cortés.*
versátil. *Inconstante, variable.*
versatilidad. *Abulia.*
versificador. *Poeta.*
vértebra. *Hueso.*
vertebración. *Orden.*
verter. *Sembrar.*
vertical. *Perpendicular, vertical.*
vertiginoso. *Rápido.*
vértigo. *Insensibilidad, loco.*
vesánico. *Loco.*
vesicular. *Esférico.*
vestal. *Sacerdote.*
veste. *Vestir.*
vestíbulo. *Antecámara.*
vestido. *Vestir.*
vestigio. *Efecto, indicio, residuo.*
vestiglo. *Imaginario.*
vestimenta. *Vestir.*
vestir. *Vestir.*
veteranía. *Experiencia.*
veterano. *Viejo.*
veto. *Prohibición.*
vetusto. *Antiguo, viejo.*
vía. *Andar.*
viable. *Fácil.*

viaje. *Andar.*
vianda. *Manjar.*
viandante. *Andar.*
viático. *Cobrar.*
vibrar. *Entusiasmo, movimiento.*
vicario. *Apoderado, substituto.*
viceversa. *Contrariedad, diferencia.*
viciado. *Corrompido, impuro.*
vicio. *Defecto, inmoralidad, vicio.*
vicioso. *Malo.*
vicisitud. *Transformar, variado.*
víctima. *Damnificado, muerto.*
victoria. *Exito, victorie.*
vida. *Existencia, historia.*
vidrioso. *Frágil, impresionable.*
viejo. *Anciano, antiguo, viejo.*
viento. *Soberbia.*
vigente. *Actual.*
vigía. *Ver.*
vigilancia. *Seguridad.*
vigilar. *Atención, cuidar.*
vigilia. *Velar.*
vigoroso. *Fuerte, lozano, varonil.*
vil. *Pillo.*
vileza. *Deshonor, indignidad, ruindad.*
vilipendiar. *Despreciar, vituperar.*
vilipendio. *Deshonor, indignidad.*
vilordo. *Flemático, pereza.*

villa. *Palacio, pueblo.*
villanía. *Deshonor, indignidad, ruindad.*
villano. *Plebeyo, rufián.*
villorrio. *Pueblo.*
vínculo. *Conexión, unión.*
vindicar. *Venganza.*
viña. *Bicoca, rico.*
violación. *Abuso, profanación.*
violar. *Infringir.*
violencia. *Abuso, injusticia.*
violentar. *Obligatorio, tergiversar.*
violento. *Discordancia, enérgico, fuerte, grande, impulsivo, inmoderado, turbado.*
virar. *Transformar.*
virgen. *Inculto, infecundidad, intangible, puro.*
virginal. *Puro.*
virginidad. *Castidad.*
viril. *Fuerte, hombre, varonil.*
virilidad. *Fecundidad.*
vitual. *Implícito.*
virtud. *Eficacia, moralidad, perfección, potencia, virtud.*
virtuoso. *Bueno.*
virus. *Corrompido, veneno.*
visaje. *Expresivo.*
viscoso. *Blando.*
visera. *Cubrirse.*
visible. *Manifiesto, material, visible.*
visión. *Feo, ilusión, imaginario, intuición, deidad.*
visionario. *Espiritualismo.*
visitar. *Ver.*

vislumbrar. *Ver.*
vislumbrar. *Indicio.*
viso. *Calidad.*
víspera. *Anterioridad, preceder.*
vista. *Clarividencia, ver.*
visto. *Vulgar.*
visto bueno. *Aprobar.*
vistoso. *Adornado, elegante, estético.*
vital. *Animado, importante, orgánico, vivo.*
vitalicio. *Eternidad, perpetuo.*
vitalidad. *Actividad.*
vitalizar. *Crear, resucitar.*
vitamina. *Manjar.*
vitola. *Vestir.*
¡vitor! *¡Viva!*
vitorear. *Aplaudir.*
vituallas. *Manjar.*
vituperar. *Vituperar.*
viudez. *Soledad.*
¡viva! *¡Viva!*
vivas. *Ovación.*
vivaz. *Dueradero, listo, perpetuo.*
víveres. *Manjar.*
vivero. *Nacer, pluralidad.*
viveza. *Actividad, encender, entusiasmo.*
vivido. *Paso.*
vivienda. *Inmueble.*
viviente. *Persona, vivo.*
vivificar. *Animar, crear, resucitar.*
vivir. *Florecer, existencia.*
vivo. *Activo, actual, animado, expresivo, orgánico, impulsivo, listo.*
vocablo. *Palabra, voz.*

vocabulario. *Palabra.*
vocación. *Afición.*
vocal. *Verbal.*
vocalización. *Voz.*
vocear. *gritar.*
vocerío. *Ruido.*
vociferar. *Gritar.*
vocinglero. *Locuaz.*
volando. *Rápido.*
volar. *Huir, subir.*
volátil. *Liviano.*
volatizar. *Evaporar.*
volavérunt. *Hurtar.*
volición. *Voluntad.*
voltario. *Abulia, inconstante.*
volterianismo. *Irreligión.*
volubilidad. *Abulia.*
voluble. *Inconsistente, inconstante, variable.*
volumen. *Cantidad.*
voluminoso. *Gordo, grande.*
voluntad. *Amor, enérgico, gana, voluntad.*
voluntario. *Albedrío (libre), intencionado, voluntario.*
voluntarioso. *Inconstante, obediente.*
voluptuosidad. *Lujuria, placer, sensualismo.*
voluta. *Curvo.*
volver. *Venir, vomitar.*
vomitar. *Vomitar.*

voracidad. *Encender, gula, hambre.*
vorágine. *Movimiento.*
vórtice. *Huracán, tempestad.*
voto. *Blasfemia, felicitación, juicio, juramento.*
voz. *Juicio, palabra, voz.*
vuelo. *Alto.*
vuelta. *Repatriación, regreso, rodeo.*
vulgar. *Anodino, anónimo, conocido, ordinario, tosco, vulgar.*
vulgo. *Plebeyo.*
vulnerable. *Inconsistente.*
vulnerar. *Infringir, perjudicial.*
xenofobia. *Odio.*
yacer. *Muerto.*
yacimiento. *Nacer.*
yantar. *Comer.*
yate. *Embarcación.*
yegua. *Yegua.*
yermo. *Erial, inculto, infecundidad.*
yerno. *Hijo.*
yerto. *Muerto.*
yugo. *Matrimonio.*
yugular. *Matar.*
yunta. *Par.*
yuxtapuesto. *Contiguo.*

Z

zaborro. *Gordo.*
zafarrancho. *Mal.*
zafarse. *Eludible.*
zafio. *Descortés, ineducado.*
zagal. *Niño.*
zagalejo. *Saya.*
zaguero. *Seguir, último.*
zahareño. *Adusto, despreciar, insociable.*
zaherimiento. *Maledicencia.*
zaherir. *Agraviar, vituperar.*
zahón. *Pantalón.*
zahorí. *Hechizar, listo.*
zahurda. *Choza.*
zaino. *Negro, traición.*
zalamería. *caricia.*
zalamero. *Cariñoso.*
zalema. *Cortés.*
zamacuco. *Ignorante, tonto.*
zamarro. *Inadecuado.*
zambra. *Fiesta, ruido.*
zampar. *Comer.*
zampatortas. *Gula.*
zanca. *Pie.*
zancadilla. *Engañar, traición.*
zángano. *Holgar.*
zangolotino. *Candidez, niño.*
zanguango. *Pereza.*
zanguayo. *Ocioso.*
zanjar. *Resolución.*
zaquizamí. *Buhardilla.*
zapatilla. *Calzarse.*
zapato. *Calzarse.*

zarabanda. *Ruido.*
zaragata. *Discordia, ruido.*
zaragüelles. *Pantalón.*
zarandaja. *Baratija, insignificante.*
zarandear. *Movimiento.*
zarpar. *Ir, partida, salir.*
zarpazo. *Azote.*
zarrapastroso. *Andrajo.*
zascandil. *Informal, insensato.*
zigzagueante. *Zigzagueante.*
zipizape. *Discordia.*
zócalo. *Base.*
zocato. *Izquierda.*
zoco. *Vender.*
zona. *Lugar, parcial.*
zonzo. *Insulso.*
zoofito. *Animal.*
zopenco. *Ignorante.*
zoquete. *Ignorante, tonto.*
zorrería. *Astucia.*
zote. *Ignorante, ineducado.*
zozobra. *Dudar.*
zueco. *Calzarse.*
zulú. *Barbarie.*
zumba. *Irrespetuosidad.*
zumbido. *Ruido.*
zumbón. *Bromista.*
zurcir. *Coser.*
zurdo. *Izquierda.*
zurrapa. *Residuo.*
zurriburri. *Desorden, plebeyo.*
zutano. *Indeterminado.*